Veillez et priez

Recueil de la prière chrétienne

ARCHEVÊCHE DE PARIS
Service de l'imprimatur

11e édition

NIHIL OBSTAT :
Paris, le 10 octobre 2014
Père G. Pelletier

IMPRIMATUR :
Paris, le 10 octobre 2014
Père M. Vidal. Vic. Ép.

Jean-Paul DUFOUR

Veillez et priez

Recueil de la prière chrétienne

11e édition
revue et augmentée

Préface de Mgr Dominique Rey

PIERRE TÉQUI *éditeur*
8 rue de Mézières 75006 Paris
www.editionstequi.com

8 rue de Mézières 75006 Paris
11e édition : novembre 2016
ISBN : 978-2-7403-1869-0

Ce n'est pas vous qui m'avez choisi ; mais c'est moi qui vous ai choisis et vous ai établis pour que vous alliez et portiez du fruit et que votre fruit demeure…

Jn 15, 16

Moi, je ne comprenais pas, je ne savais pas, mais j'étais avec toi. Avec toi qui m'as saisi pour me conduire selon ton projet.

Ps 73, 22-23

Ô Marie, toi qui ne veux perdre aucun de tes enfants, merci d'avoir entrepris l'œuvre de ma conversion en touchant mon cœur.
Ô Seigneur, merci d'avoir ouvert mon cœur, de m'avoir nourri et de me nourrir chaque jour de ta présence dans la prière, toi qui souhaites modeler mon cœur au tien.
Je te rends grâce Seigneur et je te loue pour tous tes bienfaits.
Merci de ne pas avoir regardé à ma pauvreté, de m'avoir inspiré et aidé à réaliser ce livre malgré ma petitesse.
Par les mains et le Cœur Immaculé de Marie, je te le consacre Seigneur pour que tu éclaires et emplisses tous les cœurs de ton Amour.
Couvre-le, je te prie, de tes bénédictions, utilise-le selon ta volonté et qu'il te rende gloire.

Jean-Paul Dufour

Merci à tous mes frères et sœurs dans la foi qui m'ont aidé et qui ont travaillé à la réalisation de cet ouvrage, et merci particulièrement à ceux et celles qui ont prié dans le secret de leur cœur pour que ce livre puisse paraître.

Saint-Denis-du-Maine – Cité de l'Immaculée
En la fête de Marie, Mère de Dieu
Le 1er janvier de l'Année Sainte du Jubilé de l'an 2000

Que Dieu vous comble de sa joie et de sa paix,
afin que l'espérance surabonde en vous
par la vertu de l'Esprit Saint.

Rm 15, 13

SECRÉTAIRERIE D'ÉTAT

PREMIÈRE SECTION - AFFAIRES GÉNÉRALES

Du Vatican, le 30 octobre 2000

Monsieur,

Vous avez tenu à adresser au Cardinal Secrétaire d'État votre recueil de prières chrétiennes *Veillez et priez*, dont je suis chargé de vous remercier vivement en son nom.

Il forme le souhait que cet ouvrage, qui met à la disposition des fidèles des textes choisis tirés de la Sainte Écriture et de la tradition spirituelle chrétienne, soit une aide précieuse pour ceux qui désirent répondre à l'appel de l'Apôtre : "Priez sans cesse" (*1 Th* 5, 17).

Sensible à votre geste, le Cardinal Secrétaire d'État vous assure de sa prière à vos intentions, demandant à Dieu de vous bénir.

Veuillez croire, Monsieur, à mon cordial dévouement dans le Seigneur.

Mgr P. López Quintana
Assesseur

PRÉFACE

« Un recueil de prières, pour quoi faire ? »
Deux catégories de personnes seraient susceptibles de se poser cette question.
D'une part, ceux qui ne croient pas ou qui ne croient pas vraiment, ceux qui, comme hélas beaucoup de nos contemporains, sont dans l'immédiateté et ne peuvent concevoir que la prière soit l'action première, l'action fondamentale du chrétien.
D'autre part, ceux qui « croient trop », qui rougiraient de recourir à ce genre de « béquille spirituelle » compte-tenu des satisfactions qu'ils trouvent dans l'oraison ; cœurs ardents sans doute mais oublieux de l'avertissement du Seigneur : « Veillez et priez afin de ne pas entrer en tentation ; l'esprit est prompt mais la chair est faible » (Mc 14, 38).

Serions-nous donc meilleurs que les apôtres qui, malgré leur amour sincère, s'endormirent bien vite sur leurs protestations de fidélité ? Nous partageons du moins avec eux la même nature inconstante et répugnant à l'effort.

Au cœur de notre être se livre un combat de tous les instants entre « l'esprit », la partie supérieure, l'intelligence revêtue de la grâce sanctifiante, agissant sous l'impulsion de la volonté, du cœur, et « la chair », la partie inférieure avec toutes ses mauvaises tendances. L'esprit est prompt à formuler de belles promesses, malheureusement la chair est faible à exécuter ce qui a été promis.

Assumant notre humanité, Jésus vient heureusement nous soutenir dans ce combat spirituel : « Veillez avec moi » (Mt 26, 38).

Veiller, c'est ainsi prier à l'exemple du Christ qui conforme sa volonté humaine à la volonté divine. A Gethsémani, c'est l'homme qui prie, avec sa sensibilité à l'agonie, mais toujours gouvernée par sa volonté, laquelle adhère pleinement à la volonté de Dieu.

Veiller, c'est aussi prier avec le Christ, avec son Esprit de Fils s'écriant « Abba ! Père » (Rm 8, 15).
C'est donc prier avec ses mots et ceux de son Corps mystique, avec l'Écriture et la Tradition.
Intimement liée au saint sacrifice de la messe où elle trouve son meilleur appui, la prière de l'Église est une source abondante d'union au Christ où nous pouvons nous abreuver en période de sécheresse spirituelle.
Par sa liturgie, ses psaumes, ses chants, ses hymnes ou encore sa « piété populaire », l'Épouse ne célèbre pas seulement les Mystères de l'Époux mais également les fêtes de ses enfants glorieux, les saints.

L'Église, qui connaît l'homme mieux qu'il ne se connaît, vient ainsi maternellement au secours de notre faiblesse : elle nous convie à nous nourrir humblement des fruits de sa prière constante et universelle.

Puisant dans ce trésor inaltérable de l'Église, Jean-Paul Dufour a composé un florilège de prières et de textes à découvrir ou redécouvrir au gré de nos recherches, de nos besoins ou de nos aspirations.

Grâce à cet outil spirituel et pratique, tout chrétien pourra approfondir son oraison personnelle, s'associer davantage à la célébration des saints Mystères et mieux se disposer à la réception des sacrements.

De même, toute personne en quête véritablement de sens pourra trouver dans cet ouvrage de multiples accès vers Celui qui est le Chemin, la Vérité et la Vie.

✠ Dominique Rey
Évêque de Fréjus-Toulon

Sculpture de Maxime Réal del Sarte

Marie gardait avec soin toutes ces choses en son Cœur.
Lc 2, 19

INTRODUCTION

À Jésus et à l'Esprit Saint, qui nous ont donné et inspiré ces prières, pour nourrir notre foi de baptisé, notre espérance, notre charité, et nous approcher de Dieu et des hommes.
À Marie et à notre Église qui nous guident et nous conduisent sur ce chemin.
Cet ouvrage se présente sous forme d'un recueil de prières, de consécrations, de dévotions… qui s'insèrent dans la Parole de Dieu et des saints.
Il s'inscrit dans la tradition de l'Église, dans la Prière et à la suite du Christ.
La table des matières permettra à chacun de s'orienter selon ses recherches, ses besoins, ses aspirations.
Puisse l'Esprit Saint éclairer le cœur de chaque lecteur.
Puisse Marie le protéger et le guider sur le chemin de la vérité et de la vie, à la rencontre de Notre Seigneur Jésus-Christ et de Notre Père.

… celui qui vient à moi, je ne le jetterai pas dehors.
Jn 6, 37

Qu'aucun d'entre vous ne tienne pour peu de valeur sa prière, car Celui auquel elle s'adresse ne la tient pas pour peu de choses.
Saint Bernard

Je te fiancerai à moi… dans la tendresse et la miséricorde.
Os 2, 21

TABLE DES MATIÈRES

PRÉFACE 8

INTRODUCTION 11

TABLE DES MATIÈRES 12

PRÉAMBULE 27
- Prologue de l'Évangile de Saint Jean 28

LA PRIÈRE DANS LA BIBLE 29

PRIÈRES DE TOUJOURS 32
- Notre Père 33
- Je vous salue, Marie 34
- Gloire au Père 35
- Le symbole des Apôtres 35
- Le symbole de Nicée-Constantinople 36
- Viens, Esprit Créateur 37
- Actes de Foi, d'Espérance et de Charité 38-39

POUR ENTRER EN PRIÈRE 40
- Le signe de la Croix 40
- Entrer en prière 40
- Comment préparer mon cœur ? 42

LE SAINT ROSAIRE 44
- L'usage du chapelet 46
- Méditons les mystères du Rosaire avec Marie 48
- Prière d'introduction 49
- Mystères joyeux 50
- Mystères lumineux 55
- Mystères douloureux 60
- Mystères glorieux 65
- Promesses de Notre-Dame du Saint Rosaire 70
- La grâce du Rosaire 71
- Paroles de nos aînés dans la Foi sur le Rosaire 72

PRIÈRES À JÉSUS 74
- Je t'ai aimé bien tard 75
- Fais de moi un instrument de Ta Paix 76
- Apprends-moi à être généreux 77
- Seigneur et Maître de ma vie 77
- Si je t'aime, Tu le sais, Seigneur 78
- Prière sur l'Amour de Dieu 79
- Ton Divin visage 80
- Passionné de Jésus-Christ 81
- Jésus Miséricordieux 83
- Prière pour la France 83
- Pourquoi, pourquoi Seigneur ? 84
- Que ma vie soit lumière 85
- Je ne veux pas oublier 86
- Seigneur, apprends-moi à aimer 87
- Seigneur, je t'aime 88
- Je n'ai rien à te dire, Seigneur 89
- Change notre regard, Seigneur 90
- Heureux les pauvres 91
- Toi qui es tendresse et miséricorde 92
- Si vous ne devenez comme des petits enfants 93
- Si un cœur t'a fait de la peine 95
- Seigneur aide-nous à mener le bon combat 96
- Que l'Amour triomphe de la haine 97
- J'ai confiance en toi 99
- Seigneur Jésus, apprends-moi à te suivre 100
- Seigneur, apprends-moi la miséricorde 101
- J'attirerai à moi tous les hommes 102
- Aide-moi, Seigneur, à te servir 103
- Du fond de ce bidonville 103
- Litanies du Sacré-Cœur 104
- Litanies du Précieux Sang de Jésus-Christ 106
- Litanies du Saint Nom de Jésus 108
À ton écoute, Seigneur 111
Aime-moi comme tu es 112
Toi qui m'aimes tel que je suis 114
Je te vois et je t'aime 115
Seul le Christ connaît ce qu'il y a dans l'homme 116
Tu sais bien que ce sera moi 117

DÉCOUVRIR LE PÈRE 118
- Le Père nous aime 119
- Le Décalogue 121
- Le Père nous appelle 122
- Tu aimeras le Seigneur ton Dieu de tout ton cœur 124
- Tu aimeras ton prochain comme toi-même 126
- Les Béatitudes 129
- Prier avec les Psaumes 130
Psaume 1 : Les deux voies 130
Psaume 8 : Majesté de Dieu, dignité de l'homme 131
Psaume 22 : Le Bon Pasteur 132
Psaume 31 : L'aveu libère du péché 133
Psaume 62 : Le désir de Dieu 134
Psaume 90 : Dieu, protecteur des justes 135
Psaume 94 : Invitatoire 136
Psaume 99 : Appel à la louange 137
Psaume 102 : Hymne à la miséricorde 138
Psaume 103 : Hymne au Créateur 140
Psaume 120 : Dieu garde les siens 142
Psaume 129 : Pénitence et confiance en Dieu 143
Psaume 130 : Espoir et repos en Dieu 143
Psaume 148 : Hymne de louange à Dieu 144
Psaume 150 : Louange finale 145
Cantique des créatures 146
- Prières au Père 148
- Magnificat 148
- Gloire, puissance, honneur 149
- Le cantique de saint François 150
- Notre Père très Saint 151
- Fais de moi un homme libre 152
- Je t'abandonne toutes mes inquiétudes 152
- Prière de confiance en Dieu 153
- Mon Père 154
- Je te ferai toujours confiance 155
- Louanges à plusieurs voix 156
- Merci pour tes merveilles 157
- Supplique à Dieu 158
- Amour et Joie 159
- Père, nous te prions 159
- Père du Ciel 160

PRIÈRES À L'ESPRIT SAINT 162
l'Esprit Saint dans la Bible 163
- Roi Céleste, consolateur 167
- Feu et lumière 167
- Viens, Esprit Créateur 168
- Séquence de la Pentecôte 169
- Esprit Saint, embrase-moi 170
- Ô, Esprit Saint 171
- Ô Feu consumant, Esprit d'Amour 172
- Esprit Saint, que ta grâce nous assiste 173
- Seigneur, envoie ton Esprit 174
- Prière pour demander l'inspiration de l'Esprit Saint 175
- Prière pour demander les dons de l'Esprit Saint 177
- Prière pour vivre l'amour 178
- Je ne vous laisserai pas orphelins 179
- Prière pour l'effusion de l'Esprit Saint 180
- Viens et demeure en moi 181
- Litanies du Saint-Esprit 182

PRIÈRES À LA TRINITÉ 184
La Trinité dans la Bible 185
- Gloire à Dieu 186
- À Toi, Dieu, notre louange (Te Deum) 187
- Ô mon Dieu, Trinité que j'adore 188
- Trinité Sainte, nous t'adorons 190
- Dans le fond de mon cœur 191
- Mon Dieu, je crois, j'adore, j'espère et je vous aime 192
- Dieu de Miséricorde 193
- Adoration et louange de la Sainte Trinité 194
- Très Sainte Trinité 196

PRIÈRES À MARIE 198
Marie dans la Bible 199
- L'Angélus 201
- Reine du Ciel (Regina Caeli) 202
- Sous ta protection (Sub Tuum) 202
- Salut ô Reine 203
- Salve Regina 203
- Très sainte Dame, Mère de Dieu 204

- Tu es notre secours 205
- Hymne acathiste 207
- Souviens-toi 210
- Marie, nous te prions 210
- Marie, Porte du Ciel 211
- Salut, étoile des mers (Ave Maris Stella) 213
- Ô très Sainte Reine, Mère de la Miséricorde 214
- J'ai confiance en toi, Marie 215
- Debout au pied de la Croix (Stabat Mater) 216
- Marie, ma Mère, regarde-moi 218
- Vierge Sainte 218
- Marie, maîtresse des Anges 218
- Ô Marie, prie pour moi 219
- Garde-moi un cœur d'enfant 220
- Fais de nous des Apôtres 221
- Notre Dame de Nazareth 222
- Ô Mère bien-aimée 222
- La Vierge à Midi 223
- Dans ma détresse, aide-moi Marie 224
- Faites tout ce qu'il vous dira 225
- Vierge du sourire 226
- Au soir de ma vie 226
- Marie, quand il me faudra partir… 227
- Ô Marie 228
- Ô Marie, Reine Immaculée 228
- Et c'était toi, Marie 229
- Ô Marie, Reine Immaculée de l'Univers 229
- Marie, notre Mère 231
- Notre Dame des Béatitudes 232
- Prière pour la vie 233
- Conduis-nous Marie 234
- Reine de la paix, prie pour nous 237
- Ô Marie, je voudrais te dire tout mon amour 238
- Litanies de la Sainte Vierge 240

Marie dans la parole des Saints 243
Le nom de la Vierge était Marie 251
Marie, fléau des démons 252
Ne te décourage pas 252

Les derniers temps… Marie 253
Un regard d'enfant 253
C'est ta Mère 254
Marie, Vierge puissante 255
Sous le regard de Marie 256
« Femme, voici ton fils » – « Voici ta mère » 257
Marie, modèle et source de grâce 258
Toi Marie, Vierge de Lumière, Reine des cœurs… 259
Marie, Mère de tous les croyants 261

PRIER AVEC LES SAINTS 262
- Prières à Saint Joseph 263
Saint Joseph dans la Bible 263
- Saint Joseph, donné pour Père au Fils de Dieu… 264
- Dieu, de qui vient toute paternité… 265
- Tropaire à Saint Joseph 265
- Saint Joseph, intercède pour nous 266
- Fils de David, Époux de Marie… 267
- Litanies de Saint Joseph 268
- Litanies des Saints 270

PRIER AVEC LES SAINTS ANGES 274
Les Anges dans la Bible 275
- Prières à Saint Michel Archange 277
- Saint Michel Archange,
défends-nous dans le combat 277
- Grand chef des milices célestes 277
- Très glorieux Prince des armées célestes 278
- Invocations à Saint Gabriel et Saint Raphaël Archanges 278
- Prière à notre Ange gardien 279

PRIÈRES DE RETOUR AU PÈRE 280
Le pardon dans la Bible 281
- Prières de regret 283
- Pardonne mes fautes 283
- Pitié pour moi 284
- Pardon, Seigneur 285
- Pardonne-nous nos offenses 286
- Pardonne-moi Seigneur mes infidélités 287
- Et voilà 288

- Prière de délivrance 290
- Seigneur, délivre-moi de mon péché et de tout lien 290
- Prière et sacrement de la réconciliation 293
- Je confesse à Dieu tout puissant 293
- La réconciliation 293
- Acte de contrition 298
- La joie de la réconciliation 300
- Heureux le fils pardonné 300
- Voilà comment Dieu aime 301
- La pureté du cœur 301
- Être libre 302
- Prières du pardon 304
- Apprends-nous Seigneur à pardonner 304
- Merci Seigneur de m'apprendre à pardonner 305
- Le courage du pardon 306
- Du même amour par lequel tu m'as pardonné 306
- Pardonne-nous Seigneur 307

LA PLUS GRANDE PRIÈRE : L'EUCHARISTIE 308
- L'Eucharistie 309
- Prières avant la Communion 312
- Dieu Éternel et Tout-Puissant 312
- Seigneur Jésus Christ 312
- Marie, ma sainte Maman 313
- Prières après la Communion 314
- Je te rends grâces, ô Seigneur très Saint 314
- Reste avec moi Seigneur 315
- Je crois en toi, je t'aime 316
- Seigneur Jésus, dans un admirable sacrement… 316
- Prière d'action de grâce 317
- Je me donne à Toi 317

CONSÉCRATIONS 318
Le sens de la Consécration 318
Consécrations individuelles 319
- Acte de consécration au Père Éternel 319
- Actes de consécration au Sacré Cœur de Jésus 321
- Ô Sacré Cœur de Jésus… 321
- Cœur Sacré de Jésus, j'ai confiance en toi 321
- Ô Jésus, nous savons que tu es doux… 323
- Seigneur Jésus notre bon Berger 325

- Acte de consécration au Précieux Sang de Jésus-Christ 326
- Acte de consécration à l'Esprit Saint 327
- Actes de consécration au Cœur Immaculé de Marie 328
  - Je te choisis aujourd'hui, ô Marie… 328
  - Daigne recevoir ma louange, ô Vierge bénie… 329
  - Ô Cœur Immaculé de Marie, débordant de bonté… 331
  - Ô doux Cœur Immaculé de Marie 333
  - Marie je te consacre toutes mes relations 334

Consécrations familiales 335
- Actes de consécration de notre famille au Sacré-Cœur de Jésus 335
  - Cœur Sacré de Jésus, nous nous consacrons à toi 335
  - Consécration familiale au Sacré Cœur de Jésus 335
- Actes de consécration de notre famille à Marie 339
  - Comme le Père t'a choisie… 339
  - Ô Vierge Marie… 339
- Acte de consécration à la Sainte Famille 340
- Acte de consécration de nos enfants à Dieu 341

Consécration de nous-mêmes, de nos familles, de notre pays 342
- Acte de consécration aux deux Cœurs de Jésus et de Marie 342

Consécrations du monde 343
- Acte d'offrande et de consécration du monde au Coeur Immaculé de Marie 343
- Acte de Confiance. Consécration du monde et du 3e millénaire au Coeur Immaculé de Marie 346
- Prière de confiance et de Consécration à la Vierge Marie 349

PRIÈRES POUR L'ÉGLISE 350
- Prière pour les vocations et pour l'Église 351
- Prière pour tous ceux que tu appelles à ta suite 352
- Prière pour les prêtres 353
- Prière pour l'unité 354
- Prière des hommes nouveaux 355
- Que l'amour de Dieu soit annoncé à tous les hommes 356
- Prière pour les chrétiens persécutés 358
- Rassemble-nous, Seigneur 360
- Prière pour les Âmes du Purgatoire 361
- Litanies pour les Âmes du Purgatoire 362

PRIER EN TOUTES CIRCONSTANCES 365
- Prières du matin 366
    - Bénis, Seigneur, cette journée 366
    - Offrande de la journée 366
    - Prière de Consécration à Marie pour chaque jour 367
    - Seigneur, accorde-moi de me livrer à ta sainte volonté 367
    - Seigneur, donne-moi la paix, la sagesse, la force 368
    - Ô Mon Dieu 368
    - Cantique de Zacharie 369
    - Merci pour ce jour nouveau 370-371
- Prières du soir 374
    - Tous les jours sont précieux 374
    - Ô Père Bien-Aimé 374
    - Joyeuse lumière 375
    - Au déclin de ce jour 375
    - Bénissez le Seigneur 375
    - Sauve-nous, Seigneur 376
    - Grand chef des milices célestes 376
    - Je veux reposer en Toi, Seigneur 377
    - Prière d'offrande 377
    - Ô Marie, il se fait tard 377
    - Je te rends grâce Seigneur de ce jour qui s'achève 378
- Prières avant et après toute action 378
- Prière avant une rencontre 378
- Prières avant le repas 381
- Prières après le repas 384
- Prière pour les futurs époux 387
    - Prière pour la vocation au mariage
    selon le plan de Dieu 387
    - Prière des fiancés 388
    - Dieu de nos pères 389
- Prières pour les familles et en famille 391
    - Prière du Pape Saint Jean-Paul II pour les familles 391
    - Prière pour le respect de la vie et de la famille humaine... 392
    - Prière pour la famille 393
    - Prière à la Sainte Famille 394
    - Sainte famille de Nazareth, petite Trinité sur la terre 394
    - Une famille qui prie est une famille indestructible 395

- Prière en famille 396
- Prière des époux 397
- Cette vie en moi, cet enfant que nous attendons 398
- Seigneur, Toi qui nous as créé homme et femme 399
- L'eau vive 400
- Nous avons recours à Toi 401
- Seigneur aide-nous à éduquer nos enfants 402
- Prière des parents pour leurs enfants 403
- Aide-moi Seigneur à élever mes enfants 404
- Prière pour les enfants à la reprise des études 405
- Prière pour les parents 405
- Sauve notre couple, Seigneur 406
- Prière pour ceux qui sont séparés 407
- Prière après la perte d'un enfant en fausse-couche 408
- Prière après un avortement 409
- Bénis notre maison, Seigneur 410
- Prière pour la nouvelle année 411
- Prière pour un anniversaire 412
- Prière avant l'étude ou l'enseignement 413
- Prière pour demander un travail 414
- Prière pour ceux qui cherche un emploi 415
- Prière de l'artisan 416
- Prière dans un conflit de travail 417
- Prière dans des relations difficiles 418
- Prière de l'automobiliste 419
- Prière avant un voyage 420
- Prière du pèlerin 420
- Un cierge… une prière 421
- Prière pour résister au pouvoir des médias 422
- Prière pour les enfants du monde entier 425
- Prière pour que le temps redevienne clément 428
- Prière pour être protégé des cataclysmes et des calamités 430
- Prière pour les dirigeants des pays 432
- Prière pour la Paix 434
- Prière pour la conversion des Musulmans 434
- Paix pour notre terre 435

- Prières dans les difficultés spirituelles 438
- Prière pour vaincre la peur et chasser la crainte 439
- Prière pour combattre la tentation.................................. 440
- Demande de bénédiction et acte d'abandon à Dieu 441
- Louange dans les épreuves et dans la détresse 442
- Prières de guérison intérieure 444
- Père de bonté, Père d'amour 444
- Seigneur, que l'amour de Ton cœur m'envahisse… 445
- Prières de libération 446
- Prière de libération par la Bénédiction 446
- Prière de libération 447
- Prière de protection contre le mal...................................... 448
- Prière de recours à la Protection Divine 449
- Prière d'exorcisme.. 450
- Prière du prisonnier.. 452
- Prière pour une belle vieillesse 454
- Prière pour les aînés 455
- Prière d'une grand-mère.. 456
- Prières pour les malades 457
- Dieu qui veut être la vie de tout homme… 457
- Jésus-Christ, notre Sauveur, guéris-nous 457
- Ô Mon Dieu, voici ce malade devant Toi… 458
- Dieu, Père de tendresse, plein de compassion… 459
- Seigneur Jésus, nous croyons que tu es vivant… 460
- Prière avant une opération 462
- Prières dans la maladie et l'infirmité 463
- Prière des malades 463
- Heureux ceux 463
- Merci Seigneur pour ceux qui me comprennent 464
- Aide-moi à t'offrir ma journée Seigneur 465
- Aide-moi à t'offrir ma vie.. 466
- Quand tout va bien ou presque 466
- Ma vie n'est pas une vie manquée 467
- Nous te rendons grâces, Seigneur 468
- Que je vive ou que je meure 469
- Je ne sais pas pourquoi... 470
- J'avais demandé 471
- Je n'ai plus rien Seigneur, mais je t'aime 472

- Quand la mort nous sépare 474
- Comme un bateau qui s'en va 474
- Tu es vivant 475
- Ne pleurez pas 476
- Prière à la Sainte Vierge à l'heure de la mort 476
- Nous n'avons jamais su 477
- L'amour ne disparaît jamais 478
- Notre petite enfant vient de repartir vers le Père 479
- Aide-moi, Seigneur 480
- Ne pleure pas, si tu m'aimes 482
- Prière pour les défunts 483
- Ils sont nombreux les bienheureux 483
- Lorsque je paraîtrai devant Toi 484

LA PRIÈRE DE JÉSUS 486

LE CHEMIN DE CROIX 488
- Le chemin de Croix ou chemin de l'Amour 489
- Le chemin de la guérison et de la contrition 511
- Chemin de Croix 516

PRIÈRES POUR DEMANDER L'HUMILITE 531
- Il faut que tu grandisses Seigneur et que je diminue 531
- Jésus, doux et humble de cœur 532
- L'humilité est une perpétuelle paix du cœur 533

PRIÈRE POUR LA CONVERSION ET LE SALUT DES ÂMES 535

LE SILENCE 536

LE JEÛNE 537
Le jeûne dans la Bible 537
Le sens du jeûne 538
- Prière des jours de jeûne 540

DÉVOTIONS 542
- Offrande de la Sainte Face au Père Éternel 543
- Promesses de Notre Seigneur Jésus-Christ 544
- Les Quinze Oraisons 545
- Promesses de Notre Seigneur à Sainte Brigitte
- Les Sept Notre Père 553

- La dévotion au Sacré-Cœur de Jésus
et la communion des neuf premiers vendredis du mois 557
- Promesses de Notre Seigneur à Sainte Marguerite-Marie
- L'Heure Sainte réparatrice 559
- La médaille de la Chapelle de la rue du Bac 562
- La dévotion au Cœur Douloureux et Immaculé de Marie
et la communion des cinq premiers samedis du mois 563
- Promesses de la Vierge Marie à Sœur Lucie
- L'Image de Jésus Miséricordieux 565
- Le chapelet à la Miséricorde Divine 567
- La Fête de la Miséricorde Divine 569
- Promesses de Notre Seigneur à Sainte Faustine

NEUVAINES - *Le sens de la Neuvaine* 571
- Neuvaine à la Sainte Trinité par l'intercession
de Sainte Thérèse de l'Enfant Jésus 572
- Neuvaine de confiance au Cœur de Jésus 573
- Neuvaine au Sacré Cœur de Jésus 574
- Neuvaine à la Sainte Vierge pour la conversion de notre famille... 575
- Neuvaine à Saint Joseph 576
- Neuvaine à Sainte Bernadette 579
- Neuvaine à la Miséricorde Divine 582

PAROLES ET PENSÉES 589
- Paroles des Saints 589
- *Sur la prière*… 596
- Paroles de nos aînés dans la Foi 600
- *Sur la prière*… 603
- Saintes paroles 608
- *Sur la prière*… 610
- Quelques mots de mon cœur à Toi, Jésus 611
- *Sur la foi*… 614
- *Sur la prière*… 618
- Bien pauvre, naïf et maladroit… 620
- Un sourire 620
- La rencontre de l'autre 621
- Jésus ne dit pas… 622
- La Paix viendra 624

- Aimer 625
- Je sais mon frère 626
- Tu comptes sur nous 627
- Quel chemin pour notre enfant ? 628
- Vive la vie 629
- Si un enfant… 629
- Recommence 630
- Pour vivre en paix 631
- Je suis chrétien 631
- Symphonie 632
- Bienheureux… 633
- Ma Mère, elle s'appelle Marie, dit Dieu 634
- Le secret du bonheur 636
- Prendre un ancien par la main 636
- La Porte étroite 637

OFFRIR UNE MESSE 639

LA PRIÈRE DU CŒUR 641

INVOCATIONS - *Le sens de l'Invocation* 642
- À Jésus 642
- À l'Esprit Saint 644
- À Marie 645

ACTIONS DE GRÂCES 646

LOUANGES - *Le sens de la louange* 648

ADORATION 650
- Chants d'Adoration 651
- En présence du Saint Sacrement 653
- Tu es là, Seigneur 656
- Salut du Saint Sacrement 658

PRIÈRE DE BÉNÉDICTION 659

ENTRONS DANS L'ESPÉRANCE 660
- Paroles de Dieu 661
- Prophéties 663

CHANTS 665
Liste alphabétique 702

Jésus Bon Pasteur

Je ne puis craindre un Dieu, qui s'est fait pour moi si petit.
Je l'aime !… car il n'est qu'amour et miséricorde.

Sainte Thérèse de l'Enfant-Jésus

PRÉAMBULE

Car Dieu a tant aimé le monde qu'il a donné son Fils unique, afin que quiconque croit en lui ne se perde pas, mais ait la vie éternelle.

Jn 3, 16

(...) Dieu n'a pas envoyé son Fils dans le monde pour juger le monde, mais pour que le monde soit sauvé par lui.

Jn 3, 17

Voici comment Dieu a manifesté son amour parmi nous : Dieu a envoyé son Fils unique dans le monde pour que nous vivions par lui. Voici à quoi se reconnaît l'amour : ce n'est pas nous qui avons aimé Dieu, c'est lui qui nous a aimés, et qui a envoyé son Fils en victime offerte pour nos péchés.

1 Jn 4, 9-10

L'Ange Gabriel dit à Marie : « Réjouis-toi, comblée de grâce... tu enfanteras un fils et tu l'appelleras Jésus. »

Lc 1, 28-31

Le Christ est venu (...) en traversant le tabernacle plus grand et plus parfait, non fait de main d'homme...

He 9, 11

C'est pour détruire les œuvres du diable que le Fils de Dieu est apparu.

1 Jn 3, ...8

Combien de fois ai-je voulu vous rassembler à la manière dont une poule rassemble ses petits sous ses ailes (...), et vous n'avez pas voulu.

Lc 13, 34-35

Je suis la résurrection et la vie. Celui qui croit en moi s'il meurt, vivra ; et quiconque vit et croit en moi ne mourra jamais.

Jn 11, 25-26

PROLOGUE DE L'ÉVANGILE DE SAINT JEAN

Au commencement était le Verbe, et le Verbe était auprès de Dieu, et le Verbe était Dieu. Il était au commencement auprès de Dieu. Par lui tout a été fait, et rien de ce qui a été fait ne l'a été sans lui. En lui était la vie, et la vie était la lumière des hommes ; et la lumière luit dans les ténèbres, mais les ténèbres n'ont pas eu de prise sur elle.
Vint un homme envoyé de Dieu, son nom était Jean. Il est venu en témoin afin de rendre témoignage à la lumière pour que tous croient par lui. Il n'était pas la lumière, mais le témoin de la lumière.
Le Verbe était la lumière véritable qui, venant en ce monde, illumine tout homme. Il était dans le monde, le monde fut par lui, et le monde ne l'a pas connu. Il est venu chez lui, et les siens ne l'ont pas accueilli. Mais à ceux qui l'ont reçu, il a donné la force de devenir enfants de Dieu, à ceux qui croient en son Nom, eux qui ne sont nés ni du sang, ni du désir de la chair, ni du désir d'un homme, mais de Dieu.
Et le Verbe s'est fait chair, et il a demeuré parmi nous, et nous avons contemplé sa Gloire, Gloire qu'en Fils unique rempli de grâce et de vérité, il tient de son Père. Jean lui rend témoignage en proclamant : « Voici celui dont j'ai dit : Celui qui vient après moi était devant moi, parce qu'avant moi il était. » De sa plénitude, en effet, nous avons tous reçu et grâce sur grâce. Car la Loi a été donnée par Moïse, la grâce et la vérité sont venues par Jésus-Christ. Dieu, personne ne l'a jamais vu ; le Fils unique de Dieu qui est dans le sein du Père, c'est lui qui nous l'a dévoilé.

Jn 1, 1-18

L'Évangile n'est pas un livre, c'est une rencontre…

LA PRIÈRE DANS LA BIBLE

(...) Je les comblerai de joie dans ma maison de prière. Is 56, 7

Marie méditait toutes ces choses en son cœur. Lc 2, 19

Le matin, bien avant le jour, il se leva, sortit et s'en alla dans un lieu désert, et là il priait.

Mc 1, 35

(...) quand tu pries, retire-toi dans ta chambre, ferme sur toi la porte, et prie ton Père qui est là, dans le secret ; et ton Père, qui voit dans le secret, te le rendra.

Mt 6, 6

(...) quand tu jeûnes (...) que ton jeûne soit connu non des hommes, mais de ton Père qui est là, dans le secret ; et ton Père, qui voit dans le secret, te le rendra.

Mt 6, 17-18

Demandez et l'on vous donnera ; cherchez et vous trouverez ; frappez et l'on vous ouvrira. Car quiconque demande reçoit ; qui cherche trouve ; et à qui frappe, on ouvrira (...) combien votre Père qui est dans les cieux donnera-t-il de bonnes choses à ceux qui l'en prient.

Mt 7, 7-8, 11

De même, je vous le dis en vérité, si deux d'entre vous, sur la terre, unissent leurs voix pour demander quoi que ce soit, cela leur sera accordé par mon Père qui est aux cieux. Que deux ou trois, en effet, soient réunis en mon nom, je suis là au milieu d'eux.

Mt 18, 19-20

Et tout ce que vous demanderez dans une prière pleine de foi, vous l'obtiendrez.

Mt 21, 22

Veillez et priez pour ne pas entrer en tentation : l'esprit est ardent, mais la chair est faible.

Mt 26, 41

Et il leur disait une parabole sur ce qu'il leur fallait prier sans cesse et ne pas se décourager.

Lc 18, 1

(…) Pourquoi nous autres n'avons-nous pu l'expulser ? Il leur dit : Cette espèce-là ne peut sortir que par la prière et par le jeûne.

Mc 9, 29

Et tout ce que vous demanderez en mon nom, je le ferai, afin que le Père soit glorifié dans le Fils. Si vous me demandez quelque chose en mon nom, je le ferai.

Jn 14, 13-14

Si vous demeurez en moi et que mes paroles demeurent en vous, demandez ce que vous voudrez et vous l'aurez.

Jn 15, 7

En vérité je vous le dis (…) tout ce que vous demandez dans la prière, croyez que vous l'avez déjà reçu, et cela vous sera accordé.

Mc 11, 23-24

(…) L'Esprit vient au secours de notre faiblesse, car nous ne savons que demander pour prier comme il faut ; mais l'Esprit lui-même intercède pour nous (…).

Rm 8, 26

Vivez dans la prière et les supplications ; priez en tout temps, dans l'Esprit ; apportez-y une vigilance inlassable et intercédez pour tous les saints.

Ep 6, 18

N’entretenez aucun souci ; mais en tout besoin recourez à l’oraison et à la prière, pénétrés d’action de grâces, pour présenter vos requêtes à Dieu. Alors la paix de Dieu, qui surpasse toute intelligence, prendra sous sa garde vos cœurs et vos pensées, dans le Christ Jésus.

Ph 4, 6-7

Soyez assidus à la prière ; qu’elle vous tienne vigilants, dans l’action de grâces.

Col 4, 2

Restez toujours joyeux. Priez sans cesse. En toute condition, soyez dans l’action de grâces. C’est la volonté de Dieu sur vous dans le Christ Jésus.

1 Th 5, 16-18

Je recommande donc, avant tout, qu’on fasse des demandes, des prières, des supplications, des actions de grâces (…) que les hommes prient en tout lieu, élevant vers le ciel des mains pieuses, sans colère, ni dispute.

1 Tm 2, 1. 8

La supplication fervente du juste a beaucoup de puissance. Élie était un homme semblable à nous : il pria instamment qu’il n’y eût pas de pluie, et il n’y eut pas de pluie sur la terre pendant trois ans et six mois. Puis il pria de nouveau : le ciel donna de la pluie et la terre produisit son fruit.

Jc 5, 16-17

La moisson est abondante, mais les ouvriers sont peu nombreux, priez donc le Maître de la moisson d’envoyer des ouvriers à sa moisson.

Lc 10, 2

Ma maison sera appelée maison de prière pour toutes les nations.

Mc 11, 17

Icône du Christ bénissant
VIe siècle – Monastère Sainte-Catherine – Sinaï

La prière que Jésus nous a apprise :

NOTRE PÈRE

Notre Père, qui es aux cieux,
que ton nom soit sanctifié,
que ton règne vienne,
que ta volonté soit faite
sur la terre comme au ciel.
Donne-nous aujourd'hui
notre pain de ce jour,
pardonne-nous nos offenses,
comme nous pardonnons aussi
à ceux qui nous ont offensés,
et ne nous soumets pas à la tentation,
mais délivre-nous du mal.
Amen.

Oui, si vous pardonnez aux hommes leurs fautes, votre Père Céleste vous pardonnera aussi ; mais si vous ne pardonnez pas aux hommes, votre Père non plus ne vous pardonnera pas vos fautes.

Mt 6, 14-15

Car le jugement est sans miséricorde pour qui n'a pas fait miséricorde ; mais la miséricorde triomphe du jugement.

Jc 2, 13

Version latine du Notre Père :
Pater noster, qui es in caelis, sanctificetur nomen tuum ; adveniat regnum tuum ; fiat voluntas tua, sicut in caelo, et in terra. Panem nostrum quotidianum da nobis hodie ; et dimitte nobis debita nostra, sicut et nos dimittimus debitoribus nostris ; et ne nos inducas in tentationem ; sed libera nos a malo. Amen.

Je vous salue, Marie

Je vous salue, Marie, pleine de grâce,
le Seigneur est avec vous,
vous êtes bénie entre toutes les femmes,
et Jésus, le fruit de vos entrailles, est béni.
Sainte Marie, Mère de Dieu,
priez pour nous, pauvres pécheurs,
maintenant et à l'heure de notre mort.
Amen

Réjouis-toi, Marie

Réjouis-toi Marie, comblée de grâce,
le Seigneur est avec toi,
tu es bénie entre toutes les femmes,
et Jésus, le fruit de ton sein, est béni.
Sainte Marie, Mère de Dieu,
prie pour nous, pauvres pécheurs,
maintenant et à l'heure de notre mort.
Amen.
d'après la traduction grecque de la salutation angélique.

Version latine :
Ave Maria, gratia plena,
Dominus tecum,
benedicta tu in mulieribus,
et benedictus fructus ventris tui, Iesus.
Sancta Maria, Mater Dei,
ora pro nobis peccatoribus,
nunc et in hora mortis nostrae.
Amen.

Gloire au Père

Gloire au Père, au Fils et au Saint-Esprit,
comme il était au commencement,
maintenant et toujours
et dans les siècles des siècles.
Amen.

Version latine :
Gloria Patri et Filio et Spiritui Sancto,
sicut erat in principio, et nunc et semper,
et in saecula saeculorum.
Amen

Le symbole des Apôtres

Je crois en Dieu, le Père tout-puissant,
créateur du ciel et de la terre,
et en Jésus Christ, son Fils unique, notre Seigneur,
qui a été conçu du Saint-Esprit,
est né de la Vierge Marie,
a souffert sous Ponce Pilate,
a été crucifié, est mort et a été enseveli,
est descendu aux enfers,
le troisième jour, est ressuscité des morts,
est monté aux cieux,
est assis à la droite de Dieu le Père tout-puissant,
d'où il viendra juger les vivants et les morts.
Je crois en l'Esprit Saint, à la sainte Église catholique,
à la communion des saints, à la rémission des péchés,
à la résurrection de la chair, à la vie éternelle.
Amen.

Le symbole de Nicée-Constantinople

Je crois en un seul Dieu,
le Père tout-puissant, créateur du ciel et de la terre,
de l'univers visible et invisible.
Je crois en un seul Seigneur, Jésus-Christ,
le Fils unique de Dieu,
né du Père avant tous les siècles :
Il est Dieu, né de Dieu,
lumière, née de la lumière,
vrai Dieu, né du vrai Dieu,
engendré, non pas créé, de même nature que le Père ;
et par lui tout a été fait.
Pour nous les hommes, et pour notre salut,
il descendit du ciel.
Par l'Esprit Saint, il a pris chair de la Vierge Marie,
et s'est fait homme.
Crucifié pour nous sous Ponce Pilate,
il souffrit sa Passion et fut mis au tombeau.
Il ressuscita le troisième jour,
conformément aux Écritures,
et il monta au ciel ; il est assis à la droite du Père.
Il reviendra dans la gloire,
pour juger les vivants et les morts ;
et son règne n'aura pas de fin.
Je crois en l'Esprit Saint,
qui est Seigneur et qui donne la vie ;
il procède du Père et du Fils.
Avec le Père et le Fils,
il reçoit même adoration et même gloire ;
il a parlé par les prophètes.
Je crois en l'Église, une, sainte, catholique
et apostolique.
Je reconnais un seul baptême
pour le pardon des péchés.
J'attends la résurrection des morts,
et la vie du monde à venir.
Amen.

Viens, Esprit Créateur (Veni Creator)

1. Viens, Esprit créateur, nous visiter,
Viens éclairer l'âme de tes fils ;
Emplis nos cœurs de grâce et de lumière,
Toi qui créas toute chose avec amour.

2. Toi le don, l'envoyé du Dieu Très Haut
Tu t'es fait pour nous le défenseur ;
Tu es l'amour, le feu, la source vive,
Force et douceur de la grâce du Seigneur.

3. Donne-nous les sept dons de ton amour,
Toi le doigt qui œuvres au nom du Père ;
Toi dont il nous promit le règne et la venue,
Toi qui inspires nos langues (lèvres) pour chanter.

4. Mets en nous ta clarté, embrase-nous,
En nos cœurs, répands l'amour du Père ;
Viens fortifier nos corps dans leur faiblesse,
Et donne-nous ta vigueur éternelle.

5. Chasse au loin l'ennemi qui nous menace,
Hâte-toi de nous donner la paix ;
Afin que nous marchions sous ta conduite,
Et que nos vies soient lavées de tout péché.

6. Fais-nous voir le visage du Très-Haut,
Et révèle-nous celui du Fils ;
Et toi l'Esprit commun qui les rassembles,
Viens en nos cœurs, qu'à jamais nous croyons en toi.

7. Gloire à Dieu notre Père dans les cieux,
Gloire au Fils qui monte des enfers ;
Gloire à l'Esprit de force et de sagesse,
Dans tous les siècles des siècles.
Amen.

Acte de Foi

Mon Dieu, je crois fermement toutes les vérités que vous nous avez révélées et que vous nous enseignez par votre Église, parce que vous ne pouvez ni vous tromper, ni nous tromper.

ou Je crois en Toi, Dieu d'Amour.
Tu es un seul Dieu
mais Tu t'es révélé Père, Fils et Saint-Esprit.
En faisant de moi ton enfant par le baptême,
tu me fais participer à ta vie, en Église.
Fortifie ma foi en ta Parole
et donne-moi d'agir en toutes choses
comme Ton Fils Jésus-Christ Notre Seigneur.
Amen.

•

Mon juste vivra par la foi ; et s'il se dérobe,
mon âme ne se complaira pas en lui. He 10, 38

Acte d'Espérance

Mon Dieu, j'espère avec une ferme confiance que vous me donnerez, par les mérites de Jésus-Christ, votre grâce en ce monde et le bonheur éternel dans l'autre, parce que vous l'avez promis et que vous tenez toujours vos promesses.

ou J'espère en Toi, Dieu d'Amour.
À ceux qui t'aiment
Tu as promis la présence de l'Esprit Saint.
Dans les difficultés de l'existence
et à l'heure de la mort,
affermis ma confiance
en Celui qui donne la vie éternelle
par sa mort et sa résurrection,
ton Fils Jésus-Christ Notre Seigneur.
Amen.

•

Que le Dieu de l'espérance vous donne en plénitude dans votre acte de foi la joie et la paix, afin que l'espérance surabonde en vous par la vertu de l'Esprit Saint. Rm 15,13

Acte de Charité

Mon Dieu, je vous aime de tout mon cœur et par-dessus toutes choses, parce que vous êtes infiniment bon, et j'aime mon prochain comme moi-même pour l'amour de vous.

ou Je t'aime, Père, Amour infini,
parce que Tu m'as aimé le Premier.
Que ton Esprit augmente en moi la charité
et me fasse aimer tous les hommes
comme Celui qui les aima jusqu'au bout
en donnant sa vie sur la croix,
ton Fils Jésus Christ Notre Seigneur.
Amen.

•

Jésus répondit : « Le premier (commandement), c'est : Écoute, Israël, le Seigneur notre Dieu est l'unique Seigneur, et tu aimeras le Seigneur ton Dieu de tout ton cœur, de toute ton âme, de tout ton esprit et de toute ta force. Voici le second : Tu aimeras ton prochain comme toi-même. Il n'y a pas de commandement plus grand que ceux-là. »
Mc 12, 29-31

POUR ENTRER EN PRIÈRE

Le signe de la Croix

Les amoureux signifient leur amour par des gestes, autant de gestes, autant de signes qui sont le langage de leur amour. Le signe de croix est ainsi une déclaration de notre amour à Dieu. Je commence ma prière par ce signe qui dit : « Je suis à toi, par ta Croix, Seigneur, je suis sauvé », ainsi nous associons notre corps à notre cœur et à notre foi. Le signe de croix est donc un geste que nous ferons lentement, avec infiniment de respect, d'amour, parce qu'il est déjà à lui seul une prière, et cette prière a un sens :

Au Nom du Père	:	*Le Père qui nous a créés*
Et du Fils	:	*Le Fils qui nous a sauvés*
Et du Saint-Esprit	:	*L'Esprit qui nous sanctifie*
Amen.		

Le signe de Croix est le signe de notre identité de Chrétien et de notre foi en la Très Sainte Trinité.

Entrer en prière

Nous nous demandons comment entrer en prière ? Le lieu, le moment, la position…
Nous nous posons bien des questions, mais rappelons-nous que seule la disposition de notre Cœur va nous aider à entrer en prière. Si nous ne pouvons prier à genoux, nous prierons assis, et si nous ne le pouvons assis, nous prierons allongé… Le corps doit trouver son confort pour que le cœur marche vers celui qui procure le réconfort. Pour ce qui est du lieu, il est bien sûr préférable de trouver un endroit calme : «… lorsque tu pries, retire-toi dans ta chambre, ferme sur toi la porte, et prie ton Père qui est là, dans le secret… ». Mt 6, 6

Si nous pouvons, nous nous tiendrons auprès du Tabernacle dans une Église, et si l'occasion nous en est offerte, nous pourrons participer à une Adoration Eucharistique, devant Jésus présent dans le Saint-Sacrement.
On peut aussi réserver à Dieu, dans notre maison, un petit oratoire orné d'une icône, d'un crucifix, d'images… autant de signes qui sont des invitations à la prière.
Cependant, les circonstances de la vie nous amèneront à prier sans cesse et en tout endroit, de sorte que c'est en nous-mêmes que nous ferons ce petit oratoire, et la prière se fera respiration de notre âme… au travail, en courses…

Petit exercice pratique :

Je m'installe confortablement dans mon oratoire, je regarde les icônes, la bougie que je viens d'allumer, signe de la lumière de Dieu, je me pénètre de tout ceci pour me faire présent à la Présence et pour déposer tous soucis du monde.
Après une longue respiration qui détend, je peux fermer les yeux, et faire mon signe de croix pour dire à Dieu : « Je suis maintenant tout à Toi, à Toi qui es en moi ».
Après avoir demandé humblement pardon au Seigneur pour tous mes manquements, j'invoque l'aide de l'Esprit Saint afin qu'il joigne ma prière à la sienne et j'ai recours à l'intercession de Marie.
Bien souvent, de nombreuses distractions viennent encombrer mon esprit…
Nous vous rapportons l'histoire de Mère Yvonne Aimée de Malestroit, qui était responsable des cuisines à son monastère, et qui se trouvait troublée à ses oraisons par la composition de ses menus. Elle décida un jour de ne plus lutter contre toutes ces pensées et rédigea ses menus avec Jésus au temps de son oraison. Une fois ses menus composés, elle continuait, en paix, sa prière…
Tout ce qui nous concerne intéresse Jésus, alors remettons-lui toutes nos préoccupations…, l'essentiel étant d'être présent avec notre cœur et pour le reste, confions-nous à l'Esprit Saint.

Comment préparer mon cœur ?

Trois mots, comme trois petites marches nous élèvent vers cette dilatation du cœur à la présence divine : Merci, pardon, s'il te plaît.

Merci : *Nous avons été créés par l'amour pour la louange. Nous passerons notre éternité à louer le Seigneur pour toutes ses merveilles et ses hauts faits, alors prenons un peu d'entraînement. La louange dilate le cœur, et l'invite à découvrir la bonté de Dieu.*
Louons Dieu pour la vie, pour la merveille que nous sommes, pour la création…
Les sujets de louanges sont infinis et si parfois mon cœur semble ne pas suivre mes lèvres, je continue… petit à petit, l'Esprit Saint accordera tout mon être aux chants des anges.

Pardon : *Sainte Thérèse de l'Enfant-Jésus se plaisait à répéter : « La confiance, rien que la confiance, mène au chemin de l'amour ». Remettons maintenant tout ce qui peut nous retenir en arrière. Je dépose les rancunes, les dettes que je retiens vis-à-vis de Dieu, de moi-même, des personnes qui m'entourent… Dieu ne me juge pas. Il m'aime et attend que je vienne à lui, que je lui remette mes pauvretés, ma misère, pour tout recouvrir de sa miséricordieuse bonté.*

S'il te plaît : *Me voilà prêt pour déposer dans le cœur de mon Père toutes mes requêtes. Que je prie un trentain, une neuvaine, une simple prière d'un instant, je crois qu'aucune prière ne peut se perdre et qu'elle touche le cœur de Dieu.*
Je crois que si parfois elles n'aboutissent pas selon mes prévisions, c'est qu'il me reste à découvrir la Sainte Volonté de Celui qui fait tout contribuer au bien de ceux qu'Il aime…

… À la fin de notre prière, fortifiés et apaisés, l'esprit plus libre, plus joyeux, le cœur plus aimant, nous prendrons également un temps de silence et d'action de grâces en remerciant Dieu, avant de repartir vers nos occupations et vers nos frères.

Le fruit de la prière c'est la paix et la paix c'est l'amour…

L'humilité est la disposition pour recevoir gratuitement le don de la prière.
La prière, que nous le sachions ou non, est la rencontre de la soif de Dieu et de la nôtre.
La prière est *chrétienne* en tant qu'elle est communion au Christ et se dilate dans l'Église qui est son Corps.
La liturgie est aussi participation à la prière du Christ, adressée au Père dans l'Esprit Saint. En elle toute prière chrétienne trouve sa source et son terme.

Catéchisme de l'Église Catholique – 2559/2560/2565/1073

LE SAINT ROSAIRE

Prière de l'union au Christ

Évangile des humbles

La Sainte Vierge transmet le Rosaire à saint Dominique

Chers frères et sœurs, pour vivre d'une façon vraiment chrétienne, il faut d'abord que vous soyez animés du dedans par l'Esprit de Dieu ; et je voudrais pour cela que vous vous tourniez davantage encore vers la Vierge Marie, votre Mère, la Mère de l'Église. Qui, mieux que Marie, a vécu une vie simple en la sanctifiant ? Qui, mieux que Marie, a accompagné Jésus dans toute sa vie joyeuse, publique, souffrante et glorieuse, est entrée dans l'intimité de ses sentiments filiaux, pour le Père, fraternels pour les autres ? Qui, mieux que Marie, associée maintenant à la gloire de son Fils, peut intervenir en notre faveur ?

Elle doit maintenant accompagner votre vie. Nous allons lui confier cette vie. L'Église nous propose pour cela une prière, toute simple, le Rosaire, le chapelet, qui peut calmement s'échelonner au rythme de nos journées. Le Rosaire, lentement récité et médité, en famille, en communauté, personnellement, vous fera entrer peu à peu dans les sentiments du Christ et de sa Mère, en évoquant tous les événements qui sont la clef de notre salut. Au gré des « Je vous salue Marie », vous contemplerez le mystère de l'Incarnation du Christ, la vie publique du Christ, la Rédemption du Christ, et aussi le but vers lequel nous tendons, dans la lumière et le repos de Dieu. Avec Marie, vous ouvrirez votre âme à l'Esprit Saint, pour qu'il inspire toutes les grandes tâches qui vous attendent. Que Marie soit votre guide et votre soutien.

«... Dans son chapelet, même le plus humble et le plus petit fils ou fille du peuple de Dieu redécouvre en plénitude sa vocation baptismale, son sacerdoce prophétique et royal, il acquiert, en Marie et grâce à Marie, une extraordinaire capacité d'imploration auprès du cœur du Christ et du Père. Marie elle-même, dans le chapelet, recueille les prières des pauvres et des humbles et leur confère une très puissante faculté d'intercession auprès du trône du Très-Haut. Le Rosaire, grâce à Marie, fait descendre pour ainsi dire la lumière salvifique de tous les mystères du Christ dans les circonstances et dans les difficultés de la vie quotidienne normale, du travail, de la fatigue, du doute, de la souffrance, de la vie sociale et familiale, et transfigure tout, élève tout, purifie tout... »

Saint Jean-Paul II

L’usage du Chapelet

Le rosaire comprend désormais 4 Chapelets de 5 dizaines chacun, soit 20 dizaines. À chacun des 5 Mystères Joyeux, Lumineux, Douloureux et Glorieux, nous contemplons et méditons la Vie de Notre Seigneur Jésus-Christ et nous prions 1 Notre Père, 10 Je vous salue, Marie et 1 Gloire au Père. Nous pouvons, bien sûr, prier un rosaire en entier, mais nous pouvons aussi le répartir en quatre temps dans la journée : mystères joyeux, lumineux, douloureux et glorieux ; la prière de chacun des chapelets correspondants nécessitant environ une demi-heure.

10 Je vous salue, Marie
et 1 Gloire au Père

Notre Père

10 Je vous salue, Marie
et 1 Gloire au Père

Notre Père
3 Je vous salue, Marie
et 1 Gloire au Père
Notre Père

Je crois en Dieu
(Le Symbole des apôtres)

Nous commençons chaque chapelet par le Symbole des Apôtres (Je crois en Dieu), 1 Notre Père, 3 Je vous salue Marie et 1 Gloire au Père, avant de prier la première dizaine.

Après chaque dizaine, nous pouvons dire la prière enseignée par Marie aux enfants de Fatima :

« Ô mon Jésus, pardonne-nous nos péchés, préserve-nous du feu de l'enfer et conduis au ciel toutes les âmes, surtout celles qui ont le plus besoin de ta miséricorde. »

Le Chapelet rend notre prière concrète. Il est comme une échelle qui nous élève dans la vie spirituelle. Il fait grandir notre foi. Il enchaîne le mal en nos vies et y libère le pouvoir de Marie, notre Reine, pour étendre l'amour de Jésus parmi les hommes. Marie nous invite à prier avec elle pour agir. Chaque « Je vous salue… » est une fleur déposée à ses pieds, d'où le terme : Rosaire.
Seule l'intention, la disposition du cœur comptent pour bien prier le rosaire. Si la situation le permet, prions lentement. Si nous le pouvons, faisons aussi de courts silences, dans la prière même du « Je vous salue, Marie », à la ponctuation du texte : Jésus…, Sainte Marie…, Mère de Dieu…, etc.
Ouvrons-nous à la présence de Dieu. Une prière mal préparée, trop hâtive, des paroles prononcées avec trop de rapidité ou d'intensité ne nous mettent pas dans une bonne disposition pour recevoir la grâce. Plaçons-nous dans une attitude d'accueil, d'écoute. Ouvrons et laissons parler notre cœur avec simplicité. Confions au Seigneur et à Marie nos difficultés, nos attentes, nos espérances, nos demandes… Prions, non avec des mots, mais avec notre cœur et restons persévérants, toujours dans une grande douceur.

Sans la contemplation, le Rosaire est un corps sans âme… Par nature, la récitation du Rosaire exige que le rythme soit calme et que l'on prenne son temps, afin que la personne qui s'y livre puisse mieux méditer les mystères de la vie du Seigneur vus à travers le Cœur de celle qui fut la plus proche du Seigneur.

Bienheureux Paul VI

Méditons les mystères du Rosaire avec Marie

Ateliers d'icônes Karatzas – 27, rue des Bruyères, 4000 Liège, Belgique

Icône contemporaine de la Mère de Dieu

Le Rosaire nous met en communion vivante avec Jésus
à travers le Cœur de sa Mère.

Saint Jean-Paul II

Prière d'introduction

Marie, nous voulons te sentir à nos côtés quand nous prions le chapelet. Par le chapelet, nous voulons élever notre cœur à Dieu pour vivre un temps de prière en sa présence.
Nous t'invoquons, Mère de Jésus, en contemplant la vie et la parole du Fils de Dieu dans le Rosaire, pour que tu nous conduises par ce chemin lumineux vers celui qui est Seigneur et Sauveur.
C'est un temps d'amour que nous voulons vivre chaque jour par le rosaire.
Nous voulons apporter, offrir et attacher à cette prière du rosaire toutes les circonstances de notre vie, de la vie de ceux que nous aimons et de celle de tous les enfants de Dieu.
Nous voulons saisir cette corde du rosaire que toi, notre Mère du Ciel, tu nous lances depuis le Paradis pour que nous parvenions par toi à la gloire.
Par le moyen du rosaire nous exerçons la charité de l'esprit ; par lui, nous obtenons le pardon pour nos ennemis, nous prions pour tous ceux qui sont dans le besoin, dans l'épreuve ou dans la souffrance.
À ton école Marie, avec la prière du rosaire, nous voulons et pouvons obtenir de Dieu de nombreuses grâces, obtenir et gagner avec lui et pour tous de nombreux bienfaits.

(…) Quand tu pries, retire-toi dans ta chambre, ferme sur toi la porte, et prie ton Père qui est là, dans le secret ; et ton Père, qui voit dans le secret, te le rendra.

Mt 6, 6

En vérité je vous le dis (…) tout ce que vous demandez dans la prière, croyez que vous l'avez déjà reçu, et cela vous sera accordé.

Mc 11, 23-24

Demandez et vous recevrez pour que votre joie soit parfaite.

Jn 16, 24

Mystères Joyeux

1. L'Annonciation

L'Ange Gabriel dit à Marie : « Je te salue, comblée de grâce, le Seigneur est avec toi (…) tu enfanteras un fils et tu l'appelleras Jésus (…) Il sera appelé Fils de Dieu. »
« Comment cela se fera-t-il ? »
« L'Esprit Saint viendra sur toi… rien n'est impossible à Dieu. » Marie dit alors : « Voici la Servante du Seigneur. Qu'il me soit fait selon ta parole. »

Lc 1, 28-38

Le Seigneur ton Dieu est en toi, c'est lui qui apporte le salut. Il aura en toi sa joie et son allégresse…

So 3, 15-17

Chante, réjouis-toi, fille de Sion, car voici que je viens pour demeurer au milieu de toi…

Za 2, 14

L'humilité

Je te bénis, Père, Seigneur du Ciel et de la Terre, d'avoir caché cela aux sages et aux savants et de l'avoir révélé aux tout-petits.

Mt 11, 25

Seigneur, rends-moi humble, apprends-moi à accueillir en ma vie ton œuvre de salut.

Pour que tous les hommes acceptent la volonté de Dieu et que, dans l'amour mutuel, nous donnions au monde le Sauveur, nous te prions : Seigneur, écoute-nous !

2. La Visitation

Marie se rendit en hâte chez sa cousine Élisabeth. Dès qu'Élisabeth entendit la salutation de Marie, elle fut remplie d'Esprit Saint et dit : « Tu es bénie entre toutes les femmes et le fruit de ton sein est béni ! Comment ai-je le bonheur d'avoir la mère de mon Seigneur qui vienne jusqu'à moi ? Car lorsque j'ai entendu tes paroles de salutation, l'enfant a tressailli d'allégresse en mon sein. »
Marie dit alors : « Mon âme glorifie le Seigneur (...) le Tout-Puissant a fait pour moi des merveilles... »

Lc 1, 39-49

(...) Le Fils de Dieu, encore invisible aux yeux des hommes, se présente à l'adoration d'Élisabeth, « irradiant » quasi sa lumière, à travers les yeux et la voix de Marie.

Saint Jean-Paul II

L'amour du prochain

Marie demeura avec elle environ trois mois...

Lc 1, 56

Tu aimeras le Seigneur ton Dieu de tout ton cœur, de toute ton âme, de toute ta force et de tout ton esprit, et ton prochain comme toi-même.

Lc 10, 27

Si nous nous aimons les uns les autres, Dieu demeure en nous, en nous son amour est accompli.

1 Jn 4, 12

Seigneur, ouvre mon cœur à l'amour de mes frères, apprends-moi à les accepter et à les servir dans leurs besoins, leurs différences et leurs diversités.

Pour que tous les hommes deviennent porteurs de Dieu à leurs frères, en découvrant de plus en plus Dieu en eux-mêmes, nous te prions : Seigneur, écoute-nous !

3. La Naissance de Jésus

L'Ange dit aux bergers : « Aujourd'hui vous est né un Sauveur qui est le Christ Seigneur. »
(...) une troupe céleste innombrable louait Dieu en disant : « Gloire à Dieu au plus haut des cieux, et paix sur la terre aux hommes qu'il aime. »
(...) Ils vinrent donc en hâte et trouvèrent Marie, Joseph et le nouveau-né couché dans la crèche.
Quant à Marie, elle gardait avec soin toutes ces choses les méditant en son cœur. Lc 2, 10-19

Les mages (...) virent l'enfant avec Marie, sa mère, et, tombant à genoux, ils se prosternèrent devant lui et lui rendirent hommage.
Mt 2, 11

La simplicité de cœur

Seigneur, je n'ai pas le cœur fier ni le regard ambitieux ; je n'ai pas pris un chemin de grandeurs ni de prodiges qui me dépassent. Non, mais je tiens mon âme en paix et en silence. Mon âme est en moi comme un enfant, comme un petit enfant contre sa mère.
Ps 130

Pour vous, Il s'est fait pauvre, de riche qu'il était. 2 Co 8, 9

Heureux ceux qui ont une âme de pauvre, car le Royaume des Cieux est à eux.
Mt 5, 3

Seigneur, viens renaître dans mon cœur et y répandre ta paix. Détache-moi des richesses de ce monde. Donne-moi un cœur d'enfant, simple, qui cherche à donner dans la joie plutôt qu'à recevoir, prendre ou posséder.

Pour que tous les hommes découvrent en chaque naissance un signe d'amour, de reconnaissance, de confiance et de paix en Dieu, nous te prions : Seigneur, écoute-nous !

4. Jésus est présenté au Temple

Syméon vint au Temple, poussé par l'Esprit Saint, et quand les parents apportèrent le petit enfant Jésus, il le reçut dans ses bras, bénit Dieu et dit : « mes yeux ont vu le Sauveur (...) lumière pour éclairer tous les pays. »
Syméon dit à Marie, sa mère : « les uns seront pour lui, les autres contre lui, et toi-même, une épée te transpercera l'âme. »

Lc 2, 27-35

Le don de soi

Dieu n'a pas envoyé son Fils dans le monde pour juger le monde, mais pour que le monde soit sauvé par lui.

Jn 3, 17

Alors j'ai dit : Voici, je viens pour faire ta volonté.

He 10, 7

Jésus fut obéissant jusqu'à la mort et à la mort sur une croix.

Ph 2, 8

Marie (...) se livra elle-même intégralement à la personne et à l'œuvre de son Fils, pour servir (...) au mystère de la Rédemption.

Catéchisme de l'Église Catholique - 494

Seigneur, aide-moi à comprendre, à reconnaître et à accomplir ta volonté, à coopérer à ton œuvre.

Pour que chaque homme se sente petit enfant et que, par les mains de Marie, il s'offre au Père en ne cherchant que l'accomplissement de sa volonté, nous te prions : Seigneur, écoute-nous !

5. Jésus est retrouvé au Temple

Au bout de trois jours, ils le trouvèrent dans le Temple…
Tous ceux qui l'entendaient étaient stupéfaits par son intelligence et ses réponses (…) Sa mère lui dit : « Mon enfant, pourquoi nous as-tu fait cela ? »
Et il leur dit : « Pourquoi me cherchiez-vous ? Ne saviez-vous pas que je me dois aux affaires de mon Père ? »

Lc 2, 46-49

Il redescendit alors avec eux et revint à Nazareth, et il leur était soumis.

Lc 2, 51

La recherche de Dieu

Je t'instruirai, je t'apprendrai la route à suivre. Ps 32, 8

De peu il est besoin, une seule chose même est nécessaire (…) Marie a choisi la meilleure part…

Lc 10, 42

Heureux ceux qui écoutent la parole de Dieu et l'observent.

Lc 11, 28

(…) la grâce et la vérité sont venues par Jésus-Christ.

Jn 1,…17

Seigneur, aide-moi à être docile à tes enseignements. Fais grandir en moi le désir de te chercher, de te connaître, de t'aimer et de te trouver en toute chose.

Pour que tous les hommes aient le désir ardent de découvrir Dieu – Voie, Vérité et Vie – nous te prions : Seigneur, écoute-nous !

Mystères Lumineux

1. Jésus est baptisé dans les eaux du Jourdain

Voici l'agneau de Dieu qui enlève le péché du monde. 1 Jn 1, 29

(…) « C'est moi qui ai besoin d'être baptisé par toi, et toi, tu viens à moi ! » Mais Jésus lui répondit : « Laisse faire pour l'instant : car c'est ainsi qu'il nous convient d'accomplir toute justice. » (…) Ayant été baptisé, Jésus aussitôt remonta de l'eau ; et voici que les cieux s'ouvrirent : il vit l'Esprit de Dieu descendre comme une colombe et venir vers lui. Et voici qu'une voix venue des cieux disait : « Celui-ci est mon Fils bien-aimé, qui a toute ma faveur. »
Mt 3, 14-17

L'amour filial

Car vous êtes tous fils de Dieu, par la foi, dans le Christ Jésus. Vous tous en effet, baptisés dans le Christ, vous avez revêtu le Christ.
Ga 3, 26-27

(…) à ceux qui l'ont reçu, à ceux qui croient en son nom, il a donné le pouvoir de devenir enfants de Dieu.
Jn 1, 12

Dieu a envoyé son fils unique dans le monde pour que nous vivions par lui.
1 Jn 4,… 9

Seigneur, purifie mon âme, ouvre-moi à la vie de la grâce, renouvelle-moi chaque jour en ton amour. Merci de m'avoir établi héritier, enfant de Dieu par le baptême.

Pour que chaque homme, en revêtant le Christ par le baptême, se découvre chaque jour davantage fils bien-aimé du Père et enfant de l'Église, nous te prions : Seigneur, écoute-nous !

2. Jésus change l'eau en vin

Il y eut des noces…
Le vin venant à manquer, la mère de Jésus lui dit : « Ils n'ont pas de vin. » Jésus lui répondit : « Femme, qu'y a-t-il désormais entre toi et moi ? Mon heure n'est pas encore venue. » Sa mère dit aux serviteurs : « Tout ce qu'il vous dira, faites-le. »

Jn 2, 1-5

Remplissez d'eau ces jarres (…) puisez maintenant et portez-en au maître du repas.

Jn 2, 7-8

(…) en mon peuple je serai plein d'allégresse.

Is 65, 19

La joie de la Révélation

Tel fut le premier des signes de Jésus, il l'accomplit à Cana de Galilée et il manifesta sa gloire et ses disciples crurent en lui.

Jn 2, 11

(…) les œuvres que le Père m'a donné d'accomplir, ces œuvres mêmes que je fais me rendent témoignage que le Père m'envoie.

Jn 5,… 36

Je suis venu pour que vous ayez la vie et la vie en abondance.

Jn 10, 10

Seigneur, par l'intercession et la sollicitude maternelle de Marie, Voie de la Providence, Médiatrice de toutes grâces, veille et pourvois à mes besoins, éveille mon cœur à ton œuvre de Rédemption et affermis ma foi.

Pour que tous les hommes, par l'invitation de Marie à lui faire confiance, à le suivre et à lui obéir, ouvrent leurs cœurs et reconnaissent Jésus, Messie et envoyé de Dieu, nous te prions : Seigneur, écoute-nous !

3. La Prédication de Jésus

Le temps est accompli et le Royaume de Dieu est tout proche : Repentez-vous et croyez à l'Évangile.
Mc 1, 15

À cause de cela, je te le dis, ses péchés, ses nombreux péchés, lui sont remis parce qu'elle a montré beaucoup d'amour. Lc 7, 47

Jésus, voyant leur foi, dit au paralytique : « Mon enfant, tes péchés sont remis » (…) « pour que vous sachiez que le Fils de l'homme a le pouvoir de remettre les péchés sur la terre, je te l'ordonne, dit-il au paralytique, lève-toi, prends ta civière, et rentre chez toi. »
Mc 2, 3-10

La conversion et la confiance en la Miséricorde

Approchez-vous de Dieu, et il s'approchera de vous. (…) Humiliez-vous devant le Seigneur et il vous élèvera. Jc 4, 8-10

Ceux à qui vous remettrez les péchés, ils leur seront remis, ceux à qui vous les retiendrez, ils leur seront retenus. Jn 20, 23

Ce que vous voulez que les hommes fassent pour vous, faites-le aussi pour eux (…) aimez vos ennemis, faites du bien. (…) Soyez miséricordieux comme votre Père est miséricordieux. Ne jugez pas (…) ne condamnez pas. (…) Pardonnez, et vous serez pardonnés. Donnez, et vous recevrez (…).
Lc 6, 31-38

(…) conduisez-vous en enfants de lumière ; et le fruit de la lumière consiste en toute bonté, justice et vérité. Ep 5,… 8-9

Seigneur, fais-moi revenir à toi avec foi et humilité, confiant en ta Miséricorde. Ouvre mon cœur et apprends-moi à vivre selon ta parole.

Pour que tous les hommes, découvrant dans le sacrement de la réconciliation la miséricorde agissante de Jésus qui nous rétablit dans la grâce et la paix de Dieu, se sentent appelés à vivre selon le message de l'Évangile et l'esprit des Béatitudes, nous te prions : Seigneur, écoute-nous !

4. La Transfiguration

Pendant qu'il priait, l'aspect de son visage changea, et son vêtement devint d'une éclatante blancheur. Et voici que deux hommes s'entretenaient avec lui : c'étaient Moïse et Élie qui, apparaissant dans la gloire, parlaient de son départ, qu'il allait accomplir à Jérusalem.

Lc 9, 29-31

(…) une voix partit de la nuée qui disait : « Celui-ci est mon Fils bien-aimé, qui a toute ma faveur, écoutez-le. »

Mt 17, 5

La contemplation et la ferveur

Qui regarde vers lui resplendira sans ombre ni trouble au visage.

Ps 33, 6

(…) qui me suit ne marchera pas dans les ténèbres, mais il aura la lumière de la vie.

Jn 8,… 12

(…) nous sommes transfigurés en son image, avec une gloire de plus en plus grande, par l'action du Seigneur qui est Esprit.

2 Cor 3, 18

(…) Nous savons que lors de cette manifestation nous lui serons semblables parce que nous le verrons.

1 Jn 3,… 2

Seigneur, revêts-moi de ta beauté, fais resplendir sur moi l'éclat de ta Face, que la joie et la béatitude que tu me laisses entrevoir me donnent la vigueur pour répandre le bien, affronter les difficultés, réagir contre le mal, et marcher avec ferveur à ta suite, fortifié et sanctifié par ta présence et par ton amour.

Pour que tous les hommes comprennent que par la Passion et par la Résurrection du Christ, libérés du péché, ils sont appelés à recevoir la lumière de la vie et à partager la Gloire et le Royaume de Dieu, nous te prions : Seigneur, écoute-nous !

5. L'Institution de l'Eucharistie

(...) c'est pour cela que je suis parvenu à cette heure. Jn 12, 27

(...) Jésus (...) les aima jusqu'au bout. Jn 13, 1

Prenant du pain, il rendit grâces, le rompit et le leur donna en disant : « Ceci est mon corps, donné pour vous ; faites cela en mémoire de moi. » Lc 22, 19

Puis, prenant une coupe, il rendit grâces et la leur donna en disant : « Buvez-en tous ; car ceci est mon sang, le sang de la nouvelle alliance, qui va être répandu pour la multitude en rémission des péchés. » Mt 26, 27-28

(...) chaque fois que vous en boirez, faites-le en mémoire de moi. 1 Cor 11, ...25

Jésus, réellement présent dans l'Eucharistie

Celui qui mange ma chair et boit mon sang a la vie éternelle et je le ressusciterai au dernier jour. Qui mange ma chair et boit mon sang demeure en moi et moi en lui. Jn 6, 54-56

Je suis avec vous tous les jours jusqu'à la fin du monde. Mt 28, 20

L'Église vit du Christ eucharistique, par lui elle est nourrie, par lui elle est illuminée (...) Saint Jean-Paul II

Seigneur, je te rends grâce pour le don de ton corps et de ton sang, pour ta présence réelle, vivante et sainte, pour l'amour, la joie, la paix et la force que tu me donnes dans ton Eucharistie.

Pour que tous les hommes s'approchent du banquet Eucharistique en état de grâce avec le désir ardent de recevoir Jésus dans la sainte communion, expression sacramentelle du mystère pascal, nourriture de vie éternelle, nous te prions : Seigneur, écoute-nous !

Mystères Douloureux

1. L'Agonie de Jésus

Jésus priait en disant : « Père (...) que ce ne soit pas ma volonté, mais la tienne qui se réalise ! » (...) et sa sueur devint comme de grosses gouttes de sang qui tombaient à terre.

Lc 22, 41-44

Veillez et priez pour ne pas entrer en tentation : l'esprit est ardent, mais la chair est faible.

Mt 26, 41

Le regret des péchés

Pitié pour moi, mon Dieu, en ta grande tendresse, efface mon péché, lave-moi tout entier de mon mal et de ma faute, purifie-moi.

Ps 50, 3-4

Si nous confessons nos péchés, lui, fidèle et juste, nous pardonnera nos péchés.

1 Jn 1, 9

Seigneur, donne-moi de regretter mes péchés, de confesser mes fautes. Pardonne-moi.

Pour que tous les hommes trouvent le motif de leur conversion ou le réconfort à leurs peines dans la souffrance de Jésus à Gethsémani, nous te prions : Seigneur, écoute-nous !

2. Jésus est flagellé

Quant à Jésus, après l'avoir fait flageller, il le livra pour être crucifié.

Mt 27, 26

(...) de la plante des pieds à la tête, il ne reste que blessures, meurtrissures, plaies vives.

Is 1, 6

Maltraité, il s'humiliait, il n'ouvrait pas la bouche, comme l'agneau qui se laisse mener à l'abattoir (...).

Is 53, 7

La pureté

Heureux les cœurs purs : ils verront Dieu !

Mt 5, 8

Ne savez-vous pas que vous êtes un temple de Dieu et que l'Esprit de Dieu habite en vous ? (...) le temple de Dieu est sacré, et ce temple, c'est vous. 1 Cor 3, 16-17

Fuyez l'impureté ! 1 Cor 6, 18

Ceux qui appartiennent au Christ Jésus ont crucifié la chair avec ses passions et ses convoitises.

Ga 5, 24

Seigneur, apprends-moi la pureté dans mes regards, dans mes paroles, dans mes comportements. Apprends-moi à maîtriser mes instincts et à me modérer. Donne-moi la grâce du jeûne.

Pour que tous les hommes comprennent la loi du renoncement, de la chasteté, de la charité, nous te prions : Seigneur, écoute-nous !

3. Jésus est couronné d'épines

Ayant tressé une couronne d'épines, ils la placèrent sur sa tête (…) S'agenouillant devant lui, ils se moquèrent de lui en disant : « Salut, roi des Juifs ! » et, crachant sur lui, ils prenaient le roseau et en frappaient sa tête.

Mt 27, 29-30

Ils le giflaient. Jn 19,… 3

(…) couvert d'insultes, il n'insultait pas (…). 1 P2, 23…

La lutte contre l'orgueil

Dieu résiste aux orgueilleux, mais il donne sa grâce aux humbles.

Jc 4, 6

Laissez-vous attirer par ce qui est humble. Rm 12, 16

Avec humilité, estimez les autres au-dessus de vous. Ph 2, 3

Que ton règne vienne (…) Mt 6, 10

Seigneur, apprends-moi à être doux et effacé, à reconnaître ma petitesse et à ne pas tomber dans l'orgueil.

Pour que tous les hommes reconnaissent leur petitesse et ne cherchent pas Jésus pour le faire mourir, mais pour le faire régner partout, nous te prions : Seigneur, écoute-nous !

4. Jésus porte sa croix

Des femmes se lamentaient sur lui. (...) Jésus leur dit : « Filles de Jérusalem, ne pleurez pas sur moi ! Pleurez plutôt sur vous-mêmes et sur vos enfants ! »

Lc 23, 27-28

Ils m'ont rendu le mal pour le bien et la haine pour mon amour.

Ps 108, 4

La patience et la compassion dans les épreuves

Car la légère souffrance d'un instant nous prépare jusqu'à l'excès, une masse éternelle de gloire, à nous qui ne regardons pas aux choses visibles, mais aux invisibles ; les choses visibles, en effet, n'ont qu'un temps, les invisibles sont éternelles.

2 Cor 4, 17-18

Si quelqu'un veut venir à ma suite, qu'il renonce à lui-même, qu'il prenne sa croix chaque jour, et qu'il me suive.

Lc 9, 23

Seigneur, donne-moi ta paix malgré les difficultés. Aide-moi à porter ma croix et à être patient dans les épreuves. Apprends-moi à ne pas alourdir le fardeau de mes frères, mais à les soulager dans leurs peines.

Pour que tous les hommes prennent conscience du devoir d'être une aide pour les autres, nous te prions : Seigneur, écoute-nous !

5. Jésus est crucifié

Jésus disait : « Père, pardonne-leur : ils ne savent ce qu'ils font. »

(...) L'un des malfaiteurs lui dit : « Souviens-toi de moi quand tu seras dans ton royaume ». Et Jésus lui répondit : « En vérité, je te le dis, aujourd'hui, tu seras avec moi dans le Paradis. »

Lc 23, 34-43

Jésus dit à sa mère : « Femme, voici ton fils. » et à Jean : « Voici ta Mère. »

Jn 19, 26-27

L'amour de Dieu, de Jésus, de Marie

Je suis le bon berger, j'offre ma vie pour mes brebis.

Jn 10, 11

(...) ma vie (...) personne ne me l'enlève ; mais je la donne de moi-même.

Jn 10, 17-18

Il n'y a pas de plus grand amour que de donner sa vie pour ceux qu'on aime.

Jn 15, 13

À ceci nous avons connu l'Amour : celui-là a donné sa vie pour nous. Et nous devons, nous aussi, donner notre vie pour nos frères.

1 Jn 3, 16

Merci Seigneur de tant m'aimer en donnant ta vie pour moi sur la croix, en me rachetant à la vie divine, en me donnant Marie, ta Mère, pour prendre soin de moi et me guider sur la route. Guéris-moi, convertis-moi. Attire et touche les cœurs de ceux qui se perdent loin de Toi.

Pour que tous les hommes se laissent attirer par ton Amour et pour qu'ils correspondent à tes désirs afin qu'ils puissent dire : « Pour moi, vivre, c'est le Christ » (Ph 1, 21) : Seigneur, écoute-nous !

Mystères Glorieux

1. Jésus est ressuscité

Il est ressuscité comme il l'avait dit ! Mt 28, 6

Jésus leur dit : « Voyez mes mains et mes pieds (...) rendez-vous compte qu'un esprit n'a ni chair ni os, comme vous voyez que j'en ai. » Lc 24, 39

Thomas lui répondit : « Mon Seigneur et mon Dieu ! » Jn 20, 28

La Foi et la joie en Jésus Christ ressuscité

Jésus Christ est Seigneur, à la gloire de Dieu le Père. Ph 2, 11

En tout cela, nous sommes les grands vainqueurs par celui qui nous a aimés (...) rien ne pourra nous séparer de l'amour de Dieu manifesté dans le Christ Jésus, notre Seigneur. Rm 8, 37-39

Que le Christ habite en vos cœurs par la Foi. Ep 3, 17

Car, je vous le dis en vérité, si vous avez de la Foi gros comme un grain de sénevé, vous direz à cette montagne : Déplace-toi d'ici à là, et elle se déplacera, et rien ne vous sera impossible. Mt 17, 20-21

Dans le monde vous aurez à souffrir. Mais gardez courage ! J'ai vaincu le monde. Jn 16, 33

Seigneur, apprends-moi à grandir dans la Foi, à ne jamais douter de ton amour. Viens habiter mon cœur, renouvelle-moi, garde-moi dans la joie. Aide-moi à être vainqueur du mal par le bien.

Pour que les hommes ressentent le désir de recommencer et de se renouveler sans cesse dans leur perfectionnement personnel et dans le don constant à leurs frères, malgré d'apparentes ou de réelles déceptions, nous te prions : Seigneur, écoute-nous !

2. L'Ascension

Aimez-vous les uns les autres comme je vous ai aimés.

Jn 15, 12

Jésus dit à ses disciples : « Voici que je suis avec vous pour toujours jusqu'à la fin du monde. »

Mt 28, 20

(…) Je vais vous préparer une place. Jn 14, 2

(…) Je monte vers mon Père et votre Père, vers mon Dieu et votre Dieu. Jn 20, 17

Et il advint, comme il les bénissait, qu'il se sépara d'eux et fut emporté au ciel.

Lc 24, 51

Hommes de Galilée, pourquoi restez-vous ainsi à regarder le ciel ? Celui qui vous a été enlevé, ce même Jésus, viendra comme cela, de la même manière dont vous l'avez vu s'en aller au ciel.

Ac 1, 11

Le désir du ciel

Beaucoup se conduisent en ennemis de la croix du Christ (…) ils n'apprécient que les choses de la terre. Pour nous, notre cité se trouve dans les cieux (…).

Ph 3, 18-20

(…) Le monde passe avec ses convoitises, mais celui qui fait la volonté de Dieu demeure éternellement.

1 Jn 2, 17

Seigneur, apprends-moi les choses du Ciel, les choses qui demeurent, apprends-moi à me détacher des choses de ce monde.

Pour que les hommes comprennent la nécessité de considérer la vie comme un pèlerinage vers le Ciel, nous te prions : Seigneur, écoute-nous !

3. La Pentecôte

(…) Je prierai le Père et il vous donnera un autre Paraclet, pour qu'il soit avec vous à jamais, l'Esprit de Vérité (…). Jn 14, 16-17

Je ne vous laisserai pas orphelins (…). Jn 14, 18

Vous allez recevoir une force, celle de l'Esprit Saint qui descendra sur vous. Vous serez alors mes témoins (…) jusqu'aux extrémités de la terre. Ac 1, 8

Tous, d'un même cœur, étaient assidus à la prière (…) dont Marie, mère de Jésus. (…) Ils virent apparaître comme des langues de feu qui se partageaient et il s'en posa une sur chacun d'eux. Ils furent alors tous remplis de l'Esprit Saint. Ac 1, 14; 2, 3-4

Une âme d'apôtre et le feu de la charité

Allez dans le monde entier, proclamez l'Évangile à toute la création. Mc 16, 15

Comme le Père m'a envoyé, moi aussi je vous envoie. Jn 20, 21

À ceci, tous reconnaîtront que vous êtes mes disciples: si vous avez de l'amour les uns pour les autres. Jn 13, 35

Par-dessus tout, qu'il y ait l'amour, qui est le lien de la perfection. 1 Col 3, 14

Seigneur, répands sur moi la lumière et les dons de ton Esprit Saint, éclaire mes pensées, mes sentiments, mes paroles et mes actes. Donne-moi la confiance, la joie et la force pour t'annoncer et témoigner de ton amour.

Afin que le témoignage chrétien soit pour tous les hommes une invitation à accepter la Vérité et la Lumière, source de bonheur, nous te prions: Seigneur, écoute-nous!

4. L'Assomption de Marie

Tu es toute belle, ma bien-aimée, et sans tache aucune !

Ct 4, 7

Désormais, tous les âges me diront bienheureuse, car le Tout-Puissant a fait pour moi de grandes choses.

Lc 1, 48-49

Marie, l'Immaculée Mère de Dieu toujours Vierge, à la fin de sa vie sur terre, a été élevée en Âme et en Corps à la gloire du Ciel.

Pie XII, 1/11/1950

En la très sainte Vierge Marie, nous voyons le monde renouvelé dans l'amour.
En la contemplant, elle qui est montée au ciel avec son corps et son âme, nous découvrons quelque chose des « cieux nouveaux » et de la « terre nouvelle » qui s'ouvriront à nos yeux avec le retour du Christ.

Saint Jean-Paul II

La grâce d'une bonne mort dans la Foi et l'Espérance.

(…) Je vous prendrai près de moi, afin que là où je suis, vous aussi vous soyez.

Jn 14, 3

Que personne ne pense à la mort, mais à l'immortalité ; ni à la souffrance temporaire, mais à la gloire éternelle.

Saint Cyprien

Seigneur, accorde-moi la grâce d'une bonne mort ainsi qu'à tous ceux que tu m'as fait connaître. Accepte ma prière pour le salut des âmes.

Afin que pour tous les hommes de la terre, le mystère de la mort corporelle soit toujours éclairé par la lumière de la Foi, nous te prions : Seigneur, écoute-nous !

5. Marie est couronnée Reine du Ciel et de la terre par la Sainte Trinité

Un grand signe apparut dans le ciel : une Femme ! revêtue de soleil, la lune sous ses pieds et douze étoiles couronnent sa tête. Ap 12, 1

La femme écrasera la tête du serpent. Gn 3, 15

Après son Assomption au Ciel, le rôle de Marie dans le salut ne s'interrompt pas : par son intercession répétée, elle continue à nous obtenir les dons qui nous assurent notre salut éternel. Vatican II

La persévérance et une grande dévotion envers Marie.

Celui qui restera fidèle à Dieu jusqu'au bout sera sauvé.
Mt 24, 13

La Vierge fidèle (…) obtient la fidélité à Dieu et la persévérance à ceux et celles qui s'attachent à elle.
Saint Louis-Marie Grignion de Montfort

(…) La gloire de Marie est le présage de la nôtre (…).

Je vous ai écrit ces choses, à vous qui croyez au nom du Fils de Dieu, pour que vous sachiez que vous avez la vie éternelle. 1 Jn 5, 13

Le don gratuit de Dieu, c'est la vie éternelle dans le Christ Jésus, notre Seigneur. Rm 6, 23

Les serviteurs de Dieu verront son visage (…) le Seigneur Dieu les illuminera (…). Ap 22, 3-5

Seigneur, apprends-moi la persévérance, garde-moi fidèle tout au long de ma route. Donne-moi d'aimer toujours mieux Marie, ma Mère, ma Reine, et l'Église.

Pour que tous les hommes sachent dire, comme certains saints : « Le bien que j'attends est si grand que toute peine m'est un délice », nous te prions : Seigneur, écoute-nous !

Promesses de Notre-Dame du Saint Rosaire

1. Toute personne qui persévérera dans la récitation de mon Rosaire, recevra toutes les grâces qu'elle me demandera.
2. Je promets ma très spéciale protection et de grands bienfaits à ceux et celles qui réciteront dévotement mon Rosaire.
3. Le Rosaire sera un bouclier puissant contre l'enfer, détruira les vices, délivrera du péché, abattra l'hérésie.
4. Le Rosaire fera germer les vertus et obtiendra aux âmes la miséricorde divine ; il substituera dans les cœurs l'amour de Dieu à l'amour du monde, les élevant au désir des biens célestes et éternels. Que d'âmes se sanctifieront ainsi !
5. L'âme qui se confie à moi par le Rosaire ne périra pas.
6. La personne qui récitera pieusement mon Rosaire en méditant ses mystères ne mourra pas de mauvaise mort ; pécheur, il se convertira ; juste, il persévérera dans la grâce et en tout cas il sera admis à la vie éternelle.
7. Les âmes dévotes à mon Rosaire ne mourront pas sans le secours de l'Église.
8. Je veux que toutes les personnes qui récitent mon Rosaire trouvent dans leur vie et à leur mort lumière et plénitude de grâces, et qu'elles participent aux mérites des bienheureux.
9. Je délivrerai promptement du purgatoire les âmes dévotes au Rosaire.
10. Les vrais enfants de mon Rosaire jouiront au ciel d'une gloire singulière.
11. Tout ce qu'on demandera par le Rosaire, on l'obtiendra.
12. J'assisterai en tous leurs besoins ceux et celles qui propageront mon Rosaire.
13. J'ai obtenu de mon Fils que les confrères du Rosaire aient pour frères en la vie et en la mort les saints du ciel.
14. Ceux et celles qui récitent mon Rosaire sont mes enfants bien-aimés, les frères et sœurs de Jésus-Christ.
15. La dévotion au saint Rosaire est un signe évident de prédestination.

Ces quinze promesses de Notre-Dame du Saint Rosaire ont été données à saint Dominique et au bienheureux Alain de La Roche.

La grâce du Rosaire

[…] Dans sa simplicité et dans sa profondeur, le Rosaire de la Vierge Marie reste, même dans le troisième millénaire commençant, une prière d'une grande signification, destinée à porter des fruits de sainteté. Cette prière se situe bien dans la ligne spirituelle d'un christianisme qui, après deux mille ans, n'a rien perdu de la fraîcheur des origines et qui se sent poussé par l'Esprit de Dieu à « avancer au large » pour redire, et même pour « crier » au monde, que le Christ est Seigneur et Sauveur, qu'il est « le chemin, la vérité et la vie » (Jn 14, 6), qu'il est « la fin de l'histoire humaine, le point vers lequel convergent les désirs de l'histoire et de la civilisation ».

En effet, tout en ayant une caractéristique mariale, le Rosaire est une prière dont le centre est christologique. Dans la sobriété de ses éléments, il concentre en lui la *profondeur de tout le message évangélique,* dont il est presque un résumé. En lui résonne à nouveau la prière de Marie, son *Magnificat* permanent pour l'œuvre de l'Incarnation rédemptrice qui a commencé dans son sein virginal. Avec lui, le peuple chrétien *se met à l'école de Marie*, pour se laisser introduire dans la contemplation de la beauté du visage du Christ et dans l'expérience de la profondeur de son amour. Par le Rosaire, le croyant puise d'abondantes grâces… […]

L'Église a toujours reconnu à cette prière une efficacité particulière, lui confiant les causes les plus difficiles dans sa récitation communautaire et dans sa pratique constante…

C'est une prière orientée par nature vers la paix…
C'est aussi la prière de la famille et pour la famille.
Reprenez avec confiance le chapelet entre vos mains…

Que mon appel ne reste pas lettre morte !

Saint Jean-Paul II
– *Le Rosaire de la Vierge Marie* –

Paroles de nos aînés dans la Foi sur le Rosaire

Le Rosaire est… une chaîne qui unit la terre avec le ciel, un arc-en-ciel de paix dans le firmament de l'Église.

Sainte Thérèse d'Avila

Le Rosaire est la prière la plus divine après le Saint Sacrifice de la Messe.

Saint Charles Borromée

Je ne trouve rien de plus puissant pour attirer le règne de Dieu, la Sagesse éternelle, au-dedans de nous, que de joindre la prière vocale à l'oraison mentale, en récitant le saint rosaire et en méditant les quinze mystères qu'il renferme… Je ne sais comment il peut se faire qu'une dévotion si petite en apparence soit la marque infaillible du salut éternel.

Saint Louis-Marie Grignion de Montfort

Endormez-vous en récitant le chapelet, comme les petits enfants qui s'endorment en disant « maman ».

Sainte Bernadette

Par le Rosaire, on peut tout obtenir… tant que le Rosaire sera récité, Dieu ne pourra abandonner le monde, car cette prière est toute puissante sur son cœur.

Sainte Thérèse de l'Enfant-Jésus

C'est dans le désert que j'ai saisi… que le Rosaire appartient à cette catégorie de prière qui précède de peu ou accompagne la prière contemplative de l'esprit.
Que vous méditiez ou non, que vous ayez plus ou moins de distractions, si vous aimez le chapelet et que vous ne pouvez passer votre journée sans le réciter, vous êtes des hommes de prière.
… Le chapelet est la prière de la maturité spirituelle.

C'est une prière que l'homme « de bon sens » ne comprend pas, pas plus qu'il ne comprend que l'on puisse répéter « je t'aime » mille fois par jour à un Dieu que l'on ne voit pas.

Carlo Caretto – Lettre du désert

Ô Belle dame, le chapelet, je le dirai aussi souvent que vous le voudrez.

Bienheureux Francisco Marto de Fatima

Le chapelet est un point d'arrivée, non un point de départ.

Jean Lafrance

Priez le rosaire afin que la Vierge soit toujours avec vous, vous protège, vous aide.

Sainte Teresa de Calcutta

Il n'y a aucun problème si difficile soit-il, qui ne puisse être résolu par la prière du chapelet.

Sœur Lucie de Fatima

Le rosaire est ma prière préférée. C'est une prière merveilleuse. Merveilleuse de simplicité et de profondeur.

Saint Jean-Paul II

Il est important de prier le Rosaire chaque jour. Si ce n'est pas possible, nous pouvons, comme l'Église nous y invite, répartir et prier ses mystères selon les différents jours de la semaine :

Lundi	*Mystères joyeux*
Mardi	*Mystères douloureux*
Mercredi	*Mystères glorieux*
Jeudi	*Mystères lumineux*
Vendredi	*Mystères douloureux*
Samedi	*Mystères joyeux*
Dimanche	*Mystères glorieux*

PRIÈRES À JÉSUS

Jésus Miséricordieux
Monastère de la Divine Miséricorde – Cracovie – Pologne

Je t'ai aimée bien tard

Je t'ai aimée bien tard,
beauté ancienne et toujours nouvelle,
je t'ai aimée bien tard !
Tu étais au-dedans de moi-même,
et moi j'étais au-dehors de moi-même.
C'était en ce dehors que je te cherchais,
et me ruant sur ces beautés, pourtant créées par toi,
j'y perdais ma propre beauté.
Tu étais avec moi, mais je n'étais pas avec toi…
Tu m'as appelé, tu as crié
et tu as triomphé de ma surdité.
Tu as brillé, tu as fait resplendir tes rayons
et tu as chassé les ténèbres de mon aveuglement.
Tu as répandu l'odeur de tes parfums :
j'ai commencé à les respirer et j'ai soupiré après toi.
J'ai goûté la douceur de ta grâce
et j'ai eu faim et soif de toi.
Tu m'as touché et mon cœur est tout brûlant d'ardeur
pour la jouissance de ton éternelle paix.

Saint Augustin

Fais de moi un instrument de Ta Paix

Seigneur, fais de moi un instrument de Ta paix !
Là où il y a la haine, que j'apporte l'amour.
Là où il y a l'offense, que j'apporte le pardon.
Là où il y a la discorde, que j'apporte l'union.
Là où il y a l'erreur, que j'apporte la vérité.
Là où il y a le doute, que j'apporte la foi.
Là où il y a le désespoir, que j'apporte l'espérance.
Là où il y a les ténèbres, que j'apporte ta lumière.
Là où il y a la tristesse, que j'apporte la joie.
Seigneur, que je ne cherche pas tant
à être consolé… qu'à consoler ;
à être compris… qu'à comprendre ;
à être aimé… qu'à aimer ;
Car
C'est en se donnant… qu'on reçoit,
c'est en s'oubliant… qu'on se trouve,
c'est en pardonnant… qu'on est pardonné,
c'est en mourant… qu'on ressuscite à la vie éternelle.
Amen.

Saint François d'Assise

Apprends-moi à être généreux

Seigneur Jésus, apprends-moi
À être généreux
À te servir comme tu le mérites
À donner sans compter
À combattre sans souci des blessures
À travailler sans chercher le repos
À me dépenser sans attendre
d'autre récompense que celle de savoir
que je fais ta sainte volonté.

Saint Ignace

Seigneur et Maître de ma vie

Seigneur et Maître de ma vie
ne m'abandonne pas à l'esprit
de paresse, de découragement
de domination et de vain bavardage.
Mais fais-moi la grâce,
à moi, ton serviteur,
de l'esprit de chasteté, d'humilité,
de patience et de charité.
Oui, Seigneur, Roi !
Accorde-moi de voir mes fautes
et de ne pas condamner mon frère.
Ô Toi qui es béni
dans les siècles des siècles.
Amen

Saint Ephrem le Syrien

Si je t’aime, Tu le sais, Seigneur

Si je t’aime, Tu le sais, Seigneur,
ce n’est point pour le Ciel
que tu m’as promis ;
si je crains de t’offenser, ce n’est point pour l’enfer
dont je serais menacée ;
ce qui m’attire vers Toi,
Seigneur, c’est Toi, c’est Toi Seul,
C’est de Te voir, ô mon Seigneur Jésus,
cloué sur la croix, le corps meurtri,
dans les angoisses de la mort.
Et ton Amour
s’est tellement emparé de mon cœur
que lors même
qu’il n’y aurait point de ciel,
je t’aimerais ;
lors même qu’il n’y aurait
point d’enfer je Te craindrais.
Tu n’as rien à me donner
pour provoquer mon amour,
car n’espérant pas ce que j’espère,
je T’aimerais comme je T’aime.

Sainte Thérèse d’Avila

Prière sur l'Amour de Dieu

Je t'aime, ô mon Dieu, et mon seul désir est de t'aimer jusqu'au dernier soupir de ma vie. Je t'aime, ô Dieu infiniment aimable, et j'aime mieux mourir en t'aimant, que de vivre un seul instant sans t'aimer. Je t'aime, Seigneur, et la seule grâce que je te demande, c'est de t'aimer éternellement.

Je t'aime, ô mon Dieu, et je ne désire le ciel que pour avoir le bonheur de t'aimer parfaitement ; je t'aime, ô mon Dieu infiniment bon, et je n'appréhende l'enfer que parce qu'on n'y aura jamais la douce consolation de t'aimer...

Mon Dieu, si ma langue ne peut dire à tous moments que je t'aime, je veux que mon cœur te le répète autant de fois que je respire... Mon Dieu, fais-moi la grâce de souffrir en t'aimant et de t'aimer en souffrant. Je t'aime, ô mon divin Sauveur, parce que tu as été crucifié pour moi ; je t'aime, ô mon Dieu, parce que tu me tiens ici-bas crucifié pour toi...

Mon Dieu, fais-moi la grâce de mourir en t'aimant et en sentant que je t'aime. Mon Dieu, à proportion que je m'approche de ma fin, fais-moi la grâce d'augmenter mon amour et de le perfectionner.

Saint Jean-Marie Vianney, Curé d'Ars

Ton Divin visage

Ô Jésus, qui dans ta cruelle Passion es devenu « l'opprobre des hommes et l'homme de douleurs », je vénère ton divin visage, sur lequel brillaient la beauté et la douceur de la divinité, maintenant devenu pour moi comme le visage d'un « lépreux » !
Mais sous ses traits défigurés, je reconnais ton amour infini et je me consume du désir de t'aimer et de te faire aimer de tous les hommes. Les larmes qui coulèrent si abondamment de tes yeux m'apparaissent comme des perles précieuses que j'aime à recueillir, afin d'acheter avec leur valeur infinie les âmes des pauvres pécheurs.
Ô Jésus, dont le visage est la seule beauté qui ravit mon cœur, j'accepte de ne pas voir ici-bas la douceur de ton regard, de ne pas sentir l'inexprimable baiser de ta bouche sainte ; mais je te supplie d'imprimer en moi ta divine ressemblance, de m'embraser de ton amour, afin qu'il me consume rapidement et que j'arrive bientôt à voir ton glorieux visage dans le Ciel.
Amen.

Sainte Thérèse de l'Enfant-Jésus et de la Sainte Face

Passionné de Jésus Christ

Ô Jésus, mon bon Maître, jette un regard de compassion sur ton pauvre serviteur. Il me semble que je t'aime, mais je crains de m'abuser; il me semble que si tu m'interrogeais comme tu interrogeas jadis le Prince de tes Apôtres (que son amour ardent pour toi m'a fait prendre pour patron de choix), il me semble que je répondrais comme lui: oui, Seigneur, je t'aime. Mais je n'attendrais pas une troisième demande pour être inquiet sur la sincérité de cet amour que je t'ai voué, car je le répète, je crains de m'abuser et que, tandis que je crois t'aimer, tu vois, toi Lumière incréée qui éclaire les plus sombres réduits de mon cœur, qui lis dans ses plus secrets replis, qui sonde les cœurs et les reins, tu vois que je ne t'aime point du tout. Ô mon Seigneur, ô mon Père, ô mon amour, fais donc que je t'aime; je ne demande pas autre chose que cela, car je sais bien que c'est là tout. Donne-moi ton amour.

Mon Dieu, redouble, triple, centuple mes forces, que je t'aime, non pas seulement autant que je puis t'aimer, ce n'est rien, mais que je t'aime autant que t'ont aimé les saints, autant que t'aimait et que t'aime ta très sainte Mère. Mon Dieu, ce n'est pas assez, et pourquoi ne voudrais-je pas t'aimer autant que tu t'aimes toi-même? Cela est impossible, je le sais, mais le désir n'en est pas impossible, puisque je le forme dans toute la sincérité de mon cœur, de toute mon âme. Oui, mon Dieu, je voudrais t'aimer autant que tu t'aimes toi-même…

…Je m'offre à toi Mon Dieu, c'en est fait désormais et pour toute ma vie. Toi, Toi seul seras l'unique objet auquel tendent toutes mes affections et toutes mes actions. Te plaire, agir pour ta gloire, sera mon occupation journalière, l'occupation de tous les instants de ma vie. Je ne veux vivre que pour toi, je ne veux aimer que toi et tout le reste en toi et par toi… tu m'es tout, tu me tiens lieu de tout. Mon Dieu, mon amour et mon tout.

Saint Eugène de Mazenod

Jésus Christ.
Peinture de Rembrandt

Jésus Miséricordieux

Jésus Miséricordieux,
nous croyons en Toi
et nous avons confiance en Toi.
Viens en aide à notre incapacité
et à notre faiblesse.
Fais que nous puissions
Te faire connaître
et aimer de tous les hommes.
Confiants dans l'immensité
de Ton Amour,
nous voulons combattre le mal
en nous et dans le monde,
pour Ta Gloire et pour notre salut.
Amen.

Prière pour la France

Seigneur Jésus, aie compassion de la France, daigne l'étreindre dans ton amour et lui en montrer toute la tendresse.
Fais que, remplie d'amour pour toi, elle contribue à te faire aimer de toutes les nations de la terre.
Ô amour de Jésus, nous prenons l'engagement de te rester à jamais fidèles, et de travailler d'un cœur ardent à répandre ton règne dans tout l'univers. Amen.

Marcel Van

Pourquoi, pourquoi Seigneur ?

Ô Marie, j'ai envie de crier car ton Fils Jésus n'avait rien fait.

Il était doux et humble.

Partout où il passait il faisait le bien, il pardonnait, guérissait, rappelait les égarés.

Et j'ai envie de crier ma douleur à Notre Père, de crier de toutes mes forces au pied de la Croix.

Car ce soir je suis révolté et je ne peux me rappeler les paroles :
« Ils m'ont rendu le mal pour le bien et de la haine pour mon amour » sans pleurer de tout mon être.

C'est tellement injuste cette souffrance, toute souffrance.

Mais je sais que toi, ô Marie, tu n'es pas révoltée, je sais que tu pries en ton cœur le Père, en silence, au pied de la Croix, que tu intercèdes pour nous, que tu offres ton immense douleur, que tu es intimement unie à ton Fils qui s'offre pour nous, pour moi, pour nous racheter au Père, pour nous ramener à Lui nous qui étions perdus.

Je ne vaux pas plus que les autres hommes et pourtant, j'ai du prix aux yeux de Dieu.

Et, petit à petit, je comprends et je me tais, car je ne peux plus que me taire, comme les plus âgés qui s'en vont les premiers après avoir entendu Jésus leur parler alors qu'ils voulaient condamner et lapider la femme adultère.
Et je me calme, et je comprends.

Merci d'avoir ouvert mes oreilles, Seigneur, pour que je puisse entendre.

En fait, étrangement, ma douleur, mon silence, c'est un cri d'amour qui monte vers toi, Jésus, qui nous as sauvés sur la Croix en donnant ta vie, pour nous, pour moi, qui me fais comprendre combien tu m'aimes.

Merci Jésus, merci d'avoir pris soin de nous, de moi, de ne pas nous avoir oubliés, d'avoir tant aimé le monde.

Merci, Père, d'avoir donné ton Fils unique, de nous l'avoir donné par Marie, notre Mère, pour que nous puissions revenir à toi, à jamais, comme au premier jour, et déjà sur notre terre si nous nous abandonnons à toi, si nous attendons tout de toi, et si nous vivons d'amour pour toi et pour nos frères.

Jean-Paul Dufour

Que ma vie soit lumière !

Seigneur Jésus, inonde-moi de ton Esprit et de ta vie. Prends possession de tout mon être pour que ma vie ne soit qu'un reflet de la tienne. Rayonne à travers moi, toi qui habites en moi ; et tous ceux que je rencontrerai pourront sentir ta présence auprès de moi. En me regardant, ils ne verront plus que toi seul. Demeure en moi et alors je pourrai comme toi rayonner, au point d'être à mon tour une lumière pour les autres ; Lumière, Seigneur, qui émanera complètement de toi. Car c'est toi qui à travers moi illumineras les autres. Ainsi, ma vie deviendra une louange à ta gloire, la louange que tu préfères, en te faisant rayonner sur ceux qui m'entourent, par la plénitude éclatante de l'amour que te porte mon cœur. Et par la puissance de ton Esprit Saint, pour la gloire du Père Éternel.
Amen.

Bienheureux John-Henry Newman

Je ne veux pas oublier

Ô Seigneur, même si je crois de tout mon cœur et de toute ma force que tu m'aimes immensément, comme chaque homme sur cette terre, je ne veux pas oublier que tu es mon Sauveur et que je t'appartiens, par ta mort sur la Croix.
Et s'il m'arrive, quand tu le permets, de te dire « je t'aime », ce dont je suis profondément heureux, permets-moi de toujours considérer ton infini Amour qui s'est abaissé jusqu'à me relever, et mon immense incapacité à aimer par mes propres moyens et à me tenir debout en ta présence. Cela remet les choses à leur juste place, au cas où il m'arriverait parfois de les oublier.
Et pourtant, même si j'ai mal de me savoir si pauvre, je suis plein d'espérance parce que je sais que si nous te le demandons, tu nous aides chaque jour à changer notre cœur, tu nous encourages à ta suite, tu nous apprends à t'aimer, et à nous aimer les uns les autres, et parce que j'attends de tout mon cœur et de toute mon âme, comme tous mes frères qui t'espèrent, le jour béni de notre rencontre où je serai comblé de ton amour et où tu me prendras dans ton Cœur pour ne plus jamais te quitter.
Amen.

Jean-Paul Dufour

Seigneur, apprends-moi à aimer

Seigneur,
donne-moi de voir les choses à faire
sans oublier les personnes à aimer,
et de voir les personnes à aimer
sans oublier les choses à faire.
Donne-moi de voir les vrais besoins des autres,
C'est si difficile
de ne pas vouloir à la place des autres,
de ne pas répondre à la place des autres,
de ne pas décider à la place des autres.
C'est si difficile, Seigneur,
de ne pas prendre ses désirs
pour les désirs des autres,
et de comprendre les désirs des autres
quand ils sont si différents des nôtres !
Seigneur, donne-moi de voir
ce que Tu attends de moi parmi les autres.
Enracine au plus profond de moi cette certitude :
on ne fait pas le bonheur des autres sans eux…
Seigneur, apprends-moi à faire les choses en aimant les personnes,
Apprends-moi à aimer les personnes pour ne trouver ma joie
qu'en faisant quelque chose pour elles,
et pour qu'un jour elles sachent que Toi seul, Seigneur, es l'Amour.

Norbert Segard

Seigneur, je t'aime

Il m'arrive souvent, Seigneur, de penser
que j'ai trop d'occupations pour prier.
Est-ce possible que le temps me manque
pour penser à toi ?
Tu es toujours à mes côtés, Seigneur,
n'es-tu pas mon soutien, ma force, mon courage ?
Je veux donc m'habituer, Seigneur,
à te parler comme à un ami,
à te confier mes joies, mes pensées.
Je veux te dire :
Seigneur, je t'aime.
Quand je serais dans la fatigue, aide-moi
à dire quand même :
Seigneur, je t'aime.
Quand j'éprouverai de la difficulté à pardonner,
je n'aurai qu'à penser à te dire :
Seigneur, je t'aime.
Quand il fera sombre en moi,
quand je ne saurai pas trop où tu es,
alors je t'appellerai en disant :
Seigneur, je t'aime.
Mon devoir sera plus doux
et mon travail deviendra une prière
qui te dira pour moi :
Seigneur, je t'aime.
Et simplement pour te plaire,
sans autre raison que cela,
accepte que souvent je te dise :
Seigneur, je t'aime.
Quelle épreuve pourra m'ébranler,
quelle souffrance me troubler,
si je peux toujours te redire :
Seigneur, je t'aime.

Pour les joies que tu me donnes,
pour les grâces dont tu me combles,
mon « merci » le voici :
Seigneur, je t'aime.
Quant au soir de ma vie tu m'inviteras chez toi,
je voudrais bien avant de partir,
te dire une dernière fois ici bas :
Seigneur, je t'aime.
Et quand tu m'accueilleras pour me juger,
sois indulgent, car tu le sais,
je t'ai dit tant de fois :
Seigneur je t'aime.

Je n'ai rien à te dire, Seigneur

Je n'ai rien à te dire, Seigneur et rien à te chanter.
Je ne trouve pas un seul mot, pas la moindre pensée.
J'en suis réduit à te donner ma présence et mon temps,
sans pouvoir remplir ces moments ni en cacher le vide,
sans pouvoir nouer avec toi le moindre dialogue.
Je ne peux te donner aujourd'hui que mon néant,
ma nudité de cœur.
Seigneur, tu vois mon impuissance
et l'amour que j'aurais désiré t'exprimer en prière,
tu dois le deviner à travers mon silence.
Tu sais qu'il est au fond de mon cœur,
réel et bien sincère
qu'il souffre de ne pouvoir te dire ce qu'il est.
Alors en toute humilité, Seigneur,
je t'offre ma misère et ma pauvreté,
dans la joie d'être si petit en tes si grandes mains.
Amen.

Jean Galot – s.j.

Change notre regard, Seigneur

Seigneur,
nous te prions.
Apprends-nous à changer
notre regard.
Ouvre nos yeux
sur les réalités de notre monde
pour que nous les voyions,
pour que nous ne les méprisions pas,
pour que nous ne les redoutions pas
pour que nous les accueillions
comme un rendez-vous de Dieu.
Apprends-nous à changer notre regard
sur les certitudes qui nous enferment,
sur les valeurs qui nous rassurent,
sur les autres que nous verrouillons
dans nos jugements tout faits.
Donne-nous de savoir apporter,
de savoir recevoir,
de savoir demander,
de savoir dire à l'autre
le besoin qu'on a de lui.
Apprends-nous à entrer dans l'avenir,
non pas à reculons
comme des nostalgiques,
mais comme dans un avenir
où Dieu nous attend,
où il est déjà visage.
Apprends-nous à écouter,
à reconnaître les besoins de l'autre
comme des Paroles de Dieu
et à ne pas avoir peur de l'inconnu
qui est le visage de Dieu qui vient.

Heureux les pauvres

Heureux les pauvres ! oh ! pas n'importe lesquels,
mais les pauvres de cœur !
Ceux dont le cœur est vide de tout,
mais débordant de l'essentiel, de l'amour du Seigneur.
Cœur humble et disponible comme celui d'un enfant,
cœur libéré, cœur ouvert et accueillant,
cœur avide de donner, de tout donner quand on n'a plus rien :
donner son temps, son sourire et sa peine,
donner sa joie aussi, donner la parole, céder le pas…
donner sa main surtout, à celui qui la prend.
Heureux les pauvres qui n'ont que leur cœur à donner !
Seigneur, délivre notre cœur de tout ce qui l'encombre,
de toutes nos richesses et toutes nos suffisances,
de toutes nos vanités et toutes nos complaisances,
de tous nos savoir-faire et de tous nos savoir-dire
qui nous font si importants et presque indispensables,
de tous nos acquis et toutes nos assurances,
de toutes nos idées et toutes nos habitudes.
Seigneur, libère notre cœur de tous ces encombrements.
Que toutes nos richesses reçues de toi
soient dans nos mains, à la disposition de tous.
Alors nous connaîtrons la pauvreté de cœur,
celle qui apporte la plus grande des richesses,
la possession de ton Royaume.
Amen.

Paul Coutal

Toi qui es tendresse et miséricorde

Ô Seigneur, tu es tendresse et miséricorde,
tu ne brises pas le roseau ployé,
tu n'éteins pas la mèche qui faiblit.
Utilise-moi, Seigneur, comme je suis, avec mes pauvretés,
mes manques, mes replis sur moi-même, mes faiblesses.
Que par la prière, ton Esprit Saint inspire en mon cœur
des sentiments d'amour.
Aide-moi, chaque jour un peu plus, à réaliser en ton nom,
et avec l'aide de Marie, ta Mère et notre Mère,
des actions de justice, de paix et de joie
pour que ta volonté soit faite en moi et en mes frères
et que tu demeures parmi nous
jusqu'au jour où tu nous rappelleras à Toi.
Amen.

Jean-Paul Dufour

Si vous ne devenez comme des petits enfants…

Seigneur moi qui me crois fort,
qui me veux habile,
qui n'aime compter que sur moi,
qui me méfie d'autrui,
et qui sais si bien me protéger
et me replier sur moi-même,
je t'entends me parler au fond de mon cœur:
« Si vous ne devenez comme des petits enfants… »
Que savent-ils donc Seigneur les petits enfants?
Ils savent qu'ils ont tout à recevoir.
Ils savent que tout peut être occasion d'émerveillement!
Ils savent que leur vie, leur nourriture
et leur sécurité viennent d'un autre.
Ils savent vivre dans le présent,
entièrement et sans calcul.
Ils savent demander sans se lasser.
Ils savent faire confiance.
Ils savent sourire gratuitement.
Ils savent se montrer tels qu'ils sont.
Ils savent se livrer à la tendresse et à l'amour.
Ils vivent Seigneur tout ce que Toi et ta chère Maman
cherchez à me donner:
Cette tendresse, cette présence, cette paix,
cette confiance et cette joie de vivre en Dieu
qui ne disparaîtront jamais.
Amen.

Jésus accueille saint Jean sur son Cœur.
Monastère des Bénédictines du Mont des Oliviers – Jérusalem.

Si un cœur t'a fait de la peine

Seigneur Jésus, si certains cœurs te sont fermés aujourd'hui, si tu es las, parce que tu nous as créés libres, de ne pouvoir les toucher, si tu es peiné de ne pouvoir y déverser ta tendresse, j'ose te demander de venir habiter le mien.

Qu'il soit au moins pour quelques instants ton refuge et ta consolation.

Je te le propose, Seigneur, non par mérite ou par vertu, tu le sais bien.

Je veux simplement t'ouvrir mon cœur, ce cœur que tu connais bien mieux que moi.

En fait, comme tu le fais souvent pour moi par la prière, c'est par désir que je te fais appel, pour que tu viennes t'épancher en mon cœur, le remplir de ta douceur et de ta tendresse.

Oh oui, Seigneur, tu es bien venu au monde dans une pauvre crèche, parce que Marie et Joseph n'avaient pas non plus été accueillis.

Tu peux bien venir dans mon petit cœur, même si le ménage n'a pas été fait dans tous les recoins, uniquement parce que tu m'aimes, je t'aime, et que c'est un besoin de nous aimer.

Alors Jésus, particulièrement aujourd'hui si un autre cœur t'a fait de la peine, vois, le mien est là qui t'attend, je t'invite, viens y prendre ta place, et pour le temps qu'il te plaira, réchauffons-nous au feu de Ton amour.

Amen.

… et garde-moi, toujours, toujours, toujours près de toi…

Jean-Paul Dufour

Seigneur, aide-nous à mener le bon combat

Seigneur, tu appelles chacun de nous à te suivre
et à devenir ton disciple ;
mais tu nous demandes un renoncement total
et de porter notre croix à ta suite.
Nous savons que sur la croix prend racine la joie
et qu'on ne peut arriver à la sainteté sans ascèse.
Mais tu connais la profondeur de notre égoïsme
et combien il s'oppose sans cesse à un véritable amour.
Que notre autosatisfaction et nos pratiques journalières
ne nous conduisent pas à un certain pharisaïsme,
attirés par ce qui parait ou l'estime de certaines valeurs
si nobles soient-elles sous le couvert du zèle ou de la générosité.
L'amour véritable ne peut persister sans ascèse.
Aide-nous à lutter sans relâche contre notre égoïsme :
à savoir céder devant l'autre ou lui donner raison,
à prendre les devants dans le service,
à savoir se taire quand il faut,
à prêter toujours une oreille attentive et intéressée,
enfin à éviter toute impatience, source de tension.
Pour tout cela, Seigneur, nous avons besoin de beaucoup d'humilité ;
daigne nous l'accorder.
Et que la prière nous accompagne tout au long
de nos heures et de nos journées.
Amen.

Paul Coutal

Que l'Amour triomphe de la haine

Paix à tous les hommes !
Les crimes dépassent toute mesure, il y a trop de martyrs, trop d'innocents enlevés à la vie, trop de douleur...
Que cessent pourtant toute vengeance et tout appel au châtiment !
Seigneur, ne mesure pas la souffrance de toutes ces victimes au poids de notre justice, ne laisse pas non plus ces souffrances à la charge des meurtriers, pour leur faire payer une terrible facture.
Que tout soit payé d'une autre manière !
Inscris en faveur des terroristes, des criminels, des bourreaux, des délateurs, des traîtres et de tous les hommes de mauvaise volonté, enchaînés par le mal, le courage et la force spirituelle des autres, leur humilité, leur dignité, leur lutte intérieure constante et leur indicible espérance, le sourire qui étanche leurs larmes, leur amour, leurs cœurs brisés qui demeurent fermes et confiants à la mort même, oui, jusqu'aux moments de la plus extrême faiblesse...
Que tout cela soit déposé devant toi, ô Seigneur, pour le pardon des péchés, comme une rançon pour le triomphe de la justice.
Que le bien soit compté, non le mal !
Et que les victimes restent dans le souvenir de ceux qui les persécutent, non comme un cauchemar, non comme des spectres attachés à leurs pas, mais comme des soutiens dans leur propre effort pour détruire la haine et la furie de leurs passions criminelles.
Nous t'en prions Seigneur.
Et quand toutes ces épreuves seront finies, donne la grâce aux victimes de guérir de leurs blessures, de renaître à la vie, hommes parmi les hommes, et que la paix revienne sur notre pauvre terre, paix pour les hommes de bonne volonté et paix pour ceux qui te rejettent et qui se refusent à l'amour.
Nous te prions pour eux Seigneur, pour tous ceux qui ne croient pas.
Touche leurs cœurs, qu'ils te reconnaissent et qu'ils s'ouvrent à la vie.
Amen.

d'après une prière trouvée dans un camp de concentration

L'Enfant Jésus
Peinture du bienheureux Jean de Fiesole (Fra Angelico)
XVe siècle

J'ai confiance en toi

Seigneur Jésus, j'ai recours à toi,
j'ai besoin de toi, j'ai confiance en toi.

Toi qui sais tout, qui vois tout,
qui peux tout et qui nous aimes,
toi qui restes fidèle, ne m'oublie pas,
même si je m'éloigne parfois de toi.

Porte toujours vers moi ton regard,
bénis-moi, protège-moi
et préserve-moi du péché.

Toi qui fais tout concourir
au bien de ceux qui t'aiment,
accorde-moi ta grâce,
dirige ma vie, anime la,
viens à mon aide quand je suis dans le besoin,
reste avec moi, ne m'abandonne pas,
garde mon âme dans la paix
et que jamais je ne sois séparé de toi.
Amen.

Jean-Paul Dufour

Seigneur Jésus, apprends-moi à te suivre

Entre tes mains, Seigneur, je me mets tout entier.
Tu m'as créé pour toi. Je ne veux plus penser à moi-même. Je veux te suivre. Que veux-tu, Seigneur, que je fasse ?
Permets-moi de faire route avec toi ; que ce soit dans la joie ou dans la peine, je veux t'accompagner. Je te fais le sacrifice de ces souhaits, de ces plaisirs, de ces faiblesses, de ces projets, de ces pensées qui me retiennent loin de toi et me replient sans cesse sur moi-même.
Fais de moi ce que tu veux ! Je ne marchande pas.
Je ne cherche pas à savoir à l'avance quels sont tes desseins sur moi. Je veux être ce que tu veux que je sois. Je ne dis pas : « Je veux te suivre où que tu ailles », car je suis faible. Mais je me donne à toi pour que tu m'y conduises sans cesse.
Comme un cadran solaire n'indique l'heure que par le soleil, ainsi je ne veux être déterminé que par toi, si tu veux bien te servir de moi et me conduire.
Qu'il en soit ainsi, Seigneur Jésus !

Seigneur, apprends-moi la miséricorde

Seigneur Jésus, transforme-moi entièrement en ta miséricorde !
Fais que mes yeux soient miséricordieux, pour que jamais je ne juge selon les apparences et ne soupçonne personne, mais que je voie, dans toutes les âmes, ce qu'elles ont de beau et qu'à toutes je sois secourable.
Fais que mes oreilles soient miséricordieuses, toujours attentives aux besoins de mes frères et jamais fermées à leur appel.
Fais que ma langue soit miséricordieuse pour que jamais je ne dise du mal de personne, mais que pour tous j'ai des paroles de pardon et de réconfort.
Fais que mes mains soient miséricordieuses et pleines de charité, afin que je prenne sur moi tout ce qui est dur et pénible pour alléger ainsi les fardeaux des autres.
Fais que mes pieds soient miséricordieux et toujours prêts à courir au secours du prochain, malgré ma fatigue et mon épuisement.
Que je me repose en servant !
Fais que mon cœur soit miséricordieux et ouvert à toute souffrance. Je ne le fermerai à personne, même à ceux qui en abusent, et moi-même je m'enfermerai dans le Cœur de Jésus.
Jamais je ne dirais mot de mes propres souffrances.
Puisse ta Miséricorde se reposer en moi Seigneur !
Transforme-moi en toi, car tu es mon tout.
Amen.

Sainte Faustine

J'attirerai à moi tous les hommes

Seigneur, tu es toujours signe de division entre ceux qui t'accueillent et ceux qui te rejettent ou t'ignorent et mon cœur est meurtri par ceux qui sont loin de toi, particulièrement par ceux qui me sont proches et que je te confie.

Seigneur, j'ai confiance en toi et je te prie pour eux d'accomplir ta parole : « Et moi une fois élevé de terre, j'attirerai à moi tous les hommes. »

S'il ne m'est pas possible de les convaincre par ma vie et par mon témoignage, je sais qu'en te les confiant dans la prière, tu pourras toucher efficacement leurs cœurs et que tu les attireras à toi en réalisant pour eux ce que tu as fait pour moi car : « Là où le péché a abondé, la grâce a surabondé. »

Seigneur, je t'en prie, envoie ton Esprit Saint, ton Esprit de Vérité, et tout sera créé. Tu renouvelleras la face de la terre.

Rassemble-nous dans la paix de ton amour que personne ne peut détruire, et que les derniers appelés soient les premiers et les plus ardents à te faire connaître et aimer.

Nous t'en prions, par Marie, notre douce et tendre mère que tu nous a donnée sur la croix pour nous guider, nous garder, et nous protéger.

Amen.

Jean-Paul Dufour

Aide-moi, Seigneur, à te servir

Seigneur très aimé, puissé-je te voir aujourd'hui et chaque jour dans la personne de tes malades et, les soignant, te servir. Si tu te caches sous la déplaisante figure du coléreux, du mécontent, de l'arrogant, puissé-je encore te reconnaître et dire : « Jésus, mon patient, comme il est doux de te servir… »
Ô Dieu, puisque tu es Jésus mon patient, daigne aussi être pour moi un Jésus de patience, indulgent à mes fautes en tenant compte de l'intention, car elle est de t'aimer et de te servir dans la personne de chacun de tes malades. Seigneur, augmente ma foi, bénis mes efforts et ma tâche, maintenant et à jamais.

Sainte Teresa de Calcutta

Du fond de ce bidonville

Seigneur, me voici, c'est moi… Tu sais, Jésus, que je suis un pauvre, alors aie pitié de moi. Tu sais que je ne suis pas venu ici pour accumuler des grâces. Je ne suis pas non plus venu pour les autres. Je suis là pour Toi, gratuitement, pour T'aimer. Jésus, mon frère aîné, Jésus mon sauveur, je suis arrivé les mains si vides au fond de ce bidonville que je ne peux même pas célébrer le repas commémorant Ton sacrifice. Mais tous les hommes aux yeux baissés, au visage tuméfié, tous les innocents martyrisés de ce lieu de souffrance ne commémorent-ils pas Ton sacrifice tous les jours ? Aie pitié d'eux, Jésus…
Jésus, Toi l'éternel martyrisé, Toi la voix des hommes sans voix, Toi qui souffres à l'intérieur de tous ces êtres, qui subis leur angoisse, leur détresse, leur tristesse, mais Toi, qui sais t'exprimer à travers leur cœur, à travers leurs pleurs, à travers leurs rires, à travers leur amour, Jésus, Tu sais que je suis là simplement pour partager, pour que nous puissions Te dire ensemble que nous T'aimons, Toi et Ton Père, le Père de miséricorde, le Père qui T'a envoyé, le Père qui pardonne. Et Te dire aussi à Toi qui es la lumière, le salut du monde, qu'ici, nous vivons dans l'obscurité. Alors, Toi qui es notre lumière, Jésus, nous avons besoin de Toi. Sans Toi, nous sommes perdus…

Dominique Lapierre – *La Cité de la joie* –

Litanies du Sacré-Cœur

Seigneur, aie pitié de nous. *Seigneur, aie pitié de nous.*
Jésus-Christ, aie pitié de nous. *Jésus-Christ, aie pitié de nous.*
Seigneur, aie pitié de nous *Seigneur, aie pitié de nous.*
Jésus-Christ, écoute-nous. *Jésus-Christ, écoute-nous.*
Jésus-Christ, exauce-nous. *Jésus-Christ, exauce-nous.*

Père du Ciel, qui es Dieu, *aie pitié de nous.*
Fils, Rédempteur du monde, qui es Dieu, *aie pitié de nous.*
Esprit Saint, qui es Dieu, *aie pitié de nous.*
Trinité Sainte, qui es un seul Dieu, *aie pitié de nous.*

Cœur de Jésus, Fils du Père Éternel, *aie pitié de nous.*
Cœur de Jésus, formé par le Saint-Esprit dans le sein de la Vierge Marie, *aie pitié de nous.*
Cœur de Jésus, uni substantiellement au Verbe de Dieu, *aie pitié de nous.*
Cœur de Jésus, d'une infinie majesté, *aie pitié de nous.*
Cœur de Jésus, Temple saint de Dieu, *aie pitié de nous.*
Cœur de Jésus, Tabernacle du Très-Haut, *aie pitié de nous.*
Cœur de Jésus, Maison de Dieu et Porte du Ciel, *aie pitié de nous.*
Cœur de Jésus, fournaise ardente de charité, *aie pitié de nous.*
Cœur de Jésus, sanctuaire de la justice et de l'amour, *aie pitié de nous.*
Cœur de Jésus, plein d'amour et de bonté, *aie pitié de nous.*
Cœur de Jésus, abîme de toutes les vertus, *aie pitié de nous.*
Cœur de Jésus, très digne de toutes louanges, *aie pitié de nous.*
Cœur de Jésus, roi et centre de tous les cœurs, *aie pitié de nous.*
Cœur de Jésus, en qui se trouvent tous les trésors de la sagesse et de la science, *aie pitié de nous.*
Cœur de Jésus, en qui réside toute la plénitude de la divinité, *aie pitié de nous.*
Cœur de Jésus, objet des complaisances du Père, *aie pitié de nous.*
Cœur de Jésus, dont la plénitude se répand sur nous tous, *aie pitié de nous.*

Cœur de Jésus, le désiré des collines éternelles, *aie pitié de nous*.
Cœur de Jésus, patient et très miséricordieux, *aie pitié de nous*.
Cœur de Jésus, libéral pour tous ceux qui t'invoquent, *aie pitié de nous*.
Cœur de Jésus, source de vie et de sainteté, *aie pitié de nous*.
Cœur de Jésus, propitiation pour nos péchés, *aie pitié de nous*.
Cœur de Jésus, rassasié d'opprobres, *aie pitié de nous*.
Cœur de Jésus, broyé à cause de nos crimes, *aie pitié de nous*.
Cœur de Jésus, obéissant jusqu'à la mort, *aie pitié de nous*.
Cœur de Jésus, percé par la lance, *aie pitié de nous*.
Cœur de Jésus, source de toute consolation, *aie pitié de nous*.
Cœur de Jésus, notre vie et notre résurrection, *aie pitié de nous*.
Cœur de Jésus, notre paix et notre réconciliation, *aie pitié de nous*.
Cœur de Jésus, victime des pécheurs, *aie pitié de nous*.
Cœur de Jésus, salut de ceux qui espèrent en Toi, *aie pitié de nous*.
Cœur de Jésus, espérance de ceux qui meurent, *aie pitié de nous*.
Cœur de Jésus, délice de tous les saints, *aie pitié de nous*.

Agneau de Dieu, qui efface les péchés du monde,
pardonne-nous, Seigneur.
Agneau de Dieu, qui efface les péchés du monde,
exauce-nous, Seigneur.
Agneau de Dieu, qui efface les péchés du monde,
prends pitié de nous.

Jésus, doux et humble de cœur, *rends notre cœur semblable au tien*.

Prions : Dieu Tout-Puissant et Éternel, considère le Cœur de ton Fils Bien-Aimé ainsi que les louanges et satisfactions qu'il T'a offertes au nom des pécheurs. À ceux qui implorent Ta miséricorde, accorde avec bienveillance le pardon au nom de ce même Jésus-Christ, Ton Fils, qui règne avec Toi dans les siècles des siècles.
Amen.

Litanies du Précieux Sang de Jésus-Christ

Seigneur, aie pitié de nous. *Seigneur, aie pitié de nous.*
Jésus-Christ, aie pitié de nous. *Jésus-Christ, aie pitié de nous.*
Seigneur, aie pitié de nous *Seigneur, aie pitié de nous.*
Jésus-Christ, écoute-nous. *Jésus-Christ, écoute-nous.*
Jésus-Christ, exauce-nous. *Jésus-Christ, exauce-nous.*

Père du Ciel, qui es Dieu, *aie pitié de nous.*
Fils, Rédempteur du monde, qui es Dieu, *aie pitié de nous.*
Esprit Saint, qui es Dieu, *aie pitié de nous.*
Trinité Sainte, qui es un seul Dieu, *aie pitié de nous.*

Sang du Christ, Fils du Père Éternel, *sauve-nous.*
Sang du Christ, verbe de Dieu incarné, *sauve-nous.*
Sang du Christ de la nouvelle et éternelle alliance, *sauve-nous.*
Sang du Christ, répandu sur la terre pendant son agonie, *sauve-nous.*
Sang du Christ, versé pendant la flagellation, *sauve-nous.*
Sang du Christ, émanant de la couronne d'épines, *sauve-nous.*
Sang du Christ, répandu sur la Croix, *sauve-nous.*
Sang du Christ, prix de notre salut, *sauve-nous.*
Sang du Christ, sans lequel il ne peut y avoir de rémission, *sauve-nous.*
Sang du Christ, nourriture Eucharistique et purification des âmes, *sauve-nous.*
Sang du Christ, fleuve de miséricorde, *sauve-nous.*
Sang du Christ, victoire sur les démons, *sauve-nous.*
Sang du Christ, force des martyrs, *sauve-nous.*
Sang du Christ, vertu des confesseurs, *sauve-nous.*
Sang du Christ, source de virginité, *sauve-nous.*
Sang du Christ, soutien de ceux qui sont dans le danger, *sauve-nous.*
Sang du Christ, soulagement de ceux qui peinent, *sauve-nous.*
Sang du Christ, consolation dans les larmes, *sauve-nous.*
Sang du Christ, espoir des pénitents, *sauve-nous.*
Sang du Christ, secours des mourants, *sauve-nous.*

Sang du Christ, paix et douceur des cœurs, *sauve-nous*.
Sang du Christ, gage de vie éternelle, *sauve-nous*.
Sang du Christ, qui délivre les âmes du purgatoire, *sauve-nous*.
Sang du Christ, digne de tout honneur et de toute gloire, *sauve-nous*.

Agneau de Dieu, qui efface les péchés du monde,
pardonne-nous, Seigneur.
Agneau de Dieu, qui efface les péchés du monde,
exauce-nous, Seigneur.
Agneau de Dieu, qui efface les péchés du monde,
prends pitié de nous.

Tu nous as rachetés, Seigneur par ton Sang,
et tu as fait de nous le royaume de Dieu.

Prions : Dieu Éternel et Tout-Puissant, tu as établi ton Fils unique comme Rédempteur du monde, et c'est par son Sang que tu as voulu pardonner ! Fais-nous la grâce de trouver, dans la force qu'il contient, une protection contre les maux de la vie présente, afin de goûter, dans le ciel, la récompense qu'il nous a méritée, nous te le demandons par Jésus, le Christ, notre Seigneur.
Amen.

Basilique du Saint-Sépulcre
36230 – Neuvy-Saint-Sépulcre – F.

Litanies du Saint Nom de Jésus

Seigneur, aie pitié de nous. *Seigneur, aie pitié de nous.*
Jésus-Christ, aie pitié de nous. *Jésus-Christ, aie pitié de nous.*
Seigneur, aie pitié de nous *Seigneur, aie pitié de nous.*
Jésus-Christ, écoute-nous. *Jésus-Christ, écoute-nous.*
Jésus-Christ, exauce-nous. *Jésus-Christ, exauce-nous.*

Père du Ciel, qui es Dieu, *aie pitié de nous.*
Fils, Rédempteur du monde, qui es Dieu, *aie pitié de nous.*
Esprit Saint, qui es Dieu, *aie pitié de nous.*
Trinité Sainte, qui es un seul Dieu, *aie pitié de nous.*

Jésus, Fils du Dieu vivant, *aie pitié de nous.*
Jésus, splendeur du Père, *aie pitié de nous.*
Jésus, éclat de la lumière éternelle, *aie pitié de nous.*
Jésus, roi de gloire, *aie pitié de nous.*
Jésus, soleil de justice, *aie pitié de nous.*
Jésus, Fils de la Vierge Marie, *aie pitié de nous.*
Jésus aimable, *aie pitié de nous.*
Jésus admirable, *aie pitié de nous.*
Jésus, Dieu fort, *aie pitié de nous.*
Jésus, Père du siècle à venir, *aie pitié de nous.*
Jésus, messager du plan divin, *aie pitié de nous.*
Jésus très puissant, *aie pitié de nous.*
Jésus très patient, *aie pitié de nous.*
Jésus très obéissant, *aie pitié de nous.*
Jésus, doux et humble de cœur, *aie pitié de nous.*
Jésus, qui aime les âmes pures, *aie pitié de nous.*
Jésus, qui nous aime, *aie pitié de nous.*
Jésus, Dieu de paix, *aie pitié de nous.*
Jésus, auteur de la vie, *aie pitié de nous.*
Jésus, modèle des vertus, *aie pitié de nous.*
Jésus, jaloux du salut des âmes, *aie pitié de nous.*

Jésus, notre Dieu, *aie pitié de nous.*
Jésus, notre refuge, *aie pitié de nous.*
Jésus, Père des pauvres, *aie pitié de nous.*
Jésus, trésor des fidèles, *aie pitié de nous.*
Jésus, bon pasteur, *aie pitié de nous.*
Jésus, vraie lumière, *aie pitié de nous.*
Jésus, sagesse éternelle, *aie pitié de nous.*
Jésus, bonté infinie, *aie pitié de nous.*
Jésus, notre voie et notre vie, *aie pitié de nous.*
Jésus, joie des anges, *aie pitié de nous.*
Jésus, roi des patriarches, *aie pitié de nous.*
Jésus, maître des apôtres, *aie pitié de nous.*
Jésus, docteur des évangélistes, *aie pitié de nous.*
Jésus, force des martyrs, *aie pitié de nous.*
Jésus, lumière des confesseurs, *aie pitié de nous.*
Jésus, pureté des vierges, *aie pitié de nous.*
Jésus, couronne de tous les saints, *aie pitié de nous.*

Montre-toi favorable, *pardonne-nous, Jésus.*
Montre-toi favorable, *exauce-nous, Jésus.*

De tout mal, *délivre-nous, Jésus.*
De tout péché, *délivre-nous, Jésus.*
De ta colère, *délivre-nous, Jésus.*
Des pièges du démon, *délivre-nous, Jésus.*
De l'esprit impur, *délivre-nous, Jésus.*
De la mort éternelle, *délivre-nous, Jésus.*
Du mépris de tes inspirations, *délivre-nous, Jésus.*
Par le mystère de ta sainte incarnation, *délivre-nous, Jésus.*
Par ta naissance, *délivre-nous, Jésus.*
Par ton enfance, *délivre-nous, Jésus.*

Par ta vie toute divine, *délivre-nous, Jésus.*
Par tes labeurs, *délivre-nous, Jésus.*
Par ton agonie et ta passion, *délivre-nous, Jésus.*
Par ta croix et ton délaissement, *délivre-nous, Jésus.*
Par tes souffrances, *délivre-nous, Jésus.*
Par ta mort et ta sépulture, *délivre-nous, Jésus.*
Par ta résurrection, *délivre-nous, Jésus.*
Par ton ascension, *délivre-nous, Jésus.*
Par l'institution de ta très sainte eucharistie, *délivre-nous, Jésus.*
Par tes joies, *délivre-nous, Jésus.*
Par ta gloire, *délivre-nous, Jésus.*

Agneau de Dieu qui enlève les péchés du monde,
pardonne-nous, Jésus.
Agneau de Dieu qui enlève les péchés du monde,
exauce-nous, Jésus.
Agneau de Dieu qui enlève les péchés du monde,
aie pitié de nous, Jésus.

Jésus, écoute-nous.
Jésus, exauce-nous.

Prions : Seigneur Jésus-Christ qui a dit : « Demandez et vous recevrez, cherchez et vous trouverez, frappez et il vous sera ouvert », accorde-nous, nous te le demandons, l'ardeur de ton divin amour, afin que nous nous attachions à toi de tout notre cœur, par nos paroles et par nos œuvres, et que nous ne cessions jamais de proclamer tes louanges. De ton Saint Nom, Seigneur, fais que nous ayons la crainte et en même temps un amour qui ne cesse point, car jamais tu ne prives de ton assistance ceux que tu as solidement établis dans ta dilection. Toi qui vis et règnes dans les siècles des siècles. Amen.

À TON ÉCOUTE, SEIGNEUR...

Je suis la lumière et vous ne me voyez pas.
Je suis la route, et vous ne me suivez pas.
Je suis la vérité, et vous ne me croyez pas.
Je suis la vie, et vous ne me recherchez pas.
Je suis le Maître, et vous ne m'écoutez pas.
Je suis le Chef, et vous ne m'obéissez pas.
Je suis votre Dieu, et vous ne me priez pas.
Je suis le Grand Ami, et vous ne m'aimez pas.
Si vous êtes malheureux, ne me le reprochez pas !

Si ta tête cherche à comprendre, dis-toi que j'ai besoin de la confiance de ton cœur... Cesse de raisonner dans le vide et ouvre-moi, encore plus large, les portes de ton cœur. J'ai soif de ta liberté !

Ton cœur doux me rappelle toujours ma Mère bien-aimée qui était si douce dans ses paroles, ses gestes et toute son attitude et ses relations. Si tu veux être mon disciple de douceur, abandonne vite toute ombre de revendication de droit ou de promotion personnelle. Deviens de plus en plus petit devant les autres.

Aime-moi comme tu es

Je connais ta misère, les combats et les tribulations de ton âme, la faiblesse et les infirmités de ton corps ; je sais ta lâcheté, tes péchés, tes défaillances. Je te dis quand même : « Donne-moi ton cœur, aime-moi comme tu es ».

Si tu attends d'être un ange pour te livrer à l'amour, tu n'aimeras jamais. Même si tu retombes souvent dans ces fautes que tu voudrais ne jamais connaître, même si tu es lâche dans la pratique de la vertu, je ne te permets pas de ne pas m'aimer.

Aime-moi comme tu es, à chaque instant et dans quelque disposition que tu te trouves, dans la ferveur ou dans la sécheresse, dans la fidélité ou dans l'infidélité.

Aime-moi tel que tu es. Je veux l'amour de ton cœur indigent ; si, pour m'aimer, tu attends d'être parfait, tu ne m'aimeras jamais. Ne pourrais-je pas faire de chaque grain de sable un séraphin radieux de pureté, de noblesse et d'amour ? Ne pourrais-je pas d'un seul signe de ma volonté, faire surgir du néant des millions de saints, mille fois plus parfaits et plus aimants que ceux que j'ai créés ? Ne suis-je pas le Tout-Puissant ? Et s'il me plaît de laisser pour jamais dans le néant ces êtres merveilleux et de leur préférer ton pauvre amour ?

Mon enfant, laisse-moi t'aimer, je veux ton cœur. Je compte te former, mais en attendant, je t'aime comme tu es. Et je souhaite que tu fasses de même. Je désire voir du fond de ta misère monter l'amour. J'aime en toi jusqu'à ta faiblesse. J'aime l'amour des pauvres. Je veux que de l'indigence s'élève continuellement ce cri : « Seigneur, je t'aime ». C'est le chant de ton cœur qui m'importe. Qu'ai-je besoin de ta science et de tes talents ? Ce ne sont pas des vertus que je te demande ; et si je t'en donnais, tu es si faible, que bientôt l'amour-propre s'y mêlerait : ne t'inquiète pas de cela.

J'aurais pu te destiner à de grandes choses : non, tu seras le serviteur inutile, je te prendrai même le peu que tu as, car je t'ai créé pour l'amour. Aime ! L'amour te fera faire tout le reste sans que tu y penses ; ne cherche qu'à remplir le moment présent de ton amour. Aujourd'hui, je me tiens à la porte de ton cœur comme un mendiant, moi, le Seigneur des Seigneurs. Je frappe et j'attends, hâte-toi de m'ouvrir, n'allègue pas ta misère. Ton indigence, si tu la connaissais pleinement, tu mourrais de douleur. Cela seul qui pourrait me blesser le cœur, ce serait de te voir douter et manquer de confiance.
Je veux que tu penses à moi à chaque heure du jour et de la nuit, je ne veux pas que tu poses l'action la plus insignifiante pour un motif autre que l'amour. Quand il te faudra souffrir, je te donnerai la force ; tu m'as donné l'amour, je te donnerai d'aimer au-delà de ce que tu as pu rêver. Mais souviens-toi : Aime-moi tel que tu es. N'attends pas d'être un saint pour te livrer à l'amour, sinon tu n'aimeras jamais.

L'œuvre bénédictine – *Cahiers de l'oraison* –

Toi qui m'aimes tel que je suis

Seigneur, réconcilie-moi avec moi-même. Comment pourrai-je rencontrer et aimer les autres si je ne me rencontre et ne m'aime plus ?
Seigneur, toi qui m'aimes tel que je suis et non tel que je me rêve, aide-moi à accepter ma condition d'homme limité mais appelé à se dépasser.
Apprends-moi à vivre avec mes ombres et mes lumières, mes douceurs et mes colères, mes rires et mes larmes, mon passé et mon présent.
Donne-moi de m'accueillir comme tu m'accueilles, de m'aimer comme tu m'aimes. Délivre-moi de la perfection que je veux me donner, ouvre-moi à la sainteté que tu veux m'accorder.
Épargne-moi les remords de Judas, rentrant en lui-même pour n'en plus sortir, épouvanté et désespéré devant son péché.
Accorde-moi le repentir de Pierre, rencontrant le silence de ton regard plein de tendresse et de pitié.
Et si je dois pleurer, que ce ne soit pas sur moi-même mais sur ton amour offensé.
Seigneur, tu connais le désespoir qui ronge mon cœur.
Le dégoût de moi-même, je le projette sans cesse sur les autres !
Que ta tendresse me fasse exister à mes propres yeux !
Je voudrais tellement déverrouiller la porte de ma prison dont je serre moi-même la clef !
Donne-moi le courage de sortir de moi-même. Dis-moi que tout est possible à celui qui croit. Dis-moi que je peux encore guérir, dans la lumière de ton regard et de ta parole.

Michel Hubaut

Je te vois et je t'aime

Mon enfant, tu n'as pas connu ce que tu es. Tu ne te connais pas encore. Je veux dire : tu ne t'es pas vraiment connu comme l'objet de mon Amour. Et, par suite, tu n'as pas connu ce que tu es en Moi et tout le possible qui est en toi. Éveille-toi de ce sommeil et des songes mauvais. Tu ne vois de toi-même, à certaines heures de vérités, que les échecs et les défaites, les chutes, les souillures, peut-être les crimes. Mais tout cela, ce n'est pas toi. Ce n'est pas ton vrai « moi », ton « moi » le plus profond. Sous tout cela, derrière tout cela, sans ton péché, derrière toutes les transgressions et tous les manques, moi, je te vois. Je te vois et je t'aime. C'est toi-même que j'aime. Ce n'est pas le mal que tu fais, ce mal qu'on ne doit ni ignorer, ni nier, ni atténuer... Il n'est, en aucun homme et aucune femme, aucune possibilité de beauté intérieure et de bonté qui ne soient en toi aussi.

Il n'est aucun don divin auquel tu ne puisses aspirer. Car tu les recevras tous ensemble si tu aimes avec Moi et en Moi. Quoi que tu aies pu faire dans ton passé, je romps tes liens, et si je romps tes liens, qui t'empêche de te lever et de marcher ?

Un moine de l'Église d'Orient, extrait de *Amour sans limites*
Édition de Chevetogne.

Seul le Christ connaît ce qu'il y a dans l'homme

Seul le Christ connaît ce qu'il y a dans l'homme. Il connaît sa faiblesse, mais il connaît aussi, et par-dessus tout, sa dignité. Je souhaite à chacun et à chacune de vous, de découvrir le regard du Christ, et d'en faire l'expérience jusqu'au bout. Je ne sais à quel moment, mais je pense que cela se produira au moment le plus nécessaire ; peut-être au temps de la souffrance, peut-être à l'occasion du témoignage d'une conscience pure, ou peut-être justement dans une situation opposée, quand s'impose le sens de la faute, le remords de la conscience. Le Christ regarda Pierre à l'heure de sa chute, après qu'il eut renié son Maître par trois fois.

Il est nécessaire à l'homme, ce regard aimant. Il lui est nécessaire de se savoir aimé, aimé éternellement et choisi de toute éternité. En même temps, cet amour éternel manifesté par l'élection divine accompagne l'homme au long de sa vie comme le regard d'amour du Christ, et peut-être surtout au temps de l'épreuve, de l'humiliation, de la persécution, de l'échec, alors que notre humanité est comme abolie aux yeux des hommes, outragée et opprimée. Savoir alors que le Père nous a toujours aimés en son Fils, que le Christ aime chacun en tout temps, cela devient un solide point d'appui pour toute notre existence humaine. Quand tout nous conduit à douter de nous-mêmes et du sens de notre vie, ce regard du Christ, c'est-à-dire la prise de conscience de l'amour qui est en Lui, et qui s'est montré plus puissant que tout mal et que toute destruction, cette prise de conscience nous permet de survivre. Je vous souhaite de faire la même expérience que le jeune homme de l'Évangile : « Jésus fixa sur lui son regard et l'aima » Mc 10, 21.

Saint Jean-Paul II

Tu sais bien que ce sera moi

« Si j'avais été seul au monde, Dieu y aurait fait descendre son fils unique afin qu'il soit crucifié et qu'il me sauve. Voilà me dira-t-on, un étrange orgueil ! Je ne le crois pas : cette idée a dû traverser plus d'une tête chrétienne. Mais qui donc l'aurait jugé, condamné, battu et mis en croix ? N'en doutez pas une seconde : c'est moi, J'aurai tout fait. Chacun de nous peut dire cela, tous tant que nous sommes et de tous les coins du monde. S'il faut un Juif pour lui cracher au visage, me voilà ! Un fonctionnaire Romain pour l'interroger, un soldat pour le tourner en dérision, un bourreau pour le fixer avec des clous sur le bois afin qu'il y reste jusqu'à la fin des temps, ce sera encore moi, je saurai faire tout ce qu'il faudra. Un disciple pour le trahir ? Ne cherchez pas : je suis là ! Un disciple pour l'aimer ? Voilà le plus douloureux de toute cette histoire, le plus mystérieux aussi, car enfin tu sais bien que ce sera moi. »

Julien Green

DÉCOUVRIR LE PÈRE

Christ Pantocrator
XIIIe siècle – Monastère de Chilandari – Mont Athos

Qui m'a vu a vu le Père… je suis dans le Père et le Père est en moi.
Jn 14, 9.11

LE PÈRE NOUS AIME

Voici mon serviteur que je soutiens, mon élu en qui mon âme se complaît. J'ai mis sur lui mon esprit, il présentera aux nations le droit. Il ne crie pas, il n'élève pas le ton, il ne fait pas entendre sa voix dans la rue ; il ne brise pas le roseau froissé, il n'éteint pas la mèche qui faiblit (…)

Is 42, 1-3

Ne crains pas, car je t'ai racheté (…) tu comptes beaucoup à mes yeux, tu as du prix et je t'aime.

Is 43, 1-4

Car Dieu a tant aimé le monde, qu'il a donné son Fils unique afin que quiconque croit en lui ne se perde pas, mais ait la vie éternelle.

Jn 3, 16

Voici comment Dieu a manifesté son amour parmi nous : Dieu a envoyé son Fils unique dans le monde pour que nous vivions par lui. Voici à quoi se reconnaît l'amour : ce n'est pas nous qui avons aimé Dieu, c'est lui qui nous a aimés, et il a envoyé son Fils en victime offerte pour nos péchés.

Jn 4, 9-10

Dieu n'a pas envoyé son Fils dans le monde pour juger le monde, mais pour que le monde soit sauvé par lui.

Jn 3, 17

Je suis le bon pasteur : le bon pasteur donne sa vie pour ses brebis.

Jn 10, 11

Le Fils de l'homme n'est pas venu pour être servi, mais pour servir et donner sa vie en rançon pour une multitude.

Mt 20, 28

(…) de toutes vos inquiétudes, déchargez-vous sur lui, car il a soin de vous.

1 P 5, 7

Venez à moi, vous tous qui peinez et ployez sous le fardeau, et moi je vous soulagerai. Chargez-vous de mon joug et mettez-vous à mon école, car je suis doux et humble de cœur, et vous trouverez soulagement pour vos âmes. Oui ! mon joug est aisé et mon fardeau léger.

Mt 11, 28-29

Je suis le Chemin, la Vérité et la Vie. Jn 14, 6

Je suis la résurrection et la vie. Qui croit en moi, même s'il meurt, vivra ; et quiconque vit et croit en moi ne mourra jamais.

Jn 11, 25-26

Je suis venu pour que vous ayez la vie et la vie en abondance.

Jn 10, 10

Je suis avec vous tous les jours jusqu'à la fin du monde.

Mt 28, 20

LE DÉCALOGUE

Écoute, Israël, les lois et les coutumes que je prononce aujourd'hui à vos oreilles. Apprenez-les et gardez-les pour les mettre en pratique.

Dt 5, 1

1- Tu adoreras Dieu seul, et tu l'aimeras plus que tout.
2- Tu ne prononceras le nom de Dieu qu'avec respect.
3- Tu sanctifieras le jour du Seigneur.
4- Tu honoreras ton père et ta mère.
5- Tu ne tueras pas.
6- Tu ne commettras pas d'impureté.
7- Tu ne voleras pas.
8- Tu ne porteras pas de faux témoignages.
9- Tu ne désireras pas la femme de ton prochain.
10- Tu ne désireras pas le bien d'autrui.

Ex 20, 1-17

Que ces paroles, que je te dicte, aujourd'hui restent dans ton cœur.

Dt 6, 6

Dans la conversion et le calme était votre salut, dans la sérénité et la confiance était votre force, mais vous n'avez pas voulu !

Is 30, 15

Si seulement tu avais été attentif à mes commandements ! Ton bonheur serait comme un fleuve et ta justice comme les flots de la mer.

Is 48, 18

Les Dix commandements libèrent de l'esclavage du péché (idolâtrie, orgueil, égoïsme, haine, sensualité, mensonge, convoitise) comme Dieu a libéré son peuple de l'esclavage de Pharaon.
Ils précisent les conditions de l'Alliance de Dieu avec l'homme.
Ce sont dix paroles d'amour : accueillons-les comme telles pour vivre, par la grâce du Christ, dans la vraie liberté des enfants de Dieu.

Par le décalogue, Dieu prépare l'homme à son amitié et à la paix avec le prochain.

Saint Irénée

LE PÈRE NOUS APPELLE

Quand vos péchés seraient comme l'écarlate, comme neige, ils blanchiront ; quand ils seraient rouges comme la pourpre, comme laine, ils deviendront.

Is 1, 18

Je ne prends pas plaisir à la mort de qui que ce soit, oracle du Seigneur. Convertissez-vous et vivez !

Ez 18, 32

(…) je mettrai en eux un esprit nouveau : j'enlèverai de leur chair le cœur de pierre et je leur donnerai un cœur de chair (…)

Ez 11, 19

Je ne suis pas venu appeler les justes, mais les pécheurs, au repentir.

Lc 5, 32

L'homme ne se nourrit pas seulement de pain, mais de toute parole de Dieu.

Mt 4, 4

Le temps est accompli et le Royaume de Dieu est tout proche : repentez-vous et croyez à l'Évangile.

Mc 1, 15

En vérité je vous le dis, si vous ne changez pas et ne devenez pas comme les enfants, vous n'entrerez pas dans le Royaume des Cieux.

Mt 18, 3

En vérité, en vérité, je te le dis, à moins de naître d'eau et d'Esprit, nul ne peut entrer dans le Royaume de Dieu.

Jn 3, 3

C'est ainsi, je vous le dis, qu'il y aura plus de joie dans le ciel pour un seul pécheur qui se repent que pour quatre-vingt-dix-neuf justes, qui n'ont pas besoin de se repentir.

Lc 15, 7

Beaucoup de premiers seront derniers et les derniers seront premiers.

Mc 10, 31

Quiconque écoute mes paroles et les met en pratique, peut se comparer à un homme avisé qui a bâti sa maison sur le roc.

Mt 7, 24

Car vous étiez égarés comme des brebis, mais à présent vous êtes retournés vers le pasteur et le gardien de vos âmes.

1 P 2, 25

Si quelqu'un veut venir à ma suite, qu'il se renie lui-même, qu'il se charge de sa croix, et qu'il me suive. Qui veut en effet sauver sa vie la perdra, mais qui perdra sa vie à cause de moi et de l'Évangile la sauvera.

Mc 8, 34-35

Je suis la lumière du monde. Qui me suit ne marchera pas dans les ténèbres, mais aura la lumière de la vie.

Jn 8, 12

TU AIMERAS LE SEIGNEUR TON DIEU DE TOUT TON CŒUR, DE TOUTE TON ÂME ET DE TOUT TON ESPRIT

Je suis la servante du Seigneur ; qu'il m'advienne selon ta parole.
Lc 1, 38

Marie conservait avec soin toutes ces choses, les méditant en son cœur.
Lc 2, 19

Seigneur, à qui irions-nous ? Tu as les paroles de la vie éternelle. Nous, nous croyons, et nous avons reconnu que tu es le Saint de Dieu.
Jn 6, 68-69

Seigneur, tu sais tout, tu sais bien que je t'aime. Jn 21, 17

Bienheureux ceux qui croient sans avoir vu. Jn 20, 29

Là où deux ou trois se trouvent réunis en mon nom, je suis au milieu d'eux. Mt 18, 20

Si quelqu'un m'aime, il observera ma parole et mon Père l'aimera et nous viendrons vers lui et nous établirons chez lui notre demeure.
Jn 14, 23

Déjà vous êtes purs grâce à la parole que je vous ai fait entendre. Demeurez en moi, comme moi en vous. De même que le sarment ne peut de lui-même porter du fruit s'il ne demeure pas sur la vigne, ainsi vous non plus, si vous ne demeurez pas en moi. Jn 15, 3-4

Nul ne peut servir deux maîtres : ou il haïra l'un et aimera l'autre, ou il s'attachera à l'un et méprisera l'autre. Vous ne pouvez servir Dieu et l'argent. Voilà pourquoi, je vous dis : Ne vous inquiétez pas pour votre vie de ce que vous mangerez, ni pour votre corps de quoi vous le vêtirez. La vie n'est-elle pas plus que la nourriture, et le corps plus que le vêtement ? Regardez les oiseaux du ciel : ils ne sèment ni ne moissonnent ni ne recueillent en des greniers, et votre Père les nourrit ! Ne valez-vous pas plus qu'eux ? Qui d'entre vous d'ailleurs peut, en s'en inquiétant, ajouter une seule coudée à la longueur de sa vie ? Et du vêtement, pourquoi vous inquiéter ? Observez les lis des champs, comme ils poussent : ils ne peinent ni ne filent. Or je vous dis que Salomon lui-même, dans toute sa gloire, n'a pas été vêtu comme l'un d'eux. Que si Dieu habille de la sorte l'herbe des champs, qui est aujourd'hui et demain sera jetée au four, ne fera-t-il pas bien plus pour vous, gens de peu de foi ! Ne vous inquiétez donc pas en disant : Qu'allons-nous manger ? Qu'allons-nous boire ? De quoi allons-nous nous vêtir ? Ce sont là toutes choses dont les païens sont en quête. Or votre Père Céleste sait que vous avez besoin de tout cela. Cherchez d'abord son Royaume et sa justice, et tout cela vous sera donné par surcroît. Ne vous inquiétez donc pas du lendemain ; demain s'inquiétera de lui-même. À chaque jour suffit sa peine.

Mt 6, 24-34

Ce n'est pas en me disant : « Seigneur, Seigneur », qu'on entrera dans le Royaume des Cieux, mais c'est en faisant la volonté de mon Père qui est dans les Cieux. Mt 7, 21

Celui qui écoute la Parole sans la mettre en pratique ressemble à un homme qui observe sa physionomie dans un miroir. Il s'observe, part, et oublie comme il était.
Celui, au contraire, qui se penche sur la Loi parfaite de liberté et s'y tient attaché, non pas en auditeur oublieux, mais pour la mettre activement en pratique, celui-là trouve son bonheur en la pratiquant.

Jc 1, 23-25

À présent, vous êtes lumière dans le Seigneur ; conduisez-vous en enfants de lumière ; et le fruit de la lumière consiste en toute bonté, justice et vérité. Ep 5, 8-9

Sois sans crainte, petit troupeau, car votre Père s'est complu à vous donner le Royaume. Lc 12, 32

TU AIMERAS TON PROCHAIN COMME TOI-MÊME

« Maître, quel est le plus grand commandement de la Loi ? »
Jésus lui dit : « Tu aimeras le Seigneur ton Dieu de tout ton cœur, de toute ton âme et de tout ton esprit : voilà le plus grand et le premier commandement. Le second lui est semblable : Tu aimeras ton prochain comme toi-même. À ces deux commandements se rattache toute la Loi, ainsi que les Prophètes » Mt 22, 36-40

Vous avez entendu qu'il a été dit aux ancêtres : Tu ne tueras pas… Eh bien ! moi je vous dis : Tu ne te mettras pas en colère contre ton frère, tu ne l'insulteras pas (…) Mt 5, 21-22

Vous avez entendu qu'il a été dit : Tu ne commettras pas d'adultère. Eh bien ! moi je vous dis : quiconque regarde une femme pour la désirer a déjà commis, dans son cœur, l'adultère avec elle. Mt 5, 27-28

Vous avez entendu qu'il a été dit : Œil pour œil, dent pour dent. Eh bien ! moi je vous dis de ne pas tenir tête au méchant (…) Mt 5, 38

Ne jugez pas, afin de ne pas être jugés (…) Qu'as-tu à regarder la paille qui est dans l'œil de ton frère ? Et la poutre qui est dans ton œil à toi, tu ne la remarques pas ! Mt 7, 1-3

Que celui d'entre vous qui est sans péché lui jette le premier une pierre ! Jn 8, 7

Seigneur, quand mon frère commettra une faute à mon égard, combien de fois lui pardonnerai-je ? Jusqu'à sept fois ? Jésus lui dit : « Je ne te dis pas jusqu'à sept fois, mais jusqu'à soixante-dix fois sept fois. » Mt 18, 21-22

La colère de l'homme n'accomplit pas la justice de Dieu. 1 Jc 1, 20

Aimez vos ennemis, faites du bien à ceux qui vous haïssent, bénissez ceux qui vous maudissent, priez pour ceux qui vous calomnient.

Lc 6, 27-28

Enfin vous tous, en esprit d'union, dans la compassion, l'amour fraternel, la miséricorde, l'esprit d'humilité, ne rendez pas mal pour mal, insulte pour insulte. Bénissez au contraire, car c'est à cela que vous avez été appelés, afin d'hériter la bénédiction.
Qui veut en effet, aimer la vie et voir des jours heureux, doit garder sa langue du mal et ses lèvres des paroles fourbes, s'éloigner du mal et faire le bien, chercher la paix et la poursuivre.
Car le Seigneur a les yeux sur les justes et tend l'oreille à leur prière, mais le Seigneur tourne sa face contre ceux qui font le mal.

1 P 3, 8-12

Ce que vous voulez que les hommes fassent pour vous, faites-le pour eux pareillement.

Lc 6, 31

Si quelqu'un, jouissant des biens de ce monde, voit son frère dans la nécessité et lui ferme ses entrailles, comment l'amour de Dieu demeurerait-il en lui ? Petits enfants, n'aimons ni de mots ni de langue, mais en actes et en vérité.

1 Jn 3, 17-18

Car j'ai eu faim et vous m'avez donné à manger, j'ai eu soif et vous m'avez donné à boire, j'étais un étranger et vous m'avez accueilli, nu et vous m'avez vêtu, malade et vous m'avez visité, prisonnier et vous êtes venus me voir (...). En vérité, je vous le dis, dans la mesure où vous l'avez fait à l'un de ces plus petits de mes frères, c'est à moi que vous l'avez fait.

Mt 25, 35-40

Quiconque accueille ce petit enfant à cause de mon nom, c'est moi qu'il accueille, et quiconque m'accueille accueille Celui qui m'a envoyé ; car celui qui est le plus petit parmi vous tous, c'est celui-là qui est grand.

Lc 9, 48

Jésus leur dit : « Si quelqu'un veut être le premier, il sera le dernier de tous et le serviteur de tous. »

Mc 9, 35

Quand je parlerais les langues des hommes et des anges, si je n'ai pas la charité, je suis un airain qui résonne, ou une cymbale qui retentit. Quand j'aurais le don de prophétie, la science de tous les mystères et toute la connaissance, quand j'aurais la plénitude de la foi, jusqu'à transporter les montagnes, si je n'ai pas la charité, je ne suis rien. Quand je distribuerais tous mes biens aux pauvres, quand je livrerais mon corps aux flammes, si je n'ai pas la charité, cela ne me sert de rien. La charité est patiente ; la charité est serviable ; elle n'est pas envieuse ; la charité ne se vante pas, elle ne se gonfle pas d'orgueil ; elle ne fait rien de laid, ne cherche pas son intérêt, ne s'irrite pas, n'entretient pas de rancune ; elle ne se réjouit pas de l'injustice, mais elle met sa joie dans la vérité. Elle excuse tout, croit tout, espère tout, supporte tout. La charité ne passe jamais (…).

1 Co 13, 1-8

(…) que ta main gauche ignore ce que fait ta main droite (…). Mt 6, 3

Vous avez reçu gratuitement, donnez gratuitement. Mt 10, 8

Celui qui aime son frère demeure dans la lumière. 1 Jn 2, 10

Dieu, personne ne l'a jamais contemplé. Si nous nous aimons les uns les autres, Dieu demeure en nous, en nous son amour est accompli.

1 Jn 4, 12

À ceci, tous reconnaîtront que vous êtes mes disciples : si vous avez de l'amour les uns pour les autres. Jn 13, 35

Comme toi, Père, tu es en moi et moi en toi, qu'eux aussi soient un en nous, afin que le monde croie que tu m'as envoyé. Jn 17, 21

LES BÉATITUDES

Et prenant la parole, il les enseignait en disant :
« Heureux les pauvres de cœur :
Le Royaume des cieux est à eux !
Heureux les doux :
Ils posséderont la terre !
Heureux ceux qui pleurent :
Ils seront consolés !
Heureux ceux qui ont faim et soif de la justice :
Ils seront rassasiés !
Heureux les miséricordieux :
Ils obtiendront miséricorde !
Heureux les cœurs purs :
Ils verront Dieu !
Heureux les artisans de paix :
Ils seront appelés fils de Dieu !
Heureux ceux qui sont persécutés pour la justice :
Le Royaume des cieux est à eux !
Heureux serez-vous si l'on vous insulte,
si l'on vous persécute
et si l'on dit faussement toute sorte de mal
contre vous, à cause de moi.
Réjouissez-vous, soyez dans l'allégresse,
car votre récompense sera grande dans les cieux ! »

Mt 5, 2-12

PRIER AVEC LES PSAUMES

Psaume 1. **Psaume de sagesse : les deux voies**

Heureux ceux qui entendent la Parole de Dieu et qui la gardent.
Lc 11, 28

Heureux est l'homme qui n'entre pas au conseil des méchants,
qui ne suit pas le chemin des pécheurs,
ne siège pas avec ceux qui ricanent,
mais se plaît dans la loi du Seigneur
et murmure sa loi jour et nuit !
Il est comme un arbre planté près d'un ruisseau,
qui donne du fruit en son temps,
et jamais son feuillage ne meurt ;
tout ce qu'il entreprend réussira,
tel n'est pas le sort des méchants.
Mais ils sont comme la paille balayée par le vent :
au jugement, les méchants ne se lèveront pas
ni les pécheurs, au rassemblement des justes.
Le Seigneur connaît le chemin des justes,
mais le chemin des méchants se perdra.

Psaume 8. **Majesté de Dieu, dignité de l'homme**

Jésus, qui a été abaissé un peu au-dessous des anges,
nous le voyons couronné de gloire et d'honneur. He 2, 9

Ô Seigneur, notre Dieu,
qu'il est grand ton nom par toute la terre !

Jusqu'aux cieux, ta splendeur est chantée
par la bouche des enfants, des tout-petits :
rempart que tu opposes à l'adversaire,
où l'ennemi se brise en sa révolte.
À voir ton ciel, ouvrage de tes doigts,
la lune et les étoiles que tu fixas,
qu'est-ce que l'homme pour que tu penses à lui,
le fils d'un homme, que tu en prennes souci ?
Tu l'as voulu un peu moindre qu'un dieu,
le couronnant de gloire et d'honneur ;
tu l'établis sur les œuvres de tes mains,
tu mets toute chose à ses pieds :
les troupeaux de bœufs et de brebis,
et même les bêtes sauvages,
les oiseaux du ciel et les poissons de la mer,
tout ce qui va son chemin dans les eaux.

Ô Seigneur, notre Dieu,
qu'il est grand ton nom par toute la terre !

Psaume 22. **Le Bon Pasteur**

L'Agneau sera leur Pasteur pour les conduire
vers les eaux de la source de vie. Ap 7, 17

Le Seigneur est mon berger :
je ne manque de rien.
Sur des prés d'herbe fraîche,
il me fait reposer.
Il me mène vers les eaux tranquilles
et me fait revivre ;
il me conduit par le juste chemin
pour l'honneur de son nom.
Si je traverse les ravins de la mort,
je ne crains aucun mal,
car tu es avec moi :
ton bâton me guide et me rassure.
Tu prépares la table pour moi
devant mes ennemis ;
tu répands le parfum sur ma tête,
ma coupe est débordante.
Grâce et bonheur m'accompagnent
tous les jours de ma vie ;
j'habiterai la maison du Seigneur
pour la durée de mes jours.

Psaume 31. **L'aveu libère du péché**

Moi non plus, je ne te condamne pas.
Va, et désormais ne pèche plus. Jn 8, 11

Heureux l'homme dont la faute est enlevée, et le péché remis !
Heureux l'homme dont le Seigneur ne retient pas l'offense,
dont l'esprit est sans fraude !
Je me taisais et mes forces s'épuisaient
à gémir tout le jour :
ta main, le jour et la nuit, pesait sur moi ;
ma vigueur se desséchait comme l'herbe en été.
Je t'ai fait connaître ma faute,
je n'ai pas caché mes torts.
J'ai dit : « Je rendrai grâce au Seigneur
en confessant mes péchés. »
Et toi, tu as enlevé l'offense de ma faute.
Ainsi chacun des tiens te priera
aux heures décisives ;
même les eaux qui débordent
ne peuvent l'atteindre.
Tu es un refuge pour moi, mon abri dans la détresse ;
de chants de délivrance, tu m'as entouré.
« Je vais t'instruire, te montrer la route à suivre,
te conseiller, veiller sur toi.
N'imite pas les mules et les chevaux
qui ne comprennent pas,
qu'il faut mater par la bride et le mors,
et rien ne t'arrivera. »
Pour le méchant, douleurs sans nombre ;
mais l'amour du Seigneur entourera
ceux qui comptent sur lui.
Que le Seigneur soit votre joie !
Exultez, hommes justes !
Hommes droits, chantez votre allégresse !

Psaume 62. **Le désir de Dieu**

L'eau que je lui donnerai deviendra en lui source jaillissante pour la vie éternelle. Jn 4, 14

Dieu, tu es mon Dieu,
je te cherche dès l'aube :
mon âme a soif de toi ;
après toi languit ma chair,
terre aride, altérée, sans eau.
Je t'ai contemplé au sanctuaire,
j'ai vu ta force et ta gloire.
Ton amour vaut mieux que la vie :
tu seras la louange de mes lèvres !
Toute ma vie je vais te bénir,
lever les mains en invoquant ton nom.
Comme par un festin je serai rassasié ;
la joie sur les lèvres, je dirai ta louange.
Dans la nuit, je me souviens de toi
et je reste des heures à te parler.
Oui, tu es venu à mon secours :
je crie de joie à l'ombre de tes ailes.
Mon âme s'attache à toi,
ta main droite me soutient.

Psaume 90. **Dieu, protecteur des justes**

Quand je me tiens sous l'abri du Très-Haut
et repose à l'ombre du Puissant,
je dis au Seigneur : « Mon refuge,
mon rempart, mon Dieu, dont je suis sûr ! »
C'est lui qui te sauve des filets du chasseur
et de la peste maléfique ; il te couvre et te protège.
Tu trouves sous son aile un refuge :
sa fidélité est une armure, un bouclier.
Tu ne craindras ni les terreurs de la nuit,
ni la flèche qui vole au grand jour,
ni la peste qui rôde dans le noir,
ni le fléau qui frappe à midi.
Qu'il en tombe mille à tes côtés,
qu'il en tombe dix mille à ta droite,
toi, tu restes hors d'atteinte.
Il suffit que tu ouvres les yeux,
tu verras le salaire du méchant.
Oui, le Seigneur est ton refuge ;
tu as fait du Très-Haut ta forteresse.
Le malheur ne pourra te toucher,
ni le danger, approcher de ta demeure :
il donne mission à ses anges
de te garder sur tous tes chemins.
Ils te porteront sur leurs mains
pour que ton pied ne heurte les pierres ;
tu marcheras sur la vipère et le scorpion,
tu écraseras le lion et le Dragon.
Puisqu'il s'attache à moi, je le délivre ;
je le défends, car il connaît mon nom.
Il m'appelle, et moi, je lui réponds ;
je suis avec lui dans son épreuve.
« Je veux le libérer, le glorifier ;
de longs jours, je veux le rassasier,
et je ferai qu'il voie mon salut. »

Psaume 94. **Invitatoire**

Venez, crions de joie pour le Seigneur,
acclamons notre Rocher, notre salut !
Allons jusqu'à lui en rendant grâce,
par nos hymnes de fête acclamons-le !
Oui, le grand Dieu, c'est le Seigneur,
le grand roi au-dessus de tous les dieux :
il tient en main les profondeurs de la terre,
et les sommets des montagnes sont à lui ;
à lui la mer, c'est lui qui l'a faite,
et les terres, car ses mains les ont pétries.
Entrez, inclinez-vous, prosternez-vous,
adorons le Seigneur qui nous a faits.
Oui, il est notre Dieu ;
nous sommes le peuple qu'il conduit,
le troupeau guidé par sa main.
Aujourd'hui écouterez-vous sa parole ?
« Ne fermez pas votre cœur comme au désert,
comme au jour de tentation et de défi,
où vos pères m'ont tenté et provoqué,
et pourtant ils avaient vu mon exploit.
Quarante ans leur génération m'a déçu,
et j'ai dit : Ce peuple a le cœur égaré,
il n'a pas connu mes chemins.
Dans ma colère, j'en ai fait le serment :
Jamais ils n'entreront dans mon repos. »

Psaume 99. **Appel à la louange**

Que la paix du Christ règne dans vos cœurs !
Vivez dans l'action de grâce. Col. 3, 15

Acclamez le Seigneur, terre entière,
servez le Seigneur dans l'allégresse,
venez à lui avec des chants de joie !
Reconnaissez que le Seigneur est Dieu :
il nous a faits, et nous sommes à lui,
nous, son peuple, son troupeau.
Venez dans sa maison lui rendre grâce,
dans sa demeure chanter ses louanges ;
rendez-lui grâce et bénissez son nom !
Oui, le Seigneur est bon,
éternel est son amour,
sa fidélité demeure d'âge en âge.

Psaume 102. **Hymne à la miséricorde**

Lumière d'en haut, le Soleil levant nous visite. Lc 2, 7-8

Bénis le Seigneur, ô mon âme,
bénis son nom très saint, tout mon être !
Bénis le Seigneur, ô mon âme,
n'oublie aucun de ses bienfaits !
Car il pardonne toutes tes offenses
et te guérit de toute maladie ;
il réclame ta vie à la tombe
et te couronne d'amour et de tendresse ;
il comble de biens tes vieux jours :
tu renouvelles, comme l'aigle, ta jeunesse.
Le Seigneur fait œuvre de justice,
il défend le droit des opprimés.
Il révèle ses desseins à Moïse,
aux enfants d'Israël ses hauts faits.
Le Seigneur est tendresse et pitié,
lent à la colère et plein d'amour ;
il n'est pas pour toujours en procès,
ne maintient pas sans fin ses reproches ;
il n'agit pas envers nous selon nos fautes,
ne nous rend pas selon nos offenses.
Comme le ciel domine la terre,
fort est son amour pour qui le craint ;
aussi loin qu'est l'orient de l'occident,
il met loin de nous nos péchés ;
comme la tendresse du père pour ses fils,
la tendresse du Seigneur pour qui le craint !
Il sait de quoi nous sommes pétris,
il se souvient que nous sommes poussière.
L'homme ! ses jours sont comme l'herbe ;
comme la fleur des champs, il fleurit :

dès que souffle le vent, il n'est plus,
même la place où il était l'ignore.
Mais l'amour du Seigneur, sur ceux qui le craignent,
est de toujours à toujours,
et sa justice pour les enfants de leurs enfants,
pour ceux qui gardent son alliance
et se souviennent d'accomplir ses volontés.
Le Seigneur a son trône dans les cieux :
sa royauté s'étend sur l'univers.
Messagers du Seigneur, bénissez-le,
invincibles porteurs de ses ordres,
attentifs au son de sa parole !
Bénissez-le, armées du Seigneur,
serviteurs qui exécutez ses désirs !
Toutes les œuvres du Seigneur, bénissez-le,
sur toute l'étendue de son empire !
Bénis le Seigneur, ô mon âme !

Psaume 103. **Hymne au créateur**

Bénis le Seigneur, ô mon âme :
Seigneur mon Dieu, tu es si grand !
Revêtu de magnificence,
tu as pour manteau la lumière !
Comme une tenture, tu déploies les cieux,
tu élèves dans leurs eaux tes demeures ;
des nuées, tu te fais un char,
tu t'avances sur les ailes du vent ;
tu prends les vents pour messagers,
pour serviteurs, les flammes des éclairs.
Tu as donné son assise à la terre :
qu'elle reste inébranlable au cours des temps,
Tu l'as vêtue de l'abîme des mers :
les eaux couvraient même les montagnes ;
à ta menace, elles prennent la fuite,
effrayées par le tonnerre de ta voix.
Elles passent les montagnes, se ruent dans les vallées
vers le lieu que tu leur as préparé.
Tu leur imposes la limite à ne pas franchir :
qu'elles ne reviennent jamais couvrir la terre.
Dans les ravins tu fais jaillir des sources
et l'eau chemine au creux des montagnes ;
elle abreuve les bêtes des champs :
l'âne sauvage y calme sa soif ;
les oiseaux séjournent près d'elle :
dans le feuillage on entend leurs cris.
De tes demeures tu abreuves les montagnes,
et la terre se rassasie du fruit de tes œuvres ;
tu fais pousser les prairies pour les troupeaux,
et les champs pour l'homme qui travaille.
De la terre il tire son pain :
le vin qui réjouit le cœur de l'homme,
l'huile qui adoucit son visage,
et le pain qui fortifie le cœur de l'homme.
Les arbres du Seigneur se rassasient,
les cèdres qu'il a plantés au Liban ;
c'est là que vient nicher le passereau,

et la cigogne a sa maison dans les cyprès ;
aux chamois, les hautes montagnes,
aux marmottes, l'abri des rochers.
Tu fis la lune qui marque les temps
et le soleil qui connaît l'heure de son coucher.
Tu fais descendre les ténèbres, la nuit qui vient :
les animaux dans la forêt s'éveillent ;
le lionceau rugit vers sa proie,
il réclame à Dieu sa nourriture.
Quand paraît le soleil, ils se retirent :
chacun gagne son repaire.
L'homme sort pour son ouvrage,
pour son travail, jusqu'au soir.
Quelle profusion dans tes œuvres, Seigneur !
Tout cela, ta sagesse l'a fait ; la terre s'emplit de tes biens.
Voici l'immensité de la mer,
son grouillement innombrable d'animaux grands et petits,
ses bateaux qui voyagent,
et Léviathan que tu fis pour qu'il serve à tes jeux.
Tous, ils comptent sur toi
pour recevoir leur nourriture au temps voulu.
Tu donnes : eux, ils ramassent ;
tu ouvres la main : ils sont comblés.
Tu caches ton visage : ils s'épouvantent ;
tu reprends leur souffle, ils expirent
et retournent à leur poussière.
Tu envoies ton souffle : ils sont créés ;
tu renouvelles la face de la terre.
Gloire au Seigneur à tout jamais !
Que Dieu se réjouisse en ses œuvres !
Il regarde la terre : elle tremble ;
il touche les montagnes : elles brûlent.
Je veux chanter au Seigneur tant que je vis ;
je veux jouer pour mon Dieu tant que je dure.
Que mon poème lui soit agréable ;
moi, je me réjouis dans le Seigneur.
Que les pécheurs disparaissent de la terre !
Que les impies n'existent plus !
Bénis le Seigneur, ô mon âme !

Psaume 120. **Dieu garde les siens**

Ils n'auront plus faim, ils n'auront plus soif,
la brûlure du soleil ne les accablera plus. Ap 7, 16

Je lève les yeux vers les montagnes :
d'où le secours me viendra-t-il ?
Le secours me viendra du Seigneur
qui a fait le ciel et la terre.
Qu'il empêche ton pied de glisser,
qu'il ne dorme pas, ton gardien.
Non, il ne dort pas, ne sommeille pas,
le gardien d'Israël.
Le Seigneur, ton gardien, le Seigneur, ton ombrage,
se tient près de toi,
Le soleil, pendant le jour, ne pourra te frapper,
ni la lune, durant la nuit.
Le Seigneur te gardera de tout mal,
il gardera ta vie,
Le Seigneur te gardera, au départ et au retour,
maintenant, à jamais.

Psaume 129. **Pénitence et confiance en Dieu**

Il sauvera son peuple de ses péchés. Mt 1, 21

Des profondeurs je crie vers toi, Seigneur,
Seigneur, écoute mon appel !
Que ton oreille se fasse attentive
au cri de ma prière !
Si tu retiens les fautes, Seigneur,
Seigneur, qui subsistera ?
Mais près de toi se trouve le pardon
pour que l'homme te craigne.
J'espère le Seigneur de toute mon âme ;
je l'espère, et j'attends sa parole.
Mon âme attend le Seigneur
plus qu'un veilleur ne guette l'aurore.
Plus qu'un veilleur ne guette l'aurore
attends le Seigneur, Israël.
Oui, près du Seigneur, est l'amour ;
près de lui, abonde le rachat.
C'est lui qui rachètera Israël
de toutes ses fautes.

Psaume 130. **Espoir et repos en Dieu**

– L'Esprit d'enfance –

Seigneur, je n'ai pas le cœur fier
ni le regard ambitieux ;
je n'ai pas pris un chemin de grandeurs,
ni de prodiges qui me dépassent.
Non, mais je tiens mon âme
en paix et en silence.
Mon âme est en moi comme un enfant,
comme un petit enfant contre sa mère.
Attends le Seigneur, Israël,
maintenant et à jamais.

Psaume 148. **Hymne de louange à Dieu**

À Celui qui siège sur le trône et à l'Agneau, bénédiction, honneur, gloire et domination pour les siècles des siècles.
Ap 5,13

Louez le Seigneur du haut des cieux,
louez-le dans les hauteurs.
Vous, tous ses anges, louez-le,
louez-le, tous les univers.
Louez-le, soleil et lune,
louez-le, tous les astres de lumière ;
vous, cieux des cieux, louez-le,
et les eaux des hauteurs des cieux.
Qu'ils louent le nom du Seigneur :
sur son ordre ils furent créés ;
c'est lui qui les posa pour toujours
sous une loi qui ne passera pas
Louez le Seigneur depuis la terre,
monstres marins, tous les abîmes ;
feu et grêle, neige et brouillard,
vent d'ouragan qui accomplit sa parole ;
les montagnes et toutes les collines,
les arbres des vergers, tous les cèdres ;
les bêtes sauvages et tous les troupeaux,
le reptile et l'oiseau qui vole ;
les rois de la terre et tous les peuples,
les princes et tous les juges de la terre ;
tous les jeunes gens et jeunes filles,
les vieillards comme les enfants.
Qu'ils louent le nom du Seigneur,
le seul au-dessus de tout nom ;
sur le ciel et sur la terre, sa splendeur :
il accroît la vigueur de son peuple.
Louange de tous ses fidèles,
des fils d'Israël, le peuple de ses proches !

Psaume 150. **Louange finale**

À Dieu la gloire dans l'Église et le Christ Jésus,
pour tous les âges et tous les siècles ! Ep 3, 21

Louez Dieu dans son temple saint,
louez-le au ciel de sa puissance ;
louez-le pour ses actions éclatantes,
louez-le selon sa grandeur !
louez-le en sonnant du cor,
louez-le sur la harpe et la cithare ;
louez-le par les cordes et les flûtes,
louez-le par la danse et le tambour !
Louez-le par les cymbales sonores,
louez-le par les cymbales triomphantes !
Et que tout être vivant
chante louange au Seigneur !

Cantique des créatures (Dn 3, 57-90)

La création aspire de toutes ses forces
à voir la révélation des fils de Dieu. Rm 8, 19

Toutes les œuvres du Seigneur, bénissez le Seigneur :
À lui, haute gloire, louange éternelle !
Vous, les anges du Seigneur, bénissez le Seigneur :
À lui, haute gloire, louange éternelle !
Vous, les cieux, bénissez le Seigneur,
et vous, les eaux par-dessus le ciel, bénissez le Seigneur,
et toutes les puissances du Seigneur, bénissez le Seigneur !
Et vous, le soleil et la lune, bénissez le Seigneur,
et vous les astres du ciel, bénissez le Seigneur,
vous toutes, pluies et rosées, bénissez le Seigneur !
Vous tous, souffles et vents, bénissez le Seigneur,
et vous, le feu et la chaleur, bénissez le Seigneur,
et vous, la fraîcheur et le froid, bénissez le Seigneur !
Et vous, le givre et la rosée, bénissez le Seigneur,
et vous, le gel et le froid, bénissez le Seigneur,
et vous, la glace et la neige, bénissez le Seigneur !
Et vous, les nuits et les jours, bénissez le Seigneur,
et vous, la lumière et les ténèbres, bénissez le Seigneur,
et vous, les éclairs, les nuées, bénissez le Seigneur :
À lui, haute gloire, louange éternelle !
Que la terre bénisse le Seigneur :
À lui, haute gloire, louange éternelle !
Et vous, montagnes et collines, bénissez le Seigneur,
et vous, les plantes de la terre, bénissez le Seigneur,
et vous, sources et fontaines, bénissez le Seigneur !
Et vous, océans et rivières, bénissez le Seigneur,
baleines et bêtes de la mer, bénissez le Seigneur,
vous tous, les oiseaux dans le ciel, bénissez le Seigneur,
vous tous, fauves et troupeaux, bénissez le Seigneur :
À lui, haute gloire, louange éternelle !

Et vous, les enfants des hommes, bénissez le Seigneur :
À lui, haute gloire, louange éternelle !
Toi, Israël, bénis le Seigneur !
Et vous, les prêtres, bénissez le Seigneur,
vous, ses serviteurs, bénissez le Seigneur !
Les esprits et les âmes des justes, bénissez le Seigneur,
Les saints et les humbles de cœur, bénissez le Seigneur,
Ananias, Azarias et Misaël, bénissez le Seigneur :
À lui, haute gloire, louange éternelle !
Bénissons le Père, le Fils et l'Esprit Saint :
À lui, haute gloire, louange éternelle !
Béni sois-tu, Seigneur, au firmament du ciel :
À toi, haute gloire, louange éternelle !

PRIÈRES AU PÈRE

Magnificat

La prière de Marie

Mon âme exalte le Seigneur,
exulte mon esprit en Dieu, mon Sauveur !
Il s'est penché sur son humble servante ;
désormais, tous les âges me diront bienheureuse.
Le Puissant fit pour moi des merveilles ;
Saint est son nom !
Son amour s'étend d'âge en âge
sur ceux qui le craignent.
Déployant la force de son bras,
il disperse les superbes.
Il renverse les puissants de leurs trônes,
il élève les humbles.
Il comble de biens les affamés,
renvoie les riches les mains vides.
Il relève Israël, son serviteur,
il se souvient de son amour,
de la promesse faite à nos pères,
en faveur d'Abraham et de sa race, à jamais.
Gloire au Père, et au Fils, et au Saint-Esprit,
pour les siècles des siècles.
Amen.

Lc 1, 46-55

Gloire, puissance, honneur

Bienfaiteur de tous ceux qui se tournent vers toi,
lumière de tous ceux qui sont dans les ténèbres,
principe créateur de toutes les semailles,
jardinier de toute croissance spirituelle,
aie pitié de moi, Seigneur,
et fais de moi un temple sans reproche.
Ne considère pas mes péchés :
si tu prends garde à mes fautes
je ne pourrai plus soutenir ta présence,
mais par ton immense miséricorde
et ta compassion infinie,
efface mes souillures,
par notre Seigneur Jésus-Christ,
ton unique enfant, très saint,
le médecin de nos âmes.
Par lui te soient rendus toute gloire,
puissance, honneur et magnificence,
dans les âges des âges qui ne vieillissent
ni ne finissent !
Amen.

Prière des premiers chrétiens

Le cantique de Saint François

Très haut, tout puissant et tout bon Seigneur,
À Toi sont les louanges, la gloire, l'honneur et toute bénédiction.
Loué sois-Tu, Seigneur, avec toutes les créatures
Et tout particulièrement notre frère le soleil
Qui nous donne le jour et par qui Tu nous éclaires
Et qui est beau et rayonnant, et qui, avec sa grande splendeur
Nous porte signification de Toi, Très-Haut !
Et loué sois-Tu, Seigneur, pour nos sœurs la lune et les étoiles
Que tu as créées au Ciel, claires, précieuses et belles !
Et loué sois-Tu, Seigneur pour notre frère le vent
Et pour l'air nuageux et serein, et pour tous les temps
Au moyen desquels Tu donnes soutien à Tes créatures !
Et loué sois-Tu, mon Seigneur, pour notre sœur l'eau
Qui est précieuse et humble et chaste !
Et loué sois-Tu, mon Seigneur, pour notre frère le feu,
Par qui tu éclaires la nuit,
Et qui est beau et joyeux et souple et fort !
Et loué sois-Tu, mon Seigneur, pour notre sœur et mère la Terre
Qui nous nourrit et nous supporte
Et enfante les divers fruits, et les fleurs colorées et les arbres !
Loué sois-Tu, Seigneur, pour ceux qui pardonnent pour ton Amour
Et ceux qui subissent injustice et tribulation ;
Et bienheureux ceux qui persévèrent dans la paix,
Car par Toi, Très-Haut, ils seront couronnés !
Loué sois-Tu, Seigneur, pour notre sœur la mort corporelle,
À qui nul homme vivant ne peut échapper !
Malheureux ceux-là seuls qui meurent en péché mortel ;
Mais, bienheureux ceux qui ont accompli tes saintes volontés,
Car la seconde mort ne pourra leur nuire.
Louez et bénissez le Seigneur et rendez-Lui grâces,
Et servez-Le avec grande humilité.
À Toi seul, Très-Haut, ces hommages sont dus,
Et nul homme n'est digne de Te nommer.

Saint François d'Assise

Notre Père très Saint

Notre Père très Saint, notre Créateur, Rédempteur, Sauveur et Consolateur. Qui es aux cieux, dans les anges et dans les saints, les éclairant pour leur donner la connaissance, parce que, Seigneur, tu es lumière ; les enflammant d'amour, parce que, Seigneur, tu es amour ; habitant en eux et les comblant de bonheur ; parce que, Seigneur, tu es le souverain bien, le bien éternel, de qui tout bien procède, sans qui il n'existe aucun bien.

Que ton nom soit sanctifié, que nous te connaissions avec plus de clarté pour apprendre quelle est la largeur de tes bienfaits, la longueur de tes promesses, la hauteur de ta majesté, la profondeur de tes jugements.

Que ton règne arrive, pour que tu règnes en nous par ta grâce, et que tu nous fasses entrer dans ton royaume où l'on peut te voir sans voile, t'aimer parfaitement, s'unir à toi dans la béatitude et jouir de toi éternellement.

Que ta volonté soit faite sur la terre comme au ciel, pour que nous t'aimions de tout notre cœur en pensant toujours à toi, de toute notre âme en te désirant toujours, de tout notre esprit en dirigeant vers toi toutes nos intentions et en cherchant en tout ton honneur, de toutes nos forces en consacrant toutes les facultés et tous les sens de notre âme et de notre corps au seul service de ton amour et non à autre chose ; et pour que nous aimions notre prochain comme nous-mêmes, en attirant selon nos forces tous les hommes à ton amour, en nous réjouissant du bien des autres comme du nôtre, en compatissant à leur malheur et sans offenser jamais personne.

Donne-nous aujourd'hui notre pain quotidien, ton Fils bien-aimé Notre Seigneur Jésus-Christ, donne-le-nous aujourd'hui : pour nous rappeler, nous faire comprendre et vénérer l'amour qu'il a eu pour nous et ce qu'il a dit, ce qu'il a fait, ce qu'il a souffert pour nous.

Pardonne-nous nos offenses, par ton ineffable miséricorde, en vertu de la passion de ton Fils bien-aimé Notre Seigneur Jésus-Christ, et par les mérites et l'intercession de la très bienheureuse Vierge Marie et de tous les élus.

Comme nous pardonnons aussi à ceux qui nous ont offensés, et ce que nous ne parvenons pas à pardonner complètement, fais, toi, Seigneur, que nous le pardonnions complètement, afin que nous aimions vraiment nos ennemis à cause de toi et que pour eux nous intercédions dévotement auprès de toi, pour que nous ne rendions à personne le mal pour le mal et que nous nous efforcions d'être utiles à tous pour toi.

Et ne nous soumets pas à la tentation, cachée ou manifeste, subie ou importune. Mais délivre-nous du mal, passé, présent et futur.

Amen.

Saint François d'Assise

Fais de moi un homme libre

Je ne suis pas un homme libre, Seigneur.
Tu m'avais créé dans la liberté,
à ton image et à ta ressemblance,
mais j'ai perdu ta ressemblance
et ma liberté,
jour et après jour et morceau par morceau.
J'ai perdu ma liberté en m'éloignant de toi
et en me séparant de mes frères,
en m'enfermant dans mon orgueil
et en me retranchant dans mon égoïsme,
en me livrant au péché
et en m'asservissant au mal.
Délivre-moi, Seigneur,
en me rapprochant de toi
et en me rapprochant de mes frères.
Donne-moi de comprendre
que je serai d'autant plus libre
que je serai plus proche de toi.
Fais de moi un homme libre, Seigneur.

Je t'abandonne toutes mes inquiétudes

Mon Dieu, je suis si persuadé que tu veilles sur ceux qui espèrent en Toi, et qu'on ne peut manquer de rien quand on attend de Toi toute chose, que j'ai résolu de vivre désormais sans aucun souci et de me décharger sur Toi de toutes mes inquiétudes.
Amen.

Saint Claude La Colombière

Prière de confiance en Dieu

Mon Seigneur et mon Dieu,
Je suis persuadé que tu veilles sur ceux qui espèrent en Toi, et que l'on ne peut manquer de rien quand on attend tout de toi. C'est pourquoi je veux vivre désormais sans aucun trouble, et confier à ton cœur de Père toute inquiétude et toute crainte.
Les hommes peuvent accabler mon âme, la souffrance peut m'ôter la force, le Mal peut rôder autour de moi et le péché m'atteindre ; mais jamais je ne perdrai ma confiance en ta miséricorde.
Certains entendent puiser leur joie et leur bonheur dans leurs talents, dans l'innocence de leur vie ou dans l'accomplissement de leurs devoirs ; pour moi Seigneur ma seule certitude, ma vraie joie, c'est ma confiance en Toi, le Père des miséricordes. Cette confiance en Toi ne m'a jamais trompé et ne trompera jamais personne. Je ne connais que trop combien je suis fragile et changeant ; je sais ce que peuvent les tentations contre les déterminations les plus sûres ou les vertus les plus solides. Mais cela ne peut m'effrayer puisque tu es avec moi, et tu le seras tant que j'espérerai en toi.
Je suis par là épargné de tous les malheurs et de plus, assuré d'espérer toujours, puisque ma confiance est d'espérer sans cesse.
Enfin, je suis sûr, Mon Dieu, que je ne peux trop espérer en Toi et que je ne peux avoir moins que ce que j'attends de Toi. Ainsi, j'ai confiance que tu me soutiendras dans mes difficultés, que tu me protégeras dans les moments les plus sombres, que tu feras triompher ma faiblesse. Face à l'adversité, je sais que tu m'aideras dans ce service de la vie et de la miséricorde que tu me confies.
J'espère, je suis sûr, que tu m'aimeras toujours ; j'espère aussi t'aimer sans cesse, sans partage, sans limite et te faire aimer au cœur des détresses vers lesquelles tu m'envoies.
Que Marie, Mère de Miséricorde, veille sur cette confiance, qu'elle la rende inébranlable, qu'elle me fasse grandir dans la compassion de Dieu à l'égard des plus faibles et que, par son intercession, je devienne une icône de la Miséricorde. Par Jésus le Christ,
Amen.

d'après Saint Claude La Colombière

Mon Père,

Je m'abandonne à Toi, fais de moi ce qu'il te plaira.
Quoi que tu fasses de moi, je te remercie.
Je suis prêt à tout, j'accepte tout.
Pourvu que ta volonté se fasse en moi,
en toutes tes créatures,
je ne désire rien d'autre, mon Dieu.
Je remets mon âme entre tes mains.
Je Te la donne, mon Dieu,
avec tout l'amour de mon cœur,
parce que je T'aime,
et que ce m'est un besoin d'amour
de me donner,
de me remettre entre Tes mains sans mesure,
avec une infinie confiance,
car Tu es mon Père.

Bienheureux Charles de Foucauld

Je te ferai toujours confiance

Seigneur mon Dieu,
je ne sais pas où je vais,
je ne vois pas la route devant moi,
je ne peux pas prévoir avec certitude où elle aboutira.
Je ne me connais pas vraiment moi-même
et, si je crois sincèrement suivre ta volonté,
cela ne veut pas dire qu'en fait je m'y conforme.
Je crois cependant que mon désir de te plaire, te plaît.
J'espère avoir ce désir au cœur en tout ce que je fais,
et ne jamais rien faire à l'avenir sans ce désir.
En agissant ainsi,
je sais que tu me conduiras sur la bonne route,
même si je ne la connais pas moi-même.
Je te ferai donc toujours confiance,
même quand j'aurai l'impression que je me suis perdu
et que je marche à l'ombre de la mort.
Je n'aurai aucune crainte car tu es toujours avec moi
et jamais tu ne me laisseras seul dans le péril.

Thomas Merton

Louanges à plusieurs voix

Tu aurais pu, Seigneur, créer une seule fleur
et la semer partout sur la surface du monde.
Tu aurais pu aussi mettre les mêmes feuilles sur les arbres
et tu aurais pu choisir un seul vert pour les prés, les plantes
et donner le même brun comme couleur à l'automne.
Mais tu as peint le monde en mille couleurs diverses.
Ce que tu fais pour l'herbe,
qui hier n'existait pas et demain sera brûlée,
Tu le fais mieux encore pour l'homme qui est ton fils.
Tu nous as voulus différents comme sont diverses les couleurs
qui chantent dans les vitraux.
Tous différents, chacun unique, mais tous ensemble,
nous entrons dans l'harmonie de ton projet,
comme dans un même corps, les membres sont divers.
Et quand nous répondons à l'appel que tu nous fais,
nous chantons avec les fleurs, les herbes et les oiseaux,
tous nous chantons merci.

Paul Grostefan

Merci pour tes merveilles

Mon Dieu de tous les jours et de toutes les heures,
je te demande une faveur spéciale :
ne me laisse jamais bâiller
devant une de tes merveilles !
Laisse-moi jouir du miracle de chaque réveil,
du miracle de savoir que je suis encore en vie,
du miracle de respirer, de marcher et de penser,
du miracle de ton amour et de ta miséricorde ;
Aide-moi à ne jamais me lasser de tes saisons :
le printemps est un miracle,
l'été est un miracle,
l'automne est un miracle,
et l'hiver est un beau miracle.
Chaque jour est un miracle, ainsi que chaque nuit ;
Merci pour la beauté de cette région, Seigneur.
Merci pour le lever et le coucher du soleil.
Merci pour la lune et les étoiles.
Fais-moi ce cadeau, Seigneur :
le don de t'apprécier
ainsi que tout ce que tu fais.
Un jour je te demanderai le don suprême :
de t'aimer comme je le devrais, plus qu'hier...
et moins que demain.

Supplique à Dieu

Ô Dieu, notre cœur est dans une obscurité profonde, malgré notre lien à ton Cœur notre cœur se débat entre toi et Satan, ne permets pas qu'il en soit ainsi !

Toutes les fois que le cœur est divisé entre le bien et le mal, qu'il soit illuminé de ta lumière et qu'il s'unifie.

Ne permets jamais qu'il puisse y avoir en nous deux amours, qu'en nous puissent jamais coexister deux fois et que jamais puissent cohabiter en nous :

le mensonge et la sincérité,
l'amour et la haine,
l'honnêteté et la malhonnêteté,
l'humilité et l'orgueil.

Aide-nous au contraire afin que notre cœur s'élève vers toi comme celui d'un enfant.

Fais que notre cœur soit ravi de paix et continue d'en avoir toujours la nostalgie.

Fais que ta sainte volonté et ton amour trouvent demeure en nous, qu'au moins quelquefois nous désirions vraiment être tes fils et quand, Seigneur, nous ne désirons plus être tes fils, rappelle-toi nos désirs passés,
et aide-nous à te recevoir de nouveau.

Nous t'ouvrons nos cœurs afin qu'en nous demeure ton saint amour.

Nous t'ouvrons nos âmes, afin qu'elles soient touchées par ta sainte miséricorde qui nous aidera à voir clairement tous les péchés, et nous fera comprendre, que ce qui nous rend impurs, c'est le péché.

Dieu, nous désirons être tes fils, humbles et pleins de dévotion, au point de devenir tes fils chéris et sincères, tels que seul le Père pourrait désirer que nous soyons.

Aide-nous, Jésus notre frère, à obtenir la bonté du Père à notre égard, et à être bons envers Lui.

Aide-nous, Jésus, à bien comprendre ce que Dieu nous donne, puisque parfois nous renonçons à accomplir une bonne action, comme si elle était pour nous un mal.

Amour et Joie

Ô Dieu, Père de tous les hommes,
tu nous demandes de porter l'amour
là où les pauvres sont humiliés,
la joie là où l'Église est abattue,
la réconciliation là où les hommes sont divisés.
Aide-nous donc à réconcilier
le père avec son fils,
la mère avec sa fille,
le mari avec sa femme,
le croyant avec celui qui ne peut croire,
le chrétien avec son frère chrétien qu'il n'aime pas.
Tu nous ouvres ce chemin
pour que le corps blessé de Jésus-Christ, ton Église,
soit ferment de communion
pour les pauvres de la terre
et dans toute la famille humaine.

Sainte Teresa de Calcutta

Père, nous te prions

Père, dans l'Esprit d'Amour, nous Te prions :
Donne-nous la grâce de construire chaque jour la paix ;
Guéris notre cœur de toute trace de rancune et de haine ;
Apprends-nous à rayonner ton amour en famille
et auprès de nos frères et sœurs du monde entier.
Par Jésus, le Christ, Notre Seigneur,
Amen.

Père du Ciel

Dieu Éternel et Tout-Puissant, Père du Ciel, Père de Bonté et d'Amour infinis, sois béni pour le don de la vie.

Sois béni pour toute ta création.

Sois béni pour toutes les œuvres si belles que tu as créées, que nous pouvons contempler et qui nous disent chaque jour combien tu nous aimes.

Merci de nous permettre de nous adresser à toi, de pouvoir te parler avec respect et humilité, te prier, te louer, te chanter et te rendre grâce pour tous tes bienfaits.

Entends nos voix, nous t'en prions, et bénis nous.

Pourvois toi-même chaque jour à nos besoins et à nos nécessités, pour lesquels Marie, la Mère de ton Fils bien-aimé, ne cesse de te prier en te demandant de nous être favorable.

Père des Miséricordes, dans ton immense bonté, pardonne-nous toutes nos faiblesses, tous nos égarements, toutes nos fautes, et apprends-nous comme toi à pardonner, à être miséricordieux envers nos frères, comme tu es miséricordieux envers nous.

Pour la gloire et l'honneur de ton Nom, par les mérites de Jésus Christ, ton Fils, notre Seigneur et Sauveur, par l'Esprit Saint répandu en nos cœurs, par la prière de Marie notre Mère, ne permets pas que les sentiments négatifs, les mauvaises pensées, les mauvais esprits, et les puissances du mal aient prise sur nous.

Père du Ciel, change nos cœurs, fais-nous revenir à toi.

Donne-nous ton Fils chaque jour, donne-nous ton amour, la paix, la joie et la force dans son Eucharistie.

Apprends-nous à accueillir tes dons, à reconnaître autour de nous, dans nos vies, les signes innombrables qui nous parlent de toi, à nous réjouir en toutes choses, aussi « petites » que certaines puissent nous paraître.

Que notre vie devienne un chant, une fête en ton honneur !

Conduis-nous dans la joie sur le chemin de la vie éternelle.

Père du Ciel, Papa plein de tendresse et de douceur, de qui vient tout réconfort, garde-nous dans la Foi et l'Espérance quand se présentent aussi les peines, les épreuves et les souffrances de la route.

Aide-nous, à la suite de Jésus, à comprendre et à agir selon ta volonté, à vivre de sa parole, à aimer ceux et celles que tu as mis sur notre route, à construire un monde meilleur, afin que, dans la paix, la prière, le travail, le partage et l'aide mutuelle, dans la communion de l'Esprit Saint, par l'intercession et sous la protection de Marie, notre Mère, puisse renaître déjà, un peu, aujourd'hui autour de nous sur notre Terre, ce petit jardin d'amour, empli de ta présence et de tes bénédictions, tel que tu l'avais pensé et voulu pour nous dès le commencement, jusqu'au jour où tu nous accueilleras définitivement en toi et où tu nous donneras de partager pour toujours en héritage ton Royaume de gloire.

Amen ! Alléluia !

Jean-Paul Dufour

PRIÈRES À L'ESPRIT SAINT

La Pentecôte
Foyer de Charité – 22100 – Tressaint – France

L'Esprit Saint dans la Bible…

(…) un vent de Dieu tournoyait sur les eaux. Gn 1, 2

Tu envoies ton souffle, ils sont créés, tu renouvelles la face de la terre.
Ps 104, 30

Un rejeton sortira de la souche de Jessé, un surgeon poussera de ses racines. Sur lui reposera l'Esprit du Seigneur, esprit de sagesse et d'intelligence, esprit de conseil et de force, esprit de connaissance et de crainte du Seigneur
Is 11, 2

Je répandrai sur vous une eau pure et vous serez purifiés, de toutes vos souillures… je vous purifierai. Et je vous donnerai un cœur nouveau, je mettrai en vous un esprit nouveau, j'ôterai de votre chair le cœur de pierre et je vous donnerai un cœur de chair.
Ez 36, 25-36

Après cela je répandrai mon Esprit sur toute chair. Vos fils et vos filles prophétiseront, vos anciens auront des songes, vos jeunes gens, des visions.
Jl 3, 1

(…) J'ai vu l'Esprit descendre, tel une colombe venant du ciel, et demeurer sur lui. Et moi, je ne le connaissais pas, mais celui qui m'a envoyé baptiser dans l'eau celui-là m'avait dit : « Celui sur qui tu verras l'Esprit descendre et demeurer, c'est lui qui baptise dans l'Esprit Saint ». Et moi, j'ai vu et je témoigne que celui-ci est l'Élu de Dieu.
Jn 1, 32-34

Et moi, je vous dis : « demandez et l'on vous donnera ; cherchez et vous trouverez ; frappez et l'on vous ouvrira. Car quiconque demande, reçoit ; qui cherche, trouve ; et à qui frappe, on ouvrira (…).
(…) si vous savez donner de bonnes choses à vos enfants, combien plus le Père du ciel donnera-t-il l'Esprit Saint à ceux qui l'en prient ! »
Lc 11, 9-13

(…) Je prierai le Père et il vous donnera un autre Paraclet, pour qu'il soit avec vous à jamais, l'Esprit de Vérité (…).

Jn 14, 16-17

Paix à vous ! Comme le Père m'a envoyé, moi aussi je vous envoie. Ayant dit cela, il souffla sur eux et leur dit : « Recevez l'Esprit Saint. Ceux à qui vous remettrez les péchés, ils leur seront remis ; ceux à qui vous les retiendrez, ils leur seront retenus. »

Jn 20, 21-23

Et si l'Esprit de Celui qui a ressuscité Jésus d'entre les morts habite en vous, Celui qui a ressuscité le Christ Jésus d'entre les morts donnera aussi la vie à vos corps mortels par son Esprit qui habite en vous.

Rm 8, 11

L'Esprit en personne se joint à notre esprit pour attester que nous sommes enfants de Dieu.

Rm 8, 16

Le fruit de l'Esprit est charité, joie, paix, longanimité, serviabilité, bonté, confiance dans les autres, douceur, maîtrise de soi : contre de telles choses, il n'y a pas de loi.

Ga 5, 22-23

Les dons de la grâce (…), les fonctions dans l'Église (…), les activités sont variées, mais c'est toujours le même Dieu qui agit en tous. Chacun reçoit le don de manifester l'Esprit en vue du bien de tous. (…) Il distribue ses dons à chacun, selon sa volonté.

1 Co 12, 4...11

La tâche de l'Esprit Saint est de répandre l'amour et de féconder l'Église et les âmes par l'intermédiaire de Marie, sa Divine Épouse.

Comme la colombe fait son nid loin des rumeurs et du bruit, ainsi c'est seulement dans la paix et le silence intérieur que l'âme peut recevoir les dons et les fruits de l'Esprit Saint.

Le but de la vie chrétienne, c'est l'acquisition de l'Esprit Saint.

Saint Séraphim de Sarov

Quand l'Esprit Saint vient habiter dans un homme, cet homme ne peut plus cesser de prier, car l'Esprit en lui prie sans cesse ; qu'il dorme, qu'il veille, dans son cœur la prière est toujours à l'œuvre ; qu'il mange, qu'il boive, qu'il se repose ou qu'il travaille, l'encens de la prière monte spontanément de son cœur. La prière en lui n'est plus liée à un temps déterminé, elle est ininterrompue. Même durant son sommeil, elle se poursuit, bien cachée. Car le silence d'un homme qui est devenu libre est en lui-même déjà prière. Ses pensées sont inspirées par Dieu. Le moindre mouvement de son cœur est comme une voix qui, silencieuse et secrète, chante pour l'Invisible.

Saint Isaac le Syrien

Quand il nous vient de bonnes pensées, c'est le Saint-Esprit qui nous visite.

Saint Jean-Marie Vianney

Le silence intérieur est nécessaire pour entendre la parole de Dieu, pour sentir sa présence, entendre l'appel de Dieu. Aujourd'hui, notre esprit est trop tourné vers l'extérieur ; les choses extérieures nous absorbent tellement que notre attention se porte avant tout vers ce qui est en dehors de nous ; nous sommes presque toujours au-dehors de notre cellule personnelle ; nous ne savons pas méditer, nous ne savons pas prier, nous ne savons pas faire taire tout le bruit que font en nous les intérêts extérieurs, les images, les passions. Il n'y a pas, dans le cœur, d'espace tranquille et sacré pour la flamme de la Pentecôte. La conclusion va de soi : il faut donner à la vie intérieure sa place dans le programme de notre vie bousculée, une place privilégiée, silencieuse, pure ; nous devons nous retrouver nous-mêmes pour que puisse habiter en nous l'Esprit vivifant et sanctifiant.

Bienheureux Paul VI

Église de Torre de Roveri - Bergamo - Italie.

Roi Céleste, consolateur

Roi Céleste, consolateur,
Esprit de vérité,
Toi qui es partout présent,
Et qui remplis tout.
Trésor de biens et donateur de Vie,
Viens et demeure en nous,
Purifie-nous de toute souillure
Et sauve nos âmes,
Toi qui es bonté.

Liturgie byzantine

Feu et lumière

Feu et lumière
qui resplendissent sur la face du Christ
Feu dont la venue est parole
Feu dont le silence est lumière
Feu qui établis les cœurs dans l'action de grâce,
Nous te magnifions.
Toi qui reposes en Christ
Esprit de sagesse et d'intelligence
Esprit de conseil et de force,
Esprit de science et de crainte,
Nous te magnifions.
Toi qui scrutes les profondeurs de Dieu
Toi qui illumines les yeux de notre cœur
Toi qui te joins à notre esprit
Toi par qui nous réfléchissons la gloire du Seigneur,
Nous te magnifions.

Saint Ephrem le Syrien

Viens, Esprit Créateur

Viens, Esprit Créateur, visite l'âme de tes fidèles, emplis de la grâce d'en-haut les cœurs que tu as créés.

Toi qu'on nomme le Conseiller, don du Dieu très-haut, source vive, feu, charité, invisible consécration.

Tu es l'Esprit aux sept dons, le doigt de la main du Père, l'Esprit de vérité promis par le Père, c'est toi qui inspires nos paroles.

Allume en nous ta lumière, emplis d'amour nos cœurs, affermis toujours de ta force la faiblesse de notre corps.

Repousse l'ennemi loin de nous, donne-nous ta paix sans retard, pour que, sous ta conduite et ton conseil, nous évitions tout mal et toute erreur.

Fais-nous connaître le Père, révèle-nous le Fils, et toi, le commun Esprit, fais-nous toujours croire en toi.

Gloire soit à Dieu le Père, au Fils ressuscité des morts, à l'Esprit Saint Consolateur, maintenant et dans tous les siècles.

Amen.

Veni Creator, Traditionnel

Séquence de la Pentecôte

Viens, Esprit Saint, en nos cœurs et envoie du haut du ciel un rayon de ta lumière.

Viens en nous, père des pauvres, viens, dispensateur des dons, viens, lumière de nos cœurs.

Consolateur souverain hôte très doux de nos âmes, adoucissante fraîcheur.

Dans le labeur, le repos ; dans la fièvre, la fraîcheur ; dans les pleurs, le réconfort.

Ô lumière bienheureuse, viens remplir jusqu'à l'intime le cœur de tous tes fidèles.

Sans ta puissance divine, il n'est rien en aucun homme, rien qui ne soit perverti.

Lave ce qui est souillé, baigne ce qui est aride, guéris ce qui est blessé.

Assouplis ce qui est raide, réchauffe ce qui est froid, rends droit ce qui est faussé.

À tous ceux qui ont la foi et qui en toi se confient, donne tes sept dons sacrés.

Donne mérite et vertu, donne le salut final, donne la joie éternelle.

Amen.

Esprit Saint, embrase-moi

Esprit Saint, embrase-moi
Feu de Dieu, consume-moi,
Esprit Saint, embrase-moi,
Au vrai chemin conduis-moi.

Esprit Saint, purifie-moi,
Feu d'amour, enflamme-moi,
Esprit Saint, purifie-moi,
En Jésus, épouse-moi.

Esprit Saint, fortifie-moi,
Amour de Dieu, guéris-moi,
Esprit Saint, fortifie-moi,
Esprit renouvelle-moi.

Esprit Saint, inspire-moi,
Amour du Fils, comble-moi,
Esprit Saint, inspire-moi,
Le vrai bonheur donne-moi.

Sainte Mariam de Jésus Crucifié

Ô, Esprit Saint

Ô Esprit Saint, Divin Paraclet, Père des pauvres, Consolateur des affligés, Sanctificateur des âmes, me voici prosterné en ta présence. Je t'adore avec la plus profonde soumission, et je répète mille fois avec les séraphins qui se tiennent devant ton trône : Saint ! Saint ! Saint ! Toi qui as rempli d'immenses grâces l'âme de Marie et enflammé d'un saint zèle les cœurs des apôtres, daigne aussi embraser mon cœur de ton amour. Tu es un esprit divin, fortifie-moi contre les mauvais esprits ; tu es un feu, allume en moi le feu de ton amour ; tu es une lumière, éclaire-moi en me faisant connaître les choses éternelles ; tu es une colombe, donne-moi des mœurs pures ; tu es un souffle plein de douceur, dissipe les orages que soulèvent en moi les passions ; tu es une langue, enseigne-moi la manière de te louer sans cesse ; tu es une nuée, couvre-moi de l'ombre de ta protection ; enfin tu es l'auteur de tous les dons célestes : ah ! je t'en prie, vivifie-moi par la grâce, sanctifie-moi par ta charité, gouverne-moi par ta sagesse, adopte-moi pour ton enfant par ta bonté, et sauve-moi par ton infinie miséricorde, afin que je ne cesse jamais de te bénir, de te louer, et de t'aimer, d'abord sur la terre pendant ma vie, et ensuite dans le ciel durant toute l'éternité.

Saint Alphonse-Marie de Liguori

Ô Feu consumant, Esprit d'Amour

Ô Feu consumant, Esprit d'amour,
« surviens en moi »,
afin qu'il se fasse en mon âme
comme une incarnation du Verbe :
que je lui sois une humanité de surcroît
en laquelle il renouvelle tout son mystère.
Et Toi, ô Père, penche-toi
vers ta pauvre petite créature,
« couvre-la de ton ombre »,
ne vois en elle que le « Bien-aimé
en lequel tu as mis toutes tes complaisances. »

Sainte Élisabeth de la Trinité

Esprit Saint, que ta grâce nous assiste

Esprit Saint, que ta grâce nous assiste, qu'elle vienne habiter nos cœurs après avoir chassé tous les vices.
Esprit bienfaisant, lumière des hommes, délivre notre âme de ses mortelles ténèbres.
Esprit Saint, toi qui aimes toujours les justes pensées, dans ta bonté, répands ton onction dans tous nos sentiments.
Esprit qui purifies toutes les souillures, purifie le regard de notre homme intérieur, pour que nous puissions voir le Père suprême, que peuvent seuls contempler les regards d'un cœur pur.
Tu as inspiré les prophètes, pour qu'ils célèbrent à l'avance les louanges du Christ.
Tu as fortifié les apôtres pour qu'ils annoncent au monde entier le triomphe du Christ.
Lorsque Dieu, par son Verbe, a créé l'édifice du ciel, de la terre et des mers, c'est toi qui étendais ta puissance sur les eaux pour le couver.
C'est toi qui fécondes les eaux pour qu'elles donnent la vie aux âmes.
C'est toi, par ton souffle, qui crées des hommes spirituels.
C'est toi Seigneur, qui a unifié le monde, divisé par ses langues et ses religions ; toi, le meilleur de tous les maîtres, ramène les idolâtres au culte de Dieu.
Exauce donc nos supplications, Esprit Saint, car sans toi toutes les prières sont jugées impuissantes, indignes de toucher les oreilles divines.
Toi qui as enseigné les saints de tous les siècles en les enveloppant de ton impulsion puissante, c'est toi-même qui as rendu glorieux ce jour en comblant aujourd'hui les apôtres du Christ par une grâce sans précédent, inconnue de tous les siècles.

Humbert de Roman

Seigneur, envoie ton Esprit

Seigneur, envoie ton Esprit et tout sera créé, et tu renouvelleras la face de la terre.
Seigneur, renouvelle ta première Pentecôte.
Accorde, Jésus, à tous tes bien-aimés prêtres, la grâce du discernement des esprits, comble-les de tes dons, augmente leur amour, fais de tous de vaillants apôtres et de vrais saints parmi les hommes.
Esprit Saint, Dieu d'amour, viens tel un vent puissant dans nos cathédrales, dans nos églises, dans nos chapelles, dans nos cénacles, dans les plus luxueuses maisons comme dans les plus humbles demeures.
Emplis la terre entière de tes lumières, de tes consolations et de ton amour.
Viens, Esprit d'amour, apporte au monde la fraîcheur de ton souffle sanctifiant.
Enveloppe tous les hommes du rayonnement de ta grâce ! Emporte-les tous dans les splendeurs de ta gloire.
Viens les réconforter dans le présent encore si lourd d'angoisse, éclaire l'avenir incertain de beaucoup, raffermis ceux qui hésitent encore dans les voies divines.
Esprit de lumière, dissipe toutes les ténèbres de la terre, guide toutes les brebis errantes au divin bercail, perce les nues de tes mystérieuses clartés. Révèle-toi aux hommes et que ce jour soit l'annonce d'une nouvelle aurore.
Emplis tous les cœurs de tes dons multiples et précieux, fruit divin de l'immolation du Calvaire, gage magnifique des promesses du Christ.
Divin Esprit, Feu d'amour, joie qui surpasse toute plénitude, lumière qui met en fuite les plus lamentables obscurités ; inspirateur de toute louange, Esprit de vérité, établis toutes les âmes dans le goût des choses saintes.
Fais-les pénétrer dans les beautés profondes de tes demeures mystérieuses.
Qu'elles entrent dans le royaume secret des mystères divins selon la promesse du Verbe ; et leur vie toute transformée, toute transfigurée,

toute divinisée dans le Christ, atteindra une puissance infinie par la valeur même de tes divines richesses.
Divin consolateur de nos peines, charme précieux des fécondes solitudes, animateur de toutes nos joies, germe sacré de toute vie spirituelle, étends sur tout l'univers ton immensité.
Remplis le monde de ta plénitude.
Absorbe notre humaine substance dans le mystère de ta divine unité ; imprime dans les cœurs le sceau des promesses du Père ; efface toute ombre de nos fronts ; mets sur toutes les lèvres l'ivresse du calice de Jésus, et bientôt toute une moisson de saints se lèvera dans la lumière.

Vénérable Marthe Robin

Prière pour demander l'inspiration de l'Esprit Saint

Ô Esprit Saint, Amour du Père et du Fils,
inspire-moi toujours ce que je dois penser,
ce que je dois dire, comment je dois le dire,
ce que je dois taire, ce que je dois écrire,
comment je dois agir et ce que je dois faire
pour procurer ta gloire, œuvrer au salut des hommes
et à ma propre sanctification.
Amen.

d'après le Cardinal Verdier

Vitrail – Saint-Pierre de Rome

Prière pour demander les dons de l'Esprit Saint

Ô Jésus qui, avant de monter au Ciel, as promis à tes apôtres de leur envoyer l'Esprit Saint, pour les instruire, les consoler et les fortifier, nous te prions de faire descendre en nous l'Esprit de Vérité.
Viens en nous, Esprit de la crainte du Seigneur ; aide-nous à ne pas contrister notre Père céleste et à résister aux séductions du monde...
Viens en nous, Esprit de piété ; remplis nos cœurs de la tendresse la plus filiale pour Dieu et de la compassion la plus grande envers nos frères.
Viens en nous, Esprit de science ; éclaire-nous sur la beauté et la grandeur des choses de ce monde ; fais que, voyant en elles des images des perfections divines, nous nous en servions pour élever nos cœurs vers Celui qui les a créées pour notre service.
Viens en nous, Esprit de force ; donne-nous le courage de supporter avec patience les épreuves et les souffrances de la vie, et fais-nous surmonter généreusement tous les obstacles qui s'opposeraient à l'accomplissement de ton plan d'amour en nos vies.
Viens en nous, Esprit de conseil ; accorde-nous la grâce de discerner, dans les occasions difficiles, ce que nous devons faire pour accomplir la volonté de Dieu, et ce que nous devons dire pour diriger prudemment ceux dont nous sommes responsables.
Viens en nous, Esprit d'intelligence ; que ta divine lumière nous fasse pénétrer les vérités et les mystères de la religion, et qu'elle rende notre foi si vive qu'elle soit l'inspiration de tous nos sentiments et de tous nos actes.
Viens en nous, Esprit de sagesse ; fais-nous découvrir à tel point les choses divines que notre cœur les aime uniquement et qu'il puise dans cet amour une paix inaltérable.
Gloire au Père qui nous a créés, au Fils qui nous a rachetés, au Saint-Esprit qui nous a sanctifiés.
Amen.

Prière pour vivre l'amour

Esprit Saint, Dieu d'Amour, merci d'avoir répandu dans mon cœur l'amour personnel de Dieu. Aide-moi à vivre l'amour parfait dans mes relations avec les hommes et particulièrement avec mes proches.
Rends-moi généreux, fidèle, confiant dans les autres, apte à céder et à m'adapter, modeste et doux, humble et maître de moi.
Que je ne pense pas d'abord à moi et ne cherche pas mon intérêt.
Ouvre largement mon cœur aux autres afin que je trouve plaisir à leur faire du bien.
Ote de mon cœur, l'envie, la jalousie, l'orgueil, la vanité et le désir de me glorifier moi-même.
Préserve-moi de la colère. Que je ne sois pas irritable et susceptible !
Guéris-moi de la tendance à critiquer et à me plaindre lorsque les autres me déçoivent, me rejettent, me critiquent et m'oublient.
Esprit Saint, pour l'amour de Jésus, fais-moi tout souffrir, tout endurer, excuser, surmonter.
Apprends-moi à me conduire avec tact et droiture, à être gentil pour les autres, à éviter de les blesser ou de les scandaliser, à pardonner leurs fautes, à ne pas les juger même s'ils me font du tort.
Aide-moi à ne pas garder rancune si l'on m'offense et à me réjouir lorsque les autres réussissent mieux que moi ou lorsque la vérité triomphe.
Esprit Saint, enseigne-moi à croire au bien, à espérer le bien sans me décourager, à faire confiance à l'autre.
Viens m'apprendre à aimer comme Jésus, pour que j'accueille les autres avec joie et leur manifeste ma tendresse et ma compassion.
Sainte Marie, Reine de la Paix, fais de moi un artisan de Paix et de réconciliation.
Gloire à Dieu le Père qui me donne l'Esprit de vie.
Gloire à Jésus, le Seigneur qui me remplit de l'Esprit d'amour.
Gloire à l'Esprit Saint qui opère en moi les œuvres qui rendent vivante et féconde ma foi au Dieu Tout-Puissant.
Amen ! Alléluia !

Jean Pliya – *Prier comme un enfant de Roi* – Éditions F.X. de Guibert

Je ne vous laisserai pas orphelins

… combien plus le Père du ciel donnera-t-il l'Esprit Saint à ceux qui l'en prient. *Lc 11, 13*

Esprit Saint, source vive, feu d'amour, invisible consécration,
viens d'auprès du Père, console-moi, rafraîchis-moi,
renouvelle-moi et illumine mon âme.
Viens éclairer et apaiser mon cœur, purifie-moi, guéris mon corps.
Viens inspirer par ta lumière et ta vérité mes pensées,
mes paroles, mes comportements et tous mes actes.
Marie, fille bien-aimée du Père, mère admirable du Fils,
épouse très fidèle de l'Esprit Saint,
intercède pour moi dans ma demande.
Tendre mère, j'ai recours à toi.
Donne-moi et apprends-moi de ton cœur
la simplicité, l'humilité et la droiture,
la douceur, la bonté, la pureté et la persévérance.
Prie pour moi et engendre-moi à la vie de la grâce du Christ,
dans l'amour et la joie de l'Esprit Saint.
Seigneur Jésus, toi qui as vaincu toute mort,
toi qui es ressuscité et vivant, j'ai confiance en toi.
Par la puissance de ta résurrection, tu nous recrées à la vie.
Tu nous as dit que par nous-mêmes nous ne pouvions rien faire,
mais que tu ne nous laisserais pas orphelins.
Sois miséricordieux, envoie d'auprès du Père ton Esprit Saint.
Augmente en moi la foi.
Couvre-moi de ta tendresse, emplis mon cœur de ta présence,
de ton amour, et par cette effusion, donne-moi la force de te suivre,
d'adhérer à ta volonté, de te servir et de t'annoncer.
Donne-moi un regard neuf sur tous mes frères et sur toute ta création.
Entends ma voix, bénis-moi et reste toujours à mes côtés.
Par ton Esprit Saint donne-moi dès à présent la joie de te prier,
la joie de te louer et la joie d'aimer
pour un jour reposer définitivement en toi.
Amen.

Jean-Paul Dufour

Prière pour l'effusion de l'Esprit Saint

Jésus, je sais que je suis à Toi
et que Tu es à moi pour toujours.
Je Te rends grâce de m'avoir donné Ton Esprit,
lors de mon baptême et de ma confirmation,
pour que je puisse vivre une nouvelle vie
en union avec Toi.
Renouvelle en moi Ton Esprit,
remplis-moi davantage de Ton Esprit,
comble-moi d'une nouvelle plénitude de Ton Esprit
de manière à ce que je trouve
de nouvelles lumières dans les Écritures,
un goût nouveau et la persévérance
dans la prière,
que je puisse Te trouver
quand je reçois les Sacrements,
que j'aime comme Tu aimes,
que je pardonne comme Tu pardonnes,
que j'intercède comme Tu intercèdes,
que je sois témoin
comme Tu fus témoin de la Vérité,
que j'utilise les dons dont Tu me combles
pour le bien de Ton peuple,
que je goûte la paix et la joie
que Tu nous as promises.
Remplis-moi de Ton Esprit, ô Seigneur,
car je désire être transformé
et recevoir tout ce que Tu veux me donner.
Amen.

Carlos Aldunate, sj

Viens et demeure en moi

Doux Esprit Saint,
Brise légère, Souffle divin,
Onction de paix, Invisible Consécration,
Source vive, Feu d'amour,
Promesse du Seigneur, Don du Père,
viens et demeure en moi.

Habite mon silence,
couvre-moi de ta tendresse,
console-moi dans ton repos,
purifie-moi, réconforte-moi.

Pardonne-moi de t'avoir contristé,
illumine mon âme,
éclaire-moi par ta Vérité, renouvelle-moi,
prends sous ta garde mon cœur et mes pensées.

Répands sur moi tes dons,
ravive en moi la connaissance des Écritures,
que la Parole demeure en moi agissante,
fortifie-moi, vivifie-moi,
conduis-moi selon ta volonté.

Inspire ma prière,
embrase mon cœur de ton amour,
établis-moi dans la joie
et dans l'action de grâce,
et qu'à l'image de Marie, tout mon être,
dans la lumière de cette nouvelle Aurore,
chante pour l'Invisible…

Alleluia, Alleluia, Alleluia...

Jean-Paul Dufour

Litanies du Saint-Esprit

Seigneur, aie pitié de nous. *Seigneur, aie pitié de nous.*
Jésus-Christ, aie pitié de nous. *Jésus-Christ, aie pitié de nous.*
Seigneur, aie pitié de nous *Seigneur, aie pitié de nous.*
Jésus-Christ, écoute-nous. *Jésus-Christ, écoute-nous.*
Jésus-Christ, exauce-nous. *Jésus-Christ, exauce-nous.*

Père du Ciel, qui es Dieu, *aie pitié de nous.*
Fils, Rédempteur du monde, qui es Dieu, *aie pitié de nous.*
Esprit Saint, qui es Dieu, *aie pitié de nous.*
Trinité Sainte, qui es un seul Dieu, *aie pitié de nous.*

Esprit Saint, qui procèdes du Père et du Fils, *aie pitié de nous.*
Esprit du Seigneur, qui remplis tout l'univers, *aie pitié de nous.*
Esprit Saint, de qui Jésus a été conçu dans le sein de la Vierge Marie, *aie pitié de nous.*
Esprit de sagesse et d'intelligence, *aie pitié de nous.*
Esprit de conseil et de force, *aie pitié de nous.*
Esprit de science et de piété, *aie pitié de nous.*
Esprit de crainte du Seigneur, *aie pitié de nous.*
Esprit de foi, d'espérance et d'amour, *aie pitié de nous.*
Esprit d'humilité et de mansuétude, *aie pitié de nous.*
Esprit de justice et de chasteté, *aie pitié de nous.*
Esprit de vérité, qui es envoyé pour nous consoler, *aie pitié de nous.*
Esprit Saint, qui répands la charité dans nos cœurs, *aie pitié de nous.*
Esprit Saint, dont ont été remplis les Apôtres, *aie pitié de nous.*
Esprit de toute grâce, qui distribues tes dons selon ton bon plaisir, *aie pitié de nous.*

Sois-nous propice, *pardonne-nous, Seigneur.*
Sois-nous propice, *exauce-nous, Seigneur.*
De tout péché, *délivre-nous, Seigneur.*
Des tentations et des embûches du démon, *délivre-nous, Seigneur.*
De la présomption et du désespoir, *délivre-nous, Seigneur.*
De la résistance à tes inspirations, *délivre-nous, Seigneur.*
De l'obstination et de l'impénitence, *délivre-nous, Seigneur.*
De toute souillure de corps, de cœur et d'esprit, *délivre-nous, Seigneur.*

De l’esprit d’erreur et de blasphème et de tout esprit mauvais,
délivre-nous, Seigneur.

Pauvres pécheurs, *de grâce, écoute-nous.*
Afin que tes inspirations se manifestent dans nos œuvres,
de grâce, écoute-nous.
Afin que nous ne profanions jamais notre âme dont tu as fait ton temple, *de grâce, écoute-nous.*
Afin de ne pas te contrister, toi qui es l’Esprit Saint de Dieu,
de grâce, écoute-nous.
Afin que, prenant goût aux choses de Dieu, nous devenions avides des dons supérieurs de ta grâce, *de grâce, écoute-nous.*
Afin que tous, animés d’un même Esprit, nous soyons unis dans la paix, *de grâce, écoute-nous.*
Afin que tu conserves dans leur sainte vocation, tous les Ordres du Clergé et toutes les Familles religieuses, *de grâce, écoute-nous.*
Afin que tu défendes et étendes les frontières de l’Église,
de grâce, écoute-nous.
Par le Cœur Immaculé de Marie, ton sanctuaire de prédilection,
de grâce, écoute-nous.

Agneau de Dieu, qui efface les péchés du monde,
répands en nous le Saint-Esprit.
Agneau de Dieu, qui efface les péchés du monde,
envoie-nous le Saint-Esprit.
Agneau de Dieu, qui efface les péchés du monde,
donne-nous le Saint-Esprit.

Envoie ton Esprit et tout sera créé, *et tu renouvelleras la face de la terre.*

Prions : Ô Dieu qui a préparé des biens invisibles à ceux qui t’aiment, répands dans nos cœurs en nous donnant ton Saint-Esprit la tendresse de ton amour, afin que, t’aimant en toutes choses et par-dessus toutes choses, nous puissions parvenir à la jouissance de tes promesses qui surpassent tous nos désirs. Par Jésus, le Christ, notre Seigneur.
Amen.

PRIÈRES À LA TRINITÉ

Icône de la Vision d'Abraham
Figure de la Sainte Trinité
Andrei Roublev – 1411 – Russie

La Trinité dans la Bible…

Ayant été baptisé, Jésus aussitôt remonta de l'eau ; et voici que les cieux s'entrouvrirent : il vit l'Esprit de Dieu descendre comme une colombe et venir sur lui. Et voici qu'une voix venue des cieux disait : « Celui-ci et mon Fils bien aimé, qui a toute ma faveur. »

Mt 3, 16-17

À cette heure même, il tressaillit de joie sous l'action de l'Esprit Saint et il dit : « Je te bénis, Père, Seigneur du ciel et de la terre, d'avoir caché cela aux sages et aux intelligents et de l'avoir révélé aux tout-petits. »

Lc 10, 21

« Tout pouvoir m'a été donné au ciel et sur la terre. Allez donc, de toutes les nations faites des disciples, les baptisant au nom du Père et du Fils et du Saint-Esprit (…). »

Mt 28… 18-19…

La grâce du Seigneur Jésus-Christ, l'amour de Dieu et la communion du Saint-Esprit soient avec vous tous !

2 Co 13, 13

Gloire à Dieu

Gloire à Dieu, au plus haut des cieux,
et paix sur la terre aux hommes qu'il aime.
Nous te louons, nous te bénissons, nous t'adorons.
Nous te glorifions, nous te rendons grâce,
pour ton immense gloire,
Seigneur Dieu, Roi du ciel, Dieu le Père tout-puissant.
Seigneur, Fils unique, Jésus-Christ,
Seigneur Dieu, Agneau de Dieu, le fils du Père ;
Toi qui enlèves le péché du monde,
prends pitié de nous ;
Toi qui enlèves le péché du monde,
reçois notre prière ;
Toi qui es assis à la droite du Père,
prends pitié de nous.
Car toi seul es saint, toi seul es Seigneur,
Toi seul es le Très-Haut :
Jésus-Christ, avec le Saint-Esprit
dans la gloire de Dieu le Père.
Amen.

À toi, Dieu, notre louange (Te Deum)

À toi, Dieu, notre louange !
Nous t'acclamons : tu es Seigneur !
À toi, Père éternel,
L'hymne de l'univers.
Devant toi se prosternent les archanges,
Les anges et les esprits des cieux ;
Ils te rendent grâce ;
Ils adorent et ils chantent :
Saint, Saint, Saint, le Seigneur
Dieu de l'univers ;
Le ciel et la terre sont remplis de ta gloire.
C'est toi que les Apôtres glorifient,
Toi que proclament les prophètes,
Toi dont témoignent les martyrs ;
C'est toi, que par le monde entier
L'Église annonce et reconnaît.
Dieu nous t'adorons :
Père infiniment saint,
Fils éternel et bien-aimé,
Esprit de puissance et de paix.
Christ, le Fils du Dieu vivant,
Le Seigneur de la gloire,
Tu n'as pas craint de prendre chair
Dans le corps d'une vierge
Pour libérer l'humanité captive.
Par ta victoire sur la mort,
Tu as ouvert à tout croyant
Les portes du Royaume ;
Tu règnes à la droite du Père ;
Tu viendras pour le jugement.
Montre-toi le défenseur et l'ami
Des hommes sauvés par ton sang :
Prends-les avec tous les saints
Dans la joie et dans ta lumière.

Ô mon Dieu, Trinité que j'adore

Ô mon Dieu, Trinité que j'adore,
aide-moi à m'oublier entièrement
pour m'établir en toi, immobile et paisible,
comme si déjà mon âme était dans l'éternité !
Que rien ne puisse troubler ma paix,
ni me faire sortir de toi, ô mon Immuable,
mais que chaque minute m'emporte plus loin
dans la profondeur de ton mystère.

Pacifie mon âme, fais-en ton ciel,
ta demeure aimée et le lieu de ton repos ;
que je ne te laisse jamais seul,
mais que je sois là tout entière,
tout éveillée en ma foi, toute adorante,
toute livrée à ton action créatrice.

Ô mon Christ aimé, crucifié par amour,
je voudrais être une épouse pour ton Cœur,
je voudrais te couvrir de gloire,
je voudrais t'aimer... jusqu'à en mourir !
Mais je sens mon impuissance et je te demande
de me revêtir de toi-même,
d'identifier mon âme à tous les mouvements de ton âme,
de me submerger, de m'envahir, de te substituer à moi,
afin que ma vie ne soit qu'un rayonnement de ta vie.
Viens en moi comme Adorateur,
comme Rédempteur et comme Sauveur.

Ô Verbe éternel, Parole de mon Dieu,
je veux passer ma vie à t'écouter,
je veux me faire tout enseignable,
afin d'apprendre tout de toi.

Puis, à travers toutes les nuits, tous les vides,
toutes les impuissances, je veux te fixer toujours
et demeurer sous ta grande lumière.
Ô mon Astre aimé, fascine-moi
pour que je ne puisse plus sortir de ton rayonnement.

Ô Feu consumant, Esprit d'amour, surviens en moi,
afin qu'il se fasse en mon âme
comme une incarnation du Verbe :
que je lui sois une humanité de surcroît,
en laquelle il renouvelle tout son mystère.

Et toi, ô Père,
penche-toi vers ta pauvre petite créature,
couvre-la de ton ombre,
ne vois en elle que le Bien-Aimé
en lequel tu as mis toutes tes complaisances.

Ô mes Trois, mon Tout, ma Béatitude,
Solitude infinie, Immensité où je me perds,
je me livre à toi comme une proie.

Ensevelis-toi en moi,
pour que je m'ensevelisse en toi,
en attendant d'aller contempler en ta lumière
l'abîme de tes grandeurs.

Sainte Élisabeth de la Trinité

Trinité Sainte, nous t'adorons

Lumière est le Père ! Lumière de lumière est le Fils !
Lumière est l'Esprit Saint, Feu dans nos cœurs !
Trinité Sainte, nous t'adorons.
Amour est le Père ! Grâce est le Fils !
Communion est l'Esprit Saint !
Trinité Sainte, nous t'adorons.
Source est le Père ! Don est le Fils !
Effusion est l'Esprit Saint !
Trinité Sainte, nous t'adorons.
Puissance est le père ! Sagesse est le Fils !
Bonté est l'Esprit Saint !
Trinité Sainte, nous t'adorons.
Pensée est le Père ! Parole est le Fils !
Gémissement est l'Esprit Saint !
Trinité Sainte, nous t'adorons.

Liturgie orientale

Dans le fond de mon cœur

Ô toi qui es chez toi dans le fond de mon cœur,
Laisse-moi te rejoindre dans le fond de mon cœur.
Ô toi qui es chez toi dans le fond de mon cœur,
Je t'adore dans le fond de mon cœur.
Ô toi qui es chez toi dans le fond de mon cœur,
Loué sois-tu dans le fond de mon cœur.
Ô toi qui es chez toi dans le fond de mon cœur,
Je m'offre à ton amour dans le fond de mon cœur.
Ô toi qui es chez toi dans le fond de mon cœur,
Garde-moi de tout mal dans le fond de mon cœur.
Ô toi qui es chez toi dans le fond de mon cœur,
Fais-moi vivre de toi dans le fond de mon cœur.
Ô toi qui es chez toi dans le fond de mon cœur,
Glorifie ton Saint Nom dans le fond de mon cœur.
Ô toi qui es chez toi dans le fond de mon cœur,
Père, Fils et Esprit Saint dans le fond de mon cœur.
Ô toi qui es chez toi dans le fond de mon cœur,
Abîme de lumière dans le fond de mon cœur.

Henri Caffarel
– d'après un hymne tamoul –

Mon Dieu, je crois, j'adore, j'espère et je vous aime

Mon Dieu, je crois, j'adore, j'espère et je vous aime ! Je vous demande pardon pour ceux qui ne croient pas, qui n'adorent pas, qui n'espèrent pas et qui ne vous aiment pas.

Très sainte Trinité, Père, Fils et Saint-Esprit, je vous adore profondément et je vous offre les très précieux Corps, Sang, Âme et Divinité de Jésus-Christ présents dans tous les tabernacles de la terre, en réparation des outrages, sacrilèges et indifférences par lesquels il est Lui-même offensé. Par les mérites infinis de son Très Saint Cœur et du Cœur Immaculé de Marie, je vous demande la conversion des pauvres pécheurs.
Amen.

Prières données par l'Ange de Fatima

Dieu de Miséricorde

Père de Miséricorde infinie, aie pitié de nous et du monde entier !
Fils dont le Cœur est rempli d'une Miséricorde et d'une Tendresse infinies, aie pitié de nous et du monde entier !
Esprit Saint de Miséricorde et d'Amour infinis, aie pitié de nous et du monde entier !
Père Céleste qui es Dieu, nous te présentons, avec le Cœur de Jésus, ton Fils, le Cœur de Marie, Mère de la Miséricorde, et par leurs mérites, nous te prions de nous pardonner nos péchés et ceux du monde entier.
Nous te présentons et nous t'offrons les âmes de tous les enfants innocents. Ils méritent miséricorde et bonté. Par leur innocence, nous te prions d'avoir pitié de nous et du monde entier.
Père Éternel, Père très bon, saint et miséricordieux, nous t'offrons la pureté des vierges. Ils ravissent ton Cœur par la blancheur de leurs âmes et par l'amour avec lequel ils s'offrent à toi. Par leur chasteté, purifie le monde, aie pitié de tous ceux que le vice et les plaisirs des sens ont entraînés loin de toi.
Père Éternel, par l'innocence de tous les petits enfants et par les larmes de tous ceux qui souffrent, nous te prions : sauve les hommes du châtiment et bénis l'Église !
Amen.

– *Pensées et réflexions* – Éditions Fidélitas

Adoration et louange de la Sainte Trinité

Avec toi, Marie, Vierge immaculée, fille bien-aimée du Père Éternel, mère admirable de Jésus le Sauveur, épouse très fidèle de l'Esprit Saint, j'adore et je loue la Très Sainte Trinité.
Gloire à Dieu le Père Tout-Puissant !
Gloire à son Fils Jésus-Christ le Seigneur.
Gloire au Divin Esprit qui sanctifie.
Louange au Dieu trois fois saint.
Gloire à la très Auguste Trinité qui est un seul Dieu.
Gloire, Bénédiction, Amour, Honneur, Triomphe au Dieu unique, au Dieu vrai, au Dieu vivant, au Dieu fort, au Dieu Amour, au Dieu parfait et bienheureux.
Gloire, adoration, bénédiction, Amour et reconnaissance à la Très Sainte Trinité, maintenant et pour les siècles des siècles. Amen !
Avec toi, Esprit du Seigneur, mes lèvres veulent chanter les louanges du Dieu Très-Haut, rendre grâce à son Amour, proclamer la victoire de Jésus et vivre dans sa joie !
Mon Seigneur et mon Dieu, je trouve ma joie dans tes louanges. Ô Toi, l'infiniment parfait, je t'aime de tout mon cœur.
Je me tiens à tes pieds dans le murmure incessant de tes louanges car c'est à toi qu'appartiennent le Règne, la Puissance et la Gloire, Toi, Père éternel et bon à qui nous rendons grâce, honneur et louange sans fin, par le Christ notre Seigneur.
Je fléchis les genoux en présence du Père de qui toute paternité au ciel et sur la terre tire son nom…
À celui dont la puissance en nous est capable de faire bien au-delà, infiniment au-delà de tout ce que nous pouvons demander et même penser, à Lui la gloire, dans l'Église et le Christ, Jésus pour tous les âges et tous les siècles. Amen ! Ep 3, 20-21
Toute ma vie je vais te bénir, lever les mains en invoquant ton Nom. Comme par un festin, je serai rassasié ; la joie sur les lèvres, je dirai ta louange. Ps 63, 5-6

Ô mon Dieu, mon Créateur, mon Protecteur, mon Sauveur, ma Providence, je t'aime parce que tu es avec moi, depuis le premier instant de mon existence.
Je t'adore parce que tu es tout et que je ne suis rien. Mais tu m'as donné un cœur, une âme, une existence, et fait de moi presque un dieu que tu couronnes de gloire et de beauté. Ps 8, 6
Me voici donc, ô Dieu prêt à faire ta volonté et à dire en toutes choses : Merci Père.
Mes oreilles sont ouvertes pour entendre ta voix, ô Seigneur, montre-moi ta face. D'un cœur obéissant, j'accepte ton plan sur ma vie. Je veux parler de ton salut et témoigner de ce que tu as fait pour moi. Béni soit Dieu le Père et le Fils unique de Dieu, ainsi que le Saint-Esprit, car il nous a traités avec amour...

Jean Pliya – *Prier comme un enfant de Roi* –
Ed. F.X. de Guibert

... Vraiment, il est juste et bon de te rendre gloire, de t'offrir notre action de grâce, toujours et en tout lieu, à toi, Père très saint, Dieu éternel et tout-puissant.
Avec ton Fils unique et le Saint-Esprit, tu es un seul Dieu, tu es un seul Seigneur, dans la trinité des personnes et l'unité de leur nature.
Ce que nous croyons de ta gloire parce que tu l'as révélé, nous le croyons pareillement, et de ton Fils, et du Saint-Esprit ; et quand nous proclamons notre foi au Dieu éternel et véritable, nous adorons en même temps chacune des personnes, leur unique nature, leur égale majesté.
Ainsi avec les anges, les archanges et les plus hautes puissances des cieux, nous voulons sans cesse chanter d'une même voix : Saint, saint, saint, le Seigneur Dieu de l'univers. Le ciel et la terre sont remplis de ta gloire. Hosanna au plus haut des cieux ! Béni soit celui qui vient au Nom du Seigneur ! Hosanna au plus haut des cieux !

Liturgie de la Messe

Très Sainte Trinité

Ô Dieu de l'Univers,
Très Sainte Trinité, Père, Fils et Esprit Saint,
de Bonté, de Miséricorde et d'Amour infinis !

Par la douloureuse Passion de Jésus-Christ notre Seigneur, par la puissance de sa Résurrection et par la grâce de notre baptême, nous vous demandons de bien vouloir nous pardonner nos fautes et nos manques d'amour.

Mais, au-delà de nos faiblesses, de nos égarements et de nos replis sur nous-mêmes, par notre dignité d'enfant de Dieu, permettez-nous aussi de vous rendre hommage, *louange, gloire et honneur* pour tout l'Amour dont vous nous aimez et pour tous vos bienfaits dans nos vies :

Gloire à Toi, Père Éternel qui nous as créés,
Gloire à Toi, Jésus qui es venu nous sauver,
Gloire à Toi, Esprit Saint qui nous sanctifies.

Que votre Nom soit béni !

Dieu trois fois Saint, nous vous aimons, nous vous adorons profondément, et nous vous offrons *nos pensées, nos actions et nos sentiments* pour que vous les rendiez conformes *à votre dessein d'Amour… à votre volonté… à vos désirs…*

À l'image de notre douce et tendre Mère, la Très Sainte Vierge Marie, toute revêtue de Gloire, par sa prière, son soutien, son aide et sous sa protection, nous vous prions de venir habiter nos cœurs, de faire votre demeure en nous en chaque Eucharistie, et par votre présence, de nous accorder *la sérénité, la paix et la grâce* : le vrai bonheur dès cette vie, en nous aidant à devenir d'authentiques témoins du Christ et de l'Évangile, *de la Foi, de l'Espérance et de l'Amour* à votre service et à celui de nos frères.

Très Sainte Trinité, Père, Fils et Esprit Saint,
Source de Sagesse et de Vie, de Lumière et de Grâce, de Paix et d'Amour, regardez-nous, bénissez-nous.

Pourvoyez chaque jour à nos besoins et à nos nécessités et délivrez-nous de tout mal, *passé, présent et à venir*.

Soyez attentifs à nos prières, soyez à l'écoute de nos cœurs et de nos âmes qui font monter vers vous leurs louanges : *à votre plus grand Honneur, à votre plus grande Gloire et pour notre plus grande Joie*, dès maintenant sur cette terre, et quand tout sera accompli, au Ciel pour toujours dans le Paradis où vous nous prendrez en votre Amour, en union avec la Vierge Marie, la Bienheureuse Mère de Dieu, les Anges, Saint Joseph, tous les saints, et tous ceux que nous avons connus et aimés, où nous vous chanterons notre reconnaissance dans un bonheur sans mesure et sans fin, où nous vous contemplerons face à face en toute *Lumière, Connaissance et Vérité*, dans la splendeur de votre Cité Sainte et où nous partagerons en plénitude *la Gloire, la Paix et la Joie* de votre Royaume pour toute l'Éternité.

Amen. Alléluia.

Jean-Paul Dufour

PRIÈRES À MARIE

Notre Dame de la Consolation – Turin – Italie

Depuis 2000 ans, l'Église est le berceau où Marie dépose Jésus et où elle le confie à l'adoration et à la contemplation de tous les peuples.

Saint Jean-Paul II

Marie dans la Bible…

La femme écrasera la tête du serpent. Gn 3, 15

Tu es toute belle, ma bien aimée, et sans tache aucune ! Ct 4, 7

(…) Voici, la jeune femme est enceinte ; elle va enfanter un fils et elle lui donnera le nom d'Emmanuel.

Is 7,… 14

Pousse des cris de joie, des clameurs, habitante de Sion, car il est grand, au milieu de toi, le Saint d'Israël.

Is 12, 6

Pousse des cris de joie, fille de Sion ! Une clameur d'allégresse, Israël ! Réjouis-toi, triomphe de tout ton cœur, fille de Jérusalem ! Yahvé a levé la sentence qui pesait sur toi ; il a détourné ton ennemi. Yahvé est roi d'Israël au milieu de toi. Tu n'as plus de malheur à craindre.

So 3, 14-15

Chante, réjouis-toi, fille de Sion, car voici que je viens pour demeurer au milieu de toi.

Za 2, 14

L'Ange Gabriel dit à Marie : « Je te salue, comblée de grâce (…) tu enfanteras un fils et tu l'appelleras Jésus. »

Lc 1, 28-31

L'Esprit Saint viendra sur toi, et la puissance du Très-Haut te prendra sous son ombre ; c'est pourquoi l'être saint qui naîtra sera appelé Fils de Dieu.

Lc 1, 35

Le Christ est venu (…) en traversant le tabernacle plus grand et plus parfait, non fait de main d’homme (…)

He 9, 11

Je suis la servante du Seigneur, qu’il m’advienne selon ta parole !

Lc 1, 38

Quant à Marie, elle gardait avec soin toutes ces choses en son cœur.

Lc 2, 19

Les uns seront pour lui, les autres contre lui, et toi-même, une épée te transpercera l’âme.

Lc 2, 34-35

Tout ce qu’il vous dira, faites-le. Jn 2, 5

Or, près de la croix de Jésus se tenait sa mère… Jn 19, 25

(…) Regardez et voyez s’il y a une douleur pareille à la mienne.

Lam 1, 12

Jésus dit à sa mère : « Femme, voici ton fils »
et à Jean : « Voici ta mère. » Jn 19, 26

Tous, d’un même cœur, étaient assidus à la prière (…) dont Marie, mère de Jésus…

Ac 1, 14

Un grand signe apparut dans le ciel : une Femme ! revêtue de soleil, la lune sous ses pieds et douze étoiles couronnent sa tête.

Ap 12, 1

L'Angélus

L'ange du Seigneur apporta l'annonce à Marie,
– et elle conçut du Saint-Esprit.
Réjouis-toi, Marie…
Voici la servante du Seigneur :
– Qu'il me soit fait selon ta parole !
Réjouis-toi, Marie…
Et le Verbe s'est fait chair,
– Et il a habité parmi nous.
Réjouis-toi, Marie…
Prie pour nous, sainte Mère de Dieu,
– afin que nous soyons rendus dignes
des promesses du Christ.
Prions :
Que ta grâce, Seigneur,
se répande en nos âmes.
Par le message de l'ange,
tu nous as fait connaître
l'Incarnation de ton Fils bien-aimé.
Conduis-nous par sa Passion et par sa Croix,
jusqu'à la Gloire de la Résurrection.
Par le même Jésus-Christ Notre-Seigneur.
Amen.

Reine du ciel (Regina Caeli)

Prière pendant le temps pascal en remplacement de l'Angélus

Reine du ciel, réjouis-toi, Alléluia !
- Car celui que tu as mérité de porter en toi, Alléluia !
Est ressuscité, comme il l'avait annoncé, Alléluia !
- Prie Dieu pour nous, Alléluia !
Réjouis-toi et sois dans l'allégresse, Vierge Marie, Alléluia !
- Car le Seigneur est vraiment ressuscité, Alléluia !
Prions :
Dieu, qui a daigné donner la joie au monde.
Par la Résurrection de Ton Fils,
Notre Seigneur Jésus-Christ,
nous t'en prions,
fais-nous parvenir, par la Vierge Marie, sa Mère,
au bonheur de la vie éternelle,
par le même Jésus-Christ, notre Seigneur.
Amen.

Sous ta protection (Sub tuum)

Nous nous réfugions sous ta protection
Sainte Mère de Dieu.
Ne rejette pas nos prières
quand nous sommes dans l'épreuve,
mais de tous les dangers délivre-nous,
Toi toujours vierge et bénie.

Salut ô Reine

Salut, ô Reine, Mère de miséricorde,
notre vie, notre consolation, notre espoir, salut !
Enfants d'Ève, de cette terre d'exil nous crions vers toi ;
vers toi, nous soupirons,
gémissant et pleurant dans cette vallée de larmes.
Ô toi, notre avocate, tourne vers nous tes regards compatissants.
Et, après cet exil, obtiens-nous de contempler Jésus,
le fruit béni de ton sein,
Ô clémente, ô miséricordieuse, ô douce Vierge Marie !

Salve Regina

Salve, Regina, Mater misericordiae.
Vita, dulcedo, et spes nostra, salve.
Ad te clamamus, exsules, filii Evae.
Ad te suspiramus,
gementes et flentes in hac lacrimarum valle.
Eia ergo, advocata nostra,
illos tuos misericordes oculos ad nos converte.
et Jesum, benedictum fructum ventris tui,
nobis post hoc exsilium ostende.
Ô clemens, ô pia, ô dulcis Virgo Maria.

Très sainte Dame, Mère de Dieu

Très sainte Dame, Mère de Dieu, seule très pure d'âme et de corps, seule au-delà de toute pureté, de toute chasteté, de toute virginité ; seule demeure de toute grâce de l'Esprit Saint ; par là surpassant incomparablement même les puissances spirituelles, en pureté, en sainteté d'âme et de corps ; jette les yeux sur moi, coupable, impur, souillé dans mon âme et dans mon corps des tares de ma vie passionnée et voluptueuse ; purifie mon esprit de ses passions ; sanctifie, redresse mes pensées errantes et aveugles ; règle et dirige mes sens ; délivre-moi de la détestable et infâme tyrannie des inclinations et passions impures ; abolis en moi l'empire du péché, donne la sagesse et le discernement à mon esprit enténébré, misérable, pour la correction de mes fautes et de mes chutes, afin que, délivré des ténèbres du péché, je sois trouvé digne de te glorifier ; de te chanter librement, seule vraie Mère de la vraie lumière, le Christ notre Dieu ; car seule avec lui et par lui, tu es bénie et glorifiée par toute créature invisible et visible, maintenant et toujours, et dans les siècles des siècles. Amen.

Saint Ephrem le Syrien

Tu es notre secours

Ô toi, toute chaste, toute bonne et pleine de miséricorde, Souveraine, la consolation des chrétiens, le refuge le plus assuré des pécheurs, le soulagement le plus ardent des affligés, ne nous laisse pas comme des orphelins privés de ton secours. Si nous étions jamais abandonnés de toi, où donc nous réfugerions-nous ? Que nous arriverait-il, ô toute sainte Mère de Dieu ? Tu es le souffle et la vie des chrétiens. De même que la respiration apporte la preuve que notre corps possède encore son énergie vivifiante, ainsi, ton très saint nom inlassablement prononcé par ceux qui t'honorent, en tout temps et en tout lieu et de toute manière est bien plus que la preuve, il est la cause de la vie, de l'allégresse, de notre secours. Protège-nous sous le manteau de ta bonté. Interviens pour notre salut… Qui donc, après ton Fils, s'intéresse comme toi au genre humain ? Qui nous défend sans cesse dans nos tribulations ? Qui nous délivre aussi vite des tentations qui nous assaillent ? Qui se donne autant de peine pour supplier en faveur des pécheurs ? Qui prend leur défense pour les excuser dans des cas désespérés ? En vertu de la faveur et de la puissance que ta maternité nous a acquises auprès de ton Fils, bien que nos fautes nous pèsent et que nous n'osions plus regarder vers les hauteurs du ciel, tu nous sauves, par tes supplications et tes intercessions, de la perdition. Aussi l'affligé se réfugie-t-il auprès de toi. Celui qui a subi l'injustice accourt à toi. Celui qui souffre implore ton assistance. Tu es digne d'admiration, Mère de Dieu, et nous te louons pour ta protection.

Saint Germain de Constantinople

MP
ΘY
IC
XC

Hymne acathiste (tradition orientale)

Refrain :

Réjouis-toi, Ô Mère du Sauveur, Alléluia, Alléluia, Alléluia !

1. Réjouis-toi, Rayonnement de joie,
Réjouis-toi, par qui le mal a disparu,
Réjouis-toi, tu relèves Adam de sa chute,
Réjouis-toi, par toi Ève ne pleure plus.

Réjouis-toi, montagne inaccessible aux pensées des hommes,
Réjouis-toi, miracle proclamé par les anges,
Réjouis-toi, car tu deviens le trône et le palais du Roi,
Réjouis-toi, porteuse de Celui qui porte tout.

Réjouis-toi, Mère de l'Agneau et du Pasteur,
Réjouis-toi, bergerie de l'unique troupeau,
Réjouis-toi, mystère de la Sagesse divine,
Réjouis-toi, Mère de la Lumière sans déclin.

2. Réjouis-toi, qui inspires la parole des apôtres,
Réjouis-toi, car ton enseignement surpasse tout savoir,
Réjouis-toi, tu illumines l'esprit des croyants,
Réjouis-toi, tu es la force des témoins du Christ.

Réjouis-toi, notre avocate auprès du Juge juste et bon,
Réjouis-toi, réconciliation pour beaucoup de pécheurs,
Réjouis-toi, manteau de ceux qui n'ont plus de recours,
Réjouis-toi, tendresse qui surpasse tout amour.

Réjouis-toi, qui nous délivres de la mort et du tombeau,
Réjouis-toi, par qui le Paradis s'entrouvre de nouveau,
Réjouis-toi, clé du royaume du Christ et porte du Ciel,
Réjouis-toi, espérance des biens éternels.

3. Réjouis-toi, temple du Dieu de toute immensité.
Réjouis-toi, écrin où repose la divine Sagesse,
Réjouis-toi, terre de la promesse,
Réjouis-toi, tabernacle du Dieu vivant.

Réjouis-toi, arche dorée par l'Esprit,
Réjouis-toi, trésor inépuisable de la Vie,
Réjouis-toi, tu nous donnes le Dieu d'Amour,
Réjouis-toi, tu nous ouvres les portes du Paradis.

Réjouis-toi, jardin du Seigneur ami des hommes,
Réjouis-toi, tu enfantes le semeur de notre vie,
Réjouis-toi, échelle par qui Dieu descendit du ciel,
Réjouis-toi, allégresse de toutes les générations.

4. Réjouis-toi, chambre nuptiale du Verbe de Dieu.
Réjouis-toi, tu unis les croyants au Seigneur,
Réjouis-toi, servante du festin des Noces,
Réjouis-toi, éblouissante porte de la lumière.

Réjouis-toi, étoile annonciatrice du soleil levant,
Réjouis-toi, par qui Dieu devient petit enfant,
Réjouis-toi, car tu renouvelles toute créature,
Réjouis-toi, en toi nous adorons le Créateur.

Réjouis-toi, commencement des merveilles du Christ,
Réjouis-toi, qui nous ouvres au secret ineffable,
Réjouis-toi, foi de ceux qui prient en silence,
Réjouis-toi, abîme impénétrable même aux anges.

5. Réjouis-toi, rayonnement du Soleil véritable,
Réjouis-toi, éclat de la lumière sans couchant,
Réjouis-toi, flambeau qui porte la Lumière inaccessible,
Réjouis-toi, car tu illumines nos cœurs.

Réjouis-toi, dont la naissance fait couler sur le monde des flots d'eau vive,
Réjouis-toi, image vivante de l'eau du baptême,
Réjouis-toi, coupe où nous puisons la joie,
Réjouis-toi, source intarissable d'allégresse.

Réjouis-toi, par qui l'Enfer est dépouillé,
Réjouis-toi, qui sais la splendeur de la grâce,
Réjouis-toi, qui rends inébranlable notre foi,
Réjouis-toi, qui nous revêts de gloire.

6. Réjouis-toi, rayonnement de la Résurrection,
Réjouis-toi, arbre dont le fruit mystérieux nourrit les croyants,
Réjouis-toi, bois d'ombre et de fraîcheur,
Réjouis-toi, bienveillance de Dieu pour les pécheurs.

Réjouis-toi, par qui les cieux se réjouissent avec la terre,
Réjouis-toi, par qui la terre exulte avec les cieux,
Réjouis-toi, aurore du jour sans déclin,
Réjouis-toi, colonne de feu qui nous guides dans les ténèbres.

Réjouis-toi, Vierge que le Père a choisie de toute éternité,
Réjouis-toi, Mère du Fils de Dieu venu sauver les hommes,
Réjouis-toi, demeure de l'Esprit Saint,
Réjouis-toi, par toi nous rendons grâce à la Trinité Sainte.

Souviens-toi

Souviens-toi, ô très miséricordieuse Vierge Marie, qu'on n'a jamais entendu dire qu'aucun de ceux qui ont eu recours à ta protection, imploré ton assistance ou demandé ton intercession, ait été abandonné.
Animé d'une pareille confiance, ô Vierge des vierges, ô ma Mère, je cours vers toi et, gémissant sous le poids de mes péchés, je me prosterne à tes pieds.
Ô Mère du Verbe Incarné, ne rejette pas mes prières, mais écoute-les favorablement et daigne les exaucer.
Amen.

Saint Bernard

Marie, nous te prions

À nous qui osons te prier, Marie
obtiens la rémission de nos péchés.
Aux malades apporte la guérison,
aux bien-portants la gratitude et l'amour de Dieu,
à ceux qui sont brouillés la réconciliation,
à ceux qui vivent en bonne entente la constance et la fermeté,
aux affligés et aux découragés le réconfort.
Accorde à ceux qui tombent de se relever,
à ceux qui sont debout de tenir bon,
à ceux qui sont dans le bonheur de prospérer
et à ceux qui sont malheureux d'être secourus.
Dirige heureusement notre vie entière
et rends-nous dignes de la splendeur des Saints.
Alors nous entonnerons pour toi des chants d'action de grâce,
à la gloire tout à la fois de ton Fils,
qui est Dieu avec le Père Éternel et avec l'Esprit Saint
maintenant et à jamais pour les siècles des siècles.
Amen.

d'après Pierre d'Argos

Marie, Porte du Ciel

Douce Mère de Dieu, pleine de grâce, nous te prions.
Porte du Ciel, toujours ouverte,
que par toi se pose sur nous le regard de Dieu.
Aux malheureux, apporte ton secours.
Aux hésitants et aux petits, accorde ton assistance.
Réconforte les faibles, protège les pauvres,
accompagne les abandonnés.
Aux persécutés, fais leur trouver près de toi consolation,
aux persécuteurs, conversion et pardon.
Prie pour tous tes enfants,
interviens pour les prêtres,
intercède pour les âmes consacrées.
Que tous ceux qui t'honorent
se réjouissent de recevoir ton aide.
Prête une oreille attentive
aux demandes de tous ceux qui te prient.
Donne-leur en retour la faveur qu'ils désirent.
Soutiens de ton intercession constante le peuple saint de Dieu.
Fortifie-le dans l'unité et la vérité.
Qu'enfin repose en nous, Mère toute bénie,
la joie qui t'illumine
depuis que tu as mérité de porter le prix du monde :
Jésus-Christ, à jamais notre Dieu et Seigneur,
lui qui vit et règne éternellement.
Amen. Alléluia !

Ô Marie Porte du Ciel, prie pour nous.

d'après Fulbert de Chartres

Atelier d'icônes Karatzas – 27 rue des Bruyères – 4000 – Lièges – Belgique

Icône contemporaine de la Mère de Dieu

d'après la Vierge de Korsum

Salut, étoile des mers (Ave Maris Stella)

Salut, étoile des mers*,
très Sainte Mère de Dieu,
salut, ô toujours Vierge,
bienheureuse porte du Ciel.

Marie, Ève nouvelle,
toi qui as accueilli le salut de Gabriel,
nous t'en prions, fais-nous don de la paix.

Délivre les captifs, éclaire les aveugles,
chasse loin tous nos maux,
demande pour nous tous les biens.

Montre que tu es notre Mère,
et que par toi, reçoive nos prières,
Celui qui, né pour nous, a bien voulu être ton Fils.

Ô Marie, Vierge incomparable, douce entre toutes,
obtiens-nous, avec le pardon de nos fautes,
la douceur et la chasteté.

Obtiens-nous une vie pure,
écarte le danger de notre chemin,
afin qu'admis à contempler Jésus,
nous goûtions l'éternelle joie.

Louange à Dieu le Père,
gloire au Christ souverain,
louange au Saint-Esprit,
aux trois, un seul et même hommage.
Amen.

D'après le texte originel

* qui nous guide au bon port dans les périls

« Dites ou chantez ensemble chaque jour l'Ave Maris Stella et je vous garderai de tous dangers ».

Promesse de la Sainte Vierge Marie à sainte Brigitte.

Ô très sainte Reine, Mère de la Miséricorde

Ô très sainte Reine, par l'insigne faveur que Dieu t'a faite en t'élevant si haut et en t'associant à sa toute-puissance, nous te prions de faire que la plénitude de la grâce que tu as méritée nous rende participants de ta gloire. Prends à cœur, ô Reine très miséricordieuse, de nous procurer le bien pour lequel Dieu s'est plu à se faire homme dans tes chastes entrailles. N'hésite pas à nous écouter. Si tu veux bien prier ton Fils pour nous, aussitôt il t'exaucera. Il te suffit de vouloir notre salut, pour qu'il soit impossible que nous ne nous sauvions pas. Et qui pourra jamais restreindre les entrailles de ta miséricorde ? Si tu n'as pas compassion de nous, toi qui es la Mère de la Miséricorde, qu'en sera-t-il de nous quand ton Fils viendra nous juger ?

Secours-nous donc, ô très clémente Reine, sans regarder la multitude de nos péchés. Pense et considère que notre Créateur a pris de toi la chair humaine, non pour condamner les pécheurs, mais pour les sauver. Si tu n'étais devenue la Mère de Dieu que pour ton avantage, peut-être pourrait-on dire qu'il t'importe assez peu que nous soyons sauvés ou non. Mais Dieu s'est revêtu de ta chair pour ton salut et pour celui de tous les hommes. À quoi nous servira que tu jouisses d'une telle puissance et de tant de gloire, si tu ne nous fais pas partager ton bonheur ? Aide-nous et protège-nous : tu sais à quel point nous avons besoin de ton secours. Nous nous recommandons à toi : ne permets pas que nous nous perdions ; fais, au contraire, qu'éternellement nous servions et aimions ton Fils Jésus.

Saint Anselme

J'ai confiance en toi, Marie

Aie mémoire et souviens-toi, très douce Vierge, que tu es ma Mère et que je suis ton fils ; que tu es puissante et que je suis un homme pauvre et faible.
Je te supplie, très douce Mère, de me gouverner et de me défendre dans tous mes chemins et toutes mes entreprises.
Ne dis pas gracieuse Vierge, que tu ne peux pas !
Car ton bien aimé Fils t'a donné pouvoir, tant au ciel que sur la terre.
Ne me dis pas que tu ne dois pas ; car tu es la commune Mère de tous les pauvres humains et particulièrement la mienne.
Si tu ne pouvais, je t'excuserais en disant :
il est vrai qu'elle est ma Mère et qu'elle me chérit comme son fils, mais elle est pauvre de moyens.
Si tu n'étais pas ma Mère, avec raison je patienterais, disant :
elle est bien assez riche pour m'assister ; mais hélas !
N'étant pas ma Mère, elle ne m'aime pas.
Or, très douce Vierge, étant ma Mère et étant puissante, comment pourrais-je t'excuser, si tu ne me soulages pas et ne me prêtes pas ton secours et ton assistance ?
Tu vois, ma Mère, que tu es contrainte d'accéder à toutes mes demandes.
Pour l'honneur et la gloire de ton Fils, accepte-moi comme ton enfant, sans t'arrêter sur mes misères et mes péchés.
Délivre mon âme et mon corps de tout mal et donne-moi toutes tes vertus, surtout l'humilité.
Enfin, fais-moi présent de tous les dons, biens et grâces, qui plaisent à la Sainte Trinité, Père, Fils et Esprit Saint.
Ainsi soit-il.

d'après Saint François de Sales

Debout au pied de la croix (Stabat Mater)

Elle se tient debout,
en larmes près de la croix,
la Mère des douleurs,
face à son Fils cloué au bois.
Et son âme qui gémit, brisée, endolorie,
est traversée par un glaive.
Oh ! quelle tristesse et quelle affliction
pour cette Mère bénie entre toutes,
pour la Mère d'un Fils unique !
Qu'elle avait mal, comme elle souffrait
et comme elle tremblait
sous les tourments de son Divin Enfant !
Est-il un homme pour retenir ses larmes
à la vue du si grand supplice
qu'endure la Mère du Christ ?
Qui ne pourrait, la contemplant,
entrer dans la douleur d'une tendre Mère
qui souffre avec son Fils
pour les péchés de tout son peuple ?
Elle le voit dans les tourments
subissant la flagellation.
Elle voit son cher Enfant
qui se meurt dans la désolation
et rend son dernier soupir.
Ô Mère, source d'amour,
donne-moi d'éprouver tes souffrances
pour que je pleure avec toi.
Fais qu'en mon cœur brûle un grand feu
qui me fasse mieux aimer le Christ mon Dieu
et qu'il mette ainsi en moi sa complaisance.

Sainte Mère, grave profondément en mon cœur
les plaies de mon Sauveur crucifié.
Accorde-moi de partager les douleurs
de ton Enfant blessé
qui a voulu souffrir pour moi.
Fais que ma vie durant
je répande avec toi
des larmes de compassion pour le Crucifié.
Me tenir avec toi au pied de la croix,
être associé à ta douleur.
Vierge parmi les vierges,
Vierge de clarté, accueille-moi maintenant.
Fais-moi la grâce de pleurer avec toi,
de porter le souvenir de ses plaies
et de tout ce que le Christ
a voulu souffrir au cours de sa passion.
Fais que pour l'amour de ton Fils
je reçoive les mêmes blessures
et que je sois exalté du désir de cette croix.
Qu'enflammé par toi d'un amour ardent,
tu me couvres de ta protection,
ô Vierge, au jour du jugement.
Fais que la croix me garde,
que la mort du Christ me fortifie
et que sa grâce me soutienne.
Fais enfin que
lorsque mon âme sera séparée de mon corps,
elle soit accueillie dans la gloire du Paradis.
Amen

Jacopone de Todi

Marie, ma Mère, regarde-moi

Esprit Saint, inspire-moi, Amour de Dieu, consume-moi,
Au vrai chemin conduis-moi.
Marie, ma Mère, regarde-moi, avec Jésus, bénis-moi ;
De tout mal, de toute illusion, de tout danger, préserve-moi.

Sainte Mariam de Jésus Crucifié

Vierge Sainte

Vierge Sainte, au milieu de tes jours glorieux,
n'oublie pas les tristesses de la terre.
Jette un regard de bonté sur ceux qui sont dans la souffrance
et qui luttent contre les difficultés.
Aie pitié de ceux qui s'aimaient et qui ont été séparés.
Aie pitié de l'isolement du cœur.
Aie pitié de la faiblesse de notre Foi.
Aie pitié des objets de notre tendresse.
Aie pitié de ceux qui pleurent, de ceux qui tremblent,
de ceux qui sont victimes de l'égoïsme, de l'injustice et de la haine.
Donne à tous l'espérance et la paix.
Amen

Henri Perreyve

Marie, maîtresse des Anges

Auguste Reine des cieux et maîtresse des Anges, toi qui as reçu de Dieu le pouvoir et la mission d'écraser la tête de Satan, nous te le demandons humblement, envoie les légions célestes pour que, sous tes ordres, et par ta puissance, elles poursuivent les démons, les combattent partout, répriment leur audace et les refoulent dans l'abîme. Qui est comme Dieu ?
Ô bonne et tendre Mère, tu seras toujours notre amour et notre espérance. Ô divine Mère, envoie les saints anges pour me défendre et repousser loin de moi le cruel ennemi. Saints anges et archanges, défendez-nous, gardez-nous.
Amen

Bienheureux Louis Cestac
Imprimatur du Pape Pie X le 8 juin 1908

Ô Marie, prie pour moi

Vierge immaculée, Vierge bénie, tu es la dispensatrice universelle de toutes les grâces de Dieu.
Tu es donc l'espérance de tous les hommes, et mon espérance.
Je remercie sans cesse mon bien-aimé Seigneur Jésus-Christ qui m'a donné de te connaître et qui m'a fait comprendre que c'est par ses mérites et par ton intercession que je dois parvenir au salut éternel.
Ô ma Souveraine, tu as mis tant d'empressement à visiter la maison d'Élisabeth, afin de la sanctifier.
Viens aussi visiter la pauvre maison de mon âme, et hâte-toi de venir.
Mieux que moi, tu sais combien elle est pauvre et combien le mal l'afflige : affections déréglées, mauvaises habitudes, péchés commis, autant de maladies qui ne peuvent que l'éloigner de la vie éternelle.
Mais il ne tient qu'à toi, toi la trésorière de Dieu, de la rendre riche, de la guérir de toutes ses infirmités.
Viens donc me visiter pendant ma vie, viens surtout me visiter à l'heure de ma mort, parce qu'alors ton assistance me sera encore plus nécessaire.
Je n'ose espérer que tu m'accorderas de mon vivant le bonheur de ta présence sensible comme tu l'accordes parfois.
Il me suffit d'être admis un jour à te voir dans ton céleste royaume, pour t'y aimer davantage et te remercier de tout le bien que tu m'as fait.
En attendant, je serais trop heureux si tu me visites par ta grâce.
Oui, il me suffit que tu pries pour moi.
Prie donc, ô Marie, et recommande-moi à ton divin Fils.
Mieux que moi, tu connais mes difficultés et mes besoins.
Que puis-je donc te dire, sinon : prends soin de moi ?
Je suis si pauvre et si ignorant que je ne sais même pas reconnaître et demander les grâces qui me sont les plus nécessaires.
Mais toi, ô ma Reine, et ma très douce Mère, demande à ton divin Fils et obtiens pour moi les grâces que tu sais être les plus utiles à mon âme et qui importent le plus à mon salut éternel.
Je m'abandonne tout entier entre tes mains et je prie seulement le Père Éternel de m'accorder, par les mérites de Jésus mon Sauveur, les grâces que tu sollicites pour moi.
Demande donc, ô Vierge très sainte, demande pour moi ce que tu juges préférable.
Tes prières ne sont jamais repoussées : ce sont les prières d'une Mère à son Fils, et ce Fils t'aime tant qu'il met son bonheur à faire tout ce que tu désires afin d'augmenter ta gloire et de témoigner ainsi du grand amour qu'il te porte.
Ô Notre Dame, demeurons-en là : moi, à me confier pleinement à toi ;
toi à prendre soin de mon salut. Amen

d'après saint Alphonse-Marie de Liguori

Garde-moi un cœur d'enfant

Sainte Marie, Mère de Dieu,
garde-moi un cœur d'enfant,
pur et transparent comme une source ;
obtiens-moi un cœur simple,
qui ne savoure pas les tristesses ;
un cœur magnifique à se donner,
tendre à la compassion,
un cœur fidèle et généreux
qui n'oublie aucun bienfait
et ne tienne rancune d'aucun mal.
Fais-moi un cœur doux et humble,
aimant sans demander de retour,
joyeux de s'effacer dans un autre cœur
devant ton divin Fils ;
un cœur grand et indomptable,
qu'aucune ingratitude ne ferme,
qu'aucune indifférence ne lasse ;
un cœur tourmenté de la gloire de Jésus-Christ,
blessé de son amour
et dont la plaie ne guérisse qu'au ciel.
Amen.

Léonce de Grandmaison

Fais de nous des apôtres

Ô Vierge Immaculée,
élue entre toutes les femmes
pour donner au monde le Sauveur,
servante fidèle du mystère de la Rédemption,
donne-nous de répondre à l'appel de Jésus
et de le suivre sur le chemin de la vie
qui conduit au Père.
Vierge très sainte,
arrache-nous au péché,
transforme nos cœurs.
Reine des apôtres,
fais de nous des apôtres !
Qu'en tes mains toutes pures nous devenions
des instruments dociles et aimants
pour achever de purifier et de sanctifier
notre monde pécheur.
Partage en nous le grave souci
qui pèse sur ton cœur maternel
et aussi ta vive espérance :
qu'aucun homme ne soit perdu.
Que la création entière puisse avec toi,
ô Mère de Dieu, tendresse de l'Esprit Saint,
célébrer la louange de la Miséricorde
et de l'Amour l'Infini.

Saint Maximilien-Marie Kolbe

Notre-Dame de Nazareth

Sainte Vierge Marie,
Comme Jésus, Joseph, et avec eux, tu as mené une vie simple, cachée, silencieuse, toute donnée à l'humble travail des heures et des jours.
De cet humble travail quotidien, donne-nous le respect et le goût, ô Notre-Dame de Nazareth.
Aide-nous à comprendre que Dieu ne mesure notre travail qu'à la qualité de notre amour.
Aide-nous à accomplir avec joie, dévouement et fidélité notre ouvrage quotidien à la maison et dans notre métier.
Enseigne-nous à travailler comme l'on prie, avec calme et recueillement, dans le silence d'une âme attentive.
Ô Vierge active et recueillie de Nazareth, ô Notre-Dame de la maison.

Ô Mère Bien-Aimée

Toi qui connais si bien les voies de la Sainteté et de l'Amour, apprends-nous à élever souvent notre esprit et notre cœur vers la Trinité, à fixer sur Elle notre respectueuse et affectueuse attention.
Et puisque tu chemines avec nous sur le chemin de la vie éternelle, ne demeure pas étrangère aux faibles pèlerins que ta charité veut bien recueillir ; tourne vers nous tes regards miséricordieux, attire-nous dans tes clartés, inonde-nous de tes douceurs, emporte-nous dans la Lumière et dans l'Amour, emporte-nous toujours plus loin et très haut dans les splendeurs des cieux.
Que rien ne puisse jamais troubler notre paix, ni nous faire sortir de la pensée de Dieu ; mais que chaque minute nous emporte plus avant dans les profondeurs de l'auguste Mystère, jusqu'au jour où notre âme pleinement épanouie aux illuminations de l'union divine verra toutes choses dans l'éternel Amour et dans l'Unité.
Amen.

Vénérable Marthe Robin

La Vierge à Midi

Il est midi. Je vois l'église ouverte, il faut entrer.
Mère de Jésus-Christ, je ne viens pas prier.
Je n'ai rien à offrir et rien à demander.
Je viens seulement, Mère, pour te regarder.
Te regarder, pleurer de bonheur, savoir cela
que je suis ton fils et que tu es là.
Rien que pour un moment
pendant que tout s'arrête. Midi !
Être avec toi, Marie, en ce lieu où tu es.
Ne rien dire, regarder ton visage,
laisser le cœur chanter dans son propre langage,
ne rien dire, mais seulement chanter
parce qu'on a le cœur trop plein,
comme le merle qui suit son idée
en ces espaces de couplets soudains.
Parce que tu es belle,
parce que tu es immaculée,
la femme dans la Grâce enfin restituée,
la créature dans son bonheur premier
et dans son épanouissement final, telle qu'elle est sortie de Dieu
au matin de sa splendeur originale.
Intacte ineffablement parce que tu es la Mère de Jésus-Christ,
qui est la vérité entre tes bras, et la seule espérance et le seul fruit.
Parce que tu es la femme, l'Eden de l'ancienne tendresse oubliée,
dont le regard trouve le cœur tout à coup
et fait jaillir les larmes accumulées. [...]
Parce qu'il est midi,
parce que nous sommes en ce jour d'aujourd'hui,
parce que tu es là pour toujours,
simplement parce que tu es Marie,
simplement parce que tu existes,
Mère de Jésus-Christ, sois remerciée !

Paul Claudel

Dans ma détresse, aide-moi Marie

Ô Mère, dans la tempête du mal qui me pousse au désespoir,
je me tourne vers toi, refuge de tous les hommes.
Voici la prière d'un pauvre,
la prière de quelqu'un qui comprend ta couronne d'épines
beaucoup mieux que ton éternel diadème de lumière.
Ô Mère, sois ma Mère toujours,
maintenant que mes enfants m'ont désavoué,
maintenant que je récolte la haine pour l'amour,
et que ceux que j'appelais les miens
semblent m'avoir complètement abandonné.
Ô Mère, Mère de tous les hommes,
sois toujours avec moi quand je vais au travail,
et que la crainte d'être attaqué, agressé, blessé,
fait que je me méfie de mes compagnons de souffrance ;
sois encore avec moi quand, découragé, je rentre chez moi,
et qu'au lieu de penser au ciel
je cherche de nouveaux moyens pour joindre les deux bouts ;
et sois sans cesse avec moi, quand,
au milieu des tribulations de ma vie,
je n'arrive pas à comprendre
comment ma prière peut servir à quelque chose.
Ô Mère, sois ma Mère toujours,
afin que je sois fort pour accorder mon lot d'humaine souffrance
avec le plan initial d'amour de Dieu,
et ma rude existence sur cette terre
avec sa miséricorde qui m'attend dans les cieux.
Amen.

d'après Joseph Tusiani

Faites tout ce qu'il vous dira

Marie, après tant d'années vécues avec Jésus,
tu n'avais pas besoin d'être rassurée sur l'amour de ton Fils.
Vous aviez grandi si proches l'un de l'autre.
Tu connaissais si bien en lui le plan d'amour de Dieu pour les hommes.
Tu connaissais son attention à leurs besoins.
Tu savais qu'il ne peut résister au cri d'angoisse inexprimé.
Et tu avais aussi appris de lui comment écouter,
comment être sensible aux besoins des autres,
comment patienter, attentive à la Parole de Dieu,
et comment répondre aux douces impulsions de son Esprit.
Marie, je suis à bout de ressources humaines.
Apprends-moi, comme tu l'as fait pour les serviteurs de Cana,
à calmer mes anxiétés, à attendre, vigilant,
les chuchotements de l'Esprit de Jésus :
« Faites tout ce qu'il vous dira. »
J'ai besoin d'un cœur comme le tien
pour remplacer mes préoccupations égoïstes
centrées sur mes propres affaires ;
d'une confiance comme la tienne pour remplacer mon anxiété ;
d'une disponibilité comme la tienne pour faire tout ce qu'il demande.
J'ai besoin que tu me pousses doucement
pour que je me tourne vers lui
avec une foi pleine d'espoir et une obéissance aimante.
Moi aussi, j'ai vu sa gloire et j'ai cru.
Mais ma foi est faible : j'oublie si vite !
Apprends-moi à méditer en mon cœur
les grandes choses qu'il a faites pour moi.
Marche avec moi sur le chemin pour m'encourager
alors que j'essaie de le suivre,
et reste à mes côtés Vierge fidèle,
au pied de la croix qu'il me montre et vers laquelle il m'entraîne.

Paul Allerton. s.m.m.

Vierge du sourire

Ô Marie, Mère de Jésus et la nôtre, qui, par un visible sourire, a bien voulu consoler et guérir autrefois ton enfant privilégiée, Sainte Thérèse de l'Enfant Jésus, nous t'en supplions, viens-nous consoler nous aussi dans les peines de cette vie ; détache nos cœurs de la terre, donne-nous la santé de l'âme et du corps, affermis-nous dans l'espérance, obtiens-nous enfin de jouir éternellement dans le Ciel de ton maternel et ravissant sourire.
Amen.

Au soir de ma vie

Au soir de ma vie, aide-moi Marie à remercier le Seigneur pour tout le bien qu'il a opéré en moi.
Avec toi, je veux chanter mon magnificat.
Donne-moi la certitude que toutes mes fautes sont pardonnées, et que ma souffrance d'aujourd'hui, ma solitude et le sentiment de mes limites, peuvent porter du fruit.
Aide-moi à aimer tous ceux qui m'entourent avec compréhension et indulgence.
Apprends-moi à accepter le monde tel qu'il est et les jours tels qu'ils sont.
Aide-moi encore dans la mesure de mes forces à rendre service, et si c'est impossible, à donner aux autres un sourire de reconnaissance, de confiance et d'encouragement.
Préserve ma vieillesse de la tristesse, de l'ennui et de la mauvaise humeur.
Préserve-moi aussi des regrets inutiles, des souvenirs troublants, des angoisses du doute.
Donne-moi la certitude, Marie, que ma vie a bien toujours un sens.
Obtiens-moi cette confiance inébranlable de savoir que le Seigneur m'attend comme le Père de l'enfant prodigue, pour m'accueillir, me serrer sur son cœur et me faire entrer dans sa joie éternelle.
Amen.

Marie, quand il me faudra partir

Les mères sont faites pour donner la vie.
Toi seule, ô Marie, as enfanté un Fils pour le préparer à la mort.
Toute votre vie ensemble a été l'apprentissage de son Heure.
Au Calvaire, tu as vécu la mort de ton Fils dans la foi pure, dépassant ta douleur maternelle et le scandale des apparences désespérantes, pour y lire la victoire paradoxale : l'enfantement des prédestinés.
« Lorsqu'une femme est sur le point d'enfanter, elle est dans la souffrance parce que son heure est venue.
Mais à peine a-t-elle donné le jour à l'enfant qu'elle oublie son angoisse dans la joie qu'un homme est venu au monde ».
Et depuis, ô Mère du Crucifié, tu es présente à toute naissance de grâce et à toute naissance de gloire. Comme celle de Jésus, ma mort revêtira les apparences de la défaite humaine, de l'humiliation devant la fatalité des lois de la nature. Lente ou soudaine, lucide ou inconsciente, douloureuse ou paisible, il me faudra ta foi pure pour y voir le contraire des apparences : mon entrée dans la vie éternelle, ma naissance à la gloire. Tu le sais, ô Mère, on entre seul dans la mort. L'heure venue où je serai arraché à la terre, même ceux qui m'entoureront devront me laisser m'en aller seul à la rencontre de ton Fils. Les saints nous le disent, c'est ton heure maternelle par excellence : « Femme, voilà ton fils… voilà ta Mère ».
Je serai plus que jamais ton enfant, à peine ébauché à la ressemblance de ton Premier-Né, et qui titube ses premiers pas dans un monde tout neuf.
J'aurai besoin de ta main. Si ma conscience est alors comme ces mourants qui ne trouvent aucune position supportable, enveloppe-moi dans la miséricorde de Dieu, et que je fasse au moins la prière du bon larron.
Comme l'heure de Jésus, la mienne sera aussi la tienne : tous les jours, tu enfantes à la gloire cette multitude des frères de ton Premier-Né.
Je t'ai vue si souvent accueillir ces partants esseulés.
Après leurs derniers regards qui nous perçaient le cœur, ils ont fermé les yeux sur notre amour impuissant et tourné vers toi le regard de leur âme.
Et c'est ce qui leur donnait, dans la mort, cet air de paix et d'innocence qu'ils avaient au berceau.

d'après Olivier Le Borgne. s.m.m.

Ô Marie

Ô Marie ! Ô ma sainte et bonne Mère !
Donne-moi, donne à tous de comprendre
la grande valeur du silence dans lequel on entend Dieu !
Apprends-moi à me taire pour écouter la Sagesse éternelle.
Apprends-moi à tirer du silence tout ce qu'il renferme de grand,
de saint, de surnaturel, de divin.
Aide-moi à en faire une prière parfaite,
une prière toute de foi, de confiance et d'amour.
Une prière vibrante, agissante, féconde,
capable de glorifier Dieu et de sauver les âmes !

Vénérable Marthe Robin

Ô Marie, Reine Immaculée

Ô Marie, Reine Immaculée, regarde notre pauvre monde bouleversé et malade. Tu connais nos misères et nos faiblesses, aie pitié de nous. Jésus t'a donné des droits sur toute l'humanité, il t'a confié les trésors de ses grâces, il veut par toi nous accorder son pardon et sa miséricorde. C'est pourquoi, en ces heures si angoissantes, tes enfants se tournent vers toi, comme vers leur unique espoir.
Nous reconnaissons ta royauté universelle, et nous voulons ton triomphe. Nous avons besoin d'une mère et de son cœur.
Sois la lumineuse aurore qui dissipe nos ténèbres et nous montre le vrai chemin de la vie.
Sois la source toujours jaillissante où l'on vient puiser le courage, la confiance et l'amour.
Sois le lien qui unit tous les hommes, et le signe de la paix.
Sois, comme tu l'as toujours été, cette mère des grands jours d'épreuve qui nous sauve aux heures de péril.
Marie, Reine Immaculée, triomphe et règne.

Fraternité de Marie Reine Immaculée

Et c'était Toi, Marie

Quand, à l'aube du monde, Dieu planta un jardin…
Il créa les fleurs, leurs couleurs, leurs parfums.
Quand vint enfin le temps de nous donner son Fils…
Dieu choisit une fleur, belle et plus pure
que le plus pur des lys…
Et c'était toi, Marie.
Aujourd'hui, le cœur humble et joyeux,
par les fleurs qu'il créa, nous voulons louer Dieu…
Et c'est à toi Marie que nous confions ce jour.
Apprends-nous la beauté, apprends-nous la patience,
Apprends-nous le silence et la contemplation…
Alors, avec toi, pleins de reconnaissance, nous pourrons dire :
Le Seigneur fit pour nous des merveilles, Saint est son nom.

Ô Marie, Reine Immaculée de l'Univers

Ô Marie, Reine Immaculée de l'univers, donne-moi cet esprit de foi qui me montrera dans mon prochain, si humble qu'il soit, la personne même de Notre Seigneur.
Donne-moi cet esprit de charité qui arrêtera dans mon esprit tout jugement défavorable, dans mon cœur tout sentiment d'amertume, de jalousie ou d'envie, sur mes lèvres toute parole blessante, malveillante, capable de nuire à la réputation des autres.
Donne-moi tes yeux pour voir les détresses d'autrui, tes mains pour les soulager.
Cette mission de charité, remplis-la, toi, dans le monde entier.
Apaise les discordes, réunis les cœurs, rapproche les époux désunis.
Arrête sur les lèvres chrétiennes les paroles contraires à la charité.
Montre-nous le bonheur qu'il y a à s'aimer, à s'aider, à se supporter, à se porter mutuellement au bien et à se sanctifier réciproquement.
Puissions-nous te faire triompher et régner tellement dans nos âmes que nous devenions les reflets de ta charité auprès de tous les hommes.

La Vierge Marie
Église de Tihaljina – Bosnie-Herzégovine

Marie, notre Mère

Exulte de joie et de bonheur, Sainte Vierge Marie !

Tu es l'aurore du salut, toute pure et immaculée, bénie entre toutes les femmes.

Tu as accepté le plan rédempteur de Dieu et l'Auteur de la vie s'est fait chair en ton sein.

Très Sainte Vierge Marie, mère de Jésus notre Sauveur, tu es notre douce et tendre mère, toujours attentive aux besoins de ses enfants.

Toi qui nous aimes tant, veille sur nous chaque jour de notre vie, prie pour nous, préserve-nous du péché, prends-nous tous en ton Cœur, sois notre refuge, et garde-nous de tout danger, tout au long de notre pèlerinage sur la terre.

Très Sainte Vierge Marie, nous t'en prions : ouvre nos cœurs à l'Amour Divin.

Engendre-nous à la vie de la grâce du Christ, donne-nous de marcher et d'aimer à sa suite, apprends-nous à nous aimer les uns les autres comme il nous a aimés, et par l'Esprit Saint répandu en nos cœurs à devenir ses témoins auprès de nos frères.

Très Sainte Vierge Marie, gardienne de la foi, nous te rendons grâce pour ton aide, pour ton soutien et ta présence à nos côtés, tout au long de nos jours.

Marie, Mère de l'Espérance, Voie de la Providence, protège-nous jusqu'au terme de notre route quand viendra le moment de notre départ vers la maison du Père, et par les mérites de Jésus-Christ, notre Seigneur, conduis tous tes enfants au Ciel, au lieu de l'éternel repos et de l'éternelle joie, où ton Fils nous prendra avec toi près de lui et où nous partagerons sa Gloire pour toujours, dans la Paix et l'Amour de Dieu.

Amen. Alléluia.

Jean-Paul Dufour

Notre-Dame des Béatitudes

Sainte Vierge Marie,
tu nous aides à accueillir le Sermon sur la Montagne,
ces Béatitudes dont on parle tant et qu'on applique si peu,
parce qu'elles vont à contre-courant,
comme si le Gave remontait vers les glaciers des Pyrénées.
Sainte Vierge Marie, tu nous aides à devenir
le Peuple de la Parole,
le Peuple de l'Eucharistie,
le Peuple du Message.
À quoi sert d'aller toujours plus vite, si on ne sait pas où on va ?
À quoi sert de produire toujours davantage, si on ne sait pas partager ?
À quoi sert aux pauvres de s'enrichir et aux riches de s'appauvrir,
si les uns et les autres ne savent pas vivre comme le Christ.
Sainte Vierge Marie,
À un monde dominé par l'argent, tu enseignes ta libéralité.
À un monde de clinquant et de mensonge, tu montres ta transparence.
À un monde qui ricane et qui salit, tu offres ta pureté.
À un monde de violence et de haine, tu opposes ta tendresse.
Sainte Vierge Marie,
chaque jour, tu as dû inventer ta façon de dire « oui » à Dieu.
Chaque jour, tu as dû recommencer à découvrir Dieu dans ta vie,
tout autrement que tu l'avais prévu.
Apprends-nous à ne pas être une page achevée d'imprimer,
mais une page chaque jour toute blanche,
où l'Esprit de Dieu dessine les merveilles qu'Il fait en toi.

Cardinal Roger Etchegaray

Prière pour la vie

Ô Marie, aurore du monde nouveau,
Mère des vivants,
nous te confions la cause de la vie :
regarde, ô Mère, le nombre immense
des enfants que l'on empêche de naître,
des pauvres pour qui la vie est rendue difficile,
des hommes et des femmes
victimes d'une violence inhumaine,
des vieillards et des malades tués
par l'indifférence ou par une piété fallacieuse.
Fais que ceux qui croient en ton Fils
sachent annoncer aux hommes de notre temps
avec fermeté et avec amour
l'Évangile de la vie.
Obtiens-leur la grâce de l'accueillir
comme un don toujours nouveau,
la joie de la célébrer avec reconnaissance
dans toute leur existence
et le courage d'en témoigner
avec une ténacité active, afin de construire,
avec tous les hommes de bonne volonté,
la civilisation de la vérité et de l'amour,
à la louange et à la gloire de Dieu,
Créateur qui aime la vie.

Lettre encyclique du Saint Pape Jean-Paul II
– L'Évangile de la vie –

Conduis-nous, Marie

Père bien aimé, dans ta sollicitude bien-aimante pour tous tes enfants, dans ton amour inexprimable, Tu as renouvelé définitivement ton alliance avec nous en nous donnant Ton Fils unique, qui, en voilant sa Divinité Éternelle, est né et a pris chair de la Vierge Marie, toute pure et Immaculée. De tout notre cœur, nous te rendons grâce, Père, nous te louons et nous te bénissons.

Grâce à toi, Bienheureuse Vierge Marie, par la volonté du Père des Miséricordes et l'œuvre de l'Esprit Saint, en ne faisant qu'un avec toi dans ton sein, notre Seigneur s'est rendu présent parmi nous.

Merci, Marie, pour ton cœur doux et aimant, pour ton humilité, pour ta beauté, merci pour ton aide, ta protection et pour toutes tes prévenances.

Nous te contemplons, Marie, Mère de Dieu, Porte et Reine du Ciel, nous prions avec toi, et pour tes intentions, nous louons et acclamons ton Fils, Jésus notre Seigneur, lumière venue éclairer les ténèbres, source de vie éternelle, Jésus notre Sauveur, mort par amour pour nous sur la Croix, et ressuscité au matin de Pâques.

Que ton fils soit connu, aimé, reçu et honoré dans la Sainte Eucharistie, qu'il nous nourrisse et nous sanctifie, que nous nous ouvrions à lui, et qu'il renaisse dans tous les cœurs.

Ô Marie, Vierge de Lumière, Sanctuaire de l'Esprit Saint, Mère des hommes, Mère et Reine des cœurs, dans le désir de suivre ton Fils et de lui ressembler, de vivre de sa Parole et de l'Évangile, d'aimer en actions et avec vérité, nous t'en prions : aide, guide et protège notre Église, colonne et support de la vérité.

Tu sais à quel point nous avons besoin de tes prières et de ton secours.

Conduis-nous, malgré nos faiblesses et nos pauvretés, malgré les assauts de l'ennemi, par le Nom et la puissance du précieux Sang de ton Fils, Jésus-Christ, l'Agneau sans péché qui nous purifie et nous libère de tout mal, avec l'aide, le réconfort et la force de l'Esprit Saint dont nous implorons une nouvelle effusion sur le monde, conduis-nous au triomphe de ton Cœur Immaculé, et au triomphe du Cœur Sacré de Jésus, aux noces de l'Agneau, pour que nos cœurs, le tien et celui de ton Fils, notre bon Berger, ne fassent plus qu'un et soient pour toujours réunis dans l'Amour et la Paix de Dieu.

Amen. Maranatha.

Viens, Seigneur Jésus.

Jean-Paul Dufour

Marie Reine de la Paix

Reine de la Paix, prie pour nous

C'est vers toi que se tourne notre regard avec la plus grande anxiété, toi à qui nous avons recours avec une confiance plus insistante en ces temps marqués par de nombreuses incertitudes et craintes pour le destin présent et à venir de notre planète.
Vers toi, source de l'humanité rachetée par le Christ, finalement libérée de l'esclavage du mal et du péché, nous élevons ensemble une supplication pressante et confiante :

Écoute le cri de douleur des victimes des guerres et de tant de formes de violence, qui ensanglantent la terre.
Dissipe les ténèbres de la tristesse et de la solitude, de la haine et de la vengeance.
Ouvre l'esprit et le cœur de tous à la confiance et au pardon !
Reine de la paix, prie pour nous !

Mère de Miséricorde et d'espérance, obtiens pour les hommes et les femmes du troisième millénaire le don précieux de la paix : la paix dans les cœurs et dans les familles, dans les communautés et dans les peuples ; la paix en particulier pour ces nations où l'on continue chaque jour à se battre et à mourir.

Fais que chaque être humain, de toute race et de toute culture, rencontre et accueille Jésus, venu sur la Terre dans le mystère de Noël pour nous donner sa paix.
Mère, Reine de la paix, donne-nous le Christ, véritable paix du monde !

Saint Jean-Paul II

Ô Marie, je voudrais te dire tout mon amour

Ô Marie, je voudrais te dire tout mon amour, toute ma confiance, en tournant mes yeux vers toi, chaque matin, en contemplant ton visage, en te souriant, en faisant monter vers toi mes chants de joie et de louange, en t'offrant des fleurs, en t'écrivant et en te remettant de petites intentions.

Je voudrais te dire tout mon amour en t'offrant mes prières chaque jour, en t'offrant mes petites privations, chaque semaine, en te recommandant tous ceux que j'aime, en te remerciant pour ton aide, tes attentions, et ta présence constante auprès de nous, en m'abandonnant tendrement à toi, comme un enfant contre sa mère, comme Jésus que tu prenais sur ton cœur à Nazareth, en faisant silence avec toi enfin, pour rendre gloire au Père…

Marie !… Maman !…

Toute cette douceur de mère, cette grâce, cette paix pour chacun !

Mais toute cette force aussi : Toi, Marie, toute pure et immaculée qui a trouvé grâce auprès de Dieu, toi, l'aurore du salut, la mère de Jésus notre Sauveur dont le nom resplendit dans toute la création.

Toi, la femme humble et forte qui es restée debout au pied de la Croix au temps de la Rédemption.

Toi, qui foules aux pieds l'ennemi.

Toi, bienheureuse Vierge Marie, bien-aimée de la Trinité, aimée et respectée de tous les saints et de tous les peuples de la terre.

Ton nom, après celui de Jésus, emplit l'univers, rassure, réconforte, encourage et éloigne le mal.

Marie, irremplaçable dans le plan de Dieu, tu es la Mère, notre mère qui nous as été donnée par ton Fils, la Reine des cœurs, la porte du Ciel pour tes enfants.

Ô Marie, je voudrais te dire chaque jour mon amour, te dire combien je t'aime.

Te dire aussi combien nous avons besoin de toi ici-bas pour nous protéger, nous conduire, veiller sur nous, aux temps d'épreuves comme aux temps de paix.

Combien nous avons besoin de toi pour raviver notre foi, pour mettre en pratique les enseignements de Jésus, ton Fils, qui nous appelle à aller à lui, à l'aimer, à le recevoir, et à ouvrir chaque jour largement nos cœurs et nos bras aux besoins de nos frères.

Combien nous avons besoin de toi et de tes prières pour nous rendre accueillants, transparents, comme tu l'as toujours été, à l'Amour du Père, du Fils et de l'Esprit Saint afin qu'ils règnent dans nos vies, demeurent en nous et nous apportent la sérénité, la paix et la grâce : le vrai bonheur dès cette vie, en attendant le jour béni où Jésus nous rappellera à lui.

Ô Marie, pour tout ce que tu as fait, pour tout ce que tu fais pour chacun de nous, parce que tu es notre mère, je veux te rendre honneur, te dire merci de tout mon cœur, te redire chaque jour mon amour, simplement, fidèlement, et pour toujours quand viendra celui de notre rencontre, lorsque tu viendras me chercher.

Amen.

Jean-Paul Dufour

Litanies de la Sainte Vierge

Seigneur, aie pitié de nous. *Seigneur, aie pitié de nous.*
Jésus-Christ, aie pitié de nous. *Jésus-Christ, aie pitié de nous.*
Seigneur, aie pitié de nous *Seigneur, aie pitié de nous.*
Jésus-Christ, écoute-nous. *Jésus-Christ, écoute-nous.*
Jésus-Christ, exauce-nous. *Jésus-Christ, exauce-nous.*

Père du Ciel, qui es Dieu, *aie pitié de nous.*
Fils, Rédempteur du monde, qui es Dieu, *aie pitié de nous.*
Esprit Saint, qui es Dieu, *aie pitié de nous.*
Trinité Sainte, qui es un seul Dieu, *aie pitié de nous.*

Sainte Marie, *prie pour nous.*
Sainte Mère de Dieu, *prie pour nous.*
Sainte Vierge des vierges, *prie pour nous.*

Mère du Christ, *prie pour nous.*
Mère de l'Église, *prie pour nous.*
Mère de la divine grâce, *prie pour nous.*
Mère très pure, *prie pour nous.*
Mère très chaste, *prie pour nous.*
Mère toujours vierge, *prie pour nous.*
Mère sans tâche, *prie pour nous.*
Mère aimable, *prie pour nous.*
Mère admirable, *prie pour nous.*
Mère du bon conseil, *prie pour nous.*
Mère du Créateur, *prie pour nous.*
Mère du Sauveur, *prie pour nous.*
Vierge très prudente, *prie pour nous.*
Vierge vénérable, *prie pour nous.*
Vierge digne de louanges, *prie pour nous.*
Vierge puissante, *prie pour nous.*
Vierge clémente, *prie pour nous.*
Vierge fidèle, *prie pour nous.*
Miroir de justice, *prie pour nous.*
Temple de la sagesse, *prie pour nous.*
Cause de notre joie, *prie pour nous.*
Demeure du Saint-Esprit, *prie pour nous.*

Vase honorable, *prie pour nous.*
Vase insigne de dévotion, *prie pour nous.*
Rose mystique, *prie pour nous.*
Tour de David, *prie pour nous.*
Tour d'Ivoire, *prie pour nous.*
Maison d'or, *prie pour nous.*
Arche d'alliance, *prie pour nous.*
Porte du Ciel, *prie pour nous.*
Étoile du matin, *prie pour nous.*
Santé des infirmes, *prie pour nous.*
Refuge des pécheurs, *prie pour nous.*
Consolatrice des affligés, *prie pour nous.*
Secours des chrétiens, *prie pour nous.*
Reine des anges, *prie pour nous.*
Reine des Patriarches, *prie pour nous.*
Reine des Prophètes, *prie pour nous.*
Reine des Apôtres, *prie pour nous*
Reine des Martyrs, *prie pour nous.*
Reine des Confesseurs, *prie pour nous.*
Reine des Vierges, *prie pour nous.*
Reine de tous les Saints, *prie pour nous.*
Reine conçue sans le péché originel, *prie pour nous.*
Reine élevée aux cieux, *prie pour nous.*
Reine du Très saint Rosaire, *prie pour nous.*
Reine de la Paix, *prie pour nous.*
Reine de la Famille, *prie pour nous.*

Agneau de Dieu, qui efface les péchés du monde,
– *pardonne-nous, Seigneur.*
Agneau de Dieu, qui efface les péchés du monde,
– *exauce-nous, Seigneur.*
Agneau de Dieu, qui efface les péchés du monde,
– *prends pitié de nous.*

Christ, écoute-nous. *Christ, exauce-nous.*

Prions : Sainte Mère de Dieu, prie pour nous, afin que nous soyons rendus dignes des promesses de Jésus-Christ.
Amen.

Icône de la *Vierge qui aime les hommes*
Sofronov – XIXe siècle – Russie

Marie dans la parole des Saints

Le monde étant indigne de recevoir le Fils de Dieu immédiatement des mains du Père, Il l'a donné à Marie afin que le monde le reçût par elle.

Saint Augustin

Cherches-tu le chemin qui mène à Dieu ? Passe par Marie. Elle est le chemin que Dieu a emprunté pour venir à nous.

Marie n'est-elle pas le trésor de Dieu ? Partout où elle se trouve, se trouve le cœur de Dieu.

Il faut reconnaître que nous sommes impuissants à admirer Marie dignement. C'est une stupéfiante merveille.

Vénérons donc Marie du plus intime de nous-mêmes, de tout notre cœur, car telle est la volonté de Dieu, qui a voulu que nous ayons tout par Marie.

Invoque Marie, il n'y a pas de maux qu'elle ne puisse guérir, il n'y a pas de ténèbres qu'elle ne puisse dissiper, il n'y a pas de détresse qu'elle ne puisse secourir.

À tous la Vierge ouvre ses bras miséricordieux, tous les hommes reçoivent de sa plénitude… le pécheur le pardon, le juste la grâce, l'ange la joie. Dieu le Fils reçoit d'elle sa chair, et toute la Trinité la gloire !

Ô Vierge bénie, vous obtenez, par votre prière très sainte, le pardon aux coupables, la guérison aux malades, la force à ceux qui sont faibles, la consolation à ceux qui souffrent, l'aide et la libération à ceux qui sont dans le danger.

Considérons plus attentivement de quel amour et de quelle vénération Dieu a voulu que nous honorions Marie, lui qui a déposé en elle la plénitude de toutes les grâces, en sorte que, s'il y a en nous la moindre espérance, la moindre grâce ou le moindre salut, nous sachions bien que nous le recevons du débordement de la Sainteté de Marie.

Quelle que soit l'offrande que vous vouliez présenter à Dieu, souvenez-vous de la confier à Marie, afin que la grâce remonte à sa source par le même canal qui nous l'a apportée.

L'amour du Christ n'a pas seulement touché l'âme de Marie, mais il l'a pénétrée et imprégnée, de manière qu'aucune fibre de ce cœur virginal n'est restée vide d'amour, et qu'elle a pu devenir la mère de l'Amour, mère de celui dont le Père est Amour.

Saint Bernard

Celui qui a pu faire toutes choses de rien, n'a pas voulu, sans Marie, refaire cette création abîmée. Dieu est donc le père des choses « créées », Marie la mère des choses « recréées ».

Saint Anselme de Cantorbéry

« Marie, tu es bénie entre toutes les femmes, et Jésus le fruit de ton sein est béni. » Lc 1, 42
La Sainte Église, avec le Saint-Esprit, bénit la Sainte Vierge la première, et Jésus-Christ le second… Non pas parce que la Sainte Vierge soit plus que Jésus-Christ ou égale à Lui, ce serait une hérésie intolérable ; mais c'est que pour bénir plus parfaitement Jésus-Christ, il faut auparavant bénir Marie.

Plus l'Esprit Saint trouve Marie dans une âme, plus Il devient opérant et puissant pour produire Jésus-Christ en cette âme et cette âme en Jésus-Christ.

Comme, dans l'ordre naturel, il faut qu'un enfant ait un père et une mère, de même, dans l'ordre de la grâce, il faut qu'un vrai enfant de l'Église ait Dieu pour père et Marie pour mère.

Quand Marie jette ses racines dans une âme, elle y produit des merveilles de grâce.

C'est par Marie que le salut du monde a commencé et c'est par Marie qu'il doit être consommé.

Dieu a choisi Marie pour la trésorière, l'économe et la dispensatrice de toutes ses grâces ; en sorte que toutes ses grâces et tous ses dons passent par ses mains ; et, selon le pouvoir qu'elle en a reçu, comme elle veut, quand elle veut et autant qu'elle veut, les grâces du Père Éternel, les vertus de Jésus-Christ et les dons de l'Esprit Saint.

Dieu est partout, mais c'est en Marie qu'on peut le trouver le plus proche de nous.

Saint Louis-Marie Grignion de Montfort

Celui qui veut avoir le Saint-Esprit, qu'il se joigne avec Marie, car « celui qui n'amasse pas avec elle dissipe. »

Honorez, révérez et respectez d'un amour spécial la Sainte et glorieuse Vierge Marie : elle est Mère de notre souverain Père.

Notre Dame est Reine du Ciel et de la Terre, des anges et des hommes… mais si nous voulons lui donner un nom digne de son excellence, il nous faut la nommer : Mère de Dieu car ce mot est si surélevé, que tous les titres, les louanges et les éloges que nous saurions lui donner, sont compris en celui-ci.

Voyez comme cette Mère Universelle de tous les enfants de Dieu s'est faite « toute à tous » pour attirer et conduire toutes les âmes à son Fils.

Saint François de Sales

Tous les saints ont eu une grande dévotion à la Sainte Vierge ; aucune grâce ne vient du ciel sans passer par ses mains.

Saint Jean-Marie Vianney

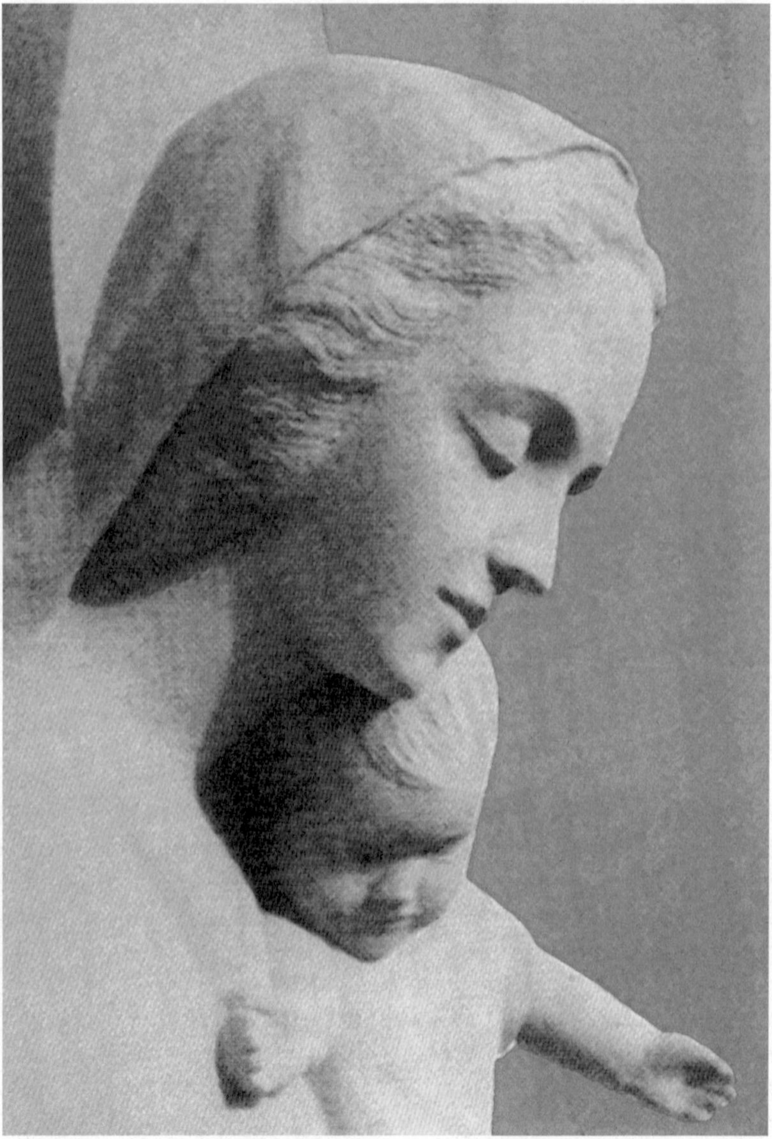

Notre Dame du Foyer
Châteauneuf de Galaure - Drôme - France

En voyant que là où elle n'est pas, il n'y a pas non plus Dieu, ni donc Jésus, mais que là où elle est, il y a la Sainte Trinité, donc Jésus, j'ai décidé de toujours me laisser conduire par elle, partout et en toute chose, autrement dit, revenir tout le temps à la paix et à l'Amour.

Toutes les grâces ne nous arrivent que par Marie, l'Immaculée, même si nous n'y pensons pas ou si nous prions uniquement le Seigneur Jésus et ses saints. Si nous ne voulons pas cependant que ces grâces nous viennent par l'Immaculée, nous ne recevrons rien, et de plus nous bouleversons l'ordre établi par Dieu selon sa volonté. C'est pourquoi Satan s'efforce par tous les moyens de nous détacher de tout ce qui nous lie à l'Immaculée.

Plus nous serons à l'Immaculée, mieux nous comprendrons et plus nous aimerons le Cœur du Seigneur Jésus, Dieu le Père et toute la Sainte Trinité.

Saint Maximilien Marie Kolbe

Ne crains pas d'aimer trop la Sainte Vierge, jamais tu ne l'aimeras assez.

Sainte Thérèse de l'Enfant-Jésus

Nous n'avons qu'une chose à faire, c'est de beaucoup prier la très Sainte Vierge, afin qu'elle veuille bien intercéder pour nous auprès de son cher Fils, et nous obtenir pardon et miséricorde.

Sainte Bernadette

Sans Marie, nous serions perdus… l'ennemi fait des trous partout. Marie nous garde mieux que la meilleure mère ne garde son enfant.

Sur la terre, les enfants ne peuvent naître sans une mère : ils entrent dans le monde par une femme. C'est par une femme aussi que nous entrons au Ciel, et cette femme, c'est Marie.

Sainte Mariam de Jésus Crucifié

Marie est celle qui, de manière la plus sûre, nous conduit au Christ, fin dernière de nos actions et de toute notre existence.

Saint Jean-Paul II

Le culte de Marie est la voie maîtresse qui conduit au Christ.

La Vierge offre un modèle achevé du disciple du Seigneur : artisan de la cité terrestre et temporelle, mais pèlerin qui se hâte vers la cité céleste et éternelle ; promoteur de la justice qui délivre l'opprimé et de la charité qui porte secours au nécessiteux, mais par-dessus tout témoin actif de l'amour qui édifie le Christ dans les cœurs.

Bienheureux Paul VI

… lorsque la Vierge paraît, il ne peut rien sur elle… quant à lui (le démon), il est capable de tout imiter : il imite même la Passion. Mais il ne peut pas imiter la Vierge. Il n'a pas pouvoir sur elle. Quand la Vierge paraît, si vous voyiez cette dégringolade, vous vous mettriez à rire !

Vénérable Marthe Robin

Marie dans la parole de nos aînés dans la foi :

Celui qui désire parvenir à Dieu… doit par le lien d'un amour sans réserve, s'attacher fortement à la Vierge… elle est la porte du ciel, le porche du paradis ; elle est la voie qui conduit à la Vie, le sentier tout droit vers la vie éternelle.

Amédée de Lausanne

Dieu a choisi Marie comme chemin pour venir jusqu'à nous, il l'a disposée aussi comme route à suivre pour regagner notre patrie.

Il est dangereux de s'éloigner de Marie… puisqu'elle détient les richesses du Salut ; la Sagesse et la Science sont gardées en elle, pour nous. C'est en raison de la misère des indigents, du gémissement des pauvres, que le Christ est venu, du Cœur du Père dans le Cœur de la Bienheureuse Vierge, dans le sein de qui il a placé un trésor pour les pauvres. Là viennent s'enrichir ceux qui ont une âme de pauvre, ceux que l'orgueil n'a pas déjà enrichis de vanité et de mensonge.

Fils des hommes ! Jusques à quand serez-vous pesants de cœur ? Jusques à quand vous éloignerez-vous du Cœur de Marie ?

Adam de Perseigne

Marie est mystérieusement apparentée à toute la très Sainte Trinité.

Pie XII

Sans Marie, la connaissance même du Christ n'est que pure spéculation, mais en Marie elle devient expérience, parce qu'elle a reçu l'humilité et la pauvreté sans lesquelles on ne peut connaître le Christ. Sa Sainteté est le silence dans lequel le Christ peut être entendu.

Thomas Merton

Marie, tabernacle vivant de Dieu fait chair, est l'Arche d'Alliance dans laquelle le Seigneur a visité et racheté son peuple.

Parmi toutes les créatures, la Vierge Marie est le chef-d'œuvre de la Très Sainte Trinité : Dieu s'est préparé une demeure digne, dans son cœur humble et rempli de foi, pour mener à bien le mystère du salut.

C'est en voyant le visage de Marie que nous pouvons voir, plus que par d'autres moyens, la beauté de Dieu, sa bonté, sa miséricorde. Nous pouvons réellement percevoir la lumière divine sur ce visage.

Le fait que Marie soit totalement auprès de Dieu est la raison pour laquelle elle est également si proche de tous les hommes.

On ne peut contempler Marie sans être attiré par le Christ et on ne peut regarder le Christ sans percevoir immédiatement la présence de Marie.

Benoît XVI

La Vierge Marie est notre Mère et c'est avec son aide que nous pouvons rester fidèle à Jésus.

Pape François

Notre-Dame de Guadalupe – 1531 – Mexique
Image de Marie sur une étoffe, apparue miraculeusement et conservée toujours intacte.

Le nom de la Vierge était Marie

Marie est cette noble étoile, dont les rayons illuminent le monde entier, dont l'éclat brille dans les cieux et pénètrent les enfers; elle illumine le monde et réchauffe les âmes, elle fait croître les vertus et consume les vices. Elle brille par ses mérites et éclaire par ses exemples.

Ô toi qui te sens, loin de la terre ferme, emporté par le courant de ce monde au milieu des orages et des tempêtes, ne quitte pas des yeux la lumière de cet astre si tu ne veux pas sombrer.

Si le vent des tentations s'élève, si le récif des tribulations se dresse sur ta route, regarde l'étoile, appelle Marie.

Si tu es fortement agité par les vagues de l'orgueil, de l'ambition, de la médisance et de la jalousie, regarde l'étoile, appelle Marie.

Si la colère, l'avarice, les désirs impurs, secouent le navire de ton esprit, regarde vers Marie.

Si accablé par l'énormité de tes crimes, tourmenté par les remords de ta conscience, effrayé par la crainte du jugement, tu commences à te laisser aller à la tristesse, à t'enfoncer dans le désespoir, pense à Marie.

Dans les périls, les angoisses, les doutes, pense à Marie, invoque Marie.

Que son nom ne s'éloigne jamais de tes lèvres, qu'il ne s'éloigne pas de ton cœur ; et, pour obtenir le secours de sa prière, ne néglige pas l'exemple de sa vie.

En la suivant, tu es sûr de ne pas dévier;
en la priant, de ne pas désespérer;
en lui demandant conseil, de ne pas te tromper.
Si elle te soutient, tu ne tomberas pas;
si elle te protège, tu n'auras rien à craindre;
si elle te conduit, tu ne peineras pas;
si elle est avec toi, tu parviendras au but...

Saint Bernard

Marie, fléau des démons

Malgré le fait que Satan ait séduit Ève, entraînant Adam à sa suite, Dieu non seulement nous a donné un Rédempteur qui, par sa mort, a vaincu la mort, mais dans la personne de la Femme, la Mère de Dieu, Marie toujours Vierge, qui a écrasé en elle-même et en tout le genre humain la tête du serpent, Il nous a fourni une avocate infatigable auprès de son Fils et notre Dieu, une plaideuse invincible pour les pécheurs les plus endurcis.
C'est à cause de cela qu'elle est appelée « Le Fléau des démons » car il est impossible pour le démon de faire périr un homme tant que ce dernier ne cesse lui-même de recourir à l'aide de la Théotókos.

Saint Séraphim de Sarov

Ne te décourage pas

Ne te décourage pas, ne te laisse pas aller au désespoir lorsque tu sens dans ton âme un souffle meurtrier, un bouillonnement de méchanceté et de mal, d'impatience et de blasphème, ou un fléchissement sous l'emprise des mauvaises pensées.
Combats sans relâche et résiste courageusement, invoque de tout cœur le Seigneur Jésus-Christ, le Vainqueur de l'enfer. Humilie-toi profondément, reconnaissant du fond de l'âme que tu es le premier des pécheurs, indigne d'être compté parmi les hommes, et le Seigneur, voyant ton humilité et ton combat, te viendra en aide.
Appelle aussi à ton secours notre Protectrice, la très Sainte Vierge Mère de Dieu, et dis-lui :
« Guéris, ô toute Pure, les blessures amères de mon âme et terrasse tes ennemis qui ne cessent de me faire la guerre ».

Père Jean de Cronstadt

Les derniers temps… Marie

C'est dans les derniers temps que le pouvoir de Marie éclatera particulièrement sur les puissances du mal, où Satan mettra des embûches à son talon, c'est-à-dire à ses humbles serviteurs et à ses pauvres enfants qu'elle suscitera pour lui faire la guerre.
Ils seront petits et pauvres… abaissés devant tous, foulés et persécutés, comme le talon l'est à l'égard des membres du corps. Mais en échange, ils seront riches en grâces de Dieu, que Marie leur distribuera abondamment…
C'est ce qui arrivera sans doute, si ses enfants prédestinés entrent, avec la lumière du Saint-Esprit, dans la pratique intérieure et parfaite de la vraie dévotion à Marie.

Saint Louis-Marie Grignion de Montfort
extrait du « *Traité de la vraie dévotion* »

Un regard d'enfant

Le regard de la Vierge est le seul regard enfantin,
le seul vrai regard d'enfant qui se soit jamais
levé sur notre honte et sur notre malheur.
Oui, mon petit, pour la bien prier,
il faut sentir sur soi ce regard
qui n'est pas tout à fait celui de l'indulgence
– car l'indulgence ne va pas sans quelque
expérience amère – mais de la tendre
compassion, de la surprise douloureuse,
d'on ne sait quel sentiment encore,
inconcevable, inexprimable, qui la fait
plus jeune que le péché,
plus jeune que la race dont elle est issue et,
bien que Mère par la grâce, Mère des grâces,
la cadette du genre humain.

Georges Bernanos

C'est ta Mère

Et toi, Jean, qui les représente tous ici.
Toi qui as accompagné jusque-là ma Mère douloureuse, je te la donne, pour Maman. C'est ta Mère.
Pas à toi tout seul. Mais parce que tu représentes ici tous les autres. Tous ces pauvres hommes faibles et lâches. Mais pas tellement méchants au fond. Qui ne savent pas. Qui ont besoin d'une Maman.
Je te donne et je leur donne ma propre Mère. Te rends-tu compte de la valeur de ce don ? Qu'aurais-je pu te donner d'autre ?
Il semblait que je ne pouvais rien faire de plus que tout ce que j'avais fait.
Par une invention merveilleuse de mon amour, j'ai fait en sorte que tu puisses te nourrir de moi.
Je me suis fait hostie. Et après, je suis allé au supplice de bon cœur pour te sauver, toi et tes frères.
Au moment de mourir, nu et dépouillé de tout, il ne me restait que ma mère. Je te la donne. C'est ta mère désormais. Crois à cette parole suprême de ton Dieu mourant pour toi.
Ma Mère Marie, c'est vraiment ta mère. C'est ta maman à toi. Crois-le d'une foi vivante et pratique.
Pourquoi as-tu si souvent l'air d'oublier cela ?
Songe à la peine que tu me fais lorsque tu ne sembles pas la considérer comme ta mère. Et à elle, donc !
Parle-lui comme à une maman. Aime-la comme une maman. Aie confiance en elle comme en une maman. Et une Maman meilleure que toutes les autres. Parce que c'est une maman parfaite. Et parce que c'est ta mère.
Tu te désoles souvent en voyant les pauvres résultats de tes efforts. As-tu mis vraiment Marie dans ton jeu ?
Tu t'attristes en constatant le peu de fruits de ton action. As-tu pris Marie avec toi pour l'accomplir ? Tu as une Maman. Une Maman toute bonne, une Maman toute sainte, une Maman toute puissante.
Et tu fais comme si tu n'en avais pas.
Tu t'en vas tout seul sur le dur chemin de la vie en oubliant ta mère.

Tu désires et tu prétends me donner aux autres et les faire naître à la vie divine. Et tu oublies de prendre avec toi Marie, qui est la Mère de cette vie divine. Et qui en est le Canal et le Chemin – en dehors de qui il n'en est pas d'autre.
Je l'ai dit et redit bien des fois par mes saints: Je n'ai pas voulu que la grâce prenne une autre voie que celle de ma Mère. Et tu te compliques l'existence par bien des recherches et des procédés laborieux.
Comme si tu ne l'avais pas, Elle.
Et comme si, l'ayant, tu n'avais pas tout avec Elle.
Je te le répète: c'est ta Mère. Ne l'oublie plus. Fais-lui une place dans ta vie. Toute la place même, si tu veux.
Jamais tu n'auras à regretter de t'être livré à Elle. Et d'avoir voulu tout lui donner.
Car ayant tout remis entre ses mains, tu te trouveras plus riche que jamais. Riche de dépendre d'Elle pour tout. De faire tout avec Elle. De ne pouvoir plus te passer d'Elle un seul instant. Fais cela si tu veux.
Et tu verras comme toutes les heures de ta vie, roses ou sombres, seront éclairées par le sourire de Marie.
Et plus encore, fécondées par son influence.
Je te le dis: ne l'oublie plus.
C'est ta Mère.

Agnès Richomme
– *Contacts avec le Christ* – Éditions Fleurus

Marie, Vierge puissante

C'est pourtant tellement simple – mais il s'agit sans doute plus d'une question d'humilité – de comprendre que là où l'Église porte peu de fruit et connaît même des difficultés, c'est là où Marie n'est pas à sa juste place, là où elle n'est plus priée, honorée, aimée, là où les hommes, repris par l'adversaire, pensent pouvoir se dispenser de leur Mère, se conduire seuls, sans aide et sans secours, pour vivre du Christ, notre Sauveur, et le porter au monde.

Jean-Paul Dufour

Ne faisons qu'un avec Marie si nous ne voulons faire qu'un avec Jésus.

Sous le regard de Marie

… Il faut acquérir l'instinct du refuge quand la tentation et la souffrance sont tapies à notre porte. Si nous ne savons pas nous réfugier sous le regard de Marie, nous fuirons ces moments de détresse ou, ce qui est pire encore, nous essaierons de les surmonter avec notre générosité ou notre volonté ; et ce sera la chute lamentable.

Ceux qui veulent apprendre à prier doivent se réfugier auprès de la Vierge, sinon ils prieront de loin, le plus loin possible, ils fuiront la prière comme ils fuient l'éternité.

Tout le monde a besoin de refuge, il n'y a pas de courage ou de volonté qui tienne.

Ceux qui ne savent pas se réfugier en Dieu ou, d'une manière plus concrète et plus humaine, se réfugier en Marie, sont obligés de se réfugier dans le divertissement ou dans l'action ; mais ce remède est la pire des folies.

À force de prendre le pli de se réfugier sous le regard de Marie et sous sa protection, en redisant machinalement et matériellement peut-être le « Je vous salue, Marie », mais en le disant quand même, Marie nous fera comprendre, par le dedans, que le Père a posé son regard sur nous.
C'est elle qui nous fera saisir le regard de tendresse qui brille sur le visage du Christ.

Jean Lafrance – *En prière avec Marie, Mère de Jésus* –

« Femme, voici ton Fils », « Voici ta mère »

Au moment même de son sacrifice, Jésus dit à sa Mère ces paroles fondamentales : « Femme, voici ton fils » et au disciple : « Voici ta mère ».

Et l'Évangile note qu'après les avoir prononcées, Jésus était conscient que tout était consommé.

Le don de la Mère était le don final qu'Il accordait à l'humanité comme fruit de son sacrifice. Il s'agit donc d'un geste qui veut couronner l'œuvre rédemptrice.

En demandant à Marie de considérer le disciple préféré comme son fils, Jésus l'invite à accepter le sacrifice de sa vie et comme prix de cette acceptation, Il l'invite à assumer une nouvelle maternité.

Comme Sauveur de toute l'humanité, Il veut donner à la maternité de Marie la plus grande extension. Il choisit pour cela Jean comme symbole de tous les disciples qu'Il aime et fait comprendre que le don de la Mère est le signe d'une intention spéciale d'amour par laquelle Il embrasse tous ceux qu'Il désire attirer à Lui comme disciples, c'est-à-dire tous les chrétiens et tous les hommes.

En outre, en donnant à cette maternité une forme individuelle, Jésus manifeste la volonté de faire de Marie non seulement la Mère de l'ensemble de ses disciples, mais de chacun d'eux en particulier comme s'il était son seul fils, qui prend la place du Fils unique.

Saint Jean-Paul II

Marie, modèle et source de grâce

Place-toi devant la Vierge Marie dans l'attitude qu'elle avait à l'Annonciation en face du Tout-Puissant : « Me voici ».

Elle est là, simplement, sans artifice, sans détour, dans la vérité de son être reçu de Dieu, se laissant faire et aimer par Lui.

Après Jésus, elle fut la première à entrer dans le Royaume des Béatitudes ; c'est pourquoi elle est modèle et source de grâce pour toi.

Écoute les paroles de Marie ; regarde et pénètre ses attitudes profondes ; en la contemplant longuement, tu deviens semblable à elle : une terre disponible, un cœur pauvre, prêt à être envahi par Dieu.

Quelle ne fut pas la joie de Marie lorsqu'elle se découvrit aimée de Dieu : « Réjouis-toi, comblée de grâce ! »

Relis le Magnificat et tu comprendras l'humilité et la pauvreté de la Vierge Marie.

Comme toi, elle a faim et soif de lumière, d'amour et de bonheur mais elle refuse de se rassasier dans l'éphémère et la vanité.

Elle est là, pauvre et les mains vides devant Dieu qui la comble de son être même.

Elle se voit dans le regard de Dieu. En elle, il n'y a pas la moindre complaisance ni retour sur elle-même ; son centre de gravité est vraiment en Dieu.

C'est pourquoi Marie est à l'opposé de la première Ève qui détourne son regard de Dieu et se laisse jouer par Satan.

Marie se veut toute dépendante de Dieu et de son amour ; elle ne se jette pas comme Ève sur le fruit défendu ; c'est pourquoi Dieu opère en elle des merveilles ; Il en fait la Mère de son Fils unique.

Jean Lafrance – *Prie ton Père dans le secret* –

Toi, Marie, Vierge de Lumière, Reine des cœurs…

On ne peut bien parler de Jésus qui nous conduit au Père sans parler aussi de sa Mère, autrement dit de notre humanité, car le Père n'a pas fait l'économie de Marie pour nous donner son Fils, notre Sauveur, il l'a au contraire choisie et prédestinée.

Qui, parmi nous, prétendrait être plus proche de Jésus que sa propre Mère, elle dont le cœur a connu et connaît le mieux Jésus ?

On ne peut parler pleinement d'arrhes, d'effusion ou de renouvellement dans l'Esprit Saint sans faire référence à Marie, debout au pied de la Croix, déjà Mère des Apôtres au jour de la Pentecôte, épouse, temple et présence de l'Esprit Saint au cœur de notre humanité, Mère de l'Église et dispensatrice de toutes grâces.

Si l'on peut dire que l'acquisition de l'Esprit Saint promis par Jésus-Christ est le but de la vie chrétienne et que lorsqu'on a l'Esprit Saint on a tout, nous devons donc aussi recevoir Marie pour Mère par le même Esprit Saint qui nous la révèle et nous la fait connaître selon la parole de Jésus : « … voici ta Mère. »

Par ces mots, Marie devient aussi Mère de l'humanité pour nous enfanter en Jésus.

Marie récapitule tous les charismes dispensés par l'Esprit Saint répandu pour faire grandir l'Église ; elle est à la fois la Mère, le premier et l'unique parfait témoin du Christ, la demeure, la joie et la gloire de la Sainte Trinité.

Jean-Paul Dufour

Atelier d'icônes Karatzas – 27, rue des Bruyères – 4000 – Liège – Belgique

Icône contemporaine de la *Vierge de l'Amour*

Marie, Mère de tous les croyants

...Marie est devenue Mère de tous les croyants. C'est vers sa bonté maternelle comme vers sa pureté et sa beauté virginales que se tournent les hommes de tous les temps et de tous les coins du monde, dans leurs besoins et leurs espérances, dans leurs joies et leurs souffrances, dans leurs solitudes comme aussi dans le partage communautaire. Et ils font sans cesse l'expérience du don de sa bonté, l'expérience de l'amour inépuisable qu'elle déverse du plus profond de son cœur. Les témoignages de gratitude qui lui sont attribués dans tous les continents et dans toutes les cultures expriment la reconnaissance de cet amour pur qui ne se cherche pas lui-même, mais qui veut simplement le bien.

De même, la dévotion des fidèles manifeste l'intuition infaillible de la manière dont un tel amour devient possible : il le devient grâce à la plus intime union avec Dieu, en vertu de laquelle elle s'est totalement laissée envahir par Lui – condition qui permet à celui qui a bu à la source de l'amour de Dieu de devenir lui-même une source d'où « jailliront des fleuves d'eau vive » (*Jn* 7, 38). Marie, la Vierge, la Mère, nous montre ce qu'est l'amour et d'où il tire son origine, sa force toujours renouvelée. C'est à elle que nous confions l'Église, sa mission au service de l'Amour...

Benoît XVI
– Dieu est Amour –

Si dans le monde on invoquait le nom de Marie plus souvent, avec plus de foi et de ferveur, que de malheurs seraient évités !

Saint Joseph et l'Enfant-Jésus
Monastère de la Visitation – 13150 – Tarascon – France

PRIÈRES À SAINT JOSEPH

Saint Joseph dans la Bible…

(…) Jacob engendra Joseph, l'époux de Marie, de laquelle naquit Jésus, que l'on appelle Christ.

Mt 1, 16

Joseph était un homme juste.

Mt 1, 19

(…) l'Ange du Seigneur lui dit : « Joseph, Fils de David, ne crains pas de prendre chez toi Marie, ta femme : car ce qui a été engendré en elle vient de l'Esprit Saint (…). »

Mt 1, 20-21

Joseph aussi monta de Galilée, de la ville de Nazareth, en Judée, à la ville de David qui s'appelle Bethléem, – parce qu'il était de la maison et de la lignée de David – afin de se faire recenser avec Marie, sa fiancée, qui était enceinte.

Lc 2, 4-5

Ils vinrent donc en hâte et trouvèrent Marie, Joseph et le nouveau né couché dans la crèche.

Lc 2, 16

L'Ange lui dit : « Lève-toi, prends avec toi l'enfant et sa mère, et fuis en Égypte ; et restes-y jusqu'à ce que je te le dise (…). »

Mt 2, 13

Celui dont Moïse a écrit dans la Loi, ainsi que les Prophètes, nous l'avons trouvé : Jésus, le fils de Joseph, de Nazareth.

Jn 1, 45

Saint Joseph, donné pour père au Fils de Dieu…

Bon saint Joseph, donné pour père au Fils de Dieu, homme juste, silencieux et discret à qui a été confiée la garde des mystères du salut à l'aube des temps nouveaux, tu es béni entre tous les hommes et Jésus, le fruit Divin de ta virginale épouse, est béni.
Toi qui as été le gardien fidèle et prudent de notre Sauveur et de la Vierge Marie, sa très Sainte Mère, toi le protecteur de l'Église, prie pour nous dans nos soucis de santé, de famille, de travail et de vie spirituelle jusqu'à nos derniers jours.
Obtiens-nous du Seigneur la grâce d'un esprit droit et d'un cœur pur et chaste pour aimer toujours mieux Jésus, Marie et nos frères, et apporte-nous ton secours et ta protection à l'heure de notre mort.
Amen.

Dieu, de qui vient toute paternité…

Dieu « de qui vient toute paternité », c'est à Saint Joseph, époux de Marie, que tu as voulu confier ton Fils…
Qu'il nous reçoive aussi pour ses enfants et guide notre vie de tous les jours : les joies, les peines, la maison, les enfants, le travail, la prière…
Qu'il assiste encore l'Église, où Jésus maintenant veut renaître en nous pour le monde.
Et qu'il nous aide à être trouvés fidèles quand viendra l'heure de notre mort, afin que nous puissions, avec lui et la Vierge Marie, vivre de Toi pour les siècles des siècles.
Amen.

Tropaire à Saint Joseph

Joseph de Nazareth, toi le Juste et le Saint dans la foi d'Abraham,
tu portas dans tes bras l'Époux de l'Alliance.
Père silencieux à l'image du Père qui est aux cieux,
tu nourris du pain de la terre, Celui qui est Pain du Ciel.
Joseph qui protégea la Vierge Immaculée,
protège en notre temps l'Église Immaculée.
Intercède aujourd'hui pour ton peuple Israël.
Demeure le gardien de nos communautés, et de leurs bergers,
toi qui fus berger de l'Agneau.

Saint Joseph, intercède pour nous

Glorieux Saint Joseph, époux de Marie, accorde-nous ta protection paternelle, nous t'en supplions par le Cœur de Jésus et le Cœur Immaculé de Marie. Ô toi dont la puissance s'étend à toutes nos nécessités et sait rendre possibles les choses les plus impossibles, ouvre tes yeux de Père sur les intérêts de tes enfants. Dans notre vive préoccupation et dans notre difficulté nous recourons à toi avec confiance. Nous te confions cette intention, cette demande… et te remercions de bien vouloir la prendre sous ta conduite et sous ta protection. Que par ta bienveillance, son issue nous soit favorable, et puisse rendre gloire à Dieu.

Ô toi que l'on n'a jamais invoqué en vain, aimable Saint Joseph, toi dont le crédit est si puissant auprès de Dieu que l'on a pu dire « au Ciel Saint Joseph commande plutôt qu'il ne supplie », tendre père, prie pour nous Jésus, prie pour nous Marie. Sois notre avocat auprès de ce Divin Fils dont tu as été ici bas le père nourricier si attentif, si aimant, et le protecteur fidèle. Sois notre avocat auprès de Marie, dont tu as été l'époux si aimant et si tendrement aimé. Ajoute à tous tes bienfaits celui de gagner la cause que nous te confions.

Nous croyons, oui, nous croyons que tu peux exaucer nos vœux et nous avons la ferme confiance que tu ne négligeras rien en notre faveur. Humblement prosternés à tes pieds, bon Saint Joseph, nous t'en prions, accorde-nous ton secours, couvre-nous du manteau de tes miséricordes et bénis-nous.

Amen.

d'après Saint François de Sales

Fils de David, Époux de Marie…

Fils de David, Époux de Marie, Saint Joseph,
prie pour nous.
Homme d'espérance, chez qui vint le Messie, Saint Joseph,
prie pour nous.
Homme de silence, à qui le Verbe s'est confié, Saint Joseph,
prie pour nous.
Homme d'obéissance à qui le Fils a obéi, Saint Joseph,
prie pour nous.
Homme d'un amour qui fut tendre, pur et fort, Saint Joseph,
prie pour nous.
Homme d'un foyer, que Marie a tant aimé, Saint Joseph,
prie pour nous.
Homme de Nazareth qui connut l'exil, Saint Joseph,
prie pour nous.
Homme d'un métier que tu as appris au Créateur, Saint Joseph,
prie pour nous.
Homme de pauvreté qui fut riche de Dieu, Saint Joseph,
prie pour nous.
Homme de bon voisinage, de service et d'accueil, Saint Joseph,
prie pour nous.
Homme du quotidien par Dieu transfiguré, Saint Joseph,
prie pour nous.
Homme du Temple et des pèlerinages en qui le Cœur d'abord se donne, Saint Joseph,
prie pour nous.
Homme de prière, à qui Jésus disait « Mon père », Saint Joseph,
prie pour nous.

Litanies de Saint Joseph

Seigneur, aie pitié de nous. *Seigneur, aie pitié de nous.*
Jésus-Christ, aie pitié de nous. *Jésus-Christ, aie pitié de nous.*
Seigneur, aie pitié de nous *Seigneur, aie pitié de nous.*
Jésus-Christ, écoute-nous. *Jésus-Christ, écoute-nous.*
Jésus-Christ, exauce-nous. *Jésus-Christ, exauce-nous.*

Père du Ciel, qui es Dieu, *aie pitié de nous.*
Fils, Rédempteur du monde, qui es Dieu, *aie pitié de nous.*
Esprit Saint, qui es Dieu, *aie pitié de nous.*
Trinité Sainte, qui es un seul Dieu, *aie pitié de nous.*

Sainte Marie, *prie pour nous*
Saint Joseph, *prie pour nous*
Honneur de la famille de David, *prie pour nous*
Gloire des Patriarches, *prie pour nous*
Époux de la Mère de Dieu, *prie pour nous*
Chaste gardien de la Vierge, *prie pour nous*
Nourricier du fils de Dieu, *prie pour nous*
Vigilant défenseur du Christ, *prie pour nous*
Chef de la Sainte Famille, *prie pour nous*
Joseph très juste, *prie pour nous*
Joseph très chaste, *prie pour nous*
Joseph très prudent, *prie pour nous*
Joseph très courageux, *prie pour nous*
Joseph très obéissant, *prie pour nous*
Joseph très fidèle, *prie pour nous*
Merveille de patience, *prie pour nous*
Ami de la pauvreté, *prie pour nous*
Modèle des travailleurs, *prie pour nous*
Honneur de la vie de foyer, *prie pour nous*
Gardien des vierges, *prie pour nous*
Soutien des familles, *prie pour nous*
Consolation des malheureux, *prie pour nous*

Espérance des malades, *prie pour nous*
Patron des mourants, *prie pour nous*
Terreur des démons, *prie pour nous*
Protecteur de la Sainte Église, *prie pour nous*

Agneau de Dieu, qui efface les péchés du monde,
– *pardonne-nous, Seigneur*
Agneau de Dieu, qui efface les péchés du monde,
– *exauce-nous, Seigneur*
Agneau de Dieu, qui efface les péchés du monde,
– *prends pitié de nous*

Il l'a établi maître de sa maison, *il lui a confié son domaine*.

Prions : Seigneur, ta divine Providence a choisi Saint Joseph pour être l'époux de ta sainte Mère. Fais qu'en nous mettant ici-bas sous sa protection, nous méritions de l'avoir pour intercesseur dans le ciel. Toi qui vis et règnes avec le Père et le Saint-Esprit, Dieu pour les siècles des siècles.
Amen.

LITANIES DES SAINTS

Seigneur, aie pitié de nous. *Seigneur, aie pitié de nous.*
Jésus-Christ, aie pitié de nous. *Jésus-Christ, aie pitié de nous.*
Seigneur, aie pitié de nous *Seigneur, aie pitié de nous.*
Jésus-Christ, écoute-nous. *Jésus-Christ, écoute-nous.*
Jésus-Christ, exauce-nous. *Jésus-Christ, exauce-nous.*

Père du Ciel, qui es Dieu, *aie pitié de nous.*
Fils, Rédempteur du monde, qui es Dieu, *aie pitié de nous.*
Esprit Saint, qui es Dieu, *aie pitié de nous.*
Trinité Sainte, qui es un seul Dieu, *aie pitié de nous.*

Sainte Marie, *prie pour nous*
Sainte Mère de Dieu, *prie pour nous*
Sainte Vierge des vierges, *prie pour nous*
Saints Michel, Gabriel et Raphaël, *priez pour nous*
Vous tous, Saints Anges de Dieu, *priez pour nous*
Saints Abraham, Isaac et Jacob, *priez pour nous*
Saint Moïse, *prie pour nous*
Saint Élie, *prie pour nous*
Saint Jean-Baptiste, *prie pour nous*
Saint Joseph, *prie pour nous*
Vous tous, saints Patriarches et Prophètes, *priez pour nous*
Saint Pierre et saint Paul, *priez pour nous*
Saint André, *prie pour nous*
Saint Jean et saint Jacques, *priez pour nous*
Saint Thomas, *prie pour nous*
Saint Matthieu, *prie pour nous*
Vous tous, saints Apôtres, *priez pour nous*
Saint Luc et Saint Marc, *priez pour nous*
Saint Barnabé, *prie pour nous*
Sainte Marie-Madeleine, témoin de la Résurrection, *prie pour nous*
Vous tous, saints Disciples du Seigneur, *priez pour nous*
Saint Étienne, *prie pour nous*
Saint Ignace d'Antioche, *prie pour nous*
Saint Polycarpe, *prie pour nous*
Saint Justin, *prie pour nous*
Saint Irénée, *prie pour nous*

Saint Laurent, *prie pour nous*
Saint Cyprien, *prie pour nous*
Saint Boniface, *prie pour nous*
Saint Stanislas et Saint Thomas Becket, *priez pour nous*
Saint Jean Fisher et saint Thomas More, *priez pour nous*
Saint Paul Miki, *prie pour nous*
Saint Jean de Brébeuf et Saint Isaac Jogues, *priez pour nous*
Saint Pierre Chanel, *prie pour nous*
Saint Charles Lwanga, et vous, martyrs de l'Ouganda, *priez pour nous*
Sainte Perpétue et sainte Félicité, *priez pour nous*
Sainte Anne, mère de Marie, *prie pour nous*
Sainte Monique, *prie pour nous*
Saint Louis de France et Saint Étienne de Hongrie, *priez pour nous*
Saint Nicolas de Flue, *prie pour nous*
Sainte Élisabeth de Hongrie, *prie pour nous*
Sainte Jeanne d'Arc, *prie pour nous*
Saint Vincent de Paul, *prie pour nous*
Saint Jean-Marie Baptiste Vianney, *prie pour nous*
Saint Jean Bosco, *prie pour nous*
Sainte Agnès, *prie pour nous*
Sainte Blandine, *prie pour nous*
Sainte Maria Goretti, *prie pour nous*
Saint Théophane Vénard, et vous, martyrs du Vietnam, *priez pour nous*
Saint Maximilien-Marie Kolbe, *prie pour nous*
Vous tous, Saints Martyrs, *priez pour nous*
Saint Léon et saint Grégoire, *priez pour nous*
Saint Ambroise, *prie pour nous*
Saint Jérôme, *prie pour nous*
Saint Augustin, *prie pour nous*
Saint Athanase, *prie pour nous*
Saint Basile et saint Grégoire de Naziance, *priez pour nous*
Saint Jean Chrysostome, *prie pour nous*
Saint Hilaire, *prie pour nous*
Saint Martin, *prie pour nous*
Saint Patrice, *prie pour nous*
Saint Willibrard, *prie pour nous*
Saint Cyrille et saint Méthode, *priez pour nous*

Saint Charles Boromée, *prie pour nous*
Saint François de Sales, *prie pour nous*
Saint Pie X, *prie pour nous*
Vous tous, saints Évêques et Pasteurs, *priez pour nous*
Saint Antoine, *prie pour nous*
Saint Benoît, *prie pour nous*
Saint Bernard, *prie pour nous*
Saint François et saint Dominique, *priez pour nous*
Saint Thomas d'Aquin, *prie pour nous*
Saint Ignace de Loyola, *prie pour nous*
Saint François Xavier, *prie pour nous*
Vous tous, saints Moines et Fondateurs, *priez pour nous*
Sainte Catherine de Sienne, *prie pour nous*
Sainte Thérèse d'Avila, *prie pour nous*
Sainte Rose de Lima, *prie pour nous*
Sainte Bernadette Soubirous, *prie pour nous*
Sainte Thérèse de l'Enfant Jésus, *prie pour nous*
Sainte Élisabeth de la Trinité, *prie pour nous*
Vous toutes, saintes Vierges et Moniales, *priez pour nous*
Saint Jean Berchmans, *prie pour nous*
Saint Séraphim de Sarov, *prie pour nous*
Saint Charbel Markhlouf, *prie pour nous*
Saints Louis et Zélie Martin, *priez pour nous*
Bienheureux Daniel Brottier, *prie pour nous*
Bienheureuse Agnès de Langeac, *prie pour nous*
Vénérable François-Marie Libermann, *prie pour nous*
Vous tous, saints et saintes de Dieu, *priez pour nous*

Montre-toi favorable, *délivre-nous, Seigneur*.
De tout péché et de tout mal, *délivre-nous, Seigneur*.
Des pièges du démon, *délivre-nous, Seigneur*.
De la colère, de la haine et de toute volonté mauvaise, *délivre-nous, Seigneur*.
De la mort éternelle, *délivre-nous, Seigneur*.
Par ton incarnation et ta nativité, *délivre-nous, Seigneur*.
Par ton baptême et ton jeûne au désert, *délivre-nous, Seigneur*.
Par tes souffrances et par ta Croix, *délivre-nous, Seigneur*.
Par ta mort et ta mise au tombeau, *délivre-nous, Seigneur*.

Par ta sainte résurrection, *délivre-nous, Seigneur.*
Par ton admirable ascension, *délivre-nous, Seigneur.*
Par l'envoi du Saint-Esprit, *délivre-nous, Seigneur.*
Par ton retour dans la gloire, *délivre-nous, Seigneur.*

Pour qu'il te plaise de nous pardonner, *de grâce, écoute-nous.*
Pour qu'il te plaise d'élever nos âmes au désir du Ciel, *de grâce, écoute-nous.*
Pour qu'il te plaise de nous préserver, avec ceux que nous aimons, de l'éternelle damnation, *de grâce, écoute-nous.*
Pour qu'il te plaise d'accorder à tous les fidèles défunts le repos éternel, *de grâce, écoute-nous.*
Pour qu'il te plaise de garder tous les hommes des épidémies, de la famine et de la guerre, *de grâce, écoute-nous.*
Pour qu'il te plaise d'accorder à tous les peuples une paix et une entente sincère, *de grâce, écoute-nous.*
Pour qu'il te plaise de gouverner et de garder ton Église sainte, *de grâce, écoute-nous.*
Pour qu'il te plaise de garder dans la sainteté de ton service le Pape, les évêques, les prêtres et les diacres, *de grâce, écoute-nous.*
Pour qu'il te plaise d'accorder l'unité à tous ceux qui croient dans le Christ, *de grâce, écoute-nous.*
Pour qu'il te plaise de conduire tous les hommes à la lumière de l'Évangile, *de grâce, écoute-nous.*

Seigneur, écoute-nous. *Seigneur, exauce-nous.*

Agneau de Dieu, qui efface les péchés du monde,
– *pardonne-nous, Seigneur.*
Agneau de Dieu, qui efface les péchés du monde,
– *exauce-nous, Seigneur.*
Agneau de Dieu, qui efface les péchés du monde,
– *prends pitié de nous.*

Prions : Seigneur notre Père, notre refuge et notre force, toi qui inspires toute vraie prière, écoute les supplications de ton Église : fais que nous obtenions pleinement ce que nous demandons avec foi. Par ton Fils Bien-Aimé Jésus, le Christ, notre Seigneur, qui vit et règne avec Toi pour les siècles des siècles.
Amen.

L'Archange Saint Michel

Les Anges dans la Bible…

(…) Michel, l'un des Premiers Princes, est venu à mon aide.

Dn 10, 13

J'entendis une voix d'homme, sur l'Ulaï, criant : « Gabriel, donne-lui l'intelligence de cette vision ! »

Dn 8, 16

Je suis Raphaël, l'un des sept Anges qui se tiennent toujours prêts à pénétrer auprès de la Gloire du Seigneur.

Tb 12, 15

Le sixième mois, l'ange Gabriel fut envoyé par Dieu dans une ville de Galilée, du nom de Nazareth, à une vierge fiancée à un homme du nom de Joseph, de la maison de David ; et le nom de la vierge était Marie…

Lc 1, 26-27

Et soudain se joignit à l'ange une troupe nombreuse de l'armée céleste, qui louait Dieu, en disant :
« Gloire à Dieu au plus haut des cieux et paix sur la terre aux hommes qu'il aime : »

Lc 2, 13-14

Gardez-vous de mépriser aucun de ces petits : car, je vous le dis, leurs anges aux cieux voient constamment la face de mon Père qui est aux cieux.

Mt 18, 10

C'est ainsi, je vous le dis, qu'il naît de la joie devant les anges de Dieu pour un seul pécheur qui se repent.

Lc 15, 10

Car celui qui aura rougi de moi et de mes paroles dans cette génération adultère et pécheresse, le Fils de l'homme aussi rougira de lui, quand il viendra dans la gloire de son Père avec les saints anges.

Mc 8, 38

(…) Le Fils de l'homme enverra ses anges (…)

Mt 13, 41

Penses-tu donc que je ne puis faire appel à mon Père, qui me fournirait sur le champ plus de douze légions d'anges ?

Mt 26, 53

Marie se tenait près du tombeau, au dehors, tout en pleurs. Or, tout en pleurant, elle se pencha vers l'intérieur du tombeau et elle voit deux anges, en vêtements blancs, assis là où avait reposé le corps de Jésus, l'un à la tête et l'autre aux pieds. Ceux-ci lui disent : « Femme, pourquoi pleures-tu ? « Elle leur dit : « Parce qu'on a enlevé mon Seigneur, et je ne sais pas où on l'a mis. »

Jn 20, 11-13

Hommes de Galilée, pourquoi restez-vous ainsi à regarder le ciel ? Celui qui vous a été enlevé, ce même Jésus, viendra comme cela, de la même manière dont vous l'avez vu s'en aller vers le ciel.

Ac 1, 11

Nous devons à notre ange gardien le respect pour sa présence, la dévotion pour sa charité, la confiance pour sa vigilance.

Saint Jean-Marie Vianney

Prières à Saint Michel Archange

Saint Michel Archange, défends-nous dans le combat

Saint Michel Archange, défends-nous dans le combat, sois notre secours contre la malice et les embûches du démon, que Dieu exerce sur lui son empire, nous te le demandons en suppliant. Et toi, Prince de la milice céleste, repousse en enfer, par la vertu divine, Satan et les autres esprits malins qui errent dans le monde pour la perte des âmes.
Amen.

Grand chef des milices célestes

Grand chef des milices célestes, nous te supplions, indignes que nous sommes, de nous protéger par tes prières, et de nous garder à l'ombre des ailes de ton immatérielle gloire, nous qui, à genoux, instamment, t'implorons, délivre-nous des dangers, ô Prince des puissances d'en haut.
Amen.

Très glorieux Prince des armées célestes

Très glorieux Prince des armées célestes, Saint Michel Archange, défends-nous dans le combat contre les principautés et les puissances, contre les chefs de ce monde de ténèbres, contre les esprits de malice répandus dans les airs. Viens en aide aux hommes que Dieu a faits à son image et à sa ressemblance, et rachetés à si haut prix de la tyrannie du démon. C'est toi que la Sainte Église vénère comme son gardien et son protecteur: toi à qui le Seigneur a confié les âmes rachetées, pour les introduire dans la céleste félicité. Conjure le Dieu de paix qu'il écrase Satan sous nos pieds, afin de lui enlever tout pouvoir de retenir encore les hommes captifs et de nuire à l'Église. Présente au Très Haut nos prières afin que, bien vite, descendent sur nous les miséricordes du Seigneur; et saisis toi-même l'antique serpent, qui n'est autre que le diable ou Satan, pour le précipiter enchaîné dans les abîmes, en sorte qu'il ne puisse plus jamais séduire les nations.
Amen.

Le Pape Léon XIII a recommandé de dire cette prière
après la messe ainsi que le Pape saint Jean-Paul II en 1995.

Invocations à Saint Gabriel et Saint Raphaël Archanges

Saint Gabriel Archange, donne-nous la force.
Saint Raphaël Archange, guéris-nous de toutes nos blessures.

Prière à notre Ange gardien

Le Seigneur donne mission à ses anges de te garder sur tous tes chemins.
Ps 90, 11

Ô mon Saint Ange gardien, à qui Dieu dans sa grande bonté a confié ma route, toi qui m'assistes dans mes besoins, qui me soutiens dans mes découragements et me consoles dans mes peines, je te rends grâce pour tout ce que tu fais pour moi chaque jour.
Je te remercie de toujours veiller sur moi, de me protéger du danger, de me défendre contre mes ennemis et d'éloigner de moi les occasions du péché.
Apprends-moi, je te prie, à te demander conseil, à être à ton écoute, sensible à tes inspirations, fidèle à les suivre.
Dirige-moi, gouverne-moi et précède-moi en toutes circonstances.
Aide-moi à reconnaître et à accomplir la volonté de notre Seigneur et prie pour moi dans tous les moments où je ne lui suis pas présent et particulièrement lorsque je manque de vigilance et m'éloigne de lui.
Dans la lumière divine, je te prie d'intercéder aussi auprès des anges gardiens de tous ceux que j'aime et de tous ceux dont je connais les difficultés pour les éclairer, les protéger et les conduire.
Mon bon Ange, mon plus fidèle ami, accompagne-moi tout au long de mon pèlerinage sur la terre ; et, au moment de mon départ, en présence de Marie et de Joseph, conduis-moi à Dieu notre Père jusqu'au séjour du repos éternel et de l'éternelle joie.
Amen.

PRIÈRES DE RETOUR AU PÈRE

Le retour du fils prodigue
Peinture de Rembrandt

Le pardon dans la Bible…

Je suis haut et saint dans ma demeure, mais je suis avec l'homme contrit et humilié, pour ranimer les esprits humiliés, pour ranimer les cœurs contrits. Car je ne veux pas accuser sans cesse ni toujours me montrer irrité, car devant moi faibliraient l'esprit et ces âmes que j'ai créées.

Is 57, 15-16

Le Seigneur est tendresse et pitié, lent à la colère et plein d'amour ; elle n'est pas jusqu'à la fin sa querelle, elle n'est pas pour toujours sa rancune ; il ne nous traite pas selon nos péchés, ne nous rend pas selon nos fautes.

Ps 103, 8-10

C'est ainsi, je vous le dis, qu'il y aura plus de joie dans le ciel pour un seul pécheur qui se repent que pour quatre-vingt-dix-neuf justes, qui n'ont pas besoin de repentir.

Lc 15, 7

Père, j'ai péché contre le Ciel et envers toi.

Lc 15, 18

Si nous disons : « Nous n'avons pas de péché », nous nous abusons, la vérité n'est pas en nous. Si nous confessons nos péchés, Jésus, fidèle et juste, pardonnera nos péchés et nous purifiera de toute iniquité.

1 Jn 1, 8-9

C'est l'heure désormais de vous arracher au sommeil (…) Laissons là les œuvres des ténèbres et revêtons les armes de lumière.

Rm 13, 11-12

Nous vous en supplions au nom du Christ : laissez-vous réconcilier avec Dieu.

2 Co 5,20

Seigneur, combien de fois devrai-je lui pardonner ? Irai-je jusqu'à sept fois ? Jésus lui dit : « Je ne te dis pas jusqu'à sept fois, mais jusqu'à soixante-dix fois sept fois. »

Mt 18, 21-22

Alors, se redressant, Jésus lui dit : « Femme, où sont-ils ? Personne ne t'a condamnée ? « Elle dit : « Personne, Seigneur. « Alors Jésus dit : « Moi non plus, je ne te condamne pas. Va désormais ne pèche plus. »

Jn 8, 10-11

Ceux à qui vous remettrez les péchés, ils leur seront remis. Ceux à qui vous les retiendrez, ils leur seront retenus.

Jn 20, 23

(…) devant lui, nous apaiserons notre cœur, si notre cœur venait à nous condamner, car Dieu est plus grand que notre cœur, et il connaît tout.

1 Jn 3, 19-20

PRIÈRES DE REGRET

Pardonne mes fautes

Rappelle-toi, Seigneur, ta miséricorde et ta bonté
qui sont de toujours.
Oublie les transgressions et les péchés de ma jeunesse ;
dans ton amour ne m'oublie pas.
Tu es droit, tu es bon, Seigneur,
et tu montres le chemin aux pécheurs.
Tu conduis les humbles dans la justice
et leur enseigne tes chemins
qui sont miséricorde et fidélité, amour et vérité
pour ceux qui gardent ton alliance et tes lois.
Pour l'honneur et la gloire de ton Nom, Seigneur,
pardonne-moi mes fautes.
Est-il vrai que je te crains, Seigneur ?
Remets-moi vite dans la voie qu'il faut prendre.
Mon âme habitera le bonheur.

d'après le Psaume 24, 6-13

Pitié pour moi

Pitié pour moi, mon Dieu, en ta bonté
En ta grande tendresse, efface mon péché,
Lave-moi tout entier de mon mal
Et de ma faute purifie-moi.
Car mon péché, moi, je le connais,
Devant moi, il est sans relâche ;
Contre Toi, Toi seul, j'ai péché,
Ce qui est mal à tes yeux, je l'ai fait.
Ô Dieu, crée en moi un cœur pur,
Remets en moi un esprit résolu ;
Ne me repousse pas loin de ta face,
Ne m'enlève pas ton Esprit Saint.

d'après le Psaume 50

Pardon, Seigneur

Pardon Seigneur,
pour les mots que nous disons et qui blessent,
pour les mots que nous ne disons pas et qui pourraient réconforter,
pour nos paroles qui dénigrent le voisin, le concurrent, l'immigré…
pour nos silences, nos paresses et nos lâchetés.
Pardon Seigneur,
pour nos divisions et nos violences qui alimentent les conflits,
pour nos querelles entre croyants qui rompent l'unité du Christ
et nous font confondre la foi et nos opinions personnelles.
Pardon Seigneur,
nous disons souvent que nous sommes incompétents
pour faire advenir la paix ; mais nous ne cherchons
pas les moyens pour devenir des artisans de paix.
Ô Seigneur, guéris-nous,
Ô Seigneur, sauve-nous,
Ô Seigneur, donne-nous la paix.
Amen.

Pardonne-nous nos offenses

En ton Nom, Seigneur Jésus, par la puissance de l'Esprit Saint, pour la gloire du Père, je te prie de me pardonner mes péchés contre Toi et contre les hommes, particulièrement mes peurs, mes plaintes, mon apitoiement sur moi-même, mon désespoir et mes découragements, mes accusations, mes critiques et mes jugements d'autrui. Purifie-moi dans ton précieux Sang. Guéris-moi des blessures que les autres m'ont faites, guéris ma mémoire et mes souvenirs pénibles, romps tous les liens qui enchaînent ma liberté d'enfant de Dieu. Si mon père, ma mère ou mes relations ne m'ont pas accueilli et aimé comme j'y aspirais, toi Jésus, remplis mon cœur de ton Amour.
Je rejette toute amertume, tout ressentiment, toute haine ou rébellion de ma vie. Je crois que Tu es venu sauver les pécheurs comme moi et me libérer du péché qui me sépare de Toi et me rend esclave. Je crois que ton Amour pour moi ne se laisse pas décevoir par mes offenses, mes faiblesses et mes limites.
Alors je m'accepte tel que je suis avec les défauts et aussi avec les qualités que Tu m'as données. Je te remercie Seigneur du pardon, de la paix et de la joie que Tu m'accordes maintenant.
Jésus miséricorde, j'ai confiance en Toi.
Amen.

Jean Pliya – *Prier comme un enfant de Roi* –
Ed. F.X. de Guibert

Pardonne-moi Seigneur mes infidélités

Seigneur, tant de fois je t'ai promis de ne jamais me séparer de toi, tant de fois tu m'as inspiré le goût de faire en perfection ta sainte volonté !
Une fois de plus j'ai été faible, je ne t'ai pas pris au sérieux, j'ai suivi les caprices de ma volonté.
Pardon, Seigneur, pour mes infidélités, toujours les mêmes, et tristes et monotones, qui me mettent en danger de t'offenser plus gravement.
Tant de grâces que j'ai refusées par légèreté pour moi et pour les autres et pour toute l'Église !
Je suis ce membre languissant qui fait souffrir tout ton corps mystique.
Seigneur, tu ne veux pas la mort du pécheur, mais qu'il se convertisse et qu'il vive.
Montre à mon égard ta patience inlassable.
Raffermis mon espérance, ma foi, mon amour.
Que chaque jour je te témoigne plus parfaitement ma reconnaissance, par une vie en tout conforme à ta sainte volonté.
Amen.

Et voilà !

Une fois de plus le vase s'est cassé, malgré mes résolutions, sachant bien que tu es tombé, Seigneur, pour moi, sous le poids de la Croix, de mon péché.

Je suis une nouvelle fois à terre.

Ce qui est mal à tes yeux je l'ai fait.

Et toujours la même chose, la même faiblesse, le même égarement, la même fragilité, les mêmes comportements qui me rendent esclave du péché.

Est-ce que je vais aller cacher ma honte, pleurer sur mon orgueil, blessé de n'avoir pas été à la hauteur, m'éloigner encore un peu plus de toi, croire que je peux m'en sortir seul pour m'améliorer, y arriver à force d'exercices ou accéder à une quelconque sagesse ?

Une fois de plus, je crie vers Toi, Seigneur.

Je sais trop bien que j'ai besoin d'un Sauveur.

Tu le dis toi-même :
« Sans moi vous ne pouvez rien faire ».

C'est vrai, je le confesse, j'ai manqué à ta grâce, j'ai pris le mauvais chemin.

Je suis toujours ce fils prodigue qui ne veut en faire qu'à sa tête…

Marie, refuge des pécheurs, ma mère bien-aimée, je suis toujours cet enfant à peine formé qui te fait souvent de la peine.

Aide-moi, je te prie, à revenir à Jésus, même avec le cœur lourd du poids de ma faute…

Mais si je suis infidèle, je sais, Seigneur, que tu restes fidèle et que tu m'accueilles à nouveau.

Tu ne veux que mon repentir.

Tu m'aimes malgré mon péché.

Tu aimes que j'aie besoin de toi, tu aimes à me montrer ta Miséricorde qui ne s'épuise jamais.

Que je ne désespère pas en pensant que je ne peux t'approcher ou que tu ne veux pas me guérir.

Tu ne me juges pas.

Tu veux simplement que je revienne à la source de ton Cœur et tu me dis : « Nous recommencerons ».

Et, petit à petit, par ton Corps donné et par ton Sang répandu pour nous, tu me rendras fort de ta grâce, de ton Esprit, de ta présence, de ta vie même.

Tu es plus grand que mon cœur, tu connais tout de moi.

Comme j'ai besoin d'un ami qui me comprenne, comme j'ai confiance en toi, comme j'ai besoin de toi.

Seigneur, crée en moi un cœur pur, remets en moi un esprit résolu, ne me repousse pas loin de ta face, ne m'enlève pas ton Esprit Saint.

Je te demande pardon Seigneur.

Je t'aime.

Jean-Paul Dufour

PRIÈRE DE DÉLIVRANCE

Voir également les prières de libération p. 446

Seigneur, délivre-moi de mon péché et de tout lien

Les exemples pris dans cette prière pourront nous éclairer sur ce qui nous a éloignés de Dieu volontairement ou involontairement. Il s'agit bien sûr d'une prière et de textes à adapter.

Père, je confesse devant toi en le regrettant sincèrement que j'ai pratiqué, et que je me suis laissé aller à… vice, concupiscence, penchants mauvais, pornographie, alcool, drogue, violence, adultère, mauvaises lectures, haine, colère, passion du jeu, de l'argent, du pouvoir, de la réussite, orgueil, médisance, égoïsme, envie, impatience, désespérance, vol, injure, agressivité…
Je reconnais que ce sont des choses que tu détestes, car tu ne m'as pas créé pour cela, mais pour l'amour. Je te demande pardon de m'être laissé emporter par ma faiblesse et par l'envie.
Je te demande humblement de me pardonner mon péché dans tous ces domaines.
Je te demande pardon de m'être tourné et d'avoir recherché des avantages, des satisfactions, des secours auprès des esprits, des sectes, des groupes qui nient la divinité de Jésus, qui croient en la réincarnation…
Si j'ai utilisé ou porté des objets, si j'ai des livres, des documents ou tout autre objet en rapport avec ces chemins de ténèbres, je m'engage à les brûler.
Je renonce à… l'occultisme, l'ésotérisme, le spiritisme, les horoscopes, l'astrologie, la sorcellerie, le fétichisme, la magie, les tarots, la voyance, la divination, telle science occulte, telle secte, telle divinité, tel esprit auquel je me suis adressé… dans le nom victorieux de Jésus-Christ.
Père bien aimé, je te demande pardon pour mes pratiques passées, purifie-moi de mes péchés, délivre-moi de toutes ces idoles, de tout lien, chasse en moi les forces du mal, par le précieux sang de Jésus, ferme

pour toujours mon cœur, mon corps, mon âme et mon esprit à Satan, à ses influences et à ses œuvres de ténèbres. Par ta grâce, Seigneur, donne-moi la force de ne pas retomber dans les mêmes chaînes, sur ces chemins d'esclavage et de mort.
Avec l'aide, par la force victorieuse du nom de Jésus et de Dieu trois fois saint qui me pardonnent toutes mes pratiques passées... je te rejette, Satan et vous esprits des ténèbres.
Au nom de ma foi, par la grâce de mon baptême, par le précieux sang que Jésus a versé pour moi sur la Croix, je me coupe pour toujours de vos influences et vous ferme les portes qui avaient été ouvertes en moi et dans ma vie.
Au nom de Jésus, je vous commande de me quitter maintenant et je vous rejette dans les ténèbres pour toujours.
Seigneur, je suis ton enfant, je veux choisir la vie qui vient de toi, je veux vivre désormais en enfant de lumière dans la liberté des enfants de Dieu.
Je te choisis comme mon Seigneur et mon Sauveur. Visite mes souvenirs, ma mémoire, mon intelligence, mes pensées et purifie-moi.
Guéris, Seigneur, par la flamme de ton cœur, par la flamme de ton amour tout ce qui a été en moi souillé, abîmé.
Chasse tout ce qui n'est pas de toi, qui n'est pas de l'ordre de l'amour.
Marie, ma Mère, protège-moi des attaques de Satan. Je me consacre à toi et à ton fils Jésus, Notre Seigneur. Gardez-moi comme votre propriété. Je vous appartiens pour toujours. J'ai besoin de votre protection, je me place sous votre protection.
Jésus, Marie, je vous aime, sauvez-moi, sauvez les âmes.
Amen.

d'après la prière de délivrance de Jean Pliya.

Notre conversion, notre propre volonté à vouloir changer de vie, le regret de nos fautes, l'invocation, l'appel à Notre-Seigneur dans une démarche spirituelle de prière personnelle ne sont pas toujours suffisants, même si nous sommes temporairement apaisés.
L'Église est là pour nous aider, pour nous accompagner.
Nous pouvons demander l'aide et la prière des frères.
Mais nous avons aussi besoin pour recevoir le pardon et la délivrance, de l'aide, de la force et de la grâce du Seigneur, qui nous purifie par son précieux sang dans le sacrement de la réconciliation administré par le prêtre.
Le Seigneur et l'Église nous invitent à faire ce pas.

Dans le cas de liens plus puissants ou de possession, l'Église si besoin est, suscitera l'intervention d'un prêtre exorciste.

Ma miséricorde est plus grande que ta misère et celle du monde entier. Qui a pris la mesure de ma bonté ? Pour toi je suis descendu du Ciel sur la terre, pour toi je me suis laissé clouer à la croix, pour toi j'ai permis que mon très Saint Cœur soit ouvert d'un coup de lance et je t'ai ainsi ouvert la source de Miséricorde, viens et puise les grâces de cette source avec le vase de la confiance. Je ne rejette jamais un cœur humble, ta misère a sombré dans l'abîme de ma Miséricorde. Pourquoi devrais-tu te disputer avec moi au sujet de ta misère, fais-moi plaisir, abandonne-moi toute ta pauvreté et ta misère et je te comblerai d'un trésor de grâces.

Jésus à sainte Faustine

PRIÈRES ET SACREMENT DE LA RÉCONCILIATION

Je confesse à Dieu tout puissant

– Je confesse à Dieu tout-puissant,
je reconnais devant mes frères,
que j'ai péché en pensée, en parole,
par action et par omission ;
oui, j'ai vraiment péché.
C'est pourquoi je supplie la Vierge Marie,
les anges et tous les saints,
et vous aussi, mes frères,
de prier pour moi le Seigneur notre Dieu.

– Que Dieu tout-puissant nous fasse miséricorde,
qu'il nous pardonne nos péchés
et nous conduise à la vie éternelle.
Amen.

Liturgie de la Messe

La Réconciliation – Source inépuisable de pardon et de joie –

Aujourd'hui, mon Père m'attend : je veux aller vers Lui.

Un père avait deux fils. Le plus jeune dit à son père : « Père, donne-moi ma part d'héritage ». Et il partit… dissipa son bien dans une vie de désordre… et commença à sentir la privation… Rentrant en lui-même il se dit : « Je vais aller à mon père, et je lui dirai : Père, j'ai péché envers le ciel et contre toi ».
Comme il était encore loin, son père l'aperçut, fut pris de pitié, il courut se jeter à son cou et l'embrassa tendrement… Le père dit : « Vite apportez la plus belle robe… mon fils était mort et il est revenu à la vie… »

Lc 15, 11-32

Tout homme qui commet le péché est esclave du péché.

Jn 8, 34

Celui qui fait la vérité vient à la lumière.

Jn 3, 21

Le commencement des bonnes œuvres, c'est la confession des œuvres mauvaises.

Saint Augustin

Il n'est pas de péché qui ne puisse être pardonné, sinon celui dont on ne se repent pas.

Saint Isaac le Syrien

Bien des hommes refusent de se tourner vers Dieu
car ils s'imaginent qu'Il est redoutable et sévère, Lui qui est bon,
Qu'Il est dur et implacable, Lui qui est miséricordieux,
Qu'Il est terrible et cruel, Lui qui est aimable…
Que craignez-vous, hommes de peu de foi ?
Que Dieu ne veuille pas remettre vos péchés ?
Mais Il les a fixés sur la croix avec ses mains.
Parce que vous êtes inconstants et fragiles ?
Mais lui a connu notre faiblesse.
Parce que vous êtes esclaves du péché ?
Mais « le Seigneur délivre les captifs ». Ps 146,7
Vous craignez peut-être qu'irrité
par l'énormité et la multitude de vos crimes,
Il n'hésite à vous secourir ?
« Mais là où la faute abonde,
la grâce surabonde ». Rm 5, 20

Saint Bernard

Le Père nous aime, même quand nous le décevons.

Saint Jean-Paul II

Il nous faut apprendre à voir le mal et la faute comme Dieu la voit. Cela précisément est difficile. Car, là où nous voyons naturellement une faute à condamner et à punir, Dieu, lui, voit tout d'abord une détresse à secourir.

Éloi Leclerc – *Sagesse d'un pauvre* –

Pour recevoir le sacrement de pénitence, il faut trois choses :
– la foi qui nous découvre Dieu présent dans le prêtre,
– l'espérance qui nous fait croire que Dieu nous donnera la grâce du pardon,
– la charité qui nous porte à aimer Dieu et qui met au cœur le regret de l'avoir offensé.

Vous déclouez Jésus de la Croix, quand vous allez vous confesser.

Saint Jean-Marie Vianney

Quand notre misère et notre péché nous apparaissent plus clairement que d'habitude, et c'est une grâce de Dieu, ne nous refermons pas en nous-mêmes, ne nous décourageons pas, ne nous laissons pas abattre et surtout ne nous laissons pas aller au désespoir. Le Christ s'est humilié pour nous. Allons auprès de lui, apportons-lui nos misères, nos faiblesses dans le sacrement de la réconciliation, puis recevons-le dans l'Eucharistie. Il nous accueillera, nous relèvera, nous comblera de ses richesses et nous renouvellera dans sa grâce, dans sa force et dans son amour.

Concrètement…

Comme le fils prodigue, recueillons-nous et préparons-nous à demander le pardon et à le recevoir.
Au regard du Décalogue, des dix paroles de vie, regardons du fond de notre cœur où nous en sommes par rapport à Dieu, par rapport à nos frères, par rapport à nous-mêmes…

... Seigneur, avant de rencontrer le prêtre, avant d'accueillir par lui ta Miséricorde, aide-moi à me mettre en vérité devant toi. Aide-moi à être sincère, à reconnaître mon péché, à le rejeter, à ne chercher ni à l'excuser, ni à le cacher, tout en sachant qu'auprès de toi se trouve le pardon et que tu ne me condamnes pas.
Aide-moi sous ton regard à mieux envisager ma vie de famille, de travail, ma vie d'homme ou de femme dans le monde d'aujourd'hui, mes responsabilités, mes engagements et ma part active au service de l'Église et du monde :

Tu adoreras Dieu seul, et tu l'aimeras plus que tout
Est-ce que j'ai fait ou laissé dans ma vie une place à la superstition, à la magie, au spiritisme, à l'astrologie ou aux idoles que j'adore : pouvoir, argent, jeux, télévision, personnes en vue, musique, mode, sport, passions... même si cela peut me sembler légitime, mais dans tout ce que cela peut représenter aussi pour moi d'excessif, de dépendance, voire d'emprise ?
Me savoir aimé, aimer Dieu à mon tour, et le lui dire... ? Dans ma vie quotidienne et à la lumière de l'Évangile, est-il prioritaire et cet amour inspire-t-il mes attitudes, mes projets, mes actions ?

Tu ne prononceras le nom de Dieu qu'avec respect
M'arrive-t-il de blasphémer, de faire référence ou de prononcer d'autres noms que celui de Dieu véritable ? Est-ce que je prends le temps de prier, d'honorer et de louer Dieu ?

Tu sanctifieras le jour du Seigneur
Est-ce que je participe à la Messe, est-ce que je me nourris de l'Eucharistie en Église chaque dimanche ? Est-ce qu'il ne m'arrive pas de travailler le dimanche ou de consacrer uniquement mon temps ce jour-là aux loisirs et à la détente, sans même prendre le temps de rendre grâce à Dieu ?

Tu honoreras ton père et ta mère
Où en sont mes relations avec mes parents et les personnes plus âgées, avec les personnes de ma famille et de mon voisinage ? Prendre le temps pour rendre visite, pour écouter, comprendre, aider...

Tu ne tueras pas
Est-ce que je mets en danger ma vie et celle des autres : usage excessif du tabac, conduite imprudente sur la route, alcoolisme, drogue, autres formes de dépendance..., jugements, rejet des autres, colères, condamnations, paroles meurtrières, haine, avortement, meurtre... ?

Tu ne commettras pas d'impureté
Quelles sont mes attitudes envers mon propre corps et le corps des autres : discrétion, respect, regards, délicatesse dans mes propos, ma tenue, mes attitudes... ou provocations, images, revues et films impudiques, pornographiques, mauvais usage de mon corps, impuretés... ?

Tu ne voleras pas
Le respect du bien des autres et l'utilisation de mes propres biens, de mon temps pour les autres... ou égoïsme, matérialisme, avarice, vol... ?

Tu ne porteras pas de faux témoignages
Amour de la vérité, respect de la bonne réputation des autres ou... colportage de rumeurs, mensonges, accusations, dissimulations, falsifications... ?

Tu ne désireras pas la femme de ton prochain
Amour, pureté et fidélité conjugale. Clarté dans mes pensées et dans mes actes. Pureté et chasteté en dehors du mariage ou... relations ambiguës, adultères... ?

Tu ne désireras pas le bien d'autrui
Être satisfait de ce qui est nécessaire, choisir le juste moyen de prospérer ou... insatisfaction, désirs désordonnés, envies de biens matériels qui ne nous appartiennent pas, destruction du bien des autres...?

Pour nous aider à réfléchir sur ce qui nous éloigne de Dieu et de nos frères, pour nous éclairer dans notre démarche, nous pouvons demander dans la prière l'intercession de Marie et de grands confesseurs, par exemple Saint Jean-Marie Vianney, Saint Léopold Mandic, Saint Pio de Pietrelcina...
À la lecture et méditation du Décalogue, paroles de vie pour nous, recherchons ce qui a pu attrister l'Esprit Saint dans nos comportements, le mal que nous avons fait ou le bien que nous avons négligé d'accomplir, certains que le Père nous appelle à davantage d'amour. Présentons-nous ensuite au Prêtre avec humilité, mais aussi avec une grande foi et une grande confiance envers notre Seigneur, qui par sa Miséricorde nous libère et nous guérit.
Après avoir reçu la bénédiction du prêtre et lui avoir précisé quand nous nous sommes confessés pour la dernière fois, nous pouvons lui énoncer clairement tous nos péchés et écouter ses conseils, tout en sachant que c'est notre Seigneur lui-même qui nous écoute et qui agit à travers lui. Puis avec le profond désir de changer nos mauvais comportements, de mettre tout en œuvre pour améliorer notre vie, nous pouvons alors demander du fond de notre cœur, en vérité et avec humilité, le pardon de nos péchés à notre Père, en prononçant la prière de la réconciliation :

Acte de contrition

Mon Dieu, j'ai un très grand regret de t'avoir offensé, parce que tu es infiniment bon, infiniment aimable et que le péché te déplaît. Donne-moi la force, avec le secours de ta sainte grâce, de ne plus t'offenser, de me corriger à l'avenir et de faire pénitence.

ou

Père, Dieu de tendresse et de miséricorde,
j'ai péché contre Toi et mes frères.
Je ne suis pas digne d'être appelé ton enfant,
mais près de Toi se trouve le pardon.
Accueille mon repentir.
Que ton Esprit me délivre du mal et me donne
la force de vivre selon ton amour
par les mérites de Jésus qui est mort pour nos péchés
et qui est ressuscité.
Amen.

Par le prêtre, nous pouvons alors recevoir l'absolution : c'est le Sang de Jésus versé sur la Croix qui vient à cet instant nous guérir, nous libérer, nous purifier et par lequel nous recevons le pardon de notre Père, Dieu d'Amour, de Tendresse et de Miséricorde :

« Que Dieu notre Père vous montre sa miséricorde ;
par la mort et la résurrection de son Fils,
il a réconcilié le monde avec lui et il a envoyé
l'Esprit Saint pour la rémission des péchés :
par le ministère de l'Église, qu'il vous donne
le pardon et la paix.
Et moi, au nom du Père, et du Fils, et du Saint-Esprit,
je vous pardonne tous vos péchés. »
– Amen.

ou

Dieu notre Père,
ne veut pas la mort du pécheur,
mais qu'il se convertisse et qu'il vive.
C'est lui qui nous a aimés le premier
et il a envoyé son Fils dans le monde
pour que le monde soit sauvé par lui.
Qu'il vous montre sa miséricorde
et vous donne la paix.
– Amen.
Jésus-Christ, le Seigneur,
livré à la mort par nos fautes,
est ressuscité pour notre justification.
Il a répandu son Esprit Saint sur les apôtres
pour qu'ils reçoivent le pouvoir
de remettre les péchés.
Par notre ministère,
que Jésus lui-même vous délivre du mal
et vous remplisse de l'Esprit Saint.
– Amen.
L'Esprit Saint, notre aide et notre défenseur,
nous a été donné pour la rémission des péchés
et en lui nous pouvons approcher du Père.
Que l'Esprit illumine et purifie votre cœur :
ainsi vous pourrez annoncer les merveilles
de celui qui vous a appelés
des ténèbres à son admirable lumière.
– Amen.
Et moi, au nom du Père et du Fils
et du Saint-Esprit
je vous pardonne tous vos péchés.
– Amen.

À moins d'être religieux, auquel cas le rythme est souvent plus fréquent, il est important de recevoir chaque mois le Sacrement de la Réconciliation qui nous renouvelle dans la grâce et la paix de Dieu.

La joie de la Réconciliation

Heureux le Fils pardonné !

Heureux le fils à qui son père a pardonné,
à qui il rend tous ses biens.
Heureux l'homme
que le Seigneur a trouvé sans mensonge.
Oui, je t'ai fait connaître ma faute
j'ai reconnu que j'avais tort.
En mon cœur, j'ai pensé :
« Je vais dire à mon père
tout le mal que j'ai fait. »
Et toi, tu as pardonné mes fautes,
tu as oublié mes péchés.
Frères qui voyez toutes vos erreurs,
allez à votre Dieu, demandez son pardon.
Si vos fautes sont comme des rivières en crue,
elles n'emporteront pas la patience de Dieu.
Il est pour nous un pont solide.
Il nous garde de la mort,
sa main nous guide au milieu des eaux,
il a placé des pierres sous nos pas.
Chantons, dansons tous ensemble
pour notre Dieu.
Vous, tous ses fils, soyez dans la joie.
Dieu nous a pardonné,
nos cœurs sont en fête !

d'après le Psaume 31

« Il faut faire la fête et se réjouir. » Lc 15, 32

Voilà comment Dieu aime

Voilà comment le Père juge
et comment il corrige.
Il donne un baiser au lieu du châtiment.
La force de l'amour ne tient pas compte du péché,
et c'est pourquoi le Père remet d'un baiser
la faute de son fils, il la couvre par
des embrassements.
Le Père ne dévoile pas le péché de son enfant,
il ne flétrit pas son fils, il soigne ses blessures
de sorte qu'elles ne laissent aucune cicatrice,
aucun déshonneur.

Saint Pierre Chrysologue

La pureté du cœur

Sais-tu ce qu'est la pureté du cœur ? Tourne ton regard vers Dieu. Admire-le. Réjouis-toi de ce qu'il est, lui, toute sainteté. Rends-lui grâces à cause de lui-même. C'est cela même avoir le cœur pur.
Et quand tu es ainsi tourné vers Dieu, ne fais surtout aucun retour sur toi-même. Ne te demande pas où tu en es avec Dieu. La tristesse de ne pas être parfait et de se découvrir pécheur est encore un sentiment humain, trop humain. Il faut élever ton cœur plus haut, beaucoup plus haut. Il y a Dieu, l'immensité de Dieu et son inaltérable splendeur. Le cœur pur est celui qui ne cesse d'adorer le Seigneur vivant et vrai. Il prend un intérêt profond à la vie même de Dieu et il est capable, au milieu de toutes ses misères, de vibrer à l'éternelle innocence et à l'éternelle joie de Dieu. Un tel cœur est à la fois dépouillé et comblé. Il lui suffit que Dieu soit Dieu. En cela même, il trouve toute sa paix, tout son plaisir. Et Dieu lui-même est alors toute sa sainteté. Car, si Dieu réclame notre effort et notre fidélité, la sainteté n'est pas un accomplissement de soi, ni une plénitude que l'on se donne. Elle est d'abord un vide que l'on se découvre et que l'on accepte et que Dieu vient remplir dans la mesure où l'on s'ouvre à sa plénitude.

Éloi Leclerc – *Sagesse d'un Pauvre* –

Être libre

Être libre, ce n'est pas choisir entre une chose et une autre chose, entre une botte de foin et une botte d'asperges. Être libre, c'est pouvoir décoller de soi et faire de tout soi-même un don. Et c'est cela le bien, et il n'y en a pas d'autres. Le Bien et la Liberté s'identifient dans leur racine, puisque le Bien et la Liberté consistent l'un et l'autre, et identiquement, en ce surgissement d'une personne qui est tout entière un élan vers un autre.

Et ceci nous donne immédiatement la possibilité d'envisager notre passé d'une manière créatrice : il ne s'agit pas de regarder notre passé, de le soupeser, de l'analyser, en raison des fautes que nous avons commises. On peut se lamenter éternellement sur le bien qu'on n'a pas fait, on peut se lamenter éternellement sur le mal qu'on a commis : on ne fait que tourner autour de soi et il y a bien souvent dans la pseudo-contrition dont on s'afflige une simple blessure d'amour-propre. Ce qu'on regrette, c'est d'avoir manqué d'élégance ; ce qu'on regrette, c'est de n'avoir pas été aussi bien qu'on croyait l'être ; ce qu'on regrette, finalement, c'est précisément d'être blessé dans son amour-propre.

Mais être blessé dans son amour-propre, ce n'est pas encore une contrition : la vraie contrition porte uniquement sur ceci : Je n'ai pas aimé l'Amour. « Je pleure, comme disait Jacopone de Todi, je pleure parce que l'Amour n'est pas aimé. »

C'est ça l'unique motif d'une vraie contrition : je pleure parce que je n'ai pas aimé l'Amour. Mais, si nous pleurons vraiment parce que nous n'avons pas aimé l'Amour, il ne s'agit pas de nous attarder dans ce regard tourné vers le passé, car il n'y a qu'une seule façon de réparer nos manques d'amour, c'est de mettre les bouchées doubles et d'aimer mieux aujourd'hui, car la vraie contrition, finalement, se confond avec un acte d'amour.

Inutile de gémir parce qu'hier nous avons omis de faire le bien. Il s'agit aujourd'hui de *devenir* le bien, il s'agit aujourd'hui d'aimer. Et c'est pourquoi un être peut, en un instant, comme la Madeleine, comme la femme adultère, comme le bon larron, devenir un saint si le retournement de lui-même va jusqu'à la racine de l'être, et si toute sa personne n'est plus qu'un élan vers Dieu.

Ne nous attardons pas à notre passé, ne ressassons pas les péchés que nous avons commis. Ne nous perdons pas dans d'inépuisables examens de conscience. C'est vraiment du temps perdu. C'est maintenant, aujourd'hui, que tout commence et c'est ce qu'il y a de merveilleux dans l'Évangile : tout commence. Le péché originel, bon, c'est le passé. « Heureuse faute qui nous a valu un tel et si grand Rédempteur. » Dans le présent, dans le cadeau, dans le don infini que Dieu nous fait en Jésus Christ, le péché originel devient le thème d'une louange et se change en cri de jubilation. Et la Madeleine fera de ses fautes la cathédrale de son action de grâces et de son amour. Il s'agit de commencer.

Maurice Zundel

« À cause de cela, je te le dis, ses péchés, ses nombreux péchés, lui sont remis parce qu'elle a montré beaucoup d'amour. »

Lc 7, 47

La charité couvre une multitude de péchés. 1 P 4, 8

…là où le péché a abondé, la grâce a surabondé…

Rm 5, 20

PRIÈRES DU PARDON

Celui qui prétend être dans la lumière tout en haïssant son frère est encore dans les ténèbres.

1 Jn 2, 9

… Le Seigneur vous a pardonné ; faites de même à votre tour.

Col 3, 13

Heureux les miséricordieux…

Mt 5, 7

Apprends-nous Seigneur à pardonner

Père, rien n'est aussi difficile
que d'offrir un vrai pardon,
surtout à ceux et à celles qui nous sont proches
et nous ont réellement fait souffrir.
Comme il est difficile ce pardon-là !
Tant de prétextes tourbillonnent dans notre tête :
« Est-ce bien à moi de commencer ?
Est-ce bien la peine ? Non, je ne peux pas
maintenant, demain peut-être… »
Il nous en coûte de pardonner. Est-ce même possible ?
Père, nous le savons, la réconciliation et le pardon
ne peuvent venir que de Toi.
Alors, accorde-nous la grâce du pardon,
la force de nous réconcilier avec ceux
qui sont sous notre toit, avec ceux qui sont loin :
le conjoint qui est parti,
l'enfant qui a brisé ses attaches.
Fais-nous aimer même nos ennemis.
Ne permets pas que le soleil se couche
sur une rancune ou une colère en nos cœurs.
Fais-nous la grâce du premier pas
et nous Te ressemblerons.

Cardinal Danneels

Merci Seigneur de m'apprendre à pardonner

Seigneur Jésus, les hommes m'ont fait du mal, ils ne m'ont pas épargné.
Comme beaucoup, j'ai connu des moments difficiles. J'ai vécu des évènements douloureux. J'ai été séparé des êtres chers que j'aimais et auxquels je tenais. J'ai été accusé à tord, j'ai payé pour les autres. Je n'ai pas eu de soutien, je me suis souvent retrouvé seul, sans aide, sans amitié, sans tendresse ni réconfort.
Mais aujourd'hui Seigneur, je voudrai te dire merci.
Merci d'avoir touché mon cœur et d'avoir soigné petit à petit mes blessures.
Merci de m'avoir fait comprendre, sans me juger, que moi aussi j'ai souvent été injuste.
J'ai calomnié, je ne me suis pas toujours bien comporté, j'ai souvent blessé par mes paroles et mes comportements mes frères et sœurs de route.
Par les paroles que tu as prononcées sur la croix :
« Père, pardonne-leur car ils ne savent pas ce qu'ils font. » tu nous apprends à pardonner.
Seigneur, je n'ai pas de ressentiment, je n'ai pas de haine.
Je ne veux pas ajouter le mal au mal.
D'ailleurs aujourd'hui, je n'ai pas la force d'en vouloir à quiconque.
Je veux rester en paix et pardonner moi aussi à tous ceux qui m'ont fait du tort, pour que par ta grâce, l'amour triomphe.
À ton image, toi qui a été condamné et mis à mort sans avoir pourtant jamais péché, toi qui a donné ta vie pour nous sauver, je ne demande pas justice.
À l'image de Marie, elle qui a été meurtrie au plus profond de l'âme, aide-moi à garder le silence.
À ma mesure, je m'offre un peu comme vous à l'amour, pour faire la volonté du Père, miséricordieux envers tous ses enfants qu'il aime, pour le bien et le salut de tous, pour qu'il touche les cœurs les plus endurcis.
Merci Seigneur de m'avoir appris à pardonner.
Malgré les indélicatesses, les offenses, les trahisons mêmes qui pourraient se renouveler, apprends-moi et aide-moi à toujours espérer, à aimer et à pardonner comme toi.
Jésus, je mets mon espoir en toi, je crois en toi, je te renouvelle ma confiance.
Garde mon âme dans la paix, donne-moi un cœur reconnaissant, ouvert à la beauté de ta création et généreux envers tous mes frères, jusqu'au jour où tu m'accueilleras en ton amour et où je pourrai te voir face à face pour un bonheur sans fin auprès de Marie notre douce et tendre Mère.
Amen.

Jean-Paul Dufour

Le courage du pardon

Seigneur ne me laisse pas devenir victime de l'orgueil quand je réussis, ou de la déception quand j'échoue.
Seigneur apprends-moi qu'être prêt à pardonner est l'une des plus grandes marques de la force et que le désir de vengeance est l'une des manifestations de la faiblesse.
Seigneur si j'ai blessé mon prochain, donne-moi la force de m'excuser ; si les gens m'ont fait du tort, donne-moi le courage du pardon.
Seigneur, si je t'oublie, ne m'oublie pas. Amen.

Il n'est pas en notre pouvoir de ne plus sentir et d'oublier l'offense, mais le cœur qui s'offre à l'Esprit Saint retourne la blessure en compassion transformant l'offense en intercession.

Catéchisme de l'Église Catholique, 2843

Seigneur, le pardon que je n'arrive pas encore à donner, viens le mettre dans mon cœur…

Du même Amour par lequel Tu m'as pardonné, je pardonne

Du même Amour par lequel tu m'as pardonné et fait naître à une nouvelle vie, Seigneur, par amour pour toi, et avec l'aide de Marie ta Mère et notre Mère debout au pied de la croix, je pardonne moi aussi à tous ceux qui m'ont blessé et j'implore pour eux ton pardon :
En ton Nom, Seigneur Jésus, par la puissance de l'Esprit Saint, pour la gloire du Père, comme tu nous l'as appris toi-même, je pardonne à toutes les personnes que je connais ou ne connais pas qui m'ont fait du mal dont je suis conscient ou non, et en particulier je pardonne à…
Je leur pardonne à tous tout le mal qu'ils m'ont fait consciemment ou non.
En ton Nom, Seigneur Jésus, par la puissance de l'Esprit Saint, pour la gloire du Père, qu'ils soient tous sans aucune exception, sans aucune condition, libérés pour toujours et à jamais des suites ou conséquences du mal qu'ils m'ont fait.
Et je te prie, Seigneur Jésus, tout en leur pardonnant, de les combler de ton Amour et de tes bénédictions pour l'éternité. Amen. Alléluia.

Pardonne-nous Seigneur

…Ô Père miséricordieux,
ton Fils Jésus-Christ, juge des vivants et des morts,
dans l'humilité de son premier avènement
a racheté l'humanité du péché,
et lors de son retour dans la gloire,
il demandera compte de toute faute.
À nos pères, à nos frères et à nous tes serviteurs
qui, poussés par l'Esprit Saint, revenons à toi,
le cœur plein de repentir,
accorde ta miséricorde et la rémission des péchés…
Que cette prière qui célèbre la miséricorde du Seigneur
et veut purifier la mémoire du chemin des chrétiens
à travers les siècles, suscite dans toute l'Église
et en chacun d'entre nous un engagement de fidélité
au message éternel de l'Évangile :
Jamais plus d'actes contraires à la charité
dans le service de la vérité ;
Jamais plus de gestes contre la communion de l'Église ;
Jamais plus d'offenses contre quelque peuple que ce soit ;
Jamais plus de recours à la logique de la violence ;
Jamais plus de discriminations, d'exclusions,
d'oppressions, de mépris des pauvres et des petits.
Et que le Seigneur, par sa grâce,
mène notre résolution à son accomplissement
et nous conduise tous ensemble à la vie éternelle.
Amen.

Saint Jean-Paul II
Journée du Pardon de l'Année Sainte. 12 mars 2000

LA PLUS GRANDE PRIÈRE : L'EUCHARISTIE

Monastère Notre-Dame de l'Assomption - Bet Gemal - Israël

L'EUCHARISTIE

(…) C'est pour cela que je suis parvenu à cette heure. Jn 12, 27

(…) Jésus (…) les aima jusqu'au bout. Jn 13, 1

Prenant du pain, il rendit grâces, le rompit et le leur donna en disant : « Ceci est mon corps, donné pour vous ; faites cela en mémoire de moi. »

Lc 22, 19

Puis, prenant une coupe, il rendit grâces et la leur donna en disant : « Buvez-en tous ; car ceci est mon sang, le sang de la nouvelle alliance, qui va être répandu pour une multitude en rémission des péchés. »

Mt 26, 27-28

(…) chaque fois que vous en boirez, faites-le en mémoire de moi.

1 Cor 11, …25

Je suis le pain vivant qui est descendu du ciel. Si quelqu'un mange de ce pain, il vivra éternellement ; et le pain que je lui donnerai, c'est ma chair, pour la vie du monde.

Jn 6, 51

En vérité, en vérité, je vous le dis, si vous ne mangez la chair du Fils de l'homme et ne buvez son sang, vous n'aurez pas la vie en vous. Celui qui mange ma chair et boit mon sang a la vie éternelle et je le ressusciterai au dernier jour.
Car ma chair est vraiment une nourriture et mon sang vraiment une boisson.
Qui mange ma chair et boit mon sang demeure en moi et moi en lui.

Jn 6, 53-56

Quand l'heure fut venue où tu allais le glorifier, comme il avait aimé les siens qui étaient dans le monde, il les aima jusqu'au bout : pendant le repas qu'il partageait avec eux, il prit le pain, il le bénit, le rompit et le donna à ses disciples, en disant :
« Prenez, et mangez en tous :
ceci est mon corps livré pour vous. »
De même, il prit la coupe remplie de vin, il rendit grâce, et la donna à ses disciples en disant :
« Prenez, et buvez en tous,
car ceci est la coupe de mon sang,
le sang de l'Alliance nouvelle et éternelle
qui sera versé pour vous et pour la multitude
en rémission des péchés.
Vous ferez cela, en mémoire de moi. »

Liturgie de la messe

Il est recommandé si nous le pouvons, de nous préparer, de nous recueillir et de prendre du temps avant chaque Messe. Que notre Eucharistie soit vivante, désirée.

Approchez-vous de la Sainte Table avec la même disposition que vous voudriez avoir pour entrer dans le Ciel. Il ne faut pas, en effet, avoir moins de respect pour recevoir Jésus-Christ que pour être reçu de lui…

Saint Jean-Baptiste de la Salle

Un homme n'est jamais aussi grand que lorsqu'il s'agenouille.

Saint Jean XXIII

Toute célébration eucharistique est plus forte que tout le mal de l'univers.

Saint Jean-Paul II

La Messe est le renouvellement du sacrifice du Seigneur : Jésus s'offre – par le prêtre – à Dieu son Père, et son Église s'offre avec lui en sacrifice de louange et de réparation, d'action de grâces.

À la consécration, Notre Seigneur Jésus-Christ se rend réellement présent parmi nous dans l'hostie, en Corps, en Âme, en Divinité, en Esprit.

Réconcilié avec Lui, pardonné dans le sacrement de réconciliation, c'est avec joie, confiance et une grande foi que nous pouvons nous approcher de Jésus. Désirons ardemment le rencontrer, et préparons-nous à le recevoir dignement.
Mettons-nous en présence de Marie, notre Mère. Demandons-lui avec foi de rétablir en nous l'ordre intérieur, de nous orner de ses vertus et de ses mérites, de venir en nos cœurs pour en faire une demeure digne de recevoir son Divin Fils, notre Seigneur Jésus-Christ, dans un profond respect et dans une grande intimité.

La communion est l'acte le plus solennel que nous puissions accomplir. C'est une rencontre d'amour.
Jésus nous attend, nous ouvre son cœur.
C'est une nouvelle incarnation qui se produit en nous pour transformer notre âme. Nous recevons le corps glorieux du Christ ressuscité avec sa puissance de résurrection.

Le Sacrement de l'Eucharistie fortifie en notre cœur la Vie Divine, vivifie en nous la Foi, l'Espérance, la Charité. Le Christ réalise alors entre les hommes une véritable unité.

Après la communion, nous rendons grâce à Dieu.
C'est un cœur à cœur personnel avec le Seigneur : nous adorons, nous aimons, nous remercions, nous demandons, nous offrons…
Après la Messe, nous consacrerons du temps à Notre Seigneur dans le silence et la prière, nous resterons en sa présence.

PRIÈRES AVANT LA COMMUNION

Dieu Éternel et Tout-Puissant

Dieu Éternel et Tout-Puissant, voici que je vais m'approcher du Sacrement du Corps et du Sang de ton Fils, Jésus notre Seigneur.
Permets-moi de venir à lui en état de grâce, avec respect et humilité, avec une réelle contrition, une grande dévotion, un cœur pur, une foi vive et la ferme résolution de ne plus l'offenser.
Faisant appel à tes largesses sans limite, qu'il veuille bien me guérir de mes maladies, me laver de mes souillures, éclairer mon aveuglement, enrichir ma pauvreté et me revêtir de sa miséricorde, lui le pain des Anges, le Roi des rois, le Seigneur des seigneurs.
Accorde-moi, je t'en prie, de recevoir non seulement le Sacrement du Corps et du Sang du Seigneur, mais aussi l'effet et les fruits de ce Sacrement.
Ô Dieu très bon puisqu'il m'est donné de recevoir le Corps de ton Fils bien-aimé, ce corps qu'il a pris dans le sein de la Vierge Marie, fais que je le reçoive dans les meilleures dispositions.
Ô Père très aimant, accorde-moi de contempler enfin face à face, pour toute l'éternité, ton Fils bien-aimé, que je m'apprête en ce voyage terrestre à recevoir sous les voiles du Sacrement, Lui qui étant Dieu, vit et règne avec toi en l'unité du Saint-Esprit dans les siècles des siècles. Amen.

d'après saint Thomas d'Aquin

Seigneur Jésus Christ

Seigneur Jésus Christ, Fils du Dieu vivant, selon la volonté du Père et avec la puissance du Saint-Esprit, tu as donné, par ta mort, la vie au monde ; que ton corps et ton sang me délivrent de mes péchés et de tout mal ; fais que je demeure fidèle à tes commandements et que jamais je ne sois séparé de toi.

Liturgie de la Messe

Marie, ma sainte Maman

Marie, ma sainte Maman, je t'en prie, prépare mon cœur, viens recevoir et accueillir toi-même Jésus pour moi, avec moi et en moi au cours de cette sainte Messe.
Demande-lui pardon pour toutes mes fautes depuis ma dernière confession.
Il ne peut rien te refuser.
Il est, il reste ton enfant, comme moi. Il n'est pas venu pour les bien portants, il est venu pour les malades, il vient donc pour moi.
Demande-lui de me visiter, de ne pas me quitter qu'il ne m'ait guéri de mes penchants mauvais, qu'il ne m'ait donné ce qu'il veut me donner pour poursuivre la route.
Demande-lui, comme l'argile dans la main du potier, d'adoucir mon cœur, de le rendre doux et humble comme le sien.
Demande-lui, je t'en prie, ce qui m'est nécessaire, qu'il m'enseigne, qu'il me donne sa grâce, qu'il me donne sa paix, sa joie, sa force.
Demande-lui qu'il remplisse mon cœur et mon âme de son amour et m'apprenne ainsi à accepter, à comprendre et à aimer tous mes frères.
Qu'il veuille bien demeurer en moi et moi en lui, lui, la lumière, le chemin, la vérité… la vie.
Marie, je t'en prie, s'il te plaît, reste près de moi et prie ton Fils pour moi au cours de cette Eucharistie.
Amen.

Jean-Paul Dufour

PRIÈRES APRÈS LA COMMUNION

Je te rends grâce, ô Seigneur très Saint

Je te rends grâce, ô Seigneur très Saint, Père tout-puissant et Dieu éternel, par ta miséricorde, de m'avoir comblé, moi pécheur, du Corps précieux et du Sang de ton Fils.
Je te prie, ô mon Dieu, que cette Sainte Communion ne me condamne pas, mais qu'elle me soit un moyen de salut pour obtenir ta grâce et la rémission de mes péchés ; qu'elle me soit comme une armure par une foi vive, et qu'elle soit à ma volonté comme un bouclier qui l'environne, qu'elle corrige mes vices, qu'elle détruise en moi la concupiscence et les penchants mauvais ; qu'elle me fasse croître en charité, en patience, en humilité, en obéissance, en toutes vertus ; qu'elle me soit une défense invincible contre les embûches de tous mes ennemis visibles et invisibles ; qu'elle apaise les élans trop violents de ma chair et de mon esprit ; qu'elle m'unisse intimement à toi, seul vrai Dieu. Et permets, ô Père très Saint, qu'après une heureuse mort en ta paix, je sois admis dans ton royaume où avec ton Fils et le Saint-Esprit, tu es pour Marie, Joseph, les anges et tous les saints la véritable lumière, le bonheur éternel et la joie parfaite.
Amen.

d'après Saint Thomas d'Aquin

Reste avec moi, Seigneur

Reste avec moi, Seigneur, car il est nécessaire de T'avoir présent pour ne pas T'oublier. Tu sais avec quelle facilité je T'abandonne.
Reste avec moi, Seigneur, parce que je suis faible et que j'ai besoin de Ta force pour ne pas tomber si souvent.
Reste avec moi, Seigneur, parce que Tu es ma vie et que sans Toi, je suis sans ferveur.
Reste avec moi, Seigneur, parce que Tu es ma lumière et que sans Toi, je suis dans les ténèbres.
Reste avec moi, Seigneur, pour me montrer Ta volonté.
Reste avec moi, Seigneur, pour que j'entende Ta voix et Te suive.
Reste avec moi, Seigneur, parce que je désire T'aimer beaucoup et être toujours en Ta compagnie.
Reste avec moi, Seigneur, si Tu veux que je Te sois fidèle.
Reste avec moi, Jésus, parce que si pauvre que soit mon âme, elle désire être pour Toi un lieu de consolation, un nid d'amour.
Reste avec moi, Jésus, parce qu'il se fait tard et que le jour décline... c'est-à-dire que la vie passe, la mort, le jugement, l'éternité approchent. Je crains les ténèbres, les tentations, les sécheresses, les croix, les peines, et combien j'ai besoin de Toi, Jésus, pour cette nuit d'exil.
Reste avec moi, Jésus, parce que dans cette nuit de la vie et des dangers j'ai besoin de Toi. Fais que je Te reconnaisse comme Tes disciples à la fraction du pain, c'est-à-dire que la Communion Eucharistique soit la lumière qui dissipe les ténèbres, la force qui me soutienne et l'unique joie de mon cœur.
Reste avec moi, Seigneur, parce qu'à l'heure de la mort, je veux rester uni à Toi, sinon par la Communion, du moins par la grâce et l'amour.
Reste avec moi, Jésus. Je ne Te demande pas les consolations divines parce que je ne les mérite pas, mais le don de Ta présence, oh ! oui, je Te le demande.Ï317
Reste avec moi, Seigneur. C'est Toi seul que je cherche, Ton amour, Ta grâce, Ta volonté, Ton cœur, Ton esprit, parce que je T'aime et ne demande pas d'autre récompense que de T'aimer davantage, d'un amour ferme, pratique, T'aimer de tout mon cœur sur la terre pour continuer à T'aimer parfaitement pendant l'éternité.
Amen.

Saint Pio de Pietrelcina

Je crois en Toi, je t'aime

Merci, Père bien-aimé, de me donner ton Fils, notre Sauveur, dans cette Eucharistie.
Merci, Seigneur Jésus, Roi de miséricorde, d'avoir donné ta vie pour nous.
Je crois en toi, j'ai confiance en toi, je t'aime.
Seigneur, je te reçois comme le Soleil de ma vie.
Merci pour ta Sainte Présence.
Agis en moi selon ta volonté.
Enlève mes troubles, dissipe mes ténèbres, libère-moi de mes penchants mauvais, purifie-moi, donne-moi ta paix, ouvre mon cœur à l'amour, guide-moi sur ta route.
Ô Seigneur, je veux demeurer en toi, habiter ton Cœur tous les jours de ma vie.
Donne-moi, ne me retire pas ton Esprit Saint.
Nourris-moi Seigneur, afin que je puisse nourrir mes frères, et toi en eux.
Aide-moi à te rester présent tout au long de ce jour.
Garde mon âme en fête, mon cœur en joie.
Marie, Mère de Dieu, notre Mère, Vierge Immaculée, protège-moi, garde-moi pur en Jésus-Christ, aide-moi à vivre en enfant de lumière, dans la paix, l'amour et la joie de l'Esprit Saint.
Amen.

Jean-Paul Dufour

Seigneur Jésus, dans un admirable sacrement…

Seigneur Jésus, dans un admirable sacrement, Tu nous as laissé le mémorial de Ta Passion. Accorde-nous la grâce d'adorer la présence cachée de Ton Corps et de Ton Sang avec assez de foi pour sentir continuellement en nous les effets de Ta Rédemption, ô Toi qui vit et règne éternellement.
Amen.

Prière d'action de Grâce

Ô Jésus, sois béni, merci pour ta paix, ton amour que tu me communiques. Quand j'étais dans le péché, j'étais malheureux ; à présent, non seulement mon âme est tranquille, mais il me semble vivre déjà la vie du Ciel sur terre. En vérité, Seigneur, notre cœur a été fait pour Toi et n'est heureux que s'il repose en Toi. C'est pourquoi je te rends grâces, aide-moi fermement à toujours fuir le péché, à en éviter les occasions et à établir ma demeure dans ton divin Cœur, dont j'attends l'aide pour t'aimer jusqu'à mon départ.
Amen.

Je me donne à Toi

Ô Jésus, tu t'es donné tout à moi, je me donne, en retour, tout à toi. Là où ta providence m'a placé, je veux m'efforcer de procurer ta gloire autant qu'il me sera possible et, par ma prière et mon exemple, amener mes frères à mieux te connaître, t'aimer, et te servir. Aide-moi à ce qu'il en soit ainsi, ô mon Dieu, jusqu'à mon dernier soupir.
Amen.

Seigneur, tu as bien voulu nous accueillir dans ton Eucharistie, mets ton sourire sur nos visages, mets ta parole sur nos lèvres, aide-nous maintenant à aller à la rencontre de nos frères, à les accueillir, leur ouvrir notre cœur et donne-nous la joie d'aimer.
Voici, sortons, allons. Portons Dieu dans le monde afin que tous, se sentant frères, s'aiment et soient aimés du Père.

CONSÉCRATIONS

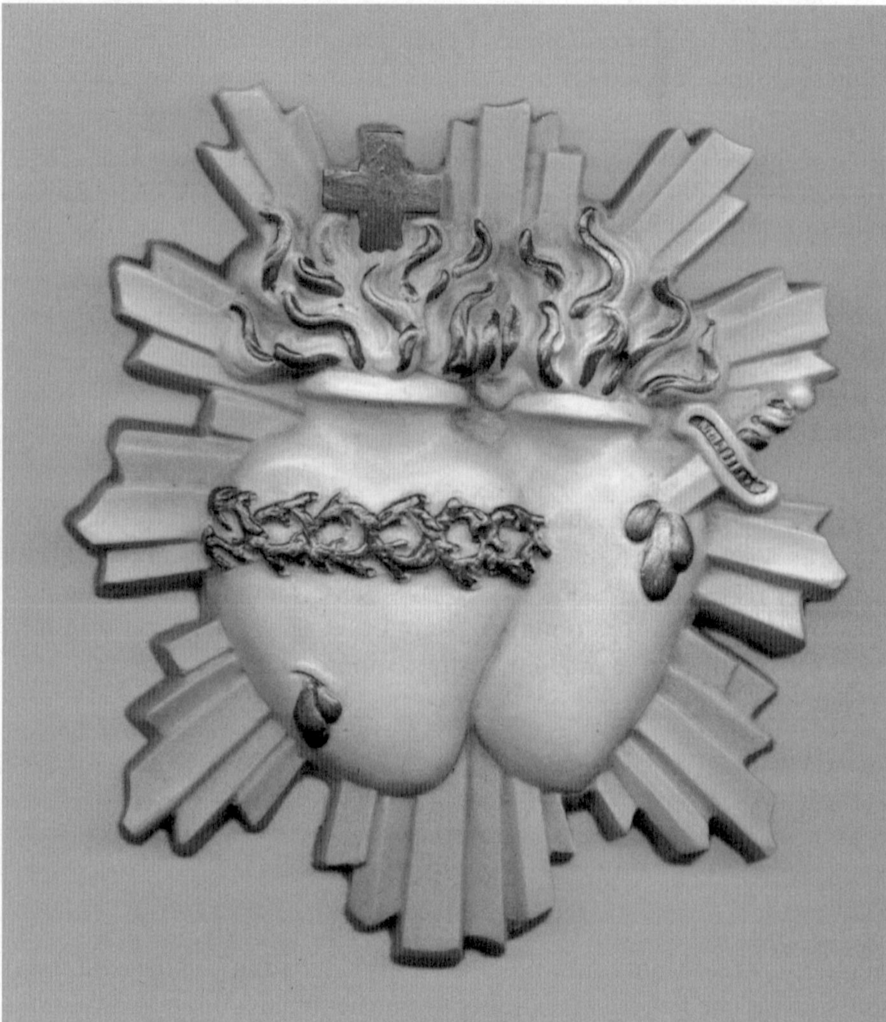

Cœurs Unis de Jésus et de Marie

Cœur Sacré de Jésus, j'ai confiance en toi.
Cœur Immaculé de Marie, prie pour nous.

Le sens de la Consécration

Littéralement consécration signifie : « rendre saint avec », c'est donc prendre de ce qui est à nous, de ce qui est humain, et l'associer au divin en l'offrant à Dieu pour qu'il le sanctifie.
Le concile affirme que les laïcs sont les consécrateurs du monde, parce que vivants dans le monde, ils sont à même de le remettre tous les jours à Dieu.
La consécration est un acte de liberté et de confiance ; c'est un feu vert que nous donnons à Dieu pour qu'il travaille à notre sanctification et nous communique ses grâces.
Nous nous étonnons parfois de ne pas avancer sur tel ou tel point, demandons-nous d'abord si nous l'avons bien donné à Dieu, Dieu qui ne nous oblige pas, qui s'offre et qui respecte notre liberté.
Il est de tradition, selon ses affinités spirituelles et ce que l'Esprit Saint nous inspire d'offrir notre consécration soit par le cœur de Jésus, soit par le cœur de Marie…

Acte de consécration au Père Éternel

Père Éternel, Dieu de tendresse et de force, je me consacre à toi par l'Esprit de piété filiale que tu nous as envoyé et par ton Fils bien-aimé qui nous a montré ton visage de Père des miséricordes.
Tout ce qui est en moi soupire et gémit Abba, te loue et t'adore. Je te supplie de tourner le cœur des hommes vers ton cœur de Père, qu'ils le reconnaissent et se réconcilient avec toi, qu'ils trouvent la paix et la consolation en se reposant dans ton sein.
Je me consacre à toi qui es un Dieu prêt à pardonner, compatissant et miséricordieux, lent à la colère et riche en bonté, et qui n'abandonnes pas tes enfants ; je me consacre à toi par le Cœur Immaculé de Marie dans ta pensée depuis toujours pour venir demeurer au milieu de nous, par le Cœur transpercé de Jésus en qui tu as mis tout ton amour pour l'humanité souffrante.
Ô Père Éternel, engendre en moi ton Fils dans la jubilation de l'Esprit afin que j'accède à la plénitude de la bienheureuse lumière où tu demeures.
Amen.

Frère Ephraïm

Actes de consécration au Sacré-Cœur de Jésus

Ô Sacré-Cœur de Jésus…

Ô Sacré Cœur de Jésus, percé par la lance,
Toi, qui as tant aimé les hommes,
Toi qui as tant besoin de l'amour des hommes,
Je me consacre à Toi, avec tous ceux que j'aime.
Aie pitié de nous, pauvres pécheurs.
Nous tombons si facilement dans le péché,
Sois notre secours, nous avons confiance en Toi,
Conduis-nous à Dieu Notre Père !
Donne-nous la Lumière de l'Esprit Saint !
Montre-nous Ton Amour !
Purifie-nous dans Ton Amour !
Que règne pour toujours dans nos familles Ton Cœur Sacré,
Uni au Cœur douloureux et Immaculé de Marie,
Ta Mère, et notre tendre Mère.
Amen.

Cœur Sacré de Jésus, j'ai confiance en Toi

Seigneur Jésus, je te demande les grâces de confiance et de force dont j'ai besoin pour accomplir chaque jour fidèlement ta volonté. Je confie à ton Cœur, mes soucis, mes peines, mes inquiétudes, mes projets : rends-les conformes aux projets de ton cœur. Augmente en moi la foi, l'espérance et la charité…
Je te demande pour les miens les grâces dont ils ont besoin, grâces de santé, de travail, d'espérance, de vraie vie chrétienne… Cœur Sacré de Jésus, maintiens la paix dans notre famille, et dans toutes les familles. Je te prie enfin pour mes chers défunts. Qu'ils reposent en paix près de toi. Amen.

Le Sacré Cœur de Jésus
Paray-le-Monial – France

Ô Jésus, nous savons que tu es doux…

Ô Jésus, nous savons que tu es doux,
Que tu as donné ton cœur pour nous,
Il a été couronné d'épines par nos péchés.
Nous savons qu'aujourd'hui encore, tu pries pour nous,
Afin que nous ne nous perdions pas.
Jésus, rappelle-toi de nous si nous tombons dans le péché.
Par ton cœur très saint,
Fais que nous nous aimions tous les uns les autres.
Fais que disparaisse la haine entre les hommes.
Montre-nous ton amour.
Tous, nous t'aimons.
Et nous désirons que tu nous protèges,
Avec ton cœur de Bon Pasteur.
Entre en chaque cœur, Jésus !
Frappe à la porte de nos cœurs.
Sois patient et tenace avec nous.
Nous sommes encore enfermés en nous-mêmes,
Parce que nous n'avons pas compris ta volonté.
Frappe sans relâche, ô Jésus,
Fais que nos cœurs s'ouvrent à toi,
Au moins en nous souvenant de la passion
Que tu as soufferte pour nous.
Amen.

Seigneur Jésus, notre bon Berger

Seigneur Jésus notre bon Berger, qui a donné ta vie pour nous, Toi qui nous aimes tant, rassemble-nous auprès de toi, porte vers nous ton regard, ouvre nos cœurs à ta Miséricorde, pardonne-nous nos péchés, purifie-nous, accorde-nous ta grâce et couvre-nous de tes bénédictions.

Comme toutes tes petites brebis que tu aimes et que tu conduis, préserve-nous de tout mal et garde-nous tout au long de ce jour confiants, doux, humbles, apaisés, rassurés, épanouis et joyeux dans l'enclos de ton Cœur.

Apprends-nous à nous aimer les uns, les autres, unis nos cœurs dans la prière, répands sur nous la lumière et les dons de ton Esprit Saint, établis-nous dans la paix de ton Amour et aide-nous à travailler à la venue de ton Règne.

Nous t'en prions, par le Cœur Immaculé de notre douce et tendre Mère, la très Sainte Vierge Marie.

Amen.

Jean-Paul Dufour

Acte de consécration au Précieux Sang de Jésus

Miséricordieux Jésus, conscient de mon néant et de la grandeur divine, je me jette à tes pieds pour te remercier des nombreuses grâces que tu m'as accordées, particulièrement celle de m'avoir délivré, par la vertu de ton Précieux Sang, du pouvoir néfaste de Satan. En présence de la Vierge Marie, ma Mère, de mon Saint Ange Gardien, de mes Saints Patrons et de toute la cour céleste, je me consacre librement et d'un cœur sincère à ton Sang Précieux, ô Jésus, au moyen duquel tu as sauvé le monde du péché, de la mort et de l'enfer.

Je te promets, avec le secours de ta Sainte grâce, de susciter et de répandre de toutes mes forces et selon mes moyens, la dévotion à ton Précieux Sang, gage de notre salut, afin que ton Sang adorable soit honoré et glorifié.

Je voudrais, ainsi, réparer mes infidélités par ton Précieux Sang, signe de ton amour, et te faire amende honorable pour les nombreuses profanations des hommes à l'égard de ton Sang rédempteur. Ne te souviens plus de mes propres péchés, de mes froideurs et de mes ingratitudes. Pour tout cela, je t'offre, ô Jésus, l'amour, la vénération et l'adoration de ta très Sainte Mère, de tes fidèles disciples et de tous les Saints à l'égard de ton Précieux Sang.

Je te supplie de ne plus te souvenir de mes infidélités passées et de pardonner à tous ceux qui t'ont offensé.

Ô mon divin Sauveur, répands sur moi ainsi que sur tous les hommes, ton Précieux Sang, afin que désormais nous t'aimions de tout notre cœur, ô Amour crucifié, et vénérions dignement en tout temps le prix de notre Salut.

Amen.

Acte de Consécration à l'Esprit Saint

Ô Esprit Saint, Divin Esprit de Lumière et d'Amour,
je te consacre mon intelligence,
mon cœur et ma volonté, tout mon être,
pour le temps et pour l'éternité.
Que mon intelligence
soit toujours docile à tes célestes inspirations
et à l'enseignement de la Sainte Église Catholique,
dont tu es le guide infaillible ;
que mon cœur soit tout embrasé
de l'amour de Dieu et du prochain ;
que ma volonté soit toujours conforme
à la Volonté Divine ;
et que toute ma vie soit une imitation fidèle de la vie
et des vertus de Notre Seigneur et Sauveur Jésus-Christ.
À Toi, au Père et au Fils,
soient honneur et gloire éternellement.
Amen.

Actes de consécration au Cœur Immaculé de Marie

Je te choisis aujourd'hui, ô Marie

Je te choisis aujourd'hui, ô Marie
en présence de toute la cour céleste,
pour ma Mère et ma Reine.
Je te livre et consacre
en toute soumission et amour
mon corps et mon âme,
mes biens intérieurs et extérieurs
et la valeur même de mes bonnes actions,
passées, présentes et futures,
te laissant un entier et plein droit
de disposer de moi
et de tout ce qui m'appartient
sans exception,
selon ton bon plaisir,
à la plus grande gloire de Dieu
dans le temps et l'éternité.
Amen.

Saint Louis-Marie Grignion de Montfort

Daigne recevoir ma louange, ô Vierge bénie…

Daigne recevoir ma louange,
ô Vierge bénie,
Immaculée Conception, Reine du ciel et de la terre
Refuge des pécheurs et Mère très aimante
À qui Dieu voulut confier
Tout l'ordre de la miséricorde.
Me voici à tes pieds,
Moi…, pauvre pécheur.
Je t'en supplie, accepte mon être tout entier
Comme ton bien et ta propriété.
Agis en moi selon ta volonté,
En mon âme et mon corps,
En ma vie et ma mort et mon éternité.
Dispose avant tout de moi comme tu le désires
Pour que se réalise enfin ce qui est dit de toi :
« La femme écrasera la tête du serpent »
Et aussi : « Toi seule vaincras les hérésies
Dans le monde entier. »
Qu'en tes mains immaculées
Si riches de miséricorde,
Je devienne un instrument de ton amour
Capable de ranimer et d'épanouir pleinement
Tant d'âmes tièdes ou égarées.
Ainsi s'étendra sans fin
Le Règne du Cœur divin de Jésus.
Vraiment ta seule présence attire les grâces
Qui convertissent et sanctifient les âmes
Puisque la grâce jaillit du Cœur divin de Jésus
Sur nous tous
En passant par tes mains maternelles.

Saint Maximilien – Marie Kolbe

Ô Cœur Immaculé de Marie, débordant de bonté…

Ô Cœur Immaculé de Marie,
Débordant de bonté,
Montre-nous ton amour pour nous.
Que la flamme de ton Cœur, ô Marie,
Descende sur tous les peuples.
Nous t'aimons immensément !
Imprime en nos cœurs un véritable amour.
Que notre cœur languisse de toi.
Ô Marie, douce et humble de cœur,
Souviens-toi de nous, quand nous péchons.
Tu sais que nous, les hommes,
Nous sommes pécheurs.
Par ton Cœur très saint et maternel,
Guéris-nous de toute maladie spirituelle.
Rends-nous capables de regarder
La bonté de ton Cœur maternel,
Et qu'ainsi nous nous convertissions
À la flamme de ton Cœur.
Amen.

DE NAZARET

Ô doux Cœur Immaculé de Marie

Ô Marie, notre douce et tendre Mère, refuge pour tous tes enfants de la Terre que tu as accueillis au pied de la Croix, toi qui possèdes tous les trésors du Cœur de ton Divin Fils et qui portes les mêmes désirs, les mêmes espérances et les mêmes peines, nous t'en prions, prends soin de nous, libère-nous de l'esclavage du péché, viens guérir les blessures de nos âmes, veille sur nous, prends-nous tous en ton Cœur et protège-nous.

Ô doux Cœur Immaculé de Marie, source intarissable de bonté et de grâce, de tendresse et de paix, demeure de l'Esprit Saint, dépositaire de tous ses dons, de son amour patient qui se fait pardon, nous t'en prions, emplis nos cœurs de cet amour divin.
Que la bonté de ton Cœur maternel devienne notre bonté et qu'elle s'exprime envers tous ceux qui nous entourent dans la douceur des paroles, dans la bonté des œuvres et dans la délicatesse des comportements.

Ô doux Cœur Immaculé de Marie, porte d'entrée du Divin Cœur Miséricordieux de ton Fils bien-aimé, Jésus notre Sauveur, nous nous consacrons à toi, nous te consacrons nos familles, tous ceux que nous portons dans nos cœurs, nous t'offrons nos joies, nos peines, nous te prions de nous assister dans les épreuves quotidiennes de la vie et de nous faire progresser dans la connaissance et la grâce du Christ, avec l'aide et dans la joie de l'Esprit Saint, jusqu'au jour où, dans la vie éternelle, nous pourrons chanter ensemble la paix, l'amour et la gloire de Dieu, unis dans un bonheur sans fin que personne ne pourra nous ravir.
Amen.

Jean-Paul Dufour

Marie, je te consacre toutes mes relations

Très douce Vierge Marie, Mère de la Miséricorde,
toi qui pardonnes sans cesse aux hommes leurs offenses
et leur rejet du Dieu d'Amour, prie pour qu'en mon cœur
ne pousse aucune racine d'amertume ou de ressentiment.
Je te consacre toutes mes relations humaines
afin qu'elles deviennent le lieu
où se manifeste la douceur du Christ.
Je te consacre mes relations affectives
afin que je cherche toujours à donner plutôt qu'à prendre,
que je comprenne les besoins de mes proches
et la volonté de Dieu plutôt que mon propre intérêt.
Je te consacre toute relation familiale afin que,
ne recherchant que l'accroissement de l'amour,
je mette l'union et la tendresse
là où il y a la dureté et la discorde.
Amen.

Actes de consécration de notre famille au Sacré-Cœur de Jésus

Cœur Sacré de Jésus, nous nous consacrons à toi…

Cœur Sacré de Jésus, nous nous consacrons à toi et nous te reconnaissons comme le Roi et le Chef de notre foyer. Bénis notre famille, notre maison, nos travaux et nos projets. Donne-nous d'accomplir de notre mieux tous nos devoirs. Mets en nous la confiance et la paix, et entre nous la concorde et l'unité. Console-nous dans nos peines. Fais que nous t'aimions de plus en plus et que nous cherchions autour de nous à te faire connaître et aimer.
Amen.

Consécration familiale au Sacré-Cœur de Jésus

« Je bénirai les maisons ou l'image de mon cœur sera exposée et honorée »

Jésus à Sainte Marguerite-Marie

La famille prépare une table et un support pour l'icône, des fleurs, des lumières… et l'emplacement où cette icône sera accrochée.

1- Bénédiction de l'icône
On peut lire Jean 19, 31-37, avant la prière de bénédiction de l'icône… et chanter.

2- Consécration
Cette consécration suppose une volonté de conversion du cœur. Les membres de la famille peuvent se consacrer à tour de rôle en disant à haute voix, devant tous, l'une ou l'autre des formules, les corrigeant ou les adaptant. Chacun peut aussi prier spontanément dans la vérité de cette démarche de foi… avant de faire ensemble la consécration de toute la famille.

Le Père :
Seigneur, Je Te remercie de m'avoir fait ce que je suis. Je Te remercie de la femme et des enfants que Tu m'as donnés.
En reconnaissance, moi…, je m'offre à Toi et me consacre à Ton cœur.
Au jour de notre mariage, tu as béni notre union et sanctifié notre amour. Devant Toi et devant tous les miens, je renouvelle aujourd'hui les engagements de notre mariage.
Sois le maître de notre foyer.
Règne dans le cœur de chacun.
En qualité de chef de famille, je T'offre et je Te consacre toute notre famille.
En ce temps d'épreuve pour notre foi, si l'un de nous s'est détourné de Toi, ramène-le, Jésus, en le prenant sur tes épaules, comme fait le berger avec la brebis égarée.
À l'exemple de saint Joseph, donne-moi de remplir fidèlement ma tâche de mari et de père.
Je Te demande pardon et je demande pardon aux miens de mes fautes passées.
Seigneur, j'ai foi en Toi : je Te confie tous mes soucis professionnels et familiaux.
Que le pain ne manque jamais à notre table.
Mais j'ai peur que nous ne devenions trop matérialistes. Je Te demande de réveiller en nous le désir de prendre au sérieux l'Évangile.
Désormais, notre famille T'appartient.
Disposes-en selon ton bon plaisir.
(Et si Tu appelles l'un de nos enfants à ton service, je veux Te dire aujourd'hui que ce sera notre plus grande joie).
Rends notre foyer lumineux et chaud, accueillant à tous ceux qui manquent d'affection.
Que nous ayons la joie de nous retrouver tous en ton Royaume.
Tous : Amen.

Cœur Sacré de Jésus
Toi qui as tant aimé les hommes
Prends pitié de nous, pécheurs !

La mère :
Jésus, je Te remercie de m'avoir fait ce que je suis. Je te remercie du mari et des enfants que Tu m'as donnés.
Moi…, je m'offre et me consacre aujourd'hui à ton Cœur, avec foi, confiance et amour.
Tu as eu une Mère merveilleuse qui s'appelle Marie. C'est par son cœur immaculé que je veux réaliser ma vocation de femme et de maman.
Quand tu attendais ton enfant, Vierge Marie, et que Joseph ne comprenait pas, tu te taisais et tu priais : aux jours d'incompréhension mutuelle, donne-moi d'être celle qui espère.
Quand il manquait le vin de la joie à Cana, Marie, tu t'en es aperçue : lorsque les miens cachent leurs soucis, donne-moi de savoir les deviner.
Quand ton Fils Jésus a été crucifié, Marie, tu te tenais près de Lui, l'encourageant de ta présence et de ta prière : dans les épreuves et les deuils, donne-moi de puiser, dans le Cœur transpercé de ton Fils, la force de réconforter les miens.
Je confie à ton Cœur maternel mon mari et mes enfants.
Guéris mon cœur de toutes ses inquiétudes.
Apprends-moi à faire confiance, comme toi, à l'Amour du Cœur vivant de ton Fils.
C'est à Lui que maintenant je me remets totalement, dans la confiance et dans la joie.
Tous : Amen.

Consécration des familles :
Cœur de Jésus, toi qui t'es consacré au Père par amour pour nous, nous voulons, dans le souffle de ton Esprit Saint, nous consacrer à toi par amour pour toi, te consacrer nos vies et nos familles, les enfants que le Père nous a donnés (et ceux qu'il voudrait nous donner encore).
Nous te consacrons nos maisons, notre travail et nos gestes les plus simples.
Nous te consacrons nos épreuves et nos joies pour que l'amour dont tu nous as aimés nous garde en toi et demeure en nous à jamais, pour que le feu de ton amour embrase le monde entier et que les fleuves d'eau vive de ton cœur ouvert jaillissent jusqu'en la vie éternelle.
Amen.

Les jeunes :

Jésus, moi aussi, je veux Te remercier de m'avoir fait tel que je suis. C'est toi qui m'as donné les parents et la famille que j'ai maintenant. Moi…, je T'offre et je Te consacre mon cœur de jeune avec ses difficultés et ses joies, mais aussi ses problèmes et ses espérances.
Si je me suis révolté contre Toi et contre mes parents, guéris toutes les blessures de mon cœur.
Enlève aussi de moi tout sentiment de jalousie : ne permets pas que je me croie le moins aimé de tous.
Donne-moi la foi, ouvre mes yeux à ton action parmi nous.
Tu sais que ce n'est pas facile de vivre l'Évangile au milieu de ceux de mon âge : Donne-moi d'être lumière pour mes amis.
Donne-moi de ne pas jouer avec mon cœur, ni avec mon corps et de nous respecter entre garçons et filles.
Cœur de Jésus, je Te confie mon travail professionnel (mes études). Je dis « oui » d'avance à l'avenir que Tu as préparé pour moi, car je sais que Tu m'aimes.
Tous : Amen.

Les enfants :

Jésus, merci de m'avoir donné la vie.
Merci de m'avoir donné papa, maman, mon (mes) frère, ma (mes) sœur.
Merci de m'avoir donné le monde et tout ce qui est beau. Merci d'être toujours avec moi.
Aujourd'hui, je Te donne mon cœur. Il est à Toi tout entier : je Te le consacre.
Jésus, tu étais toujours docile à tes parents : rends-moi obéissant comme Toi.
Jésus, Tu cherchais toujours à faire plaisir : rends-moi serviable à la maison.
Jésus, tu étais sans péché au milieu de tes camarades, rends mon cœur pareil au tien.
Jésus, fais-moi aimer la prière et la messe. Donne-moi ton cœur.
(Et si un jour, Tu veux m'appeler à ton service, je Te dirai : « oui »).
Tous : Amen.

Rassemblement des familles – Paray-le-Monial – F.

Actes de consécration de notre famille à Marie

Comme le Père t'a choisie…

Comme le Père t'a choisie, ô Marie, pour être son enfant immaculée, l'épouse de Joseph et la Mère de son fils bien-aimé et de toute l'Église dans une communion plénière à l'Esprit Saint, nous te choisissons aujourd'hui comme Mère et Reine de toute notre famille et nous te consacrons notre âme et notre corps, toutes nos activités et tout ce qui nous appartient, sans exception.
Exerce sur chacun de nous ta miséricorde la plus maternelle. Apprends-nous à aimer toujours plus Jésus et le Père, et par Eux à nous aimer les uns les autres dans l'Esprit Saint, en nous découvrant toujours plus profondément dans la lumière de Jésus, en nous respectant mutuellement et en nous choisissant chaque jour dans un amour plus divin et plus simple.
Ô Marie, donne à chacun de nous d'accomplir chaque jour, dans un don personnel, la volonté du Père, pour que toute notre famille témoigne au milieu du monde de l'amour de Jésus victorieux du mal.
Amen.

Congrégation Saint Jean

Ô Vierge Marie…

Ô Vierge Marie, nous consacrons aujourd'hui notre foyer et tous ceux qui l'habitent à ton Cœur Immaculé.
Que notre maison soit comme celle de Nazareth, une demeure de paix et de bonheur simple, par l'accomplissement de la volonté de Dieu, la pratique de la charité et le plein abandon à la divine Providence.
Veille sur tous ceux qui l'habitent ; aide-les à vivre toujours chrétiennement ; enveloppe-les tous de ta maternelle protection et daigne dans ta bonté, ô Vierge Marie, reformer au Ciel, notre foyer d'ici-bas consacré à jamais à ton Cœur Immaculé.
Amen.

Cardinal E. Suhard

Acte de consécration à la Sainte Famille

Seigneur, Notre Dieu, tu as voulu que la Sainte Famille de Nazareth nous soit donnée en exemple. Accorde-nous la grâce de pratiquer, comme elle, toutes les vertus familiales, et de nous sanctifier ensemble, jour après jour, dans nos joies comme dans nos peines.
Jésus, Marie, Joseph,
c'est à vous trois qu'aujourd'hui nous consacrons nos familles et nos personnes. Recevez-nous sous votre protection. Prenez vous-mêmes en main la garde de notre maison et l'édification de notre foyer.
Bénissez-nous, parents et enfants, ainsi que tous ceux que nous accueillerons chez nous.
Gardez-nous du péché et éclairez-nous dans nos doutes.
Protégez-nous dans tous les dangers du corps et de l'âme.
Venez nous consoler dans nos peines et nous guérir dans nos infirmités.
Jésus, Marie, Joseph,
dirigez nos travaux et toutes nos entreprises, qu'il y ait toujours sur notre table assez de pain et dans nos cœurs beaucoup de joie et d'amour à partager.
À votre exemple, que nous restions attentifs à la Parole de Dieu et fidèles à la prière quotidienne.
Que notre amour les uns pour les autres ne cesse de grandir tout au long de notre vie, pour que nous ayons la joie d'être réunis un jour, en votre Sainte compagnie, dans la grande famille des enfants de Dieu, pour l'Éternité.
Amen.

Acte de consécration de nos enfants à Dieu

Loué sois-tu, Seigneur Dieu de nous avoir associés à ton œuvre de création. Console les couples sans enfant et comble-les de tes bénédictions. Merci Seigneur pour les merveilleux enfants que tu nous as donnés. Tu les as choisis, appelés à la vie. Tu les as modelés dès le sein maternel. Pour toi chacun d'eux est un être unique qui compte beaucoup à tes yeux, qui a du prix et que tu aimes. C'est pourquoi tu les as gravés sur les paumes de tes mains, des mains percées de ton Fils Jésus qui a souffert et donné sa vie pour qu'ils deviennent les enfants du Dieu véritable, du Dieu vivant et du Roi éternel. (Jr 10,10)
Seigneur, tu as dit de laisser venir à toi les petits enfants. Garde nos enfants comme la prunelle de l'œil ; à l'ombre de tes ailes, cache-les (Ps 17,8) et sois leur abri. Nous confions à ta divine Providence leur vie entière ; bénis-les. Esprit Saint, guide-les, assiste-les dans l'éducation qu'ils reçoivent. Donne-leur l'intelligence dans les études et dans leur travail. Guéris-les de toute maladie, donne-leur la santé, sois près d'eux dans la détresse, délivre-les de toute attache contraire à ta volonté ; rends-les généreux, serviables, capables de choisir le bien. Donne-leur le bonheur pour que leur vie te rende gloire. Rassasie-les de longs jours. (Ps 91,16)
Merci Seigneur pour ces enfants que tu nous as confiés. Sois béni pour toujours, Dieu de tendresse et de pitié, toi, notre louange.
Amen.

Jean Pliya – *Prier comme un enfant de Roi* –
Ed. F.X. de Guibert

CONSÉCRATION DE NOUS-MÊMES, DE NOS FAMILLES, DE NOTRE PAYS

Acte de consécration aux deux Cœurs de Jésus et de Marie

Annoncé dans les prophéties de Ta Parole, ô Seigneur,
Nous savons, et nous croyons avec confiance que le triomphe
De Ton Sacré Cœur et du Cœur Immaculé de Marie
Se réalisera dans un proche avenir.
Aussi, nous venons humblement nous consacrer nous-mêmes,
Nos familles et notre pays, à vos deux Cœurs Sacrés.
Nous croyons qu'en consacrant notre pays
à vos deux Cœurs doux et aimants,
Toute arrogance, tout orgueil humain,
Toute impiété et toute dureté de cœur seront effacées
Et que tout mal disparaîtra au profit du bien et de l'Amour.
Nous croyons que Vos Saints Cœurs
Ne résisteront pas maintenant à nos soupirs et à nos besoins,
Et dans leur Flamme Aimante,
Qu'ils nous entendront et viendront à nous
Pour guérir nos plaies profondes et nous apporter la paix.
Ô Sacré-Cœur de Jésus, ô Cœur Immaculé de Marie,
Soufflez sur nous une étincelle de Vos Deux Cœurs
Pour enflammer notre cœur.
Faites de notre nation la demeure de Votre Sainteté.
Demeurez en nous et nous en Vous,
Soyez notre refuge,
Afin qu'à travers l'Amour de Vos Deux Cœurs,
Nous trouvions la Paix, l'Unité et la Conversion.
Amen.

Acte d'offrande et de consécration du monde au Cœur Immaculé de Marie

– Saint Jean-Paul II, Annonciation 1984 –

1 – Sous l'abri de ta miséricorde, nous nous réfugions, sainte Mère de Dieu !
En prononçant les paroles de cette antienne avec laquelle l'Église du Christ prie depuis des siècles, nous nous trouvons aujourd'hui devant toi, ô Mère, en l'Année jubilaire de notre Rédemption.
Nous sommes unis à tous les pasteurs de l'Église par un lien particulier, constituant un corps et un collège, de la même manière que, selon la volonté du Christ, les Apôtres constituaient un corps et un collège avec Pierre.
C'est dans le lien de cette unité que nous prononçons les paroles du présent acte, dans lequel nous désirons rassembler encore une fois les espoirs et les angoisses de l'Église dans le monde de ce temps.
Il y a quarante ans – puis à nouveau dix ans plus tard – ton serviteur le Pape Pie XII, ayant devant les yeux les douloureuses expériences de la famille humaine, a confié et consacré à ton Cœur Immaculé le monde entier, et spécialement les peuples qui, de par leur situation, sont d'une manière particulière l'objet de ton amour et de ta sollicitude.
Ce monde des hommes et des nations, nous l'avons aussi devant les yeux aujourd'hui : le monde du second millénaire qui va se terminer, le monde contemporain, notre monde ! Se souvenant des paroles du Seigneur : « Allez… de toutes les nations faites des disciples… Et moi je suis avec vous tous les jours jusqu'à la fin du monde » (Mt 28, 19… 20), l'Église a ravivé, au Concile Vatican II, la conscience de sa mission en ce monde.

C'est pourquoi, ô Mère des hommes et des peuples, toi qui connais toutes leurs souffrances et leurs espoirs, toi qui ressens d'une façon maternelle toutes les luttes entre le bien et le mal, entre la lumière et les ténèbres, qui secouent le monde contemporain, reçois l'appel que mus par l'Esprit Saint, nous adressons directement à ton Cœur, et avec ton amour de Mère et de Servante du Seigneur, embrasse notre monde humain que nous t'offrons et te consacrons, pleins d'inquiétude pour le sort terrestre et éternel des hommes et des peuples.
Nous t'offrons et te consacrons d'une manière spéciale les hommes et les nations qui ont particulièrement besoin de cette offrande et de cette consécration. « Sous l'abri de ta miséricorde, nous nous réfugions, sainte Mère de Dieu ! » Ne rejette pas nos prières alors que nous sommes dans l'épreuve !

2 – Devant toi, Mère du Christ, devant ton Cœur Immaculé, nous voulons aujourd'hui, avec toute l'Église, nous unir à la consécration que ton Fils a faite de lui-même à son Père par amour pour nous : « Pour eux – a-t-il dit – je me consacre moi-même, afin qu'ils soient eux aussi consacrés en vérité » (Jn 17, 19). Nous voulons nous unir à notre Rédempteur en cette consécration pour le monde et pour les hommes, car dans son Cœur divin, elle a le pouvoir d'obtenir le pardon et de procurer la réparation.
La puissance de cette consécration dure dans tous les temps, elle embrasse tous les hommes, peuples et nations, elle surpasse tout mal que l'esprit des ténèbres est capable de réveiller dans le cœur de l'homme et dans son histoire, et que, de fait, il a réveillé à notre époque.
Combien profondément nous sentons le besoin de consécration pour l'humanité et pour le monde, pour notre monde contemporain, dans l'unité du Christ lui-même ! À l'œuvre rédemptrice du Christ, en effet, doit participer le monde par l'intermédiaire de l'Église.
C'est ce que manifeste la présente Année de la Rédemption, le Jubilé extraordinaire de toute l'Église. En cette année sainte, bénie sois-tu par-dessus toute créature, toi la servante du Seigneur, qui as obéi de la manière la plus pleine à ce divin appel ! Sois saluée, toi qui t'es entièrement unie, à la consécration rédemptrice de ton Fils.

Mère de l'Église ! Enseigne au peuple de Dieu les chemins de la foi, de l'espérance et de la charité ! Aide-nous à vivre dans la vérité de la consécration du Christ pour toute la famille humaine du monde contemporain !

3 – En te confiant, ô Mère, le monde, tous les hommes et tous les peuples, nous te confions aussi la consécration même du monde et nous la mettons dans ton Cœur maternel.
Ô Cœur Immaculé ! Aide-nous à vaincre la menace du mal qui s'enracine si facilement dans le cœur des hommes d'aujourd'hui et qui, avec ses effets incommensurables, pèse déjà sur la vie actuelle et semble fermer les voies vers l'avenir !
De la faim et de la guerre, délivre-nous !
De la guerre nucléaire, d'une autodestruction incalculable, de toutes sortes de guerres, délivre-nous !
Des péchés contre la vie de l'homme depuis ses premiers moments, délivre-nous !
De la haine et de la dégradation de la dignité des fils de Dieu, délivre-nous !
De tous les genres d'injustice dans la vie sociale, nationale et internationale, délivre-nous !
De la facilité avec laquelle on piétine les commandements de Dieu, délivre-nous !
De la tentative d'éteindre dans les cœurs humains la vérité même de Dieu, délivre-nous !
De la perte de la conscience du bien et du mal, délivre-nous !
Des péchés contre l'Esprit Saint, délivre-nous !
Écoute, ô Mère du Christ, ce cri chargé de la souffrance de tous les hommes ! Chargé de la souffrance de sociétés entières !
Aide-nous, par la puissance de l'Esprit Saint, à vaincre tout péché de l'homme et le « péché du monde », le péché sous toutes ses formes. Que se révèle encore une fois dans l'histoire du monde l'infinie puissance salvifique de la Rédemption, la puissance de l'Amour miséricordieux ! Qu'il arrête le mal ! Qu'il transforme les consciences ! Que dans ton Cœur Immaculé se manifeste pour tous la lumière de l'Espérance !
Amen.

Saint Jean-Paul II

Acte de Confiance
Consécration du monde et du 3e millénaire au Cœur Immaculé de Marie

1 – « Femme, voici ton fils ! » (Jn 19, 26).
Tandis qu'arrive à son terme l'Année jubilaire, au cours de laquelle Toi, ô Mère, tu nous as offert à nouveau Jésus, le fruit béni de ton sein très pur, le Verbe fait chair, le Rédempteur du monde, ces paroles : « Femme, voici ton fils ! » se font pour nous particulièrement douces, paroles qui nous renvoient à Toi, te constituant notre Mère. En te confiant l'Apôtre Jean, et avec lui les fils de l'Église, et même tous les hommes, le Christ, loin d'atténuer son rôle exclusif de Sauveur du monde, le confirmait. Tu es la splendeur qui n'ôte rien à la lumière du Christ, car tu existes en Lui et par Lui. En Toi, tout est « fiat » : tu es l'Immaculée, tu es transparence et plénitude de grâce. Voici donc tes enfants rassemblés autour de Toi, à l'aube du nouveau millénaire. Aujourd'hui, par la voix du Successeur de Pierre, à laquelle s'unit celle de nombreux Pasteurs rassemblés ici de toutes les parties du monde, l'Église cherche à se réfugier sous ta protection maternelle et implore avec confiance ton intercession face aux défis de l'avenir.

2 – En cette année de grâce, de nombreuses personnes ont vécu, et vivent actuellement, la joie surabondante de la miséricorde que le Père nous a donnée dans le Christ. Dans les Églises particulières répandues à travers le monde, et plus encore ici au centre de la chrétienté, les catégories les plus diverses de personnes ont accueilli ce don. Ici même, l'enthousiasme des jeunes a retenti, ici même, s'est élevé le cri implorant des malades. Ici même, sont venus des prêtres et des religieux, des artistes et des journalistes, des travailleurs et des hommes de science, des enfants et des adultes, et tous ont reconnu dans ton Fils bien-aimé le Verbe de Dieu, fait chair en ton sein. Obtiens pour nous, ô Mère, par ton intercession, que les fruits de cette Année ne soient pas perdus, et que les germes de grâce se développent jusqu'à la pleine mesure de la sainteté, à laquelle nous sommes tous appelés.

3 – Aujourd'hui, nous voulons te confier l'avenir qui nous attend, te demandant de nous accompagner sur le chemin. Nous sommes les hommes et les femmes d'une époque extraordinaire, aussi exaltante que riche de contradictions. Aujourd'hui, l'humanité possède des moyens de

puissance inouïe : elle peut faire de ce monde un jardin, ou le réduire à un amas de cendres. Elle a acquis des capacités extraordinaires d'intervention sur les sources mêmes de la vie : elle peut en user pour le bien, dans le cadre de la loi morale, ou bien céder à l'orgueil aveugle d'une science qui n'accepte pas de limite, au point de bafouer le respect dû à tout être humain. Aujourd'hui plus que jamais, l'humanité est à une croisée de chemins. Et, une fois encore, le salut est entièrement et seulement, ô Vierge Sainte, dans ton Fils Jésus.

4 – C'est pourquoi, ô Mère, comme l'Apôtre Jean nous voulons te recevoir chez nous (cf. Jn 19, 27), pour que tu nous apprennes à nous conformer à ton Fils. « Femme, voici tes fils ! ». Nous sommes ici, devant Toi, pour confier à tes soins maternels nous-mêmes, l'Église, le monde entier. Implore pour nous ton Fils bien-aimé, afin qu'il nous donne en abondance l'Esprit Saint, l'Esprit de vérité qui est source de vie. Accueille-le pour nous et avec nous, comme au temps de la première communauté de Jérusalem, rassemblée autour de Toi le jour de la Pentecôte (cf. Ac 1,14). Que l'Esprit ouvre les cœurs à la justice et à l'amour, qu'il conduise les personnes et les nations à la compréhension réciproque et à une ferme volonté de paix. Nous te confions tous les hommes, à commencer par les plus faibles : les enfants non encore venus au jour et ceux qui sont nés dans des conditions de pauvreté et de souffrance, les jeunes à la recherche de sens, les personnes privées de travail et celles qui sont éprouvées par la faim et la maladie. Nous te confions les familles désagrégées, les personnes âgées privées d'assistance et tous ceux qui sont seuls et sans espérance.

5 – Ô Mère, Toi qui connais les souffrances et les espérances de l'Église et du monde, assiste tes enfants dans les épreuves quotidiennes que la vie réserve à chacun et fais que, grâce aux efforts de tous, les ténèbres ne l'emportent pas sur la lumière.
À Toi, aurore du salut, nous confions notre marche dans le nouveau millénaire, afin que, sous ta conduite, tous les hommes découvrent le Christ, lumière du monde et unique Sauveur, qui règne avec le Père et l'Esprit Saint pour les siècles des siècles. Amen.

Saint Jean-Paul II à Rome, en présence de tous les Évêques
Le 8 octobre de l'Année Sainte du Jubilé de l'an 2000

Notre-Dame de Fatima
Portugal

Prière de confiance et de consécration à la Vierge Marie

Bienheureuse Vierge Marie de Fatima, avec une gratitude renouvelée pour ta présence maternelle, nous unissons notre voix à celle de toutes les générations qui te disent bienheureuse.

Nous célébrons en toi les grandes œuvres de Dieu, qui jamais ne se lasse de se pencher avec miséricorde sur l'humanité, affligée par le mal et blessée par le péché, afin de la guérir et de la sauver.
Accueille avec ta bienveillance de Mère l'acte de consécration que nous faisons aujourd'hui avec confiance, devant ta représentation qui nous est si chère.

Nous sommes assurés que chacun de nous est précieux à tes yeux et que rien de tout ce qui habite nos cœurs ne t'est étranger.
Nous nous laissons toucher par ton regard très doux et nous recevons la caresse réconfortante de ton sourire.

Garde notre vie entre tes bras : bénis et renforce tout désir de bien ; ravive et nourris la foi ; soutiens et illumine l'espérance ; suscite et anime la charité ; guide-nous tous sur le chemin de la sainteté.

Enseigne-nous ton amour de prédilection pour les petits et les pauvres, pour les exclus et ceux qui souffrent, pour les pécheurs et les cœurs égarés : rassemble-les tous sous ta protection et confie-nous tous à ton Fils bien-aimé, notre Seigneur Jésus.
Amen.

Le Pape François à Rome le 13 Octobre 2013

PRIÈRES POUR L'ÉGLISE

Marie, Mère de l'Église

Prière pour les vocations et pour l'Église

Seigneur Jésus, Bon Pasteur, Tu es venu à la recherche des brebis perdues, afin de les sauver.
Tu as institué le Sacerdoce de l'Église pour continuer ton œuvre jusqu'à la fin des siècles.
Père bien-aimé, nous t'en prions instamment : suscite dans nos cœurs et dans le cœur de nombreux frères et sœurs le désir de répondre à l'appel de ton Fils, lui qui s'est fait le serviteur de tous.
Envoie de nombreux ouvriers à ta vigne.
Sous la protection de Marie, Mère de l'Église, qui avait les yeux fixés uniquement sur Jésus, qu'ils marchent à la suite du Christ.
Ô Seigneur, donne à ton Église de saints Prêtres, diacres, moines, moniales, missionnaires…
Donne à ton Église de nombreux frères et sœurs consacrés ou laïcs qui pourront t'aimer, aimer et servir leurs frères.
Qu'ils soient le sel de la terre, par l'annonce de l'Évangile du Salut, et par la préservation de toute corruption.
Qu'ils soient la lumière du monde en éclairant les hommes par ta parole et par l'exemple.
Bénis leurs travaux et leurs peines.
Accorde-leur patience, sagesse et fermeté, pour promouvoir ta Gloire.
Qu'ils étendent ton Nom et ton Royaume dans le cœur des hommes et conduis à la vie éternelle toutes les âmes que tu leur confies.
Amen.

Prière pour tous ceux que tu appelles à ta suite

Dieu notre Père, par Jésus le Verbe fait chair
et Marie sa mère,
nous te prions pour tous ceux que tu appelles
à te suivre, au service du Royaume.
Comme Marie, humble servante du Seigneur,
qu'ils sachent discerner ta volonté dans
les événements de leur vie
et qu'ils aient le courage de répondre
Oui à ton appel.
Comme Marie, qui vivait de Jésus et « gardait
toutes choses en son cœur »,
qu'ils soient attentifs à la parole de Dieu,
manifestée dans l'Écriture et
les appels de l'Église.
Comme Marie « qui avait les yeux
fixés uniquement sur Jésus »,
qu'ils marchent à la suite du Christ,
attendant tout de lui, ne préférant rien à son amour.
Père infiniment bon, par Marie,
accorde à ceux que tu appelles à ta suite,
d'être, dans l'Église et pour le monde,
les signes du Royaume à venir.
Amen.

Cardinal François Marty

Prière pour les prêtres

Père éternel et bien-aimé, nous te rendons grâce pour les prêtres du monde entier et particulièrement pour ceux que tu mets sur notre route. Par les mérites de ton Fils Jésus et par l'amour que tu lui portes, nous te prions de veiller sur eux et de les combler de tes bénédictions. Protège-les, enracine-les dans ta Sainte Église et fais de leur fidélité une lumière pour le monde.

Renouvelle en eux le oui qu'ils ont su te dire. Dans le difficile discernement de chaque jour, donne-leur amour, patience et fermeté. Établis-les dans ta paix. Renouvelle-les dans ton Esprit Saint. Éclaire-les, fortifie-les, console-les. Habite-les de ta présence pour que nos rencontres avec eux soient rencontres avec toi.

Veille sur les prêtres qui te servent fidèlement et qui prennent soin de ton troupeau. Bénis, fortifie et protège ceux qui sont calomniés, persécutés, en prison au nom de la foi, ceux qui se sentent abandonnés, accablés, découragés. Malgré leur dignité, ils sont semblables aux autres hommes. Soutiens ceux qui sont faibles dans leur foi, maintiens-les dans leur vocation, relève-les et montre-leur ta miséricorde.

Réconforte les prêtres âgés, malades, ceux que tu vas bientôt rappeler à toi.

Prends pitié des prêtres qui sont dans le Purgatoire.

En te priant pour eux, nous te prions aussi pour nous.

Mets en notre cœur à leur égard, respect et gratitude, attention, compréhension. Accorde-nous par eux et par les sacrements de ton Église de découvrir chaque jour davantage ta présence dans nos vies.

Donne-nous d'être, là où nous sommes, tes serviteurs humbles et discrets travaillant avec eux, selon nos moyens, à la venue de ton règne.

Seigneur Jésus, tu sais à quel point nous avons besoin de prêtres pour faire route vers le Père. Nous t'en supplions, suscite de nombreux pasteurs selon ton Cœur.

Marie, toi qui as assisté la naissance de l'Église, toi qui en es la Mère, nous t'en prions, protège maternellement chaque prêtre, apporte-leur ton réconfort, sois toujours présente à leur côté et écarte tout danger de leur route. Amen.

Prière pour l'unité

Permets, Seigneur,
que tes fidèles,
dispersés dans le monde entier,
gardent avec soin
la foi reçue des apôtres.
Qu'ils habitent une seule maison
et proclament leur foi
d'une seule âme et d'un même cœur.
Qu'ils transmettent leur joie de croire
d'une voix unanime,
comme s'ils ne possédaient
qu'une seule bouche.
Et qu'ils deviennent un unique reflet
de la lumière du Christ,
pour qu'elle brille partout
et illumine tous les hommes
qui veulent parvenir
à la connaissance de la vérité !

d'après saint Irénée de Lyon

Prière des hommes nouveaux

Seigneur Jésus, tu es notre frère
et tu nous as aimés jusqu'au bout…
Sois la Lumière et la Force
qui nous guide vers le Père.
Fais de nous des hommes nouveaux,
remplis de ta vie et de ton amour…
rayonnants de joie, d'accueil et d'amitié,
ouverts à tout besoin réel,
regardant tout homme qui croise notre route
comme tu le vois toi-même.
Nous avons reçu ton appel :
être le sel de la terre,
ton Église parmi les hommes !
Envoie sur nous l'Esprit
qui fait de nous des apôtres…
présents à Dieu et aux hommes !
Aide-nous à construire un monde meilleur
en nous-mêmes et autour de nous.
Avec toi…
et avec tous les hommes de bonne volonté,
à nous dévouer au service de notre pays…
sans chercher de profit personnel.
Avec toi, nous porterons la croix
dans l'effort et les sacrifices de chaque jour
et toi, Marie, notre Mère,
mets en nous un cœur pur et loyal,
fidèle à ton fils jusqu'au bout.
Amen.

Que l'amour de Dieu soit annoncé à tous les hommes

Père Éternel, bon, doux et miséricordieux, de qui nous tenons la vie, le mouvement et l'être, ton Fils bien-aimé Jésus-Christ, né de la Vierge Marie, est venu à notre rencontre dans la chair pour enseigner à tout homme comment se conduire et pour que nous puissions te trouver.
Par sa mort pour nous sur la croix, il nous a rachetés et réconciliés avec toi.
Par sa glorieuse résurrection, il a réouvert les portes du paradis à toute l'humanité, après notre temps passé pour chacun sur la terre.
Certains pourtant, usant de leur liberté et voulant se suffire à eux-mêmes, n'ont pas voulu reconnaître leur Sauveur et le Sauveur du monde.
De nos jours encore, certains ne veulent pas marcher selon ses voies, écouter sa parole et vivre de sa présence.
Depuis deux mille ans, dans d'autres régions du globe, la connaissance trop parcellaire de la religion chrétienne, l'adversaire du genre humain, menteur dès l'origine, les divisions entre les hommes et leurs pensées mauvaises ont déformé la révélation biblique et ont déguisé la vérité en falsifiant le message évangélique.
Beaucoup, s'appuyant sur des bases historiques insaisissables, se sont laissés entraîner dans des contradictions, des dérives, des inventions et se sont fourvoyés dans des mythes qui ont dénaturé la source originelle et les fondements de la foi.
Afin d'asseoir leur propre autorité sur leurs compatriotes et leurs contemporains, certains ont manipulé sciemment la religion à des fins strictement humaines, au gré de leurs désirs, des événements et de leurs ambitions.
Ce radicalisme politico-religieux a trop souvent entraîné l'intolérance, les interdits, les exactions, la violence, l'asservissement, le despotisme, le fanatisme, le terrorisme.
Seigneur, nous te demandons pitié pour ceux qui ont été trompés et abusés. Nous te prions pour qu'au moins la raison et l'intelligence au service de la foi puissent éclairer les esprits et les comportements au seuil de ce troisième millénaire.
Seigneur, tu nous demandes de nous aimer les uns les autres, d'aimer nos ennemis, de faire du bien à ceux qui nous sont hostiles, de prier pour ceux qui nous persécutent.

Aide-nous à accueillir parmi-eux tous ceux qui souvent s'interrogent, te cherchent avec bonne volonté, se comportent avec droiture et exigence et qui pourtant te méconnaissent, à qui ta présence n'a pas été révélée, qui souffrent de ton absence, qui ne peuvent envisager un Dieu si proche et si aimant et qui sont maintenus dans la peur de t'approcher et d'approcher la foi catholique.
Que la sang de tous les chrétiens martyrisés, témoins de l'Amour et de la Vérité devienne source d'espérance et de vie pour tous tes enfants, pour tous nos frères humains.
« Rien n'est impossible à Dieu. » Mc 10, 27
Combien de fois ne nous l'as tu pas prouvé au cours de l'histoire humaine.
Toi qui veut que tous les hommes soient sauvés et parviennent à la connaissance de la vérité, révèle ton amour, nous t'en prions, à tous ceux qui sont dans l'erreur.
Marie, mère de tous les croyants, gardienne de la foi, reine de la paix, porte du Ciel, nous te prions : prends soin de tes enfants privés de liberté, délivre les captifs, éclaire les aveugles.
Esprit Saint, esprit d'humilité, de paix, de douceur et de force, d'intelligence, de puissance et de gloire, plénitude d'amour, nous prions notre Père, nous prions Jésus-Christ et nous te prions : nous joignons notre voix à celles des martyrs, à l'Église du Ciel et de la terre, nous reprenons la parole prophétique d'un jeune chrétien martyr de notre temps : « Ca suffit. » et te supplions maintenant de nous accorder une nouvelle effusion de tes dons sur la terre, de favoriser la nouvelle évangélisation, de confondre et de terrasser l'ennemi, d'illuminer les ténèbres, d'éclairer les consciences et de toucher les cœurs par la révélation du plan d'amour de Dieu et de salut pour tous les hommes sans distinction.
Père, nous t'implorons : ramène à toi tous tes enfants, par les mérites de Jésus-Christ, ton Fils bien-aimé notre Seigneur et de Marie, notre douce et tendre Mère, pour la gloire et l'honneur de ton nom et le bonheur du genre humain.
Amen.

Jean-Paul Dufour

Prière pour les chrétiens persécutés

Ils m'ont rendu le mal pour le bien, et la haine pour mon amour.
Ps 108, 4

Seigneur, tu vois toutes ces parties du monde où ton message d'amour n'est pas accueilli.
Tu vois les efforts de tes baptisés qui cherchent à te faire connaître, de tous ceux qui témoignent de ton Évangile, de tous ceux qui se donnent pour leurs frères, comme tu t'es donné pour nous sur la Croix.
Tu vois tous les chrétiens qui, au nom de leur foi, sont inquiétés, tourmentés, persécutés.
Tu vois aussi tous tes autres enfants, souvent par ignorance, ou rebelles à l'amour, qui ont fermé leurs cœurs et qui, captifs et aveugles, rejettent ta lumière.
Tu vois tous ceux qui, à cause de ton nom, détestent et prennent en haine leurs propres frères de culture et de race.
C'est vrai, tu nous as dit que le monde a de la haine contre nous et que s'ils t'ont persécuté, ils nous persécuteront parce qu'ils ne connaissent pas celui qui t'a envoyé.
Seigneur, entends la prière que nous faisons monter aujourd'hui avec force vers toi pour tous nos frères chrétiens persécutés.
Donne-leur à tous patience, constance, assurance, sagesse et fermeté.
Assiste-les de ta présence, donne-leur le secours de ton Esprit, ne les sépare pas de ton amour dans les dures épreuves qu'ils traversent.

Marie, toi qui es restée forte et courageuse au pied de la Croix, nous t'en prions, soutiens-les, protège-les, console-les et couvre-les de ton manteau maternel.
Seigneur, procure-leur les aides nécessaires, ouvre des chemins de dialogue, de réconciliation et d'entente entre les différentes parties qui s'affrontent.
Qu'ils retrouvent au plus tôt cette liberté que tu veux pour tous tes enfants, et qu'ils poursuivent leur engagement afin que ton nom soit connu, aimé et glorifié sur toute la terre.
Nous te prions aussi pour leurs ennemis qui les persécutent et que tu nous demandes d'aimer « afin d'être vraiment les fils de notre Père qui est dans les cieux, car il fait lever son soleil sur les méchants et sur les bons, et tomber la pluie sur les justes et sur les injustes ».
Comme tu nous le demandes, nous les bénissons, nous leur souhaitons du bien et non pas du mal.
Merci, Seigneur, de nous avoir montré le chemin sur la Croix en disant :
« Père, pardonne-leur : ils ne savent pas ce qu'ils font. »
Prends pitié, Seigneur, montre-leur ta miséricorde, touche leurs cœurs, qu'ils entendent tes paroles : « Je suis Jésus, celui que tu persécutes. »
Obtiens-leur conversion et pardon, établis-les dans la vérité et réunis bien vite tous tes enfant pour qu'ils puissent vivre ensemble fraternellement dans la connaissance et la paix de ton amour.
Amen.

Jean-Paul Dufour

Rassemble-nous Seigneur

Dieu vivant, viens faire de nos âmes les temples de ton Esprit.
Baptise de feu ton Église tout entière, pour que cessent bientôt les divisions et qu'elle soit dressée devant le monde comme la colonne et l'appui de ta vérité.
Accorde à chacun de nous les fruits de ton Esprit Saint : l'amour fraternel, la joie, la paix, la patience, la bienveillance, la fidélité.
Que ton Saint-Esprit parle par la bouche de tes serviteurs qui prêchent ta parole, ici et partout.
Envoie ton Saint-Esprit consolateur à tous ceux qui passent par l'adversité ou qui sont victimes de la méchanceté des hommes.
Préserve de la haine et de la guerre tous les peuples et leurs chefs et crée une vraie communauté des nations par la puissance de ton Esprit :
Esprit Saint, Seigneur et source de vie, auteur des sept dons,
Esprit de sagesse et d'intelligence,
Esprit de conseil et de force,
Esprit de connaissance et de piété,
Esprit d'obéissance au Seigneur.

Office de Taizé

Prière pour les Âmes du Purgatoire

Ô Glorieuse Vierge Marie, nous croyons que Dieu t'a donné toutes grâces pour adoucir les peines des âmes du purgatoire et même pour les délivrer, c'est pourquoi nous nous tournons vers toi avec confiance.
Ô Vierge Marie, c'est à la porte de ton cœur maternel que nous venons frapper. Tu vois les peines immenses qu'endurent ces âmes plongées dans le feu purificateur, tu vois les tourments de ces âmes privées de la jouissance de Dieu qu'elles ont entrevu un court instant, tu vois leur impuissance à se procurer le moindre soulagement, tu vois leur résignation et leur soumission à la Justice Divine, dans l'attente de leur délivrance et de leur passage dans la joie éternelle du Père.
Ô Mère de Miséricorde, nous t'en supplions, visite ces pauvres âmes et apporte leur réconfort, soulagement et consolation.
Ô Vierge Puissante, toi dont les mérites sont immenses, abrège le temps de leur épreuve.
Ô Mère de bonté, nous te prions plus particulièrement pour les âmes les plus délaissées du purgatoire, celles pour qui personne ne prie, celles pour qui aucune messe n'est célébrée.
Ô Reine du Ciel, nous t'en supplions, écoute nos prières, accueille notre rosaire que nous faisons monter vers toi et libère toutes les âmes possibles.
Amen.

Litanies pour les Âmes du Purgatoire

Seigneur, aie pitié de nos frères défunts,
– *spécialement de ceux qui ont le plus besoin de ta miséricorde.*
Jésus-Christ, prends pitié de nos frères défunts,
– *spécialement de ceux qui ont le plus besoin de ta miséricorde.*
Seigneur, aie pitié de nos frères défunts,
– *spécialement de ceux qui ont le plus besoin de ta miséricorde.*

Marie, Fille du Père Éternel, *secours nos frères défunts.*
Marie, Mère du Sauveur des hommes, *secours nos frères défunts.*
Marie, Temple du Saint-Esprit, *secours nos frères défunts.*
Marie, choisie par Dieu de toute éternité, *secours nos frères défunts.*
Marie, chantée par les Prophètes, *secours nos frères défunts.*
Marie, aurore du Soleil de Justice, *secours nos frères défunts.*
Marie, née sans le péché originel, *secours nos frères défunts.*
Marie, dont le corps n'a pas connu la corruption du tombeau,
secours nos frères défunts.
Marie, que Jésus a revêtue de sa gloire, *secours nos frères défunts.*
Marie, dont le trône est près de celui de Jésus,
secours nos frères défunts.
Marie, Reine des Anges, *secours nos frères défunts.*
Marie, Reine du Ciel et de la Terre, *secours nos frères défunts.*
Marie, dispensatrice de la grâce divine, *secours nos frères défunts.*
Marie, gage de salut pour ceux qui t'invoquent, *secours nos frères défunts.*
Marie, dont le nom inspire la confiance, *secours nos frères défunts.*
Marie, dont la main bénit toujours, *secours nos frères défunts.*
Marie, image du Cœur de Jésus, *secours nos frères défunts.*
Marie, modèle de foi et d'humilité, *secours nos frères défunts.*
Marie, modèle de vie intérieure, *secours nos frères défunts.*
Marie, modèle de soumission à la volonté de Dieu,
secours nos frères défunts.
Marie, modèle de toutes les vertus, *secours nos frères défunts.*
Marie, honneur de l'humanité, *secours nos frères défunts.*
Marie, que l'on n'implore jamais en vain, *secours nos frères défunts.*
Marie, qui as soustrait l'enfant Jésus à la fureur d'Hérode,
secours nos frères défunts.

Marie, qui a partagé les souffrances du Sauveur du monde,
secours nos frères défunts.
Marie, qui as suivi Jésus sur le Calvaire, *secours nos frères défunts.*
Marie qui a offert ton Fils pour notre salut, *secours nos frères défunts.*
Marie, dont le cœur fut transpercé d'un glaive de douleur,
secours nos frères défunts.
Vierge compatissante, *secours nos frères défunts.*
Médiatrice de paix entre Dieu et les hommes, *secours nos frères défunts.*
Notre avocate auprès de Dieu, *secours nos frères défunts.*
Source de vie, *secours nos frères défunts.*
Asile des orphelins, *secours nos frères défunts.*
Refuge des pécheurs, *secours nos frères défunts.*
Tendresse de Dieu près des mourants, *secours nos frères défunts.*
Espoir des désespérés, *secours nos frères défunts.*
Porte du Ciel, *secours nos frères défunts.*
Providence des malheureux, *secours nos frères défunts.*
Consolatrice des affligés, *secours nos frères défunts.*
Notre Dame de Consolation, *secours nos frères défunts.*
Notre Dame de la Miséricorde, *secours nos frères défunts.*
Notre Dame du Perpétuel Secours, *secours nos frères défunts.*
Notre Dame Libératrice, *secours nos frères défunts.*
Notre Dame de Montligeon, *secours nos frères défunts.*

Sainte Mère de Dieu, viens en aide à nos frères défunts.
– afin qu'ils deviennent dignes des promesses de notre Seigneur Jésus-Christ.

Prions : Seigneur, Notre Dieu, par l'intercession de la Bienheureuse Vierge Marie, répands sur nos frères défunts ta miséricorde, et donne-nous de persévérer avec ta grâce sur le chemin de la vie éternelle, où nous serons réunis dans ton amour. Par Jésus-Christ, ton Fils Bien-Aimé, qui vit et règne avec Toi pour les siècles des siècles.
Amen.

Centre Notre Dame de Montligeon
61400 – La Chapelle Montligeon – F.

Atelier d'icônes Karatzas – 27 rue des Bruyères – 4000 – Liège – Belgique

Icône contemporaine du *Christ de la Miséricorde*.

PRIER EN TOUTES CIRCONSTANCES

Jésus, j'ai confiance en Toi !

Ces prières ne sont pas des modèles, mais des expressions utilisées pour nous adresser à Dieu et nous rapprocher de notre Père, de Jésus, de Marie.

Nous pouvons les faire nôtres ; nous pouvons aussi librement les adapter, les compléter avec nos mots, nos besoins, notre sensibilité, notre cœur, pour nous aider à prier.

Il n'y a que la confiance et rien que la confiance qui peut nous amener à l'Amour.

Sainte Thérèse de l'Enfant-Jésus et de la Sainte Face

Prières du matin

Chaque matin, nous pouvons faire, en famille, la prière de consécration au cœur de Marie puis réciter « l'Angélus », cinq fois « Notre Père, Je vous salue Marie et Gloire au Père » en l'honneur de la Sainte Passion de notre Seigneur et une sixième fois pour notre Saint-Père, le Pape. Ensuite, nous pouvons dire le « Je crois en Dieu », une prière à l'Esprit Saint et terminer notre prière par un chapelet.

Bénis, Seigneur, cette journée

Bénis, Seigneur, cette journée
Bénis ce jour où tout renaît
Enseigne-nous à partager
Et donne-nous la joie d'aimer.

Offrande de la journée

Mon Dieu, je t'offre toutes les actions que je vais faire aujourd'hui, aux intentions et pour la gloire du Cœur Sacré de Jésus ; je veux sanctifier les battements de mon cœur, mes pensées et mes œuvres les plus simples, en les unissant à ses mérites infinis, et réparer mes fautes en les jetant dans la fournaise de son amour miséricordieux.
Ô mon Dieu, je te demande pour moi et pour ceux qui me sont chers, la grâce d'accomplir parfaitement ta sainte volonté ; d'accepter, pour ton amour, les joies et les peines de cette vie passagère, afin que nous soyons un jour réunis dans les Cieux pendant toute l'éternité.
Amen.

Sainte Thérèse de l'Enfant Jésus

Prière de consécration à Marie pour chaque jour

Cœur Immaculé de Marie, je te consacre
chacune de mes pensées †, chacun de mes sentiments †,
chacun de mes regards †, chacune de mes paroles †,
chacun de mes gestes †, mon cœur †, mon corps †,
mon âme †, et mon esprit †,
au cours de cette journée.
Rends-les conformes au plan d'Amour de Dieu.
Veille sur moi et protège-moi.
Amen.

† *Avec la croix de notre chapelet, nous pouvons tracer sur nous le signe de croix.*

Jean-Paul Dufour

Seigneur, accorde-moi de me livrer à ta sainte volonté

Seigneur accorde-moi de recevoir dans la tranquillité du cœur tout ce que m'apportera cette journée qui commence.
Accorde-moi de me livrer entièrement à ta sainte volonté.
Prépare-moi et soutiens-moi à chaque heure de ce jour.
Quelles que soient les nouvelles que je reçoive, apprends-moi à les accueillir d'un cœur tranquille, fermement, persuadé qu'elles sont l'expression de ta sainte volonté.
Dirige toutes mes paroles, mes actions, pensées et sentiments.
Que je n'oublie jamais dans les circonstances imprévues que tout m'est envoyé de Toi.
Apprends-moi à agir avec droiture et sagesse avec chacun des membres de ma famille, sans troubler ni peiner personne.
Seigneur donne-moi la force de supporter la fatigue et les événements du jour naissant.
Dirige ma volonté et apprends-moi à prier, à croire, espérer, supporter, pardonner et aimer.
Amen.

Dernière prière des starets d'Optima

Seigneur, donne-moi la paix, la sagesse, la force

Seigneur, dans le silence de ce jour naissant,
Je viens te demander la paix, la sagesse, la force.
Je veux regarder aujourd'hui le monde
Avec des yeux tout remplis d'amour,
Être patient, compréhensif, doux et sage,
Voir au-delà des apparences
Tes enfants comme tu les vois toi-même
Et ainsi ne voir que le bien en chacun.
Ferme mes oreilles à toute calomnie,
Garde ma langue de toute malveillance,
Que seules les pensées qui bénissent
Demeurent dans mon esprit.
Que je sois si bienveillant et si joyeux
Que tous ceux qui m'approchent sentent ta présence.
Revêts-moi de ta beauté, Seigneur,
Et qu'au long de ce jour je te révèle.
Amen.

Michel Walckenheim

Ô Mon Dieu

Ô Mon Dieu, je crois, j'adore, j'espère et je t'aime !
Ô Mon Jésus, viens en moi, reste avec moi, tout au long de cette journée, pour que je puisse te porter aux autres que tu voudras bien me donner, pour ton amour, pour la conversion des pécheurs et en réparation des offenses faites au Cœur douloureux et Immaculé de Marie.
Ô Esprit Saint, sanctifie-moi, convertis-moi !
Très Sainte Vierge Marie, protège-moi ; donne-moi le courage de porter toutes mes peines, et de faire toutes mes actions dans la bonté, la charité, l'humilité, dans la soumission et la patience envers les autres.
Bon Saint Joseph, intercède pour moi.
Mon Saint Ange Gardien, veille sur moi et prie pour moi !
Jésus, Marie, je vous aime, sauvez les âmes !
Amen.

Cantique de Zacharie

Béni soit le Seigneur Dieu d'Israël :
Il visite et rachète son peuple,
Il nous suscite une force de salut,
Dans la maison de David son serviteur,
Comme Il l'a dit par la bouche des saints,
Ceux d'autrefois ses prophètes,
Salut qui nous arrache à l'oppresseur,
Aux mains de tous nos ennemis,
Amour qu'Il scellait avec nos pères,
Et souvenir de son alliance Sainte,
Serment juré à notre père Abraham,
De nous donner qu'affranchis de la crainte,
Délivrés des mains de l'oppresseur,
Nous le servions en justice et sainteté,
Devant sa Face tout au long de nos jours,
Et toi, petit enfant, qu'on nommera,
Prophète du Très-Haut,
Tu marcheras devant la face du Seigneur,
Pour préparer ses voies,
Pour annoncer à son peuple le salut,
En rémission de ses péchés,
Par l'amour du Cœur de notre Dieu,
Soleil levant qui vient nous visiter,
Lumière d'en haut sur ceux de la ténèbre,
Qui gisent dans l'ombre de la mort,
Et guide pour nos pas au chemin de la paix.
Gloire au Père et au Fils et au Saint-Esprit,
Pour les siècles des siècles.
Amen.

Lc 1, 68-79

Merci pour ce jour nouveau

Gloire à toi, Seigneur ! Nous te rendons grâce de nous avoir créés, de ce jour nouveau qui se lève et que tu nous donnes de vivre. Nous voulons te louer, te chanter pour tous tes bienfaits, t'acclamer avec toute la création.
Nous ne sommes pas seuls. Nous voulons unir nos voix avec tous ceux qui se tournent vers toi dès ce matin, avec tous ceux qui t'ouvrent leur cœur, toi le Soleil de Vie, toi présent dans tous les tabernacles du monde et déjà en chacun de nos cœurs.
Béni sois-tu d'avoir donné ta vie pour nous par ta Sainte Passion. Béni sois-tu par ta Résurrection, de nous attirer, de nous entraîner à ta suite dans cette nouvelle vie de lumière, d'abondance et de joie.
Béni sois-tu, Père, pour le don gratuit de la vie éternelle au nom de ton fils Jésus-Christ. Honneur et gloire à ton nom dans les siècles des siècles. Amen. Alléluia !
Ô Seigneur, nous t'en prions, que ta volonté soit faite en nous.
Dès ce matin, comble-nous de ton Esprit Saint, renouvelle-nous dans ta grâce ! Mets ta tendresse et ta paix dans nos cœurs, ton sourire sur nos visages et ta parole sur nos lèvres.
Jésus, Marie, nous avons confiance en vous, nous vous aimons, et nous voulons vous honorer par toute notre vie. En ce jour nouveau, nous appelons sur nous, sur tous ceux que nous aimons et sur tous les enfants de Dieu votre bénédiction.
Aidez-nous maintenant à aller à la rencontre de nos frères, soutenez-nous dans nos activités et donnez-nous la joie d'aimer.
Saint Michel Archange, nos bons Anges gardiens, saint Joseph, veillez sur nous, priez pour nous, protégez-nous.
Qu'il est grand, ton nom, Seigneur, que tes œuvres sont belles !
Nous te rendons grâce et nous te chantons notre reconnaissance pour tout l'amour dont tu nous aimes.
Gloire soit au Père, au Fils et au Saint-Esprit, comme il était au commencement, maintenant et toujours, et dans les siècles des siècles.
Amen. Alléluia.

Jean-Paul Dufour

Merci pour ce jour nouveau

Seconde version (plus complète)

Gloire à toi, Seigneur ! Nous te rendons grâce de nous avoir créés, de ce jour nouveau qui se lève et que tu nous donnes de vivre. Nous voulons te louer, te chanter pour tous tes bienfaits, t'acclamer avec toute la création. Nous ne sommes pas seuls. Nous voulons unir nos voix avec tous ceux qui se tournent vers toi dès ce matin, avec tous ceux qui t'ouvrent leur cœur, toi le Soleil de Vie, toi présent dans tous les tabernacles du monde et déjà en chacun de nos cœurs.

Béni sois-tu d'avoir donné ta vie pour nous par ta Sainte Passion. Béni sois-tu, par ta Résurrection, de nous attirer, de nous entraîner à ta suite dans cette nouvelle vie de lumière, d'abondance et de joie.

Béni sois-tu, Père, pour le don gratuit de la vie éternelle au nom de ton Fils Jésus-Christ. Honneur et gloire à ton nom dans les siècles des siècles. Amen. Alléluia !

Ô Jésus, nous te prions d'abord pour tous ceux qui sont partis vers toi cette nuit et qui n'étaient pas suffisamment préparés à te rencontrer. Accueille-les, Seigneur, nous t'en prions. Reçois-les dans ta lumière. Nous avons confiance en ta miséricorde et en ta bonté.

Nous te prions, en ce matin, pour la paix dans le monde, pour que cessent tous les conflits entre les nations, les communautés, les familles et pour qu'aucune nouvelle guerre ne se génère.

Nous te prions aussi pour toute ton Église. Qu'elle soit forte dans la Foi, unie, accueillante et évangélisatrice. Protège et guide notre Pape, notre berger bien-aimé. Aide-nous à lui rendre honneur. Protège et guide tous nos pasteurs, tout ton Peuple.

En ce jour nouveau, nous te prions, Seigneur, touche également les cœurs de tous ceux qui sont éloignés de toi, de tous tes enfants qui se blessent, qui se perdent, qui s'égarent loin de la vérité, qui n'ont plus de repère, qui ne distinguent plus le bien du mal. Ce sont tes enfants, nous t'implorons pour eux.

Envoie ton Esprit Saint, Seigneur, qu'il renouvelle toute la création. Emplis de lumière et de vérité tous les cœurs des hommes de cette génération, de toutes les nations.

Viens en aide, Seigneur, à tous ceux qui sont abattus, accablés, tous ceux qui souffrent, qui sont dans le besoin spirituel ou matériel, qui n'ont pas de quoi vivre, de quoi manger, qui sont exploités, maltraités.
Viens en aide, Seigneur, à tous ceux qui sont dans l'épreuve, à tous ceux qui pleurent, qui sont délaissés, sans espérance, abandonnés, à tous ceux que tu rappelleras bientôt à toi. Bénis-les Seigneur, soulage-les, donne-leur ta grâce et ta paix.
Ô Seigneur, nous te consacrons notre journée ainsi que celle de tous ceux que nous aimons.
Donne-nous, Seigneur, en ce matin la joie d'accueillir ton Esprit Saint. Conforte en nous un esprit et une foi fermes et résolus, un cœur droit, un regard pur. Donne-nous ta force, augmente en nous le courage. Apprends-nous l'humilité, la douceur. Garde-nous dans la prière, dans le travail et dans la paix.
Aide-nous à reconnaître et à accomplir par amour ta volonté, même dans les actions les plus simples de la journée. Apprends-nous à mieux te servir et à t'annoncer en témoignant de ton amour autour de nous.
Ô Seigneur, donne-nous ce dont notre âme et notre corps ont besoin, ce qui nous est nécessaire pour aujourd'hui. Donne-nous de t'accueillir, de mieux te connaître, de mieux t'aimer chaque jour dans ta Parole et dans l'Eucharistie.
Convertis-nous, purifie-nous, sanctifie-nous.
Seigneur, pardonne-nous nos fautes, enlève de nos cœurs toute amertume, tout ressentiment, de nos lèvres toute médisance, toute parole blessante. Ouvre nos cœurs aux besoins de nos frères, apprends-nous à les comprendre, à les respecter, à pardonner nous aussi, à être généreux, à aller vers eux, à les encourager, à les remercier, à leur manifester notre joie d'être auprès d'eux et de vivre en leur présence.
Éclaire nos visages, Seigneur, qu'aucune indifférence, qu'aucune ingratitude ne nous lasse. Apprends-nous à sourire et à accueillir. Apprends-nous à nous regarder les uns les autres comme tu nous vois déjà chacun : en devenir, en vérité, en toi.
Pour tout cela, nous avons besoin de toi, Seigneur, de ton Esprit Saint, de ton soutien, de ta présence, ne nous délaisse pas. Dissipe nos ténèbres, donne-nous un rayon de ta lumière, de ta grâce. Sois le

gardien de nos pensées, de nos corps, de nos âmes, de nos esprits.
Protège-nous, toi notre Bon Pasteur, et apprends-nous à résister aux œuvres de ténèbres et à les dénoncer.
Mets ta tendresse et ta paix dans nos cœurs, ton sourire sur nos visages et ta parole sur nos lèvres.
Cœur Sacré de Jésus, nous avons confiance en toi. Montre-nous ton amour. Fais que nos cœurs s'ouvrent à toi.
Ô Marie, Mère de Miséricorde, Reine de la Paix, Mère de Dieu et notre Mère, aide-nous à devenir des enfants dociles, humbles et aimants, des enfants de lumière en Jésus-Christ, ton Fils, en qui abondent toute grâce et tout bien, nous qui sommes déjà des enfants bien-aimés du Père.
Aide-nous à changer nos cœurs de pierre en cœurs de chair afin que nous vivions en Dieu, que Dieu vive en nous et que le monde croie.
Nous nous plaçons sous ta protection, Sainte Vierge Marie, nous nous consacrons à ton Cœur Immaculé, que la flamme de ton cœur descende sur tous les peuples. Nous t'aimons immensément et te consacrons notre journée et tous ceux que nous aimons.
Jésus, Marie, nous avons confiance en vous, nous vous aimons, et nous voulons vous honorer par toute notre vie. En ce jour nouveau, nous appelons sur nous, sur tous ceux que nous aimons et sur tous les enfants de Dieu votre bénédiction.
Aidez-nous maintenant à aller à la rencontre de nos frères, soutenez-nous dans nos activités et donnez-nous la joie d'aimer.
Saint Michel Archange, nos bons Anges gardiens, Saint Joseph, nos saints patrons, vous tous les Saints et Saintes de Dieu, veillez sur nous, priez pour nous.
Qu'il est grand, ton nom, Seigneur, que tes œuvres sont belles !
Nous te rendons grâce et nous te chantons notre reconnaissance pour tout l'amour dont tu nous aimes.
Gloire soit au Père, au Fils et au Saint-Esprit, comme il était au commencement, maintenant et toujours, et dans les siècles des siècles.
Amen. Alléluia.

Jean-Paul Dufour

Prières du soir

Tous les jours sont précieux

La vie sur cette pauvre terre est composée de jours et ces jours ne sont pas tous les mêmes. Les uns sont gais et agréables et les autres tristes et douloureux ; mais soyons bien persuadés, que ces derniers ne sont pas les moins utiles ni les moins précieux.

Ô Père bien aimé

Ô Père bien aimé, qui nous as créés, aimés !
Ô Fils Jésus Christ, qui nous as sauvés de la mort, du péché !
Ô Esprit Saint, qui nous donnes l'Amour, la Paix, la Lumière, la Sérénité, la Joie, la Force et la Ferveur !
Très Sainte Trinité qui êtes un seul Dieu, je vous adore, je vous loue, je vous bénis et je vous aime.
Comme je vous ai offensés au cours de cette journée, je vous en demande pardon.
Cœur Sacré de Jésus, qui espères et attends notre amour, je me consacre à toi comme je me consacre au Cœur douloureux et immaculé de Marie, ta tendre et notre tendre Mère, ainsi que tous ceux que j'aime.
Je me donne à vos Saints Cœurs pour que je puisse mieux vous servir tous les jours de ma vie et que je puisse vous faire aimer de tous ceux qui m'approcheront.
Bon Saint Joseph, toi si puissant auprès des Saints Cœurs de Jésus et de Marie, je te remercie des grâces que tu m'obtiens chaque jour. Prends mon foyer, ma famille, sous ta sainte protection.
Jésus, Marie, je vous aime, sauvez les âmes.
Amen.

Joyeuse lumière

Joyeuse lumière
Splendeur éternelle du Père,
Saint et bienheureux,
Jésus-Christ.
Venant au coucher du soleil,
Contemplant la lumière du soir,
Nous chantons le Père et le Fils,
Et le Saint-Esprit de Dieu.
Digne es-Tu en tous temps d'être loué
Par de saintes voix.
Fils de Dieu, qui donna la vie,
Et le monde te glorifie.
Nous te chantons Fils de Marie,
L'Épouse sans tache,
Tu t'es vêtu de notre chair,
Toi la source de la lumière.

Au déclin de ce jour

Au déclin de ce jour, nous te rendons grâce Seigneur
Accorde-nous de sanctifier ce soir et cette nuit, Dieu Sauveur
Et sauve-nous !

Bénissez le Seigneur

Bénissez le Seigneur, vous tous serviteurs du Seigneur
Qui demeurez dans la maison de Dieu
Durant les heures de la nuit.
Levez les mains vers lui et bénissez votre Dieu
Que le Seigneur soit béni de Sion
Lui qui fit le Ciel et la Terre.

Sauve-nous, Seigneur

Sauve-nous, Seigneur, quand nous veillons
Garde-nous, Seigneur, quand nous dormons
Et nous veillerons avec le Christ,
Et nous reposerons en paix.

Maintenant ô Maître,
laisse aller ton serviteur
en paix, selon ta Parole ;
car mes yeux ont vu
ton salut,
que tu as préparé
à la face des peuples,
lumière pour éclairer les nations
et gloire de ton peuple Israël.
Gloire au Père, au Fils,
au Saint-Esprit,
comme il était au commencement,
maintenant et toujours,
et pour les siècles des siècles.
Amen.

Cantique de Syméon - Lc 2, 29-32

Grand chef des milices célestes

Grand chef des milices célestes, nous te supplions, indignes que nous sommes, de nous protéger par tes prières, et de nous garder à l'ombre des ailes de ton immatérielle gloire, nous qui, à genoux, instamment, t'implorons, délivre-nous des dangers, ô Prince des puissances d'en haut. Amen.

Je veux reposer en Toi, Seigneur

Je veux de tout mon cœur reposer dans ta sainte grâce ; ce cœur que tu m'as donné, où puis-je mieux le placer que dans le tien ? C'est là que je le dépose, ô mon doux Jésus, c'est là que je veux habiter et que je vais prendre mon repos.

Saint Benoît Joseph Labre

Prière d'offrande

Pour les peines, les offenses, les injustices… subies et les sacrifices offerts au cours de la journée :

« Ô Jésus, c'est pour ton Amour, en réparation des offenses au Cœur Immaculé de Marie et pour la conversion des pauvres pécheurs. »

Prière enseignée par Marie aux enfants de Fatima

Ô Marie, il se fait tard

Ô Marie, il se fait tard, tout s'endort sur la terre, c'est l'heure du repos ; mets ta main sur mes yeux, ferme-les doucement aux choses d'ici-bas ; mon corps et mon âme sont fatigués.
Mets ta main sur mon front, arrête ma pensée ; doux sera mon repos s'il est béni par toi.
Pour que demain ton humble enfant s'éveille et reprenne gaiement l'ouvrage d'un nouveau jour, mets ta main sur mon cœur !
Que lui seul, toujours, veille et redise à son Dieu, son éternel amour !
Couvre-moi de ton manteau, Marie, protège-moi.
Jésus, Marie, je vous aime.
Je vous consacre ma nuit et celle de tous ceux qui me sont chers.
Amen.

Je te rends grâce Seigneur de ce jour qui s'achève

Seigneur Jésus, je te rends grâce, moi ton petit enfant, de ce jour qui s'achève et que tu m'as donné de vivre. Je te remercie de toutes les grâces que tu m'as données, celles que j'ai reconnues comme venant de toi, celles que j'ai reçues et que je n'ai pas su reconnaître et celles que tu voulais me donner et que je n'ai pas accueillies.
Merci, Seigneur, de m'avoir gardé dans ta paix, d'avoir pris soin de moi, de ceux que j'aime, de tous ceux que j'ai rencontrés.
Merci pour tous les gestes d'amour manifestés par mes frères au cours de cette journée. Merci pour leur présence. Merci, Seigneur, pour ta présence en eux, pour leur aide, leur compréhension et leur attention.
Merci pour toutes les fois où tu m'as permis aussi de t'annoncer.
Merci de m'avoir aidé à accomplir gratuitement ta volonté, d'avoir mis en mon cœur et sur mes lèvres des paroles apaisantes, d'avoir mis sur mon visage ton sourire, et de m'avoir permis par des gestes concrets d'être attentif et généreux envers les autres.
C'est bien peu, Seigneur, mais tu vois, j'ai essayé de ne contrister personne et de ne te peiner en rien, et je sais que tu ne mesures que ma bonne volonté.
Tu vois aussi toutes les fois où je n'ai pas pu accomplir ce que tu me demandais, où je n'ai pas su être attentif et suffisamment à l'écoute de mes frères, où j'ai manqué de patience, où je me suis énervé, où j'ai manqué de miséricorde.
Tu connais mes faiblesses, Seigneur, et je te les remets.
Aide-moi demain à être plus vigilant, plus doux, plus humble, plus accommodant avec mon prochain, en tout plus uni à toi et plus généreux.
Bénis sois-tu, Père très Bon, pour ce jour passé et pour tous tes bienfaits dans ma vie.
Bénis sois-tu, Seigneur, pour le travail que tu m'as permis de réaliser aujourd'hui, pour les temps de prière que j'ai pu t'offrir, et pour ta Sainte Eucharistie par laquelle tu es venu me soutenir, me purifier, me sanctifier.

Bénis sois-tu, Esprit Saint, d'être venu éclairer ma journée, de m'avoir inspiré les gestes de bonté que j'ai pu accomplir, de m'avoir consolé dans mes peines.
Qu'il est grand ton nom, Seigneur, comme j'ai confiance en Toi et comme je suis heureux de t'appartenir !
Merci, Jésus, mon doux Seigneur ; merci, Marie, ma douce Maman, pour votre présence et votre protection à mes côtés tout au long de ce jour.
Jésus, Marie, je vous confie tous ceux que j'aime et que je connais, je vous consacre leur nuit et la mienne et j'appelle sur nous votre bénédiction.
Je vous prie aussi pour tous ceux qui ne trouveront pas le sommeil, tous ceux pour qui la nuit sera difficile, longue, angoissante, douloureuse.
Ô Seigneur, je t'en prie, soulage-les, délivre-les de tout danger, toi notre bon Berger, le Berger de nos âmes. Prends soin de tes agneaux, Seigneur, qu'aucun de tes enfants ne se perde cette nuit.
Jésus, Marie, je vous aime, sauvez les âmes.
Mon bon Ange gardien, Saint Michel Archange, veillez sur moi pendant ce temps de repos.
Jésus, Marie, en vos Cœurs je dépose le mien…
qu'ils soient à jamais notre refuge.
Ô Père, Abba, Papa… en tes mains je remets mon esprit,
merci de m'avoir créé…

Jean-Paul Dufour

Prière avant toute action – importante ou secondaire –

Au nom du Père, du Fils et du Saint-Esprit. Amen.
Père très Bon, Miséricordieux et Tout-Puissant, j'ai recours à Toi,
Je T'offre cette action…
Je Te demande de venir la bénir et de m'aider à l'accomplir.
Marie protège-moi.
Par Jésus le Christ, Notre Seigneur.
Amen.

Prière après toute action – importante ou secondaire –

Au nom du Père, du Fils et du Saint-Esprit. Amen.
Père très Bon, Miséricordieux et Tout-Puissant, je Te rends grâce et Te remercie de m'avoir aidé à accomplir cette action…
Bénis sois-Tu, Seigneur, pour tous tes bienfaits.
Merci Marie de m'avoir gardé sous ta protection.
Amen. Alléluia.

Prière avant une rencontre

Mon bon ange gardien, je te remercie de me précéder auprès de…
Jésus, Marie, je vous consacre notre entretien en vous priant de nous accorder votre paix et votre bénédiction.
Seigneur, toi qui fais tout concourir au bien de ceux qui t'aiment, je te recommande l'âme et les désirs de…
Esprit Saint, aide-moi à être à ton écoute, éclaire-moi, viens agir en moi, inspire-moi ce que je dois dire au cours de notre rencontre.
Père bien-aimé, bon et miséricordieux, aide-nous à comprendre, à reconnaître et à accomplir ta volonté.
Amen.

Prières avant le repas

Au nom du Père, du Fils et du Saint-Esprit.
Merci, Seigneur, pour cette journée.
Merci de nous rassembler et d'être présent au milieu de nous.
Merci pour cette nourriture que tu nous donnes
et pour tout ce que nous recevons de toi.
Procure, nous t'en prions, du pain à ceux qui n'en ont pas,
apprends-nous à partager, et ouvre nos cœurs et nos mains
chaque jour davantage aux besoins de nos frères.
Bénis-nous, Seigneur. Bénis ce repas et ceux qui l'ont préparé.
Veille sur nos échanges, donne-nous la grâce
de ne prononcer que des paroles de bénédiction
et viens ainsi nous édifier les uns les autres.
Bénis notre famille, tous ceux que nous portons dans notre cœur,
tous tes enfants sur la terre, et garde-nous dans la paix de ton amour.
Toi qui es Père, Fils et Saint-Esprit.
Amen.

Mets en nous, Seigneur, ton Esprit de charité, pour que, partageant un même repas, nous ne formions qu'un seul cœur en Jésus-Christ, Notre Seigneur. Amen.

Seigneur, accorde-nous ta bénédiction, bénis cette nourriture et ceux qui l'ont préparée ; nous la recevons de ta bonté, qu'elle nous aide à mieux te servir. Par Jésus, le Christ, notre Seigneur. Amen.

Dieu notre Père, nous voulons te bénir en tout temps, toi qui nous combles de tes biens. Que nous mangions ou que nous buvions, accorde-nous de tout faire pour ta gloire, et de te rendre grâce à jamais. Par Jésus, le Christ, notre Seigneur. Amen.

Béni sois-tu, Seigneur notre Dieu, Toi qui donnes la nourriture à tout être vivant ; rends nos cœurs ouverts et généreux pour te glorifier, et partager avec joie ce que nous recevons de ta main. Par Jésus, le Christ, notre Seigneur. Amen.

Dieu notre Père, chaque jour tu refais nos forces et tu nous soutiens par l'abondance de tes dons. Béni sois-tu pour ce repas que nous allons partager dans la joie. Par Jésus, le Christ, notre Seigneur. Amen.

Dieu qui nourris tout être vivant et qui nous as réunis à cette table, garde-nous dans ton amour et rends-nous attentifs à nos frères ; nous avons la joie de manger ensemble, fais que nous puissions un jour nous asseoir à ta table, dans le Royaume du ciel. Par Jésus, le Christ, notre Seigneur. Amen.

Nous te louons, Seigneur, source de tout bien ; bénis cette nourriture que nous allons prendre et accorde-nous un esprit de vraie fraternité pour que nous soyons et que nous demeurions un en toi. Par Jésus, le Christ, notre Seigneur. Amen.

Bénis, Seigneur, ce repas, où nous prendrons des forces pour Te servir, et donne du pain à ceux qui n'en ont pas, et faim et soif de justice à ceux qui sont comblés. Amen.

L'Arche

Ces prières peuvent être chantées :

- Pour ce repas, pour toute joie,
  nous te louons Seigneur.

- Que soit béni le nom de Dieu,
  de siècle en siècle qu'il soit béni. (bis)

- Il dansera pour toi, avec des cris de joie,
  ton Dieu est en toi, Alléluia, Alléluia, Alléluia.

- Dans la joie et l'allégresse,
  vous puiserez les eaux aux sources du Salut.

- Louange et gloire à ton nom, Alléluia, Alléluia !
  Seigneur, Dieu de l'Univers, Alléluia, Alléluia !
  Gloire à Dieu, Gloire à Dieu au plus haut des cieux. (bis)

- Nous voilà réunis dans les parvis du Seigneur,
  chantons d'un même cœur. (bis)

- Je t'exalte, ô Roi mon Dieu, je bénis ton nom à jamais,
  je veux te bénir chaque jour, louer ton nom toujours et à jamais.

- Sauve Seigneur ton peuple et bénis ton héritage.
  Accorde à ton peuple victoire sur l'ennemi,
  Garde par ta croix ce pays qui est tien.

- Je suis venu pour que vous ayez la vie et la vie en abondance. (bis)

- Ô Seigneur, à toi la gloire, la louange pour les siècles
  Ô Seigneur, à toi la gloire, éternel est ton amour.

- L'amour du Seigneur à jamais je le chante et sa fidélité d'âge en âge. (bis)

- Ma nourriture est de faire la volonté de celui qui m'a envoyé. Vivre de toi, Seigneur, nous rassasie. Ta volonté, ton unique désir est que nous soyons unis pour le repas des noces où tu nous convies.

- Il n'y a pas de plus grand amour
  que de donner sa vie pour ceux qu'on aime.
  Aimons-nous les uns les autres, car Dieu est Amour.

- Dieu est Amour, Dieu est Lumière, Dieu Notre Père. (bis)

- Où sont Amour et Charité, Dieu est présent. (bis)

- Que le nom du Seigneur soit béni dès maintenant et à jamais. (ter)

Prières après le repas

Tu nous as comblés de tes dons, Seigneur, et nous te rendons grâce. Accorde-nous toujours le nécessaire pour que nous puissions faire le bien et te servir dans la joie. Par Jésus, le Christ, notre Seigneur. Amen.

Père des cieux, sois béni pour ce repas qui nous a rassemblés. Et puisque l'homme ne vit pas seulement de pain, donne-nous faim de ta parole. Par Jésus, le Christ, notre Seigneur. Amen.

Dieu notre Père, nous te bénissons pour cette nourriture que tu nous as donnée. Accepte notre action de grâce, rends-nous prompts à partager notre pain et à te servir en nos frères. Par Jésus, le Christ, notre Seigneur. Amen.

Nous te rendons grâce, Seigneur, Père très saint, toi qui nous donnes la nourriture et la boisson. Daigne nous accueillir un jour à la table de ton Royaume où nous te bénirons éternellement. Par Jésus, le Christ, notre Seigneur. Amen.

Dieu notre Père, nous te rendons grâce pour cette nourriture que nous avons reçue de ta bonté et que nous avons prise en famille : apprends-nous à partager de bon cœur avec nos frères les biens que tu nous donnes, pour que nous puissions prendre part au banquet éternel.
Par Jésus, le Christ, notre Seigneur. Amen.

Ces prières peuvent être chantées :

- Nous te rendons grâce pour tant de tendresse
  Tu donnes l'eau vive par ton cœur transpercé,
  Nous te bénissons pour tant de merveilles,
  Tu donnes la vie, tu donnes l'Esprit.

- Nous rendons grâce continuellement à Dieu pour vous tous.

- Rendons gloire à Dieu notre Père, pour son Fils venu nous sauver.
  Rendons gloire à Dieu notre Père, il accomplit ce qu'il promet.

- Ô Seigneur qu'il est grand ton nom, je chanterai tes louanges,
je chanterai ton nom. (bis)

- Rendez grâce au Seigneur car il est bon, car éternel est son amour. (bis)

- Bénis le Seigneur, ô mon âme, du fond de mon être son saint Nom.
  Bénis le Seigneur, ô mon âme, et n'oublie aucun de ses bienfaits.

- Oui, je te rends grâce, Seigneur de tout mon cœur ;
  j'énonce tes merveilles et je joue pour ton nom.

- Rendons grâce à Dieu Notre Père, bénit soit notre Rédempteur
  et que l'Esprit Saint nous libère de la tristesse et de la peur.
  Que la joie de Dieu nous habite, que la paix de notre Seigneur
  ici-bas, jamais ne nous quitte, mais qu'elle éclaire notre cœur.

- Ô Seigneur, comment reconnaître
  les bienfaits dont tu m'as comblé,
  chaque jour, je célébrerai tes grandeurs. Alléluia.

- Soyons toujours joyeux et prions sans cesse
  En toute chose, rendons grâce à Dieu,
  C'est sa volonté sur nous dans le Christ
  Gloire à toi, ô Seigneur Notre Dieu.

- Garde-moi mon Dieu, ma force est en Toi
  Garde-moi mon Dieu, mon bonheur, c'est Toi.

- Magnifique est le Seigneur, tout mon cœur pour chanter Dieu,
  Magnifique est le Seigneur. Alléluia, Alléluia,
  Alléluia, Alléluia, Alléluia, Alléluia.

© Bradi Barth

Joachim et Anne

Prières pour les futurs époux

Prière pour la vocation au mariage selon le plan de Dieu

Seigneur Dieu, tu as dit : Il ne faut pas que l'homme reste seul, faisons-lui une aide semblable à lui.
Sois béni Seigneur pour ton plan d'amour sur l'homme et la femme.
Sois béni pour ton plan d'amour sur moi.
Tu connais mes souhaits et mes désirs, je te les remets, purifie-les.
Si cela n'est pas contraire au bien de mon âme, si tu m'appelles à vivre le sacrement de mariage et à fonder une famille, je te demande Seigneur que mon ange gardien me conduise vers ma future compagne, comme l'Ange Raphaël guida Tobie vers son épouse Sara et qu'il favorise notre rencontre.
Je te prie Seigneur pour l'épouse que tu mettras sur ma route. Rends-nous dignes l'un de l'autre.
Apprends-nous que l'amour est un don et ne peut être mélangé d'aucun égoïsme, que l'amour est pur et ne peut s'accommoder d'aucune bassesse, que l'amour est fécond et doit nous conduire à une nouvelle façon de vivre.
Aide-nous à comprendre la grandeur et la responsabilité du mariage et prépare-nous à être l'un pour l'autre une aide et un soutien et à demeurer fidèle l'un à l'autre jusqu'au bout du chemin.
Seigneur, je te confie mes espérances et ma route vers le mariage afin qu'unis sous ton regard par ce grand sacrement avec mon épouse, nous puissions te louer ensemble et célébrer ton immense bienveillance.
Seigneur, que ta volonté se réalise en nous par ta grâce et sous ta protection.
Amen.

Prière des fiancés

En mon cœur, Seigneur, s'est éveillé l'amour pour… que tu connais et que tu aimes.
Toi-même me l'as fait rencontrer et me l'as présenté(e), comme jadis au Paradis terrestre tu as présenté Ève à Adam, afin que l'homme ne demeure pas seul.
Je te remercie pour ce don qui m'emplit d'une joie profonde, me rend semblable à toi qui es l'amour et me fait comprendre la valeur de la vie que tu m'as donnée.
Fais que je ne gaspille pas cette richesse que tu as mise en mon cœur; apprends-moi que l'amour est un don et ne peut être mélangé d'aucun égoïsme, que l'amour est pur et ne peut s'accommoder d'aucune bassesse, que l'amour est fécond et doit à partir d'aujourd'hui nous conduire tous deux à une nouvelle façon de vivre.
Je te prie, Seigneur, pour… qui pense à moi et qui m'attend, qui a placé en moi son espoir et son avenir. Rends-nous dignes l'un de l'autre, nous qui marchons maintenant ensemble sur ton chemin. Fais que nous soyons l'un pour l'autre une aide et un soutien.
Aide-nous à comprendre la grandeur et la responsabilité du mariage, en sorte qu'à partir de maintenant nos âmes soient maîtresses de nos corps et les gouvernent dans l'amour mutuel, par ta grâce et sous ta protection. Amen.

Dieu de nos pères

Lève-toi, ma sœur. Nous allons prier Dieu aujourd'hui, demain et après-demain. Pendant ces trois nuits, c'est à Dieu que nous sommes unis, et quand la troisième nuit sera passée, nous consommerons notre union. Nous sommes les descendants d'un peuple de saints, et nous ne pouvons pas nous unir comme des incroyants qui ne connaissent pas Dieu.
Prions et supplions notre Seigneur de nous manifester sa miséricorde et son salut...
Tu es béni, Dieu de nos pères, et ton Nom est béni dans tous les siècles des siècles !
Que te bénissent les cieux et toutes les créatures dans tous les siècles !
C'est toi qui as créé Adam, c'est toi qui as créé Ève sa femme, pour être son secours et son appui, et de tous deux est née la race des hommes.
C'est toi qui as dit : « Il ne faut pas que l'homme reste seul, faisons-lui une aide semblable à lui ».
Et maintenant, Seigneur, tu le sais : si j'épouse cette fille d'Israël, ce n'est pas pour satisfaire mes passions, mais je le fais d'un cœur sincère par désir de fonder une famille qui bénira ton nom dans la suite des siècles...
Bénis-nous, Seigneur ; puissions-nous vivre heureux jusqu'à notre vieillesse tous les deux ensemble.
Amen ! amen !

Tb 8, 5-8

© Photo Claude Alliez

La Sainte Famille
Bénédictines de Venière – 71700 – Boyer – France

Prières pour les familles et en famille

Prière de Saint Jean-Paul II pour les familles

Ô Dieu, de qui vient toute paternité au ciel et sur la terre, Toi, Père, qui es Amour et Vie, fais que sur cette terre, par ton Fils, Jésus-Christ, « né d'une femme », et par l'Esprit Saint, source de charité divine, chaque famille humaine devienne un vrai sanctuaire de la vie et de l'amour pour les générations qui se renouvellent sans cesse.
Que ta grâce oriente les pensées et les actions des époux vers le plus grand bien de leurs familles, de toutes les familles du monde.
Que les jeunes générations trouvent dans la famille un soutien inébranlable qui les rende toujours plus humaines et les fasse croître dans la vérité et dans l'amour.
Que l'amour, affermi par la grâce du sacrement de mariage, soit plus fort que toutes les faiblesses et toutes les crises que connaissent parfois nos familles.
Enfin, nous te le demandons par l'intercession de la Sainte Famille de Nazareth, qu'en toutes les nations de la terre, l'Église puisse accomplir avec fruit sa mission dans la famille et par la famille.
Toi qui es la Vie, la Vérité et l'Amour, dans l'unité du Fils et du Saint-Esprit.
Amen.

Prière pour le respect de la vie et de la famille humaine

Dieu notre Père, dans ton amour infini, Tu nous as créés à ton image et selon ta ressemblance.
Tu as donné à chacun de nous une vie sacrée, unique.
Par l'Incarnation de ton Fils Jésus, Tu as sanctifié la vie humaine, Tu as fait du corps humain le temple de l'Esprit Saint.
Donne à chacun de nous et à notre monde de respecter la vie de sa conception à la mort naturelle.

Père infiniment bon, pour fonder la famille humaine, tu as créé l'homme et la femme, différents et complémentaires.
A eux et à eux seuls, tu as donné la grâce de s'unir par amour dans le mariage et de procréer naturellement.
Donne à chacun de nous et à notre monde, de respecter le sens sacré de la sexualité et du mariage entre l'homme et la femme.

Dieu, riche en Miséricorde, pardonne les péchés commis contre la vie.
Sauve de la destruction la famille humaine que tu as créée par amour.
Donne à chacun de nous et à notre pays, la grâce de respecter ton dessein concernant la famille et la vie humaine.

Par Jésus Christ, notre Seigneur.
Amen

Prière pour la famille

Père saint, Toi qui as voulu que ton Verbe éternel naisse sur notre terre et grandisse dans une famille humaine avec tout l'amour d'un père et d'une mère ; Toi qui nous as montré avec la Sainte Famille combien nos familles sont un bien précieux et un mystère sacré, signes et instruments de l'amour trinitaire ;
Envoie ton Esprit Saint, pour qu'Il donne à chacun d'accueillir la lumière que tu as inscrite en toute créature et dans tout l'Univers avec Sagesse et par Amour ; pour qu'Il ouvre les cœurs à la lumière de l'Évangile ;
Envoie ton Esprit Saint sur toutes les familles, pour que tout enfant ait la joie de grandir dans l'amour d'un père et d'une mère, de se construire dans la complémentarité d'une vraie différence sexuelle, d'être reçu comme un don et désiré comme une personne;
Envoie ton Esprit Saint sur ton Église, pour qu'elle ait la force de témoigner publiquement avec justesse et douceur de l'Évangile de la Vie et de la vérité de l'amour, d'affronter sans crainte même au prix du martyre les forces contraires de la culture de mort ;
Envoie ton Esprit Saint sur les pouvoirs publics, pour qu'ils expriment avec sagesse dans la législation ce qui revient à chacun en toute justice, qu'ils soutiennent davantage les familles fondées dans l'institution du mariage.
Ô Vierge Marie, Mère du bel amour, prends sous ton manteau protecteur tous tes enfants qui se confient à toi, même ceux qui ne te connaissent pas encore, et surtout ceux à qui il aura manqué l'amour d'un père ou d'une mère !
Saint Joseph, gardien de la Sainte Famille, prie pour nous !

Mgr Dominique Rey

Prière à la Sainte Famille

Tu as voulu, Seigneur,
que la Sainte Famille
nous soit donnée en exemple ;
accorde-nous la grâce de pratiquer,
comme elle, les vertus familiales
et d'être unis par les liens de ton amour
avant de nous retrouver pour l'éternité
dans la joie de ta maison.
Amen.

Sainte famille de Nazareth, petite Trinité sur la terre

Sainte Famille de Nazareth,
petite Trinité sur la terre,
Jésus, Dieu sur la terre,
Marie, épouse de l'Esprit,
Joseph, ombre du Père,
rendez-nous semblables à vous.
Petite Trinité sur la terre,
Joseph, mourant d'amour pour Marie,
Marie, mourant d'amour pour Jésus,
Jésus, mourant d'amour pour le monde,
rendez-nous semblables à vous.

Frère Ephraïm

Une famille qui prie, est une famille indestructible

Notre Père qui es aux cieux, tu nous as donné un modèle de vie dans la Sainte Famille de Nazareth.
Aide-nous, Père très aimant, à faire de notre famille un nouveau Nazareth où règnent la joie et la paix.
Qu'elle soit profondément contemplative, intensément eucharistique et vibrante de joie.
Aide-nous à rester ensemble à travers bonheur et peine, grâce à la prière familiale.
Apprends-nous à reconnaître Jésus, dans chaque membre de notre propre famille, particulièrement quand il souffre et reste blessé.
Que le Cœur Eucharistique de Jésus rende nos cœurs doux et humbles comme le sien.
Aide-nous à accomplir saintement notre vocation familiale.
Puissions-nous nous aimer les uns les autres comme Dieu aime chacun de nous chaque jour davantage, et nous pardonner nos fautes les uns aux autres comme tu nous pardonnes nos péchés.
Aide-nous, Père très aimant, à prendre tout ce que tu nous donnes et à donner tout ce que tu nous prends avec un large sourire.
Cœur Immaculé de Marie cause de notre joie, prie pour nous.
Saints Anges Gardiens, soyez toujours avec nous, guidez-nous, protégez-nous.
Amen.

Sainte Teresa de Calcutta

Prière en famille

Dieu notre Père,
La beauté du ciel étoilé nous dit que Tu es beau,
Mais ce que tu es se révèle aussi dans nos familles.
S'il n'y avait pas de père, nous ne saurions pas que tu es Père,
S'il n'y avait pas d'enfant, nous ne saurions pas que tu as un Fils.
Nous te remercions,
car Tu as voulu que Ton Fils soit aussi
l'enfant d'une famille humaine.
Seigneur Jésus, bénis notre famille,
sois Notre Berger tout au long de notre vie,
et n'oublie pas ceux qui sont sans famille.
Donne-nous Ton Esprit,
qu'il nous apprenne à tisser le manteau de l'Amour
avec les mailles de la patience et du courage,
de la fidélité et de la générosité.
Apprends-nous à pardonner et à demander pardon,
pour que la joie et la paix soient dans notre maison.
Amen.

Prière des Époux

Seigneur, notre Dieu,
nous te bénissons et te rendons grâce,
parce que tu nous as formés
à ton image et à ta ressemblance :
homme et femme, tu nous as créés
et tu nous invites à vivre l'un pour l'autre
un amour joyeux et vivifiant.

Béni sois-tu pour le « oui » que tu nous a inspiré,
pour la confiance et le pardon dont tu nous rends capable,
pour ta présence qui illumine notre relation
dans les bons comme les mauvais jours.

Dieu, fidèle et généreux, nous t'en prions :
apprends-nous chaque jour à nous engager de nouveau,
rajeunis notre amour, fortifie-nous dans la fidélité,
sois avec nous dans l'heure du doute,
quand ce que nous portons en nous de meilleur
risque de s'affaiblir ou de s'effondrer :
notre désir de vivre l'un pour l'autre et de donner la vie.

Trinité Sainte, Père, Fils et Esprit Saint,
nous te prions pour les couples en difficulté,
pour tous ceux qui ont du mal à se trouver l'un l'autre
et à vivre en confiance.

À tous les époux, à toutes les familles,
accorde, Seigneur,
tes dons d'unité, de fécondité et de fidélité,
ta joie pour toujours.
Amen.

Cardinal Danneels

Cette vie en moi, cet enfant que nous attendons et qui vient de toi

Seigneur, je te bénis pour la vie que tu tisses en mon sein. Père, je te rends grâce pour l'âme, le corps et l'esprit de l'enfant que je porte. Visite-le comme tu visitas Élisabeth, afin qu'il s'écrie : « Quelle merveille que je suis ! »
Père, en ce temps de grossesse, tu habites d'une manière toute particulière mes entrailles, permets-moi d'accueillir cette grâce avec la tendresse de Marie.
Par le Cœur Immaculé de Marie, je te consacre la conception de mon enfant, je te consacre ces neuf mois, chaque membre, chaque organe, chaque cellule, pour que tous se développent selon l'ordre de ta création, je te consacre l'instant de sa naissance.
Visite, Seigneur, ma maternité, ce lien qui grandit avec cet enfant, que seul ton amour nous unisse ; viens tout purifier, ajuster et bénir.
Revêts Père de ta miséricorde toute son ascendance afin que lui et sa descendance en Toi se glorifient.
Esprit Saint, irradie mon sein de ta présence pour qu'il soit le lit d'amour de la Très Sainte Trinité qui donne et sanctifie la vie.
Seigneur, bénis notre couple, bénis mon époux, bénis notre enfant. Donne-nous de grandir en ton amour dans ce temps de préparation et protège-nous.
Amen.

Myriam

Seigneur, Toi qui nous as créés homme et femme

Seigneur, Toi qui nous as créés à ton image et ressemblance, homme et femme, mystérieux mélange de terre animée de ton souffle divin, viens habiter la respiration de notre amour.
Que chacune de nos aspirations soit accueil et que chacune de nos expirations soit don, au rythme de ton propre amour.
Seigneur, Toi, la source jaillissante de tout amour humain, accorde-nous la grâce de devenir, l'un pour l'autre, un signe de ton invisible Présence, un appel à aimer sans retour, un sacrement, un chemin qui conduit vers ton Royaume de vie éternelle.
Seigneur, donne-nous assez de foi pour bâtir la maison de notre amour, pierre par pierre, sur le Roc du Christ.
Garde-nous des lézardes qui la menaceraient de ruine.
Apprends-nous à bâtir une maison qui ferme ses volets aux mauvais vents de l'usure du temps et ouvre ses portes à tous ceux qui ont besoin de réchauffer leur cœur à la vive flamme de notre bonheur.
Seigneur, apprends-nous à tisser le manteau de notre amour, avec les mailles de la fidélité, du pardon et de la patience, de la vérité, de la joie et de la souffrance.
Aide-nous à ne laisser filer aucune petite maille source d'une irrémédiable déchirure.
Seigneur, quand viendront les heures de tempête, donne-nous la force de jeter vers Toi l'ancre de la prière afin de pouvoir atteindre, ensemble, et pour toujours, la rive de ton éternité.
Seigneur, que la gratuité et la fécondité de notre amour chantent ton Alliance avec la terre et célèbrent les noces du Christ et du peuple de Dieu.

Michel Hubaut

L'eau vive

Seigneur, tu sais combien l'homme est tiraillé par la soif,
soif d'eau, comme la femme de Samarie,
qui, chaque jour, vient puiser avec sa cruche,
mais soif bien plus tenace encore,
d'un mot à entendre ou d'un regard à échanger,
d'un simple sourire, d'un geste ou d'un dialogue,
soif d'un peu d'attention ou de prévenance.
Mais ces soifs humaines cachent, tu le sais, Seigneur,
d'autres soifs plus profondes encore que le puits de Jacob,
la soif d'un peu d'amour, de tendresse ou de pardon,
la soif de communion ou de réconciliation,
la soif de vérité, de fidélité et de sérénité.
Seigneur, donne à nos cœurs d'époux
cette eau vive qui apaise à jamais notre soif.
Alors notre foyer deviendra un puits de Jacob
où nos enfants viendront puiser en abondance
l'amour, la sécurité ou le réconfort
dont ils ont tant besoin.
Nos amis et nos voisins y trouveront une halte d'amitié,
les pauvres et les malheureux une porte toujours ouverte !
Et le monde verra combien est fort le souffle de l'Esprit
qui donne à tant de cœurs assoiffés
l'eau vive de la source qui ne tarit jamais.
Amen.

Paul Coutal

Nous avons recours à Toi

Seigneur, daigne jeter un regard
sur ta famille ici assemblée.
Nous te remercions pour cette demeure qui nous abrite,
pour l'amour qui nous unit,
pour la paix d'aujourd'hui et l'espérance de demain,
pour la santé, le travail, notre nourriture,
et le beau ciel qui agrémente notre vie.
Nous te remercions pour les amis
que nous avons de par le monde
et pour l'aide amicale qu'ils nous donnent.
Fais que la paix règne dans notre petit univers.
Purifie nos cœurs de toute animosité cachée.
Accorde-nous la grâce de patienter
et de persévérer.
À nous qui t'offensons, donne la mansuétude,
afin que nous acceptions et pardonnions
les offenses des autres.
À nous qui sommes négligents, donne l'indulgence,
afin que nous supportions de bon cœur
la négligence d'autrui.
Donne-nous le courage et la gaieté,
et le repos de l'esprit.
Conserve-nous nos amis.
Donne-nous la force d'affronter ce qui nous attend,
afin que nous soyons fermes dans le malheur,
modérés dans nos colères
et patients dans les caprices de la fortune.
Donne-nous d'être, jusqu'aux portes de la mort,
fidèles et aimants les uns envers les autres.
Comme l'argile recourt au potier,
comme le moulin recourt au vent,
comme les enfants recourent à leur père,
nous recourons à toi,
implorant ton aide et ta miséricorde
au nom de Notre Seigneur Jésus-Christ.
Amen.

Seigneur, aide-nous à éduquer nos enfants

Seigneur, nous avons bien conscience de la lourde tâche, à nous parents, d'éduquer nos enfants selon les exigences de l'évangile, dans un monde perturbé.
Aide-nous à bien comprendre et à réaliser que cette responsabilité est avant tout une affaire d'amour.
Combien cet amour a d'exigences !
- pour savoir leur manifester notre tendresse,
- pour saisir et accepter la personnalité de chacun d'eux,
- pour avoir le courage aussi de commander, de défendre ou punir,
- pour savoir être présent et dialoguer avec eux, malgré notre travail, nos soucis ou nos problèmes.
Que cette affection pour chacun d'eux débouche à travers la prière en une confiance réciproque et une intimité leur permettant de faire face au mal qui rôde sans cesse autour d'eux en des tentations les plus diverses et les plus alléchantes.
Que nos enfants, dans les moments difficiles, ne cherchent pas ailleurs une solution ou une échappatoire, mais sachent recourir à nous pour les aider.
Ô Esprit Saint, sois là pour nous aider, nous éclairer, nous encourager et nous soutenir dans notre lourde tâche d'éducateurs chrétiens auprès de nos enfants.
Amen.

Paul Coutal

Prière des parents pour leurs enfants

Notre-Dame du Sacré-Cœur,
toi qui as connu la joie d'être maman,
nous te confions aujourd'hui nos enfants,
afin qu'ils soient pour toujours « tes » enfants.
Tu as vécu comme épouse et comme mère
près de Joseph et de Jésus :
donne-nous un amour semblable au tien,
pour que nos enfants puissent en vivre.
Conduis-les vers Jésus :
qu'ils soient, comme lui, doux de cœur,
et que, selon son désir,
ils lui restent fidèles, dans les petites choses
comme dans les grands moments.
Si l'un d'eux venait à s'égarer,
nous t'en prions, toi qui as connu l'angoisse
de chercher durant trois jours
ton Fils resté dans le Temple,
obtiens à notre enfant
assez d'amour et de force pour qu'il agisse
comme l'enfant prodigue dont parlait Jésus,
et qu'il retrouve bien vite la joie d'être en paix
avec le Dieu d'amour et de pardon.
Obtiens que « nos » enfants soient préservés
de l'épreuve de la maladie, de la souffrance,
et de la tentation.
Et quand ils y seront affrontés,
montre-toi leur Mère : soutiens-les, guide-les !
Veille sur notre famille,
Notre-Dame du Sacré-Cœur,
afin qu'après avoir vécu dans un même amour,
nous soyons réunis un jour, tous ensemble,
dans la joie de Dieu, notre Père !
Amen.

Fraternité Notre-Dame du Sacré-Cœur

Aide-moi Seigneur à élever mes enfants

Seigneur, tu as permis que j'aie des enfants et tu me charges de les aider à grandir et à être debout, merci de me faire cette confiance.
Hier, c'était la joie et l'émerveillement de toutes ces vies pleines de promesses, avec l'insolence de l'enfance, la tendresse de nos échanges, la complicité de nos rapports.
Aujourd'hui, c'est un peu dur Seigneur, sans doute est-ce un passage, mais le quotidien d'une maison encore très remplie d'enfants m'empêche souvent de vivre, plus qu'il ne me fait vivre.
C'est vrai que mes enfants ne m'appartiennent pas, que la part de mystère qu'il y a en chacun me déroute, m'inquiète parfois, et que j'ai bien du mal à accepter la différence.
Pardon d'être si facilement découragée, de te faire si peu confiance à toi qui connais le fond du cœur de chacun.
J'ai toujours eu besoin d'indépendance et de liberté ; apprends-moi à leur laisser le temps de vivre, afin qu'ils puissent un jour s'éloigner.
Toi qui nous redis sans cesse « N'ayez pas peur », aide-moi à comprendre qu'il faut du temps pour devenir un homme, une femme, et que ce temps n'est pas le mien.
Apprends-moi à comprendre que je dois me faire petite pour qu'eux deviennent grands.
J'ai tant de mal, Seigneur.
Et, quand je me crispe vis-à-vis de l'un ou de l'autre, apprends-moi à ne rien attendre, sinon, dans l'abandon et la tendresse, ta tendresse.
Ouvre mon cœur pour que je sois capable de reconnaître l'inattendu et que je m'en émerveille.
Pour tout cela, Seigneur, j'ai besoin de toi, alors, surtout, ne m'abandonne pas.

Claude – Maman de sept enfants

Prière pour les enfants à la reprise des études

Dieu Éternel, Père très bon,
Viens bénir ces jeunes qui recommencent leurs études scolaires.
Jésus, toi la lumière du monde, donne-leur la clarté pour que leur intelligence soit éclairée et qu'ils grandissent en sagesse.
Donne-leur le courage et la persévérance pour surmonter les difficultés.
Éclaire aussi leurs enseignants dans leur grande responsabilité.
Esprit Saint, toi notre guide et notre consolateur, inspire-les, fortifie-les.
Vous, Trinité Sainte, faites de ces jeunes des témoins de votre présence, semeurs de joie, de paix et d'amour.
Marie, notre Mère et leur Mère, nous confions ces jeunes à ta protection, accompagne-les sur la route et à l'école.
Par Jésus le Christ, Notre Seigneur.
Amen.

Prière pour les parents

Ô Dieu qui m'as donné le commandement important d'honorer mon Père et ma Mère, exauce la prière que du fond du cœur, je t'adresse pour eux. Console-les dans toutes leurs peines, assiste-les dans toutes leurs nécessités, rends-leur au centuple, le bien qu'ils me font chaque jour et aide-moi a faire tout ce qu'il est possible pour eux. Accorde-leur une longue vie, paisible et heureuse. Garde-les dans ta grâce et dans ton amitié.
Fais, Seigneur, qu'après avoir tant travaillé pour leurs enfants, ils puissent vivre paisiblement et continuer à grandir en ton amour.
Dispose toute chose de telle manière qu'après avoir supporté ensemble les épreuves et les peines de cette vie, nous soyons tous ensemble réunis dans le Ciel, notre vraie patrie, avec toi, ô mon Dieu, pour ne plus jamais nous quitter. Amen.

Sauve notre couple, Seigneur

Seigneur, Tu nous as donné le plus beau cadeau qui soit : celui de Ton amour.
Tu as voulu qu'il se concrétise dans cet être que Tu m'as fait rencontrer et que je puis appeler : « mon mari », « mon épouse ».
Nous avons vécu des heures sublimes ensemble et ainsi Tu nous donnais déjà un avant-goût de Ta Présence à Toi.
Mais peu à peu notre tendresse mutuelle s'est laissée ronger par de petits égoïsmes personnels.
Au lieu d'aimer gratuitement, sans contrepartie, nous avons commencé à calculer notre amour : « Je serai aimable, si lui, si elle, est aimable ».
Depuis ce jour, notre bel amour est devenu peu à peu recherche de soi.
Et le moindre différend dégénère en dispute et parfois nous frisons le drame de la rupture.
Seigneur, je viens aujourd'hui T'implorer avec toute la bonne volonté dont je dispose encore.
Seigneur, je viens Te supplier de savoir nous pardonner l'un à l'autre, de tourner la page sur le passé, aussi pénible soit-il.
Ô Christ, renouvelle notre amour et rends-moi capable de faire le premier pas vers la réconciliation.
Oui, ce sera dur mais avec Toi je le pourrai…
Je le ferai en pensant à nos enfants qui souffrent tellement de notre égoïsme.
Toi, Seigneur, qui peux nous guérir, entoure mon époux, mon épouse de toute Ta tendresse, pour qu'il, pour qu'elle puisse croire de nouveau en la mienne.
Merci, Seigneur Jésus.

Prière pour ceux qui sont séparés

À Notre Dame de la Réconciliation

Ô Marie, toi qui t'es totalement laissée envahir par l'Esprit d'Amour,
pour adhérer en plénitude à la volonté du Père,
Toi qui as mis au monde le Prince de la Paix,
Toi qui nous as été donnée comme Mère
au pied de la Croix de ton Fils,
Tu ne peux accepter que tes enfants soient divisés.
Je viens donc te prier pour…
Regarde-les (le) (la).
Viens les réconcilier tout d'abord avec eux-mêmes, qu'ils s'acceptent
tels qu'ils sont, avec leurs richesses et leurs limites.
Viens les réconcilier avec Dieu, qu'ils retrouvent la paix intérieure
et découvrent la tendresse du Père et son Pardon.
Viens les réconcilier entre eux.
Qu'ils se souviennent de tout ce qu'ils ont vécu ensemble
et de la profondeur des liens qui les unissaient.
Que leur unité redevienne signe de l'Amour
que ton Fils est venu semer dans le monde.
Viens les réconcilier avec tous ceux qui les entourent,
qu'ils trouvent leur place dans le monde et l'Église,
et contribuent ainsi à construire le Royaume d'Amour du Christ.
Donne-leur la force pour qu'ils se dépassent
et pour qu'ils fassent les pas nécessaires à l'unité,
en posant un regard neuf sur tout être et tout événement.
Renforce leur premier engagement.
Que l'épreuve qu'ils traversent devienne tremplin pour l'avenir, ainsi
ils pourront ensemble témoigner de la beauté de l'Amour véritable.
Ô Marie, merci d'être attentive à ma prière.
Je te renouvelle toute ma confiance, et je te rends grâce
de tout ce que tu fais, déjà, maintenant, dans leurs vies.
Amen.

Prière après la perte d'un enfant en fausse-couche

Père, je te bénis pour le don la vie. Je sais que tu as créé par amour et pour la vie éternelle ce petit être que j'ai trop peu porté.
Aujourd'hui, je viens te présenter mon enfant, à qui j'ai donné le prénom de……* et dont la vie s'est arrêtée. Je sais que tu es le Dieu des vivants et que tous tes projets ne sont que des projets de vie.
C'est pourquoi Père, je te prie en ce jour de venir me visiter, de visiter mon sein qui l'a accueilli et de le recouvrir de la vie nouvelle en Jésus-Christ ressuscité qui a triomphé de la mort.
Petit bébé, si j'ai quelques responsabilités, je te demande pardon de n'avoir pu te garder et te porter à terme.
Seigneur, de qui vient tout réconfort, je t'en prie, viens apaiser et guérir mes blessures, viens me réconcilier avec ce passé douloureux et fais ainsi en moi toutes choses nouvelles.
……, je sais que tu es vivant, je sais qu'aujourd'hui tu es dans la lumière et dans la paix auprès de Marie. Au soir de ma vie je te verrai, je te retrouverai, je t'embrasserai et te prendrai dans mes bras.
Seigneur, je te confie mon enfant.
Bénis-moi, veille sur moi, aide-moi maintenant à poursuivre ma route, renouvelle-moi en ton amour et ouvre pour moi un nouveau chemin d'espérance.
Amen.

d'après Myriam

Prière à adapter : je, nous… selon les circonstances

* *Il est possible de célébrer une messe pour l'enfant.*

Prière après un avortement

Père du Ciel, du fond du cœur, je te demande pardon d'avoir refusé la vie, de ne pas avoir accueilli mon enfant.
Petit bébé, du fond du cœur, je te demande pardon de ne pas t'avoir aimé, de ne pas t'avoir gardé et de t'avoir rejeté.
Seigneur, je ne savais pas ce que je faisais en n'acceptant pas cette maternité, en ne comprenant pas ta volonté.
Je te prie de bien vouloir me pardonner et de pardonner aussi à tous ceux qui ont fait obstacle à cette naissance ou qui ont participé à cet avortement.
Père créateur, tous tes projets sont des projets de vie.
Dans un profond mouvement de conversion, en te remerciant de m'avoir éclairée et pardonnée, j'accepte maintenant l'enfant que tu m'as donné, je l'accueille dans ton Amour et désire l'aimer comme tu l'aimes.
Je le reçois de toi comme un immense cadeau et même s'il ne m'est plus présent, je désire qu'il connaisse le bonheur et qu'il soit heureux auprès de Toi, Toi le Dieu des vivants et non pas des morts.
Cet enfant bien-aimé, je suis heureuse de lui donner le prénom de ......* et te supplie d'en prendre soin. Je le confie à ta Mère, à ma mère, à sa mère désormais, la Vierge Marie debout au pied de la croix, mère de tous les enfants et de tous les hommes.
Seigneur Jésus miséricordieux, je t'en prie, viens guérir mes blessures et libère-moi totalement des manques d'amour, des souvenirs pénibles, des traumatismes, des remords, des tourments attachés à cet événement et à ce passé douloureux. Comble mon enfant de ta Paix et de ta Joie afin qu'il soit heureux en Toi, éternellement.
Marie, garde-le sur ton Cœur jusqu'au soir de ma vie où je pourrai moi aussi l'embrasser et le serrer dans mes bras.
Seigneur, par le sacrement de la réconciliation, par le pardon que je te demande et que tu m'accordes, par la puissance de ta résurrection que tu répands et que j'accueille en mon sein, rétablis-moi dans la grâce, dans ma dignité de femme, dans ma responsabilité de mère et ouvre à nouveau mon cœur à l'espérance et à l'amour.
J'ai confiance en toi, « prends-moi la main », guide-moi, garde-moi ferme dans mes convictions sur ce nouveau chemin de vie auquel tu m'appelles et auquel je souhaite de tout mon cœur répondre. Amen.

* *Il est possible de célébrer une messe pour l'enfant.*

Bénis notre maison, Seigneur

Si le Seigneur ne bâtit la maison, en vain peinent les bâtisseurs ; si le Seigneur ne garde la ville, en vain la garde veille. Ps 127, 1

Toute maison, en effet, est construite par quelqu'un, et celui qui a tout construit, c'est Dieu. He 3,4

Père tout-puissant, Dieu de l'univers, tu nous as fait la grâce de nous accorder une maison (un logement) pour que notre foyer s'établisse et grandisse dans ton amour.

Comme une maison sur le rocher, nous voulons construire notre famille sur Toi, Seigneur, et sur ta parole.

Nous t'en supplions, que cette demeure soit toujours une maison d'accueil, de prière, de travail, de paix et de joie.

Nous mettons en toi notre espérance, nous nous plaçons sous ta sainte protection, Seigneur.

Apprends-nous à trouver en toi seul notre refuge.

Bénis et protège notre famille, bénis et protège notre habitation, garde-les de tout danger et de tout mal.

Comme tu aimais retrouver tes amis à Béthanie, Seigneur Jésus, nous t'en prions, que notre maison soit toujours un lieu de ta présence, que l'Esprit Saint nous habite et habite notre demeure.

Sainte Vierge Marie, Mère de notre Seigneur, nous te choisissons comme la maîtresse de notre habitation, qu'elle soit toujours sous ta protection une demeure d'ordre, de simplicité et d'humilité comme l'était la maison de la Sainte Famille à Nazareth.

Saint Joseph, garde-nous, protège-nous.

Nos bons Anges gardiens, veillez sur notre habitation quand nous sommes présents et quand nous nous absentons.

Saint Michel Archange, nous te plaçons solennellement comme défenseur de notre demeure, repousses-en à jamais le Malin et tous les maux.

Enfin, Seigneur, nous qui mettons notre confiance en Toi, conduis-nous ensemble au Ciel après notre temps passé sur la terre, dans la demeure éternelle, que tu nous as préparée, depuis toujours.

Amen.

Jean-Paul Dufour

Prière pour la nouvelle année

Merci Père pour cette nouvelle année
que tu nous offres
avec ses 365 jours de toutes les couleurs,
comme un vitrail à composer.
Certains seront rouges,
ils parleront de mon amour et de mon enthousiasme,
les mauves de mes peines et de mes deuils,
les verts de mes espoirs et les roses de mes rêves,
les bleus et les gris de mes engagements et de mes efforts,
les jaunes et or de mes moissons…
Les blancs seront réservés pour les jours ordinaires…
et les noirs pour ceux où tu sembleras absent !
Ils te sont tous offerts, dans la prière et la confiance.
Si tu veux bien, tu en seras le lien
et tu les disposeras pour les mettre en valeur.
Par ton amour, par la lumière de ta présence,
par la douceur de ton Esprit, je te prie,
viens toi-même illuminer de l'intérieur
le beau vitrail de ma vie.
Ainsi par transparence,
à l'image de Marie,
et sous sa protection,
que ceux que tu me donneras de rencontrer
au cours de cette année
puissent y découvrir un peu,
la présence et le visage de ton Fils bien-aimé,
notre Seigneur Jésus Christ.
Amen.

d'après Gaston Leclair

Prière pour un anniversaire

Voici le jour que le Seigneur a fait.
Qu'il soit notre bonheur et notre joie!

Ps 118, 24

Merci Seigneur pour le don de la vie.
Merci pour ce temps particulier, jour de fête et de joie
que tu me donnes de vivre
et qui me rappelle que tu m'as désiré de toute éternité.
Merci pour tous ceux qui m'ont manifesté leur affection,
signe de ta tendresse, et que tu as rassemblés autour de moi
à cette occasion. Bénis-nous Seigneur.
(Comme je suis seul, comble-moi encore davantage de ta présence.)
Les jours courent, les années passent,
les mois s'égrènent semblables aux notes de musique,
les saisons s'entrelacent, le présent file au vent,
l'avenir se présente à chaque heure que tu m'invites à vivre.
Tout est toujours nouveau.
Seigneur des vivants et de l'Histoire, en ce jour anniversaire,
c'est le moment favorable pour me tourner vers toi:
pour faire mémoire de tous tes bienfaits dans ma vie,
pour te remercier de m'avoir soutenu dans les épreuves,
pour te présenter et t'offrir à nouveau mon existence,
pour te louer et te chanter ma joie d'être aimé de toi
et pour simplement te dire avec tendresse et confiance:
Demeure avec moi Seigneur, sois mon soutien,
éclaire ma route d'anniversaire en anniversaire
pour ces années qui viennent
et que ta volonté soit faite en moi (et en nous),
comme tu le souhaiteras,
jusqu'au jour béni de notre rencontre.
Amen.

Prière avant l'étude ou l'enseignement

Créateur du monde visible et invisible, toi qui es la source de la vie, de la sagesse et de la lumière, toi qui détiens et surpasses tout savoir, j'ai recours à toi.

Je te rends grâce de ne pas tenir compte de mon péché et de mon ignorance, mais de répandre sur mon intelligence un rayon de ta clarté.

Par ton Esprit Saint, inspire ce temps d'étude (d'enseignement) que je te remets et que je place sous ta protection.

Garde-moi en éveil, vivifie mes capacités et mes aptitudes, accorde-moi la pénétration de l'intelligence et la faculté de mémoriser ce qui est nécessaire.

Pour l'étude :

Donne-moi la méthode et la facilité de l'analyse, la profondeur dans la recherche de la connaissance et dans son interprétation.

Pour l'enseignement :

Toi qui rends éloquente la langue des petits enfants, je te rends grâce de bien vouloir façonner ma parole, bénir mes propos et m'accorder une grâce abondante d'expression.

Seigneur, fortifie le début de mon étude (de mon enseignement), diriges-en le cours selon ta volonté, aide-moi à l'accomplir et conduis-la (le) à son achèvement, toi qui es vrai Dieu et vrai Homme, dans les siècles des siècles.

Marie, ma douce mère, reste je te prie à mes côtés et prie pour moi. Amen.

d'après saint Thomas d'Aquin

Prière pour demander un travail

Mon Dieu, je sais que tu m'aimes. Moi aussi je t'aime, j'ai confiance en Toi car Tu es mon Père, mon Sauveur. Tu es Bon, miséricordieux et généreux. Tu es Tout-Puissant et tu combles tes enfants. Tu m'as dit de ne pas m'inquiéter pour ma vie, de ce que je vais manger ou boire, ni pour mon corps de quoi je le vêtirai… Mt 6, 25
Tu sais que j'ai besoin de tout cela. Mt 6, 32
Apprends-moi à accomplir ta volonté, à chercher d'abord ton Royaume et ta Justice, et tout cela me sera donné de surcroît.
Rien ne peut me manquer, là où tu me conduis.
Regarde mes besoins, Seigneur, regarde mes nécessités (et celles de ma famille). J'ai confiance en Toi, en ta divine Providence.
Donne-moi (nous) un travail, Seigneur, ouvre les portes, permets-moi (nous) de faire les rencontres nécessaires, envoie-moi (nous) tes messagers.
Saint Joseph, toi qui as subvenu tout au long de ton existence aux besoins de la sainte Famille, toi si puissant sur les cœurs de Jésus et de Marie, écoute ma (nos) prière, intercède pour moi (nous), donne-moi (nous) un travail qui me (nous) permette de me nourrir (de nourrir ma famille) honnêtement et de donner à tous ceux qui sont dans le besoin.
Amen.

Prière pour ceux qui cherchent un emploi

Ô Saint Joseph, nous te prions pour les personnes qui cherchent un emploi, pour ceux qui voudraient gagner leur vie ou la vie de leur famille.
Toi qui es le patron des travailleurs, fais que tous ceux qui ont besoin de travailler puissent utiliser leurs forces et leurs talents au service de leurs frères pour un salaire digne de leurs efforts.
Toi qui est le patron des familles, ne permets pas que ceux qui ont des enfants à nourrir et à éduquer manquent des ressources nécessaires.
Aie pitié de nos frères tenus dans l'inaction et la pauvreté à cause de la maladie ou du désordre social.
Inspire aux gouvernements, aux chefs d'entreprise et à tous les responsables, des initiatives et des solutions justes : que chaque personne aie la joie de contribuer, selon ses capacités, à la prospérité commune en gagnant honorablement sa vie.
Fais que nous profitions tous ensemble des biens abondants que Dieu nous a donnés et que nous aidions ceux qui sont moins favorisés que nous.
Amen

Cté de l'Emmanuel

Prière de l'artisan

Apprends-moi, Seigneur, à bien user du temps que tu me donnes pour travailler…
Apprends-moi à unir la hâte et la lenteur, la sérénité et la ferveur, le zèle et la paix.
Aide-moi au départ de l'ouvrage. Aide-moi au cœur du labeur…
et surtout comble toi-même les vides de mon œuvre.
Seigneur, dans tout labeur de mes mains, laisse une grâce de Toi pour parler aux autres
et un défaut de moi pour parler à moi-même.
Garde en moi l'espérance de la perfection, sans quoi je perdrais cœur.
Garde-moi dans l'impuissance de la perfection, sans quoi je me perdrais d'orgueil…
Seigneur, ne me laisse jamais oublier que tout travail est vide sauf là où il y a amour…
Seigneur, enseigne-moi à prier avec mes mains, mes bras et toutes mes forces.
Rappelle-moi que l'ouvrage de mes mains t'appartient
et qu'il m'appartient de te le rendre en le donnant…
Que si je fais pour plaire aux autres, comme la fleur de l'herbe je fanerai au soir.
Mais si je fais pour l'amour du bien, je demeurerai dans le bien.
Et le temps de faire bien et à ta gloire, c'est tout de suite.
Amen.

Prière monastique du 12e siècle

Prière dans un conflit de travail

Marie,
me voici devant toi aujourd'hui
pour te demander de m'aider.
En ces jours où je vis des conflits de travail,
il me faut jouer mon rôle
et prendre mes responsabilités.
Alors je t'invoque comme Notre Dame de la Réconciliation.
Cette réconciliation m'apparaît impossible actuellement,
là où je me trouve.
Pourtant, je dois m'y employer de toutes mes forces,
malgré les affrontements que je prévois
et sans voir clair sur ce que je dois faire.
Toi, Notre Dame du Travail
– c'est là un autre nom par lequel je te connais –
tu as vu auprès de ton Fils toutes les divisions de son peuple,
ton peuple.
Mais tu as su, plus que quiconque,
comprendre le secret de la vraie réconciliation avec Lui.
Alors, demande-lui de m'éclairer sur ce que je dois faire et dire,
sur ce que je dois taire aussi.
Aide-moi à ne pas avoir peur
et à être complètement présente à chacun,
toi qui as su être cette présence, discrète et très fidèle,
auprès de Jésus et de ses amis.

Geneviève

Prière pour aimer et bénir les frères et sœurs dans des relations difficiles

Seigneur Jésus, Tu nous as commandé de nous aimer les uns les autres comme Tu nous as aimés (Jn 15, 12), et Tu as dit que c'est à l'amour que nous avons les uns pour les autres que tous reconnaîtront que nous sommes tes disciples. (Jn 13, 35).
Mais tu sais bien que hors de toi, nous ne pouvons rien faire (Jn 15,5), car nous sommes des pécheurs et nous ne faisons pas le bien que nous voulons mais plutôt le mal que nous ne voulons pas (Rm 7, 19).
Et il arrive que les autres soient méchants, insupportables, désagréables, ingrats. Cependant tu nous demandes de ne pas les juger, de leur pardonner, de les excuser, de les aimer comme tu les aimes et de les servir avec amour, sans récriminer, sans agacement, sans attendre qu'ils reconnaissent leurs torts.
Je sais que tu ne commandes rien d'impossible. Tu réalises même l'impossible avec nous et pour nous ; tu nous donnes toujours la grâce de t'obéir et tu accomplis en nous ta sainte volonté si nous nous ouvrons à ton amour et te laissons vivre en nous de plus en plus. Pour que je puisse aimer comme toi, et vivre en toi, tu as répandu ton Amour dans mon cœur en me donnant l'Esprit Saint. (Rm 5, 5).
C'est donc Toi Jésus qui, à travers moi aimes… Tu l'aimes avec tendresse, d'un amour désintéressé. Je veux aussi l'aimer comme tu l'aimes, le regarder avec amour, avec ta douceur et l'accepter tel qu'il est.
Bénis Seigneur tous ceux qui s'opposent à moi, me persécutent et que j'ai du mal à aimer. Que ton amour jaillisse de mon cœur et ruisselle sur eux pour la gloire de ton Nom, Jésus, mon Sauveur bien-aimé. Amen.

Jean Pliya – *Prier comme un enfant de Roi* – Ed. F.X. de Guibert

Prière de l'automobiliste

Seigneur, toi qui es toujours présent sur notre route,
sois mon fidèle compagnon tout au long de mes voyages.
Accorde-moi de bien user de ma liberté
et de garder le sens de mes responsabilités.
Aide-moi à rester prudent et maître de mes comportements.
Donne-moi, même si parfois cela me coûte,
d'observer scrupuleusement le code de la route,
par respect pour la vie que tu m'as donnée
et pour celle de mes frères qui est sacrée.
Que jamais je n'utilise ma voiture pour établir des performances
ou assouvir mon instinct de puissance.
Qu'elle soit un simple outil au service de mon travail
et de mes loisirs.
Accorde-moi de porter secours à celui qui en a besoin
et de ne pas hésiter à faire un détour pour aider quelqu'un
qui ne peut se déplacer ou pour lui rendre visite.
Aide-moi à être courtois et aimable avec les autres usagers de la route.
Accorde-moi l'humour et la patience
dans les encombrements,
la grâce de l'émerveillement devant un beau paysage,
l'humilité pour accepter mes propres limites,
et la sobriété lorsque quelqu'un m'invite.
Rappelle-moi que je ne suis qu'un pauvre voyageur
qui avance à ta rencontre
et qui ne doit pas devancer l'heure de ton rendez-vous.
Marie, garde-moi je te prie sous ta protection.
Mon bon ange gardien, veille sur moi et écarte tout danger de ma route.
Amen.

Prière avant un voyage

Seigneur Jésus, notre Berger, nous te confions ce voyage
que tu nous permets d'entreprendre.
Tous nos chemins sont devant toi et notre vie dans ta main.
Tu es notre protecteur et notre secours,
toi qui ne sommeilles ni ne dors.
Garde-nous de tout mal, garde nos corps et nos âmes.
Nous te confions notre route, Seigneur, nous nous plaçons
sous ta sainte protection et sous ta sainte Providence.
Veille sur notre mission, veille sur nos rencontres.
Garde-nous dans ta paix, dans la joie.
Que nos cœurs puissent contempler tes œuvres,
te trouver et te rendre grâce en toute chose.
Saint Michel Archange, protège-nous,
nos saints Anges gardiens, veillez sur nous,
Marie, guide-nous, Seigneur, que ta volonté soit faite.
Amen.

Jean-Paul Dufour

La prière du pèlerin

Marche, tu es né pour la route.
Marche, tu as rendez-vous où ? avec qui ?
Tu ne sais pas encore. Avec toi peut-être ?
Marche, tes pas seront des mots, le chemin, ta chanson,
la fatigue, ta prière, et ton silence, enfin te parlera.
Marche seul, avec d'autres, mais sors de chez toi.
Tu te fabriquais des rivaux, tu trouveras des compagnons.
Tu te voyais des ennemis, tu te feras des frères.
Marche, ta tête ne sait pas où tes pieds conduisent ton cœur.
Marche, tu es né pour la route, celle du pèlerinage.
Un autre marche avec toi et te cherche
pour que tu puisses Le trouver.
Au sanctuaire du bout du chemin,
au sanctuaire du fond de ton cœur, il est ta Paix, il est ta Joie.
Va, déjà, Dieu marche avec toi.

Un cierge… une prière

Seigneur,
Je ne sais pas prier…
Mais…
Je viens ici faire brûler un cierge.
Je le reconnais, ce cierge n'est pas grand-chose…
Ce n'est presque rien de moi…
Presque rien de mon travail ou de mon argent
puisqu'il ne représente même pas le prix d'un seul repas.
Ce n'est qu'un signe.
Le signe que je veux rester quelques instants en silence,
auprès de Toi…
Le signe que je suis venu ici,
sachant que Tu es présent,
Que Tu me vois…
Que Tu n'es pas étranger à ma vie, à mes problèmes…
Aux problèmes qui me soucient en ce moment ;
Mon foyer… mes enfants…
Mon emploi… mes occupations…
Mon entourage… mon avenir…
Ma santé… et l'objet de ma demande…
Je viens t'offrir cette lumière, parce que je le sais aussi :
Le pain qui est nécessaire à ma vie de chaque jour
me vient de toi.
Je le sais depuis que Jésus, Ton Fils, m'a appris
à te le demander dans ma prière…
Mais avant de m'inviter à te demander de me donner du pain,
Il me dit que tu m'aimes comme un Père
et que je peux T'appeler et Te parler ainsi…
Alors, avec Jésus, avec Marie,
Mère de Jésus et Mère des hommes,
Je te parle : Notre Père… Je te salue…

Seigneur, aide-nous à résister au pouvoir des médias

Introduction

Il nous est bien difficile de résister au déferlement des informations des différents médias qui chaque jour et avec surenchère se font trop souvent l'écho des événements les plus négatifs et les plus dramatiques de l'actualité.

Les hommes et les femmes qui travaillent dans ces moyens d'information et qui reçoivent les sujets de certains organismes qui donnent à penser à tout le monde ce qu'ils veulent à un moment donné ne cessent de mettre en avant et de nous proposer tout un condensé de crimes, de procès, d'accidents, de scandales, d'émeutes, de conflits, de guerres… comme si un jour de vie sur terre devait se résumer aux faits les plus mauvais, malsains et négatifs, alors que, heureusement, la grande majorité de nos frères ne vivent pas de tels événements et ne sont pas confrontés à des réalités aussi dramatiques.

Ce concentré quotidien savamment orchestré ou inconsciemment proposé de mauvaises nouvelles n'est pas supportable par l'esprit humain, il sème la confusion et l'inquiétude et ne peut que nous nuire. Il risque de nous décourager et finir par nous rendre indifférents et durs de cœur.

De plus, les hommes et femmes qui disposent et utilisent ces moyens « d'information » extrêmement performants et puissants, au lieu de les utiliser de manière constructive, nous imposent souvent des sujets et des reportages partisans, orientés, tronqués, mensongers, contraire au bien et à la vérité.

Ils nous présentent souvent en exemple des sujets qui reçoivent notre assentiment pour mieux masquer des réalités contraires.

Ils insistent longuement et reviennent sur les visages de ceux qui commettent les méfaits les plus repoussants…

D'autres sujets plus généraux sont souvent des appels à la consommation, comme si cela pouvait nous apporter le bonheur ou nourrir notre âme.

Les émissions proposées sur la nature, aussi belles soient-elles, ne reconnaissent pas notre Créateur dans ses œuvres et ne lui rendent jamais gloire.
Certaines émissions de variétés et de divertissements ne font que nous appauvrir en nous rassasiant de banalités, de médiocrités, et même de grossièretés et de vulgarités…
On constate que certains pouvoirs en place voudraient petit à petit manipuler l'opinion, conditionner, former et uniformiser les individus à leur gré afin qu'ils finissent par considérer et accepter le bien et le mal de la même manière, et même le pire, sans plus réagir.

Prière

Seigneur, nous te demandons la grâce de résister au pouvoir des médias qui ne cessent de se faire l'écho des événements les plus dramatiques de l'actualité et te prions pour tous les hommes et les femmes qui travaillent dans ces puissants moyens d'information et qui, parfois à leur insu, parfois complices, servent de relais à des idéologies mensongères, afin que tu les touches par ta grâce.
Nous te prions pour que les moyens d'information soient mieux utilisés et deviennent dans tous les pays des outils pédagogiques au service de la vérité, du bien, du beau, du sens de la vie, de l'instruction et de l'idéal.
Même si les médias ont intérêt et veulent nous faire croire que tout va mal dans le monde, nous savons que tu es venu nous sauver et que par ta résurrection et malgré les épreuves, dans le temps, le bien l'emporte toujours sur le mal.
Aide-nous à voir chaque jour et en tout moment tout le bien autour de nous, tout le bonheur qu'il y a à se rencontrer, à échanger, à s'aimer, à dire du bien, à bénir ceux qui nous sont proches, nos époux(ses), nos enfants, notre famille, nos amis, nos connaissances, nos compagnons de travail.

Aide-nous à te rendre grâce pour la beauté de ta Création et pour le don de la vie.
Apprends-nous à te prier, à te louer, à te remercier pour tout le bien que nous recevons de toi, pour toutes tes bénédictions dont nous ne sommes pas toujours conscients.
Nous te prions aussi pour tous ceux qui ne te connaissent pas encore, ne sachant pas combien tu les aimes, et qui, trop faibles devant l'amoncellement de mauvaises nouvelles, pourraient en arriver à désespérer de la nature humaine, de la société, du devenir de notre planète, jusqu'à développer certaines maladies psychosomatiques.
Seigneur, tu le sais, nous ne sommes pas fermés aux réalités et aux souffrances de nos frères partout dans le monde, relatées par les médias.
Sous ta protection et avec ton aide, nous voulons construire un monde meilleur, nous gardons espoir, nous prions pour eux et leur venons en aide chaque jour par de nouvelles initiatives.
Mais il nous faut rester lucides, afin de ne pas perdre notre discernement, notre liberté de conscience et de jugement devant le poids de certains pouvoirs médiatiques en place qui veulent nous endormir, qui se font agent de la désespérance et qui voudraient jusqu'à faire disparaître l'idée même de Dieu.
Apprends-nous à réagir, à résister sereinement, à annoncer la Bonne Nouvelle du Salut pour tous à temps et à contretemps, dès aujourd'hui, par la conversion des cœurs, pour le bonheur de tous, la construction d'un monde meilleur, plus juste et plus humain.
Que la vérité, la foi, l'espérance, l'amour, la paix, la joie, les forces vives l'emportent à tout jamais sur les forces du mal. Que ton Règne vienne.
Envoie ton Esprit Saint, Seigneur, qu'il transforme toute chose et renouvelle la face de la terre.
Père, nous t'en prions, par Jésus-Christ, ton Fils, notre Seigneur bien-aimé, et Marie, notre douce et tendre Mère qui nous aime d'un amour incommensurable et qui intercède pour chacun de nous.
Amen.

Jean-Paul Dufour

Prière pour les enfants du monde entier

Père du Ciel, nous te prions pour tous les enfants à naître que tu connais et que tu aimes depuis toute éternité.
Que tous les hommes et les femmes de notre temps découvrent en chaque naissance un signe de ta présence, signe d'amour, de confiance, de paix et de bénédiction.
Que par la grâce du baptême en Jésus-Christ, ton Fils, notre Sauveur, tous ces nouveau-nés reçoivent les dons du Saint-Esprit et deviennent tes enfants bien-aimés en qui tu mets tout ton amour.
Nous te disons merci, Seigneur, et te prions pour tous ces petits venus au monde, joyeux, confiants, aimants, ouverts à la vie, qui font le bonheur et la joie de leurs parents et de leur famille.
Mais nous t'implorons aussi, Seigneur, pour tous ceux qui ne sont pas reconnus, accueillis, aimés.
Nous te prions pour tous les pères, les mères, les communautés, les institutions qui, ne comprenant pas la valeur de la vie dès l'instant de la conception, mettent des barrières et des entraves à leur venue dans le monde.
Nous te prions pour tous ces innocents qui, de ce fait, de part l'égoïsme ou par l'aveuglement des hommes, ne voient pas le jour.
Nous te prions aussi pour tous ceux qui sont jugés différents, rejetés, mal-aimés, mis à part, pour tous ceux qui ne connaissent pas leur père et mère respectifs, qui n'ont pas la joie de vivre dans un foyer uni.
Nous te prions pour tous les orphelins, pour tous ceux qui sont déplacés, réfugiés.
Nous te prions pour tous ceux qui connaissent la faim, la soif, qui sont sous-alimentés, malades, pour tous ceux qui connaissent la pauvreté, le manque d'hygiène.
Nous te prions pour tous ceux qui souffrent avant même de connaître le bonheur de l'enfance, pour tous ceux qui quittent ce monde bien trop tôt, avant d'avoir pu le découvrir, l'aimer et y prendre leur place.
Nous te prions pour tous ceux qui ne te connaissent pas par manque d'éducation religieuse, qui sont élevés dans un matérialisme théorique et pratique

qui ne les prépare à aucune joie véritable, pour tous ceux qui vivent dans des régimes athées, dépourvus de valeurs et de grands idéaux.
Nous te prions pour tous ceux qui, très jeunes, sont obligés de travailler tout au long des jours, avant d'avoir grandi, qui sont exploités sans pouvoir être instruits et aller à l'école.
Nous te prions pour tous ceux qui sont esclaves.
Nous te prions pour tous ceux qui, sans repères, sans amour ni tendresse, doivent lutter pour survivre, qui récupèrent ce qu'ils peuvent dans les décharges.
Nous te prions pour tous ceux qui, abandonnés de tous, exposés à tous les dangers, sont obligés de mendier, qui se réfugient dans la drogue, qui vivent et dorment dans les rues.
Nous te prions pour tous ceux qui sont humiliés, maltraités, violentés, pour tous ceux qui perdent leur innocence et leur pureté, qui subissent les perversions et les vices sexuels des adultes.
Nous te prions pour tous ceux qui sont victimes de systèmes éducatifs pernicieux qui cherchent à les troubler, les perturber et leur enlever leur identité sexuelle.
Nous te prions pour tous ceux qui sont devenus dépendants des jeux et des médias modernes.
Nous te prions pour tous ceux qui mettent fin à leurs jours.
Nous te prions pour tous ceux qui ont peur, qui pleurent, qui sont traumatisés par les conflits et les guerres.
Nous te prions pour tous ceux qui sont enlevés à leur famille, entraînés à combattre, à commettre des meurtres.
Nous te prions pour tous ceux qui, victimes innocentes, sont tués par la folie des hommes.
Seigneur, nous te demandons pardon.
Tu vois tous ces enfants en grande souffrance dans le monde entier.
Change le cœur, nous t'en prions, de ceux qui les rejettent, les oppriment, les pervertissent, les instrumentalisent.
Nous te demandons pardon aussi pour notre égoïsme et notre indifférence envers tous ces enfants éprouvés et meurtris.

Seigneur, sois béni pour le don de la vie.
Apprends-nous, aide-nous à faire tout ce que nous pouvons pour chacun d'eux, afin de soulager leurs peines.
Marie, source de vie, Mère de tous les enfants, bénis, nous t'en prions, les efforts de tous ceux qui laissent parler leur cœur, qui ouvrent leurs bras aux enfants les plus vulnérables, qui viennent au secours de leurs détresses.
Sois bénie pour tous ceux et celles qui ont entendu et compris les paroles de ton Fils :
« Gardez-vous de mépriser aucun de ces petits : car je vous le dis, leurs anges aux cieux voient constamment la face de mon Père qui est aux cieux. »

Mt 18, 10

« Laissez les enfants venir à moi, car le Royaume de Dieu est à ceux qui leur ressemblent. »

Lc 9, 48

« Venez, les bénis de mon Père... chaque fois que vous l'avez fait à l'un de ces petits qui sont mes frères, c'est à moi que vous l'avez fait. »

Mt 25, 34-40

Nous t'en prions, Marie, soutiens-nous dans nos engagements à leur service, afin que les larmes que tu verses pour tous ces enfants se changent en larmes de joie.
Père Éternel, de bonté, d'amour et de miséricorde infinis, nous t'offrons les petits enfants du monde entier.
Par leur grâce et leur innocence qui reflètent la beauté de ton visage, par les larmes de tous ceux qui souffrent, nous t'en prions, bénis-les, bénis-nous et sauve-nous, pardonne-nous nos fautes, prends pitié de nous et du monde entier.
Nous t'en prions par Jésus-Christ, ton Fils bien-aimé notre Seigneur, et par Marie, notre douce et tendre Mère.
Amen.

Jean-Paul Dufour

Prière pour que le temps redevienne clément

Seigneur Dieu, toi qui as créé harmonieusement toute chose, qui as établi les cieux et la terre pour que nous en disposions et que nous grandissions en ton amour, tu as voulu que nous contemplions la beauté de tes œuvres dans la nature que tu as rendue bénéfique pour l'homme.
Tu vois, Seigneur, que depuis de nombreux jours maintenant, nous sommes confrontés aux intempéries, que nous sommes durement éprouvés et que ta création souffre : les hommes, les animaux, les arbres, la végétation…
– Le temps est instable pour la saison, les amplitudes de température beaucoup trop marquées et rapprochées, les éléments semblent déréglés et bouleversés…
– La chaleur nous accable, nous manquons cruellement d'eau, les terrains sont desséchés, plus rien ne pousse, les sources et les cours d'eau sont à sec, la canicule s'est installée…
– L'atmosphère est polluée, l'air est irrespirable…
– Les incendies ravagent les forêts, les habitations et les vies sont menacées, les animaux périssent…
– Il ne cesse de pleuvoir, les sols sont détrempés, les cours d'eau sortent de leur lits, les terres, les cultures, les habitations sont inondées…
– Les vents et la tempête renversent et déracinent tout sur leur passage…
– Les orages et la grêle endommagent les maisons, détruisent les récoltes…
– Le froid, le gel et la neige paralysent toutes les activités…
Seigneur, nous sommes en difficulté, ton peuple souffre, les enfants, les malades et les personnes âgées particulièrement.
Les approvisionnements ne peuvent plus s'effectuer normalement…
Beaucoup d'activités sont arrêtées.
Les épidémies menacent…
Seigneur, avec Marie, ta Mère et notre mère, nous te faisons appel, nous avons recours à toi.

Abrège ce temps d'épreuve, nous t'en prions, et protège les innocents.
Vois tes œuvres que tu as si harmonieusement créées qui sont maintenant gravement endommagées.
Vois tous les travaux de réparation et de reconstruction qu'il va falloir entreprendre.
Vois tous ceux qui, dans ces circonstances, se sont rendus disponibles, qui œuvrent déjà, qui viennent au secours et en aide à ceux qui sont dans le besoin, la peine, la détresse.
Nous voulons revenir à toi, Seigneur, ouvrir davantage nos cœurs à l'amour sans attendre de nouvelles situations d'urgence comme celle-ci, afin que le monde prenne un meilleur chemin.
Aide-nous à ne pas gaspiller les ressources que tu as placées à notre disposition dans la nature et à les utiliser avec sagesse.
Nous te demandons pardon et implorons ta miséricorde.
Entends notre prière, Seigneur.
Que les éléments que tu as créés nous redeviennent favorables et que nous puissions vivre à nouveau dans la prospérité et dans l'action de grâce.
Nous te le demandons avec foi et confiance, pour la gloire de ton nom et le bien de tous tes enfants.
Par Jésus, le Christ, notre Seigneur.

Amen.

Jean-Paul Dufour

Prière d'intercession
pour être protégé des cataclysmes et des calamités

Dieu éternel et tout-puissant, Père bien-aimé et miséricordieux, Dieu de bonté, de fidélité et d'amour infinis, nous restons tes enfants bien-aimés, même lorsque nous te décevons, lorsque nous nous détournons ou nous éloignons de toi, nous qui sommes pécheurs.
Mais nous comprenons bien que nous ne pouvons nous conduire seuls. Nous prenons de plus en plus conscience que nous avons voulu nous suffire à nous-mêmes et nous construire nous-mêmes, sans Toi.
Nous nous sommes tournés vers les choses matérielles, nous nous sommes laissés séduire par les attraits du monde, nous nous sommes attachés aux idoles anciennes et nouvelles : l'argent, le pouvoir, la réussite à tout prix, la production et la consommation effrénées, la recherche avide de plaisirs, la course aux illusions et aux chimères… qui nous ôtent la vraie vie. Petit à petit, nous sommes devenus rebelles, orgueilleux et durs de cœur.
Nous comprenons bien maintenant qu'il nous faut changer de route, revenir à toi, te demander pardon en te priant d'avoir pitié de nous, de nos égarements et du monde entier.
Aujourd'hui, nous sommes de plus en plus inquiets devant tous les dérèglements de la nature que nous constatons, que nous subissons et contre lesquels nous admettons notre impuissance.
C'est pourquoi devant l'ampleur des problèmes que nous avons nous-mêmes en grande partie créés, nous t'invoquons et nous t'implorons.
Nous te demandons d'écouter nos prières et de nous protéger, de protéger notre Terre, notre pays, notre région
– de tout cataclysme : tremblement de terre, éruption volcanique, tempête, ouragan, raz de marée, inondation…
– de toute calamité : guerre, conflit, attentat, canicule, incendie, pollution, épidémie…
qui se répètent déjà bien trop et qui pourraient apporter à nouveau la désolation, la destruction et le malheur parmi nous, parmi ton peuple.
Vois, Père, les petits enfants innocents, vois tous ceux qui souffrent et qui sont dans la peine, vois tous ceux qui te sont restés fidèles, tous ceux qui t'aiment et qui marchent selon tes voies, tous ceux qui t'honorent et qui te

louent, tous ceux qui partagent leurs ressources et qui te servent dans leurs frères. Vois toute ta création, toutes tes œuvres que tu as si amoureusement et si merveilleusement créées pour nous.
Fais-nous revenir à toi, nous t'en prions.
Apprends-nous à vivre de Jésus Christ, ton Fils, notre Seigneur et Sauveur, à nous aimer les uns les autres, comme il nous a aimés, lui qui a donné sa vie pour nous.
Ouvre nos cœurs à ta sainte volonté, apprends-nous à respecter tes commandements, à vivre des béatitudes afin que le monde prenne un meilleur chemin.
Ramène à toi tous ceux qui se sont égarés loin de la vérité.
Apprends-nous à respecter dans son intégrité le don unique et merveilleux de la vie que tu nous as confié.
Apprends-nous à respecter ta création, à mieux utiliser et gérer les ressources naturelles que tu as mises à notre disposition, à en faire un usage plus juste et plus modéré pour les besoins et le bien de tous et des générations futures.
Apprends-nous à nous aimer et à nous entraider les uns les autres, à ouvrir en ton nom nos cœurs et nos bras à tous ceux qui sont dans le besoin.
À toi, Dieu éternel et tout-puissant, rien n'est impossible.
Toi qui veux notre bonheur dès cette terre, ne laisse pas les forces du mal nous nuire. Bénis-nous.
Nous sommes dans ta main, si petits, si pauvres et si fragiles, si dépendants en tout de toi et, pourtant, déjà si grands de ton Amour.
Nous avons confiance en toi. Nous voulons revenir à toi.
Toi qui gouvernes, régis et maintiens l'Univers en conduisant tout selon la Providence, garde-nous, protège-nous, protège ta Terre, notre Terre, de tout cataclysme, de toute calamité.
Nous te le demandons instamment, nous t'en prions pour le bien de tous, par les mérites du Divin Cœur de Jésus et du Cœur Immaculé de Marie, pour la gloire et l'honneur de ton Nom.
Amen.

Jean-Paul Dufour

Prière pour les dirigeants des pays

Je recommande, avant tout, qu'on fasse des prières de demande, d'intercession et d'action de grâce pour tous les hommes, pour les chefs d'État et tous ceux qui ont des responsabilités, afin que nous puissions mener notre vie dans le calme et la sécurité, en hommes justes et religieux.

1 Th 2, 1-2

Seigneur, nous te prions pour tous nos dirigeants, qui ont le pouvoir d'influer sur les conditions de vie des peuples qu'ils gouvernent et administrent.

Dieu éternel et tout-puissant, toi qui tiens en main le cœur des hommes et garantis les droits des peuples, viens en aide aux responsables qui exercent des pouvoirs temporels. Qu'ils soient fidèles à l'écoute de ta parole, aux vérités de l'Évangile, préoccupés par le bien de tous et des plus nécessiteux en particulier, quand ils ont des choix à faire, des orientations et des décisions à prendre qui auront des répercussions sur la vie quotidienne de leurs frères, qui engageront le destin de leurs pays et même de la Terre.

Apprends-leur et aide-les à remplir toujours leur mission dans le respect de ta Loi, qu'ils travaillent à ton œuvre en ce monde afin que s'affermissent avec ta grâce la liberté, la sécurité et la paix pour tous les leurs, et que puissent être garantis aux peuples dont ils ont la charge la liberté religieuse et la prospérité.

Éclaire-les par ton Esprit Saint dans tous les domaines de société où les découvertes et les évolutions rapides demandent une grande attention, une grande connaissance et un discernement sans faille entre le bien et le mal.

Qu'ils aient le souci du bien commun, qu'ils prennent l'avis de tous, ne se laissent pas abuser par les mauvais desseins et ne transigent pas avec les modes passagères, les solutions provisoires ou les facilités trompeuses et illusoires.

En te priant pour eux, nous te demandons également pardon pour toutes les options, pour tous les choix qui ont déjà été faits et qui nuisent gravement au devenir de l'homme et des générations futures, pour toutes les lois iniques contraires à la vérité, au respect et à la dignité de l'homme et de la création, à la vie, qui ont été prises au cours de ces dernières décennies.

Fais revenir à toi, nous t'en prions, tous ceux qui t'offensent, qui sont devenus esclaves du péché et qui prennent des positions contraires à ton plan d'amour, de bien, de liberté et de développement harmonieux pour tous.

Nous faisons appel à ta miséricorde, nous avons confiance en toi et te demandons de tout venir restaurer en Jésus Christ.

Envoie ton Esprit Saint, Seigneur, qu'il renouvelle toute la création.

Emplis de lumière et de vérité tous les cœurs des hommes de cette génération, dirigeants et responsables de toutes les nations.

Inspire les nouveaux venus, renouvelle ceux qui sont déjà engagés au service de leurs semblables.

Aide-nous à construire un monde meilleur.

Nous te le demandons pour le bien de tous tes enfants, par les mérites du Divin Cœur de Jésus, par le Cœur Immaculé de Marie, et pour la gloire de ton Nom.

Amen.

Jean-Paul Dufour

Prière pour la Paix

Dieu de nos Pères, grand et miséricordieux,
Seigneur de la paix et de la vie, Père de tous.
Tu as des projets de paix et non d'affliction,
tu condamnes les guerres
et tu abats l'orgueil des violents.
Tu as envoyé ton Fils Jésus
pour annoncer la paix à ceux qui sont proches ou loin,
pour réunir les hommes de chaque race et de chaque origine
en une seule famille.
Écoute le cri unanime de tes fils,
la supplication pleine de tristesse de toute l'humanité :
plus jamais la guerre, aventure sans retour,
plus jamais la guerre, spirale de deuil et de violence ;
non à cette guerre qui est une menace pour tes créatures
dans le ciel, sur la terre et la mer.
En communion avec Marie, la Mère de Jésus,
nous te supplions encore :
parle au cœur des responsables du destin des peuples,
arrête la logique des représailles et de la vengeance,
suggère par ton Esprit de nouvelles solutions,
des gestes généreux et honorables,
des possibilités de dialogue et de patiente attente,
qui soient plus féconds que les rapides décisions de guerre.
Accorde à notre époque des jours de paix.
Plus jamais la guerre.
Amen.

Saint Jean-Paul II

Prière pour la conversion des Musulmans

On récite la prière avec l'aide du chapelet, sur les gros grains, une fois :
Par les Saintes Plaies de Jésus et les Larmes de sa Sainte Mère.
Sur les petits grains dix fois :
Doux Père, fait-leur connaître ton Fils.

Paix pour notre terre

Gloire à Dieu au plus haut des cieux,
et paix sur la terre aux hommes qu'il aime.
Lc 2, 14

Merci Seigneur, dans ton grand amour, en prenant chair de la Vierge Marie, d'être venu parmi nous nous délivrer du péché qui nous blesse, nous avilit, nous rend esclaves et nous éloigne de Dieu avec ses répercussions individuelles et collectives.

Merci Seigneur, toi le seul Juste, en prenant sur toi tout le poids du péché du monde, en donnant ta vie librement pour nous, de nous avoir rachetés et de nous avoir réconciliés avec le Père.

Merci Seigneur, par ta résurrection, de nous avoir ouvert les portes de la vie éternelle, de nous avoir fait retrouver notre dignité d'enfants de Dieu, de nous faire partager dès à présent cette vie nouvelle et cette paix profonde, que toi seul peux donner quand nous revenons à toi de tout notre cœur, avec foi et confiance, quand nous marchons selon tes voies et quand nous restons en ta présence dans la prière et dans le silence intérieur.

C'est pourquoi, nous te demandons déjà individuellement la grâce d'une authentique conversion.

Apprends-nous Seigneur, tout en usant avec bonheur et reconnaissance de tous les biens que tu nous donnes, à respecter tes commandements et à renoncer à la quête sans fin du pouvoir, de l'argent, de la compétitivité, de la réussite, du modernisme, de la consommation, de la satisfaction de la chair avec ses passions et ses convoitises.

Apprends-nous à ne pas nous laisser influencer, abuser et asservir par l'esprit envahissant du monde.

Apprends-nous à faire toujours preuve de discernement face à la propagation et à la banalisation des opinions dominantes, insidieuses, contraires au bien et à la vérité.

Apprends-nous à résister et à réagir face au déferlement des informations les plus accablantes, réductrices et partisanes de l'actualité.

Apprends-nous à rejeter les sujets malsains, abêtissants et dégradants diffusés par les médias.

Éloigne de nous tout ce qui pourrait nous détourner de toi.

Apprends-nous à être toujours attentifs aux réels besoins et aux réels enjeux de l'humanité et du monde.

Apprends-nous Seigneur, à ton exemple, à nous supporter et à nous aimer les uns les autres, à nous pardonner mutuellement, à nous revêtir de tendresse et de bonté, d'humilité, de douceur, de patience, à ouvrir largement nos cœurs et nos bras à tous ceux qui ont besoin d'aide et à agir chaque jour pour la paix au sein même de nos familles, de nos relations, de notre travail et de nos communautés.

Tout en cherchant à améliorer nos comportements personnels, nous aspirons également tous à la paix pour notre terre, à l'absence de conflit entre les nations de différentes cultures et langues, paix qui ne peut exister et s'établir, être véritable et durable sans bienveillance, pardon et réconciliation entre les peuples.

Au-delà des efforts de tous les hommes de bonne volonté, des responsables et des dirigeants qui cherchent à construire un monde meilleur, prospère et plus juste, nous savons que Toi seul régis le destin des peuples et que la paix est un don qu'il nous faut te demander sans cesse pour le bien de tous.

C'est pourquoi Seigneur, nous te rendons grâce d'accomplir en nous ta parole : « Je vous laisse ma paix ; c'est ma paix que je vous donne ; je ne la donne pas comme le monde la donne. »

Envoie ton Esprit Saint Seigneur, esprit de paix, de joie, d'amour, de lumière et de vérité.

Qu'il délivre le monde de la perte de la conscience du bien et du mal. Qu'il le libère de ses dérives, de ses erreurs, de ses mensonges, de ses ténèbres et de ses transgressions.

Qu'il renouvelle la face de la terre et tous les hommes de cette génération.

Père Éternel, tout puissant et miséricordieux, dont la fidélité demeure d'âge en âge, nous te prions :

Pour la gloire et l'honneur de ton Nom, par les mérites de Jésus Christ, ton Fils bien aimé, notre Seigneur et Sauveur, vainqueur de la mort, par la prière de la très Sainte Vierge Marie, notre mère, bénis-nous, protège-nous et délivre-nous du mal.

Mets ta paix dans nos âmes, prends sous ta garde nos cœurs et nos pensées dans le Christ Jésus.

Apprends aux peuples et aux communautés qui s'affrontent à s'accepter, à se respecter, à s'écouter, à être attentifs aux besoins légitimes de tous et à se réconcilier.

Préserve notre terre de toute emprise idéologique totalitaire, de toute violence, de tout conflit armé, de toute crise politique, économique, financière, sociale, energétique, alimentaire… et déjoue les plans de ceux qui voudraient les provoquer.

Seigneur Dieu, Maître de tout, pour le bien de ton peuple et de tous tes enfants, pour ceux petits et grands qui accomplissent déjà fidèlement ta volonté et agissent pour le bien, pour ceux qui mettent tout leur cœur à revenir à toi, pour ceux qui te cherchent, pour ceux qui ne savent pas encore combien tu les aimes, pour ceux qui te délaissent, qui t'ignorent, qui te résistent, qui te résistent, nous implorons avec confiance ta Miséricorde :

Toi qui fait briller le soleil indifféremment pour tous et dont l'amour est plus grand que tout, envoie ton Esprit Saint, donne à tous l'espérance, le salut et la paix, donne ta paix à notre temps, donne ta paix au monde.

Que ton Nom soit sanctifié, que ton Règne vienne...

Marie, Reine de la Paix, notre douce et tendre Mère, nous t'en prions intercède pour nous.

Amen. Maranatha.

Jean-Paul Dufour

Prières dans les difficultés spirituelles

Voir également la prière de délivrance p. 290

Quand les peines nous éprouvent et que nous sommes incapables de prier, si nous nous sentons troublés ou déconcertés pour une raison ou une autre, si quelqu'un nous a offensés, si nous nous sentons abattus ou découragés, sans force, disons simplement avec confiance et amour : « Jésus… Jésus !… »
Il est bien mentionné dans l'Écriture Sainte qu'au Nom de Jésus, tout genou fléchit au Ciel, sur la terre et dans les enfers. Ph 2, 10
Jésus ne veut pas que nous soyons amers ou tristes. Il veut être le premier vers qui nous ayons recours si nous sommes en quête de consolation. Pour demander sa bienveillance, rapprochons-nous toujours de Jésus et faisons-le en demandant le secours de la Mère de Dieu, en lui vouant toute notre confiance.
Le dépit, la mauvaise humeur, l'abattement, sont les moyens dont l'adversaire se sert avec le plus d'efficacité pour entraîner les âmes vers le doute et leur faire perdre la grâce qui les aiderait.
Disons avec confiance : « Jésus, je T'aime !… », « Jésus, Marie, je vous aime !… »… (voir chapitres Prière du cœur et Invocations).
Cela fait fuir l'adversaire.
Si durant le temps consacré à la prière, nous sommes incapables d'autre chose que de prononcer le Nom de ***Jésus*** *avec amour et confiance, autant de fois que nous respirons, nous prions bien et pouvons tout obtenir.*

Prière pour vaincre la peur et chasser l'esprit de crainte

Seigneur Jésus-Christ, ce n'est pas un esprit de crainte que Tu nous as donné, mais un Esprit de force, d'amour et de maîtrise de soi (2 Tm 1, 7). Tu ne cesses de nous répéter: Pourquoi avez-vous peur, gens de peu de foi ? (Mt 8, 26). Tu me redis maintenant: Sois sans crainte, aie seulement la foi (Mc 5, 36) car pour Dieu tout est possible et tout pouvoir m'a été donné au ciel et sur la terre (Mt 28, 18).
Je te remercie, mon Dieu: Ta fidélité est un bouclier et une armure pour moi. Je ne craindrai ni les terreurs de la nuit, ni les malheurs qui frappent en plein jour (Ps 91, 4-6). Je ne crains ni les machinations des méchants ni les esprits mauvais, ni les prédictions de malheur ni le mauvais sort, ni les accidents ni les échecs. Je n'ai peur ni de la maladie ni de la mort, ni de la pauvreté ni de la solitude, ni des pertes ni de la faillite. Rien ne peut détruire mon assurance placée en Toi, Jésus-Christ, mon Seigneur et Maître. Aucun défi de l'Adversaire, rien de ce que mes oreilles entendent ou de ce que mes yeux voient ne m'impressionne.
Par la puissance de l'Esprit Saint et dans le Nom de Jésus, je chasse de moi tout esprit de crainte. Je suis libre de l'oppression et de la frayeur, je ne crains plus rien car je suis affermi par ta justice (Is 54, 14). Tu es avec moi dans tout ce que j'entreprends (Jos 1, 9) et tu me soutiens de ta droite victorieuse (Is 41, 10).
Merci Seigneur Jésus, tu as arraché de moi la peur, la plainte, l'impatience et l'inquiétude pour toute chose. « Tu m'as délivré de toutes mes angoisses » (Ps 34, 18). Je vis dans l'assurance et la confiance en te louant sans cesse, toi, mon Dieu, ma lumière et mon salut.
Amen.

Jean Pliya – *Prier comme un enfant de Roi* –
Ed. F.X. de Guibert

Prière pour combattre la tentation

Seigneur Jésus-Christ, je te confesse que je suis dominé par de grandes tentations.
Sans cesse je suis tenté dans ma pensée. Je n'arrive pas à me débarrasser de ces chaînes qui me lient. Satan a fait de moi son objet. Je sais que je suis coupable car j'ai cédé aux suggestions de Satan qui m'ont contraint à ces pensées coupables.
Mais à présent, je me tiens sur le rocher où est dressée ta croix.
Seigneur Jésus, je te prie et je crois que tu commandes aux puissances de l'Ennemi de reculer avec leurs tentations par lesquelles elles me tourmentent.
Jésus, je ne veux pas me laisser séduire plus longtemps par ces esprits de mensonge et des ténèbres.
Je crois que par ton Sang, leurs complots à mon égard sont réduits à néant. Je crois que par ta victoire au Golgotha ils n'ont plus aucun droit de nuire à mon âme, à mon esprit ou à mon corps. Je confesse que je t'appartiens, mon Sauveur Jésus-Christ, à Toi, mon Seigneur crucifié et ressuscité. Tu es le Prince Victorieux.
Je crois que je suis sous ta protection, mon Dieu et mon Père, et sous la protection de tes anges. Je suis protégé par la puissance de ton Sang, Jésus, mon Sauveur.
Je confesse : Qui est comme Dieu ! Toi le Dieu Éternel Trinitaire !
Saint, saint, saint es-tu ; devant Ta majesté, les sombres puissances ne peuvent subsister avec toute leur haine. Elles tremblent devant ta puissance et ta grandeur, elles sont rejetées et leurs desseins sont anéantis.
Je crois que Tu es, Jésus-Christ, triomphant, plein de gloire et de majesté. Toi, qui as vaincu la puissance de Satan et en même temps la puissance de toutes les pensées qui me tourmentent.
Jésus, Agneau de Dieu, c'est à Toi que les démons sont obligés d'obéir, et face à tes blessures, les signes de ta victoire, ils sont mis en fuite.

Jésus-Christ, Toi mon Sauveur, Tu m'as racheté par ton Sang de la puissance et des ruses des esprits obscurs et en même temps de ces tentations.
Je crois en Toi et en Ta libération, et je vis pour Toi. Jésus, puisque tu m'en donnes la force, je veux rester fidèle et parcourir mon chemin victorieusement jusqu'à la fin.
Je te remercie, Jésus, je suis libéré de mes tentations, car toi, le Fils de Dieu, Tu es venu pour détruire les œuvres du diable et pour me conduire au but final, jusqu'à l'accomplissement de toute chose.
Alléluia ! Amen !

Mère Basilea Schlink

Demande de bénédiction et acte d'abandon à Dieu

Seigneur Jésus, que tes bénédictions, ta paix et ta joie viennent sur moi ! Viens, Seigneur Jésus, par ton Esprit Saint établir ta Seigneurie sur tout mon être et, dépouille-moi de l'emprise de mes sentiments humains, de l'orgueil, de la vanité, de tout ce qui pourrait faire obstacle à l'action de ton Esprit Saint. Mais en retour, Seigneur Jésus, viens m'envahir de ton Esprit d'humilité, de ton Esprit de sainteté, de ton Esprit d'Amour pour que je puisse aimer d'un amour total, d'un amour d'enfant.
Je me retire devant Toi, Seigneur Jésus et je veux te céder toute la place car je reconnais humblement que Tu es le seul libérateur, toujours avec la puissance de ton Esprit Saint et gratuitement, par Amour, parce que Tu es Amour.
Jésus miséricorde, j'ai confiance en Toi et je suis maintenant tout à Toi et pour toujours. Gloire à Toi, Seigneur.
Amen. Alléluia.

d'après l'Eau Vive – Granby – Québec

Louange dans les épreuves et dans la détresse

Seigneur Dieu, Père Éternel, je sais que tu m'aimes d'une tendresse infinie. Tu es présent dans mes épreuves actuelles. Tu connais mes souffrances et mes angoisses, mes chagrins et mes peines. Ta sagesse infinie a permis tout ce qui m'arrive. Mais tu as dit : qu'avec ceux qui t'aiment, tu collabores en tout pour leur bien (Rm 8, 28), et tu as promis d'essuyer toute larme de leurs yeux (Ap 21, 4). Dans la triste situation où je me trouve, je te loue et te remercie ô mon Dieu, selon ta volonté, même si j'ai l'impression d'être impuissant, abandonné.
Je te bénis, je te fais confiance car Tu as permis que ton propre Fils Jésus-Christ souffre pour moi. Et il a remporté sa plus grande victoire sur la croix. Par la Vierge Marie, je t'offre ses saintes plaies pour guérir les blessures de mon corps et de mon âme. Uni à Jésus mon Sauveur, j'attends ton secours et je vais triompher, puisque Toi l'Éternel, Tu me soutiens de ta droite victorieuse.
Comme tu me le commandes, je pardonne de tout mon cœur à ceux qui me font du mal ou me traitent injustement. Je te prie pour eux et je te les présente dans le Nom de Jésus, par la Vierge Marie, notre Mère. Que l'Amour de Jésus-Christ les touche dans la douceur de l'Esprit Saint, afin que leur conduite te rende gloire !
Béni sois-tu, Seigneur, Dieu vivant, pour ta présence dans mes difficultés matérielles. Ni la faim ni la pénurie, ni les privations, ni les crises économiques ne me feront douter de ton amour ou de ta Parole. Tu m'as dit de ne pas m'inquiéter, de ne pas craindre pour ma vie de ce que je vais manger, ni pour mon corps (Mt 6, 31-33), de ce qui lui est nécessaire, ni pour l'avenir qui paraît sombre car Tu sais bien de quoi j'ai besoin et Tu veux y pourvoir selon ta richesse, avec gloire, en Jésus-Christ (Ph 4, 19). Je te remercie parce que toujours Tu donnes ce que Tu as promis et fais ce que Tu as dit. Que ton Esprit m'aide à faire ce qui dépend de moi pour la réalisation parfaite de Ton plan d'amour.
Si mes épreuves sont le juste châtiment de mon péché ou du péché de ma communauté, Seigneur, pardonne-nous nos pensées méchantes, notre manière de juger, de condamner autrui, de nous porter envie les uns les autres. Pardonne nos révoltes, nos résistances et nos calculs,

nos paroles amères, nos plaintes et nos rancunes, notre égoïsme et notre refus de partager.
Seigneur, donne-moi un cœur brisé, un esprit humble et la grâce d'un repentir sincère. Que le Saint-Esprit me fasse produire des fruits dignes d'une vraie repentance (Mt 3, 8) et vivre dans l'Esprit des Béatitudes. Agis envers moi par égard à Ton nom très Saint et non pas d'après mes péchés. Manifeste ta sainteté et ta bonté aux yeux de tous pour que moi, Ton serviteur, je vive dans la paix et dans la joie et que l'on sache que c'est Toi mon Dieu et mon libérateur (Ez 20, 44).
Louange à Toi, Dieu vivant, pour les grâces que Tu m'accordes à travers mes épreuves. Accueille mes louanges comme un sacrifice agréable pour Ta gloire. Je compte sur Toi, Père Éternel et Bon. Tu donnes la force à celui qui est fatigué et renouvelles la vigueur de ceux qui espèrent en Toi (Is 40, 29-31). Tu délivres ceux qui te sont fidèles et Tu leur accordes plus que les désirs de leurs cœurs. Tu nourris les passereaux et combles de biens les enfants du Royaume. Tu changes mes lamentations en allégresse (Ps 30, 12), et ma détresse en triomphe. Gloire à Toi, Seigneur Dieu ! Je te loue et je te remercie par ton Fils Jésus-Christ mon Sauveur, par le Saint-Esprit et par Marie la Vierge immaculée, maintenant et pour les siècles des siècles.
Amen.

Jean Pliya – *Prier comme un enfant de Roi* –
Ed. F.X. de Guibert

Prières de guérison intérieure

Père de bonté, Père d'amour

Père de bonté, Père d'amour,
Je te bénis, te loue et te rends grâce, parce que, par amour, tu nous as donné Jésus.
Merci Père, à la lumière de ton Esprit, nous comprenons que c'est Lui la Lumière, la Vérité et le Bon Pasteur qui est venu pour que nous ayons la Vie en abondance.
Aujourd'hui Père, je veux te présenter ce (cette) fils (fille).
Tu le (la) connais par son nom.
Je te le (la) présente, Seigneur, pour que tu jettes un regard de Père sur sa vie.
Toi, tu connais son cœur et les blessures de son histoire.
Toi, tu sais tout ce qu'il (elle) a voulu faire et n'a pas fait.
Tu sais ce qu'il (elle) a fait de mal et le mal qu'on lui a fait.
Tu connais ses limites, ses erreurs et son péché.
Tu connais les traumatismes et les complexes de sa vie.
Aujourd'hui, Père, nous te demandons par l'Amour de ton fils Jésus-Christ, de répandre ton Esprit Saint sur ce frère (cette sœur) pour que la chaleur de ton amour qui guérit, pénètre au plus intime de son cœur.
Père, Toi qui guéris les cœurs déchirés et bandes les blessures, guéris ce frère (cette sœur). Entre dans ce cœur, Seigneur, comme tu es entré dans la maison où étaient enfermés tes disciples apeurés. Toi, tu parus au milieu d'eux et leur as dit : « La paix soit avec vous. »
Entre dans ce cœur et donne-lui ta paix. Remplis-le d'amour. Nous savons que l'amour expulse la peur. Passe dans sa vie et guéris son cœur.
Nous savons, Seigneur, que tu le fais chaque fois que nous te le demandons ; et nous te le demandons avec Marie, notre Mère, elle qui était aux Noces de Cana, quand il n'y avait plus de vin, et Tu répondis à son désir en transformant l'eau en vin. Change son cœur, donne-lui un cœur généreux, affable, plein de bonté, donne-lui un cœur nouveau. Fais jaillir, Seigneur, dans ce frère (cette sœur), les fruits de ta présence. Donne-lui

les fruits de ton Esprit qui sont: amour, paix et joie. Fais que descende sur lui (elle) l'Esprit des Béatitudes, pour qu'il (elle) puisse savourer et chercher Dieu chaque jour, vivant sans complexes ni traumatismes auprès de son époux (se), de sa famille et de ses frères et sœurs.
Je te rends grâce, Père, pour ce que tu fais aujourd'hui dans sa vie.
Nous te rendons grâce de tout cœur car c'est Toi qui nous guéris, Toi qui nous libères, Toi qui brises nos chaînes et nous rends la liberté.
Merci, Seigneur car nous sommes des temples de ton Esprit, et ce temple ne peut être détruit car c'est la Maison de Dieu.
Nous te rendons grâce, Seigneur, pour la Foi, pour l'amour que tu as mis en nos cœurs.
Comme tu es grand, Seigneur ! Sois béni et loué, Seigneur !
Amen.

Père Emiliano Tardif

Éditions de l'Emmanuel – 26, rue de l'abbé Grégoire – 75006- Paris – F.

Seigneur Jésus, que l'amour de Ton cœur m'envahisse…

Seigneur Jésus, que l'amour de ton cœur m'envahisse.
Apprends-moi à me souvenir que, si je suis venu à l'existence, c'est parce que je suis aimé de Toi.
Viens visiter toute ma vie, depuis le commencement où je fus conçu jusqu'à ce jour.
Guéris-moi de toute blessure qui a atteint mon cœur, ma sensibilité, ma mémoire, mon imagination, mon intelligence.
Libère mon être de tout lien, de toute chaîne qui me rend esclave.
Par ton Esprit Saint, je veux vivre libre et joyeux à ton service et au service de mes frères.
Jésus, pour la gloire du Père, et par les mains de Marie, je me donne tout entier à Toi : corps, âme et esprit.
Merci de m'avoir créé.
Amen.

Paul Pageaud

Prières de Libération

Prière de Libération par la Bénédiction

Seigneur Jésus, viens me recouvrir de ton sang précieux, viens recouvrir ma maison et toutes les personnes qui l'habitent, viens recouvrir également de ton précieux sang tous mes ennemis.

Seigneur Jésus, par la puissance de ton Esprit, interdis à tout esprit maléfique d'attaquer quoi que ce soit de ma personne, de ma famille ou de mes biens.

Seigneur Jésus, par la puissance de ton Esprit, libère-moi de l'effet de toute parole qu'on aurait pu prononcer contre moi ; libère-moi des conséquences de tout geste, de toute cérémonie capable d'avoir provoqué une angoisse, un trouble, une oppression, une maladie, une méchanceté ou une malédiction quelconque contre moi.

Seigneur Jésus, par la puissance de ton Esprit, coupe tous les liens négatifs qui existent entre moi et tous mes ennemis, entre moi et tous mes ancêtres.

Au nom de Jésus, par la puissance de son Esprit, je retourne à mes ennemis tout le mal qu'on a pu me faire, mais je le retourne en abondantes Bénédictions.

Esprit du Seigneur, répands sur moi ta Bénédiction, éveille mes pensées, mon intelligence, guéris mes perceptions, mon imagination, ma mémoire, et fais disparaître toutes causes de troubles en mon âme.

Esprit du Seigneur, répands sur moi ta Bénédiction, guéris en moi toutes causes de blocages et libère ma volonté de tout ce qui l'entrave.

Esprit du Seigneur, répands ta Bénédiction en mon cœur, en mon âme, guéris toutes mes blessures, chasse au loin et fais disparaître tous les sentiments qui ne viennent pas de toi.

Esprit du Seigneur, répands ta Bénédiction en mon corps et en tous les éléments qui le composent.

Marie, guéris-moi de toute maladie spirituelle, délivre-moi de tout ce qui ne vient pas de Jésus, enveloppe-moi précieusement dans ton manteau maternel, garde-moi et accompagne-moi fidèlement chaque jour.

Vierge Marie, j'ai confiance en toi, je te laisse agir et te demande de bien vouloir veiller désormais sur toutes mes nécessités.

Sainte Vierge Marie, je t'en supplie, appelle constamment sur moi l'Esprit de ton Fils, Notre Seigneur, vainqueur de tout mal, pour qu'il répande en moi toutes ses Bénédictions et que je puisse vivre épanoui et joyeux dans la vraie liberté des enfants de Dieu.
Amen.

d'après Claire Gagné

Prière de Libération

En ton Nom, Seigneur Jésus, par la puissance de l'Esprit Saint, pour la gloire du Père, je suis libéré de toute crainte, peur, inquiétude, angoisse et anxiété ; je suis libéré de l'esprit impur, de l'orgueil, de la haine, de la colère, de l'agressivité, de la rancune, du désir de vengeance ainsi que des souffrances et des blessures que les autres m'ont infligées ; je suis libéré de tout sentiment d'infériorité, de culpabilité, d'insécurité et de solitude, d'amertume à l'égard de Dieu.
Je crois que l'Amour du Père était là, que Jésus donnait sa vie pour moi, que l'Esprit Saint était présent, que l'Amour de la Sainte Vierge Marie m'entourait lorsque je souffrais et vivais des situations pénibles. J'abandonne maintenant tout mon passé à l'amour du Seigneur qui était présent dans ma vie au moment où j'avais l'impression d'être abandonné. Je m'aime tel que je suis et tel que j'ai été parce que Toi, Jésus, Tu m'aimes d'un amour personnel et sans retour. Tu ne m'as pas rejeté, Tu m'as accepté. Tu m'as aimé le premier et rien, en dehors de ma propre infidélité, ne pourra me séparer de l'amour que Tu as pour moi.
Seigneur, j'ai du prix à tes yeux. Tu prends soin de moi car Tu es mon Père et je suis ton enfant. Je te remercie, Seigneur de ton merveilleux amour pour moi. Jésus miséricorde, j'ai confiance en Toi.
Amen.

Jean Pliya – *Prier comme un enfant de Roi* –
Ed. F.X. de Guibert

Prière de protection contre le mal

Père Éternel et Tout-Puissant, Père bien-aimé †, je t'invoque, j'ai recours à toi, je te demande pardon pour toutes mes fautes et mes manques d'amour et te prie de ne pas m'en tenir rigueur.

Dans ta grande bonté et dans ta grande Miséricorde, pour la Gloire et l'Honneur de ton Nom, par les mérites de Jésus Christ, ton Fils bien-aimé, notre Seigneur, par sa Sainte et douloureuse Passion, par son précieux Sang versé pour nous sauver, par la puissance de sa Résurrection, par la grâce de mon baptême, parce que je suis et reste ton enfant bien-aimé, par l'Esprit Saint répandu en mon cœur, par le Saint nom, les prières, les pleurs et les douleurs de Marie, notre Mère, pour le salut de mon âme, je te prie de venir me bénir. †

Bénis-moi, bénis mon cœur, mon corps, mon âme et mon esprit, ne permets pas que les puissances du mal aient prise sur moi en ce jour (cette nuit) d'une quelconque manière et aide-moi à y résister.

Père bien-aimé, Père de tendresse et d'Amour de qui vient tout réconfort, veille sur moi, protège-moi et garde-moi tout au long de ce jour (de cette nuit).

Par Jésus Christ, ton Fils, notre Seigneur, dans l'unité du Saint-Esprit et par Marie, notre très Sainte et bonne Mère.
Amen. †

† *Faire le signe de croix humblement, lentement, respectueusement, avec un grand amour et une grande confiance en utilisant de l'eau bénite.*

Jean-Paul Dufour

Prière de recours à la Protection Divine

Seigneur Dieu, aie pitié de moi ton serviteur. À cause de la multitude de ceux qui me tendent des embûches, je suis devenu comme un vase perdu. Arrache-moi à la main de mes ennemis et sois à mes côtés afin de rechercher celui qui était perdu, de remettre debout celui que tu as retrouvé et n'abandonne pas celui que tu as restauré ; ainsi je pourrai te plaire en toutes choses et connaître que tu m'as libéré avec puissance. Par le Christ notre Seigneur. Amen.

Dieu Tout-Puissant, Tu fais habiter dans ta maison ceux qui étaient abandonnés et Tu conduis vers le bonheur ceux qui étaient enchaînés. Vois mon affliction, lève-toi et viens à mon secours, remporte la victoire sur mon ennemi infâme, domine la présence de l'Adversaire et accorde-moi la liberté et le repos. Ainsi rendu à une dévotion tranquille je pourrai proclamer tes merveilles, à Toi qui accordes la force à ton peuple. Par le Christ notre Seigneur. Amen.

Dieu, créateur et défenseur du genre humain, Toi qui as formé l'homme à ton image et qui l'as recréé plus merveilleusement encore par la grâce du Baptême, regarde-moi qui suis ton serviteur et sois favorable à mes supplications. Que se lève en mon cœur la splendeur de ta gloire afin que sans crainte, ni peur, ni terreur, d'un esprit et d'une âme sereins, je puisse Te louer avec mes frères dans ton Église. Par le Christ notre Seigneur. Amen.

Dieu, auteur de toutes miséricordes et de tout bien, Tu as voulu que pour nous ton Fils subisse le supplice de la Croix afin de repousser loin de nous le pouvoir de l'Ennemi. Regarde avec faveur ma faiblesse et ma douleur et viens, je T'en prie, vaincre les assauts du Malin et remplir de la grâce de ta bénédiction celui que Tu as renouvelé dans la fontaine baptismale. Par le Christ notre Seigneur. Amen.

Dieu, Tu as voulu que par l'adoption de ta grâce je devienne un fils de la Lumière. Accorde-moi, je t'en prie, que je ne sois plus enveloppé dans les ténèbres des démons et que je puisse demeurer toujours dans la splendeur de la liberté que j'ai reçue de Toi. Par le Christ notre Seigneur. Amen.

Prière d'exorcisme *(à l'usage particulier et exclusif des exorcistes)*

Au nom du Père, du Fils, et du saint-Esprit. Amen.

Commencer la prière par : Très glorieux Prince des armées célestes, p. 278.

Au nom de Jésus-Christ, notre Dieu et Seigneur, avec l'intercession de l'Immaculée Vierge Marie, Mère de Dieu, de saint Michel Archange, des saints Apôtres Pierre et Paul et de tous les saints, (et appuyé sur l'autorité sacrée de notre ministère*), nous entreprenons avec confiance de repousser les attaques et les ruses du démon. – *Prier le Psaume 67* –

Que Dieu se lève et que ses ennemis soient dispersés et que fuient, devant Lui, ceux qui le haïssent.

Comme la fumée s'évanouit, qu'ils disparaissent ; comme la cire fond devant le feu, ainsi périssent les pécheurs devant la face de Dieu.

V. Voici le Croix du Seigneur, fuyez puissances ennemies.
R. Il a vaincu, le Lion de la tribu de Juda, le rejeton de David.
V. Que ta miséricorde, Seigneur, soit sur nous.
R. De même que nous avons espéré en toi.

Nous t'exorcisons, esprit immonde, qui que tu sois, puissance satanique, invasion de l'ennemi infernal, légion, réunion ou secte diabolique, au nom et par la vertu de Jésus-Christ ✞, Notre Seigneur, sois arraché et chassé de l'Église de Dieu, des âmes créées à l'image de Dieu et rachetées par le précieux sang du divin Agneau ✞. Désormais, tu n'oseras plus, perfide serpent, tromper le genre humain, persécuter l'Église de Dieu, ni secouer et cribler, comme le froment, les élus de Dieu ✞. Il te commande, le Dieu Très Haut ✞, auquel, dans ton grand orgueil, tu prétends encore être semblable, Lui qui veut que tous les hommes soient sauvés et arrivent à la connaissance de la vérité (*1 Tm* 2, 4). Il te commande, Dieu le Père ✞. Il te commande, Dieu le Fils ✞. Il te commande, Dieu le Saint-Esprit ✞. Il te commande, le Christ, Verbe éternel de Dieu fait chair ✞ qui, pour le salut de notre race perdue par ta jalousie, s'est humilié et rendu obéissant jusqu'à la mort (*Ph* 2, 8), qui a bâti son Église sur la pierre solide et promis que les portes de l'enfer ne prévaudront jamais contre elle, voulant demeurer avec elle tous les jours, jusqu'à la consommation des siècles (*Mt* 28, 20). Ils te commandent, le signe sacré de la Croix ✞ et la vertu de tous les mystères de la foi chrétienne ✞. Elle te commande, la puissante Mère de Dieu, la Vierge

* Les laïcs supprimeront ces derniers mots. Les croix indiquent la bénédiction à donner, si c'est un prêtre qui récite l'exorcisme ; le signe de la croix à faire si c'est un laïc.

Marie ✟ qui, dès le premier instant de son Immaculée Conception, par son humilité, a écrasé ta tête orgueilleuse. Elle te commande, la foi des saints Apôtres, Pierre et Paul, et des autres Apôtres ✟. Ils te commandent, le sang des Martyrs et la pieuse intercession de tous les Saints et Saintes ✟.

Or donc, dragon maudit et toute la légion diabolique, nous t'adjurons par le Dieu ✟ vivant, par le Dieu ✟ vrai, par le Dieu ✟ Saint, par le Dieu qui a tant aimé le monde, qu'il lui a donné son Fils unique afin que, quiconque croit en lui ne périsse pas, mais ait la vie éternelle (*Jn* 3, 16), cesse de tromper les humaines créatures et de leur verser le poison de la damnation éternelle : cesse de nuire à l'Église et de mettre des entraves à sa liberté. Va t'en, Satan, inventeur et maître de toute tromperie, ennemi du salut des hommes. Cède la place au Christ, en qui tu n'as rien trouvé de tes œuvres, cède la place à l'Église, une, sainte, catholique et apostolique, que le Christ, lui-même, a acquise au prix de son sang.

Humilie-toi sous la puissante main de Dieu, tremble et fuis à l'invocation, faite par nous, du saint et terrible Nom de Jésus que les enfers redoutent, à qui les Vertus des cieux, les Puissances et les Dominations sont soumises, que les Chérubins et les Séraphins louent sans cesse dans leurs concerts en disant Saint, Saint, Saint est le Seigneur, le Dieu des armées.

V. Seigneur, exauce ma prière.
R. Et que mon cri s'élève jusqu'à toi.

Dieu du ciel, Dieu de la terre, Dieu des Anges, Dieu des Archanges, Dieu des Patriarches, Dieu des Prophètes, Dieu des Apôtres, Dieu des Martyrs, Dieu des Confesseurs, Dieu des Vierges, Dieu qui a la puissance de donner la vie après la mort, le repos après le travail, parce qu'il n'y a pas d'autre Dieu que toi et qu'il ne peut y en avoir si ce n'est toi, le Créateur de toutes choses visibles et invisibles, dont le règne n'aura pas de fin ; avec humilité nous supplions ta glorieuse Majesté de daigner nous délivrer puissamment et nous garder sains de tout pouvoir, piège, mensonge et méchanceté des esprits infernaux. Par le Christ Notre-Seigneur. Amen.

Des embûches du démon, délivre-nous, Seigneur.

Que tu accordes à ton Église la sécurité et la liberté pour te servir ; nous t'en supplions, exauce-nous.

Que tu daignes humilier les ennemis de la Sainte Église ; nous t'en supplions, exauce-nous.

Léon XIII

Aspersion d'eau bénite à l'endroit où l'on se trouve.

Prière du prisonnier

Trop, c'est trop, Seigneur.
Pourquoi en être arrivé là ? Que de peines, mon Dieu !
Toute cette souffrance, toute cette colère, toute cette violence qui m'ont submergé !
Toutes ces impasses, toutes ces erreurs, toutes ces difficultés à vivre, ces impossibilités à aimer !
Et ces quatre murs qui m'enferment maintenant, qui me limitent !
Seul, désavoué, oublié, à l'écart, parmi d'autres prisonniers comme moi : fragiles, blessés, révoltés.
Et tout ce temps qui passe. Pour quoi faire, pour quel espoir ?
C'est tellement dur de vivre ici avec tout ce qu'il faut supporter.
Je suis fatigué, brisé, amer.
Ne me laisse pas m'endurcir, m'enfoncer chaque jour un peu plus.
Ma cellule, c'est un peu ta croix, Seigneur.
Comme toi, ils m'ont immobilisé par force.
Je ne peux plus bouger maintenant et tout semble perdu.
Quel gâchis !
Ô Jésus, si tu existes, prends pitié de moi.
Je te demande pardon pour tout ce que j'ai pu faire.
On m'a dit, je m'en souviens, que l'on t'a mis sur la croix pour te faire taire, pour ne plus t'entendre nous parler d'amour, de réconciliation, parce que tu étais un empêcheur de tourner en rond.
Encore moi, je comprends comment j'en suis arrivé là.
Mais on m'a dit que toi, c'est volontairement que tu as accepté d'être arrêté, condamné, de mourir sur la croix.

On m'a dit aussi que c'était pour me rejoindre que tu as fait cela, pour me réconcilier avec ton Père.
Je ne comprends pas tout, mais tout ce que je vis me rapproche de toi.
J'ai tant besoin de me réconcilier avec les miens, avec moi-même, avec tous ceux que je rejette et qui me rejettent.
Jésus, tout s'écroule autour de moi.
Il n'y a plus que cette petite lumière entre toi et moi, cet espoir qui peut me faire croire que tu m'entends, que tu es là, que tu me comprends, que tu n'es pas aussi éloigné qu'on le dit.
Réponds-moi, visite-moi puisque personne ne vient me voir.
On m'a parlé aussi de ta mère, Marie – quel beau nom ! –, qu'on peut prier, qui nous protège.
Alors Jésus, Marie, dans le silence de mon cœur emprisonné, j'espère en vous, je viens vers vous.
Apprenez-moi à vous parler, à prier.
Recevez mes larmes, pardonnez-moi et venez à mon secours.
Aidez-moi pour que je puisse me remettre debout, même ici, avec ceux qui m'entourent.
Que je puisse redécouvrir ma dignité d'homme, d'enfant de Dieu, me savoir aimé et que ce temps d'épreuve ne soit pas inutile, mais qu'il me permette, étrangement, même enfermé, de renaître à la vie et aux autres et de me faire découvrir que ma plus grande liberté, que personne ne pourra jamais m'enlever, c'est de t'aimer Seigneur.

Jean-Paul Dufour

Prière pour une belle vieillesse

Seigneur, qui a partagé la vie de l'homme en étapes et qui a fait la vieillesse,
ne permets pas que je devienne un de ces vieux grognons,
toujours en train de dénigrer, de rouspéter, de ronchonner,
attristants pour eux-mêmes, insupportables aux autres.
Garde-moi le sourire et le rire, même s'ils ouvrent une bouche édentée ou découvrent des dents artificielles.
Garde-moi le sens de l'humour, qui remet les choses, les gens, – et moi-même – à leur juste place,
qui nous permet de rire de nos propres maux et transforme nos peines en objets de bonnes plaisanteries.
Fais de moi, Seigneur un vieillard souriant,
qui, ne pouvant plus donner grand-chose à ses frères,
leur donne du moins un peu de joie.
Seigneur, toi, qui a planté dans ma poitrine un cœur de chair pour aimer et pour être aimé,
un cœur semblable au Cœur transpercé de ton Fils,
ne permets pas que je devienne un vieillard égoïste,
recroquevillé sur son petit moi comme sur un maigre feu de tourbe,
enfermé dans ses limites comme entre quatre murs,
sans cesse travaillé par la crainte du manque et des courants d'air.
Garde-moi un cœur ouvert,
une main toujours prête à serrer d'autres mains
et à s'ouvrir pour le don.
Fais de moi, Seigneur, un vieillard généreux,
qui partage ses quatre sous avec ceux qui n'en ont qu'un,
et les fleurs de son jardin avec ceux qui n'ont point de terre,
qui caresse au passage les chiens et les chats,
qui sourit aux petits enfants,
et émiette du pain aux moineaux dans les jardins publics.
Seigneur, éternel présent,
ne permets pas que je devienne l'homme du passé,
parlant toujours de son bon vieux temps où il ne faisait jamais froid,

et méprisant le temps des jeunes, où il pleut sans cesse.
Fais que je revive mon passé avec joie,
mais que je sache comprendre et aimer cet aujourd'hui,
qui est tien comme le passé et l'avenir.
Fais de moi, Seigneur, un vieillard qui n'a pas oublié sa jeunesse
et que rajeunit la jeunesse des autres.
Seigneur, toi qui as fixé les saisons de l'année et celles de la vie,
fais que je sois un homme de toutes les saisons.
Je ne te demande pas le bonheur,
car je sais trop que nulle saison ne l'apporte, pas même le printemps.
Je te demande simplement que mon arrière-saison soit belle,
afin qu'elle porte témoignage à ta beauté.
Amen.

Joseph Folliet – *Le Soleil du soir* – Ed. Le Centurion

Prière pour les aînés

Dieu notre Père, nous te recommandons aujourd'hui
tous les aînés de la terre.
Ce sont eux qui nous ont aimés, élevés, formés, éduqués.
Nous te remercions de les avoir mis sur nos routes,
pour nous transmettre la foi, l'espérance, la générosité
et la sagesse qu'ils ont reçues de toi.
Veille sur leur dernier parcours.
Garde-les dans la paix et la sérénité.
Fais que nous soyons toujours sensibles
et attentifs à leurs besoins.
Ne permets pas qu'ils se sentent abandonnés
par leurs proches,
et aide-nous à leur être présents,
à les aimer, les assister, les honorer
afin qu'aucun d'eux ne ressente la solitude.
Amen.

Prière d'une grand-mère

Il est presque sept heures, seulement sept heures, ça m'a paru bien long, aujourd'hui. Depuis qu'on m'a amenée ici, au foyer, les journées sont monotones. De mon fauteuil je me trouve face à toi, Seigneur, sur la petite croix à la tête de mon lit.
C'est dur, Seigneur, de me trouver ici. Mais c'était sans doute mieux ainsi.
Et puis les personnes qui s'occupent de moi et qui m'entourent sont bien intentionnées. Leurs sourires et leur bonne humeur me font du bien.
Seigneur, je te remercie pour les enfants que tu m'as donnés, mais les années passent et ne se ressemblent pas et je me sens souvent seule désormais. J'ai peu de nouvelles.
C'est vrai qu'ils sont bien occupés avec leur petite famille.
Seigneur, aujourd'hui c'est dimanche et j'ai eu la joie de suivre la messe à la télévision, mais personne n'est venu cet après-midi. Peut-être dimanche prochain…
Seigneur, s'ils savaient à quel point je les aime !
À toi je peux le dire.
Ces enfants que tu m'as donnés, Seigneur, ils sont aussi à toi. Si tu le veux bien, ne permets pas qu'ils s'éloignent de toi. Je te fais le don de moi-même et de chacun d'eux. Le temps qu'il me reste désormais, je veux l'employer à vivre davantage pour toi.
Parfois je me demande si tu viendras me chercher bientôt. J'ai peur et j'ai hâte à la fois. Il me semble que ma vie a été bien peu de chose pour mériter cette joie parfaite, ce bonheur éternel avec toi.
Seigneur, si tu souhaites me garder encore quelques années, je te demande de bien vouloir écouter et rendre utiles mes prières. C'est peu, mais c'est ce que je peux faire encore et je te les offre.
Seigneur, puis-je enfin t'inviter avec ta Mère ? On pourrait peut-être passer cette soirée ensemble tous les trois…
Merci, Seigneur de si bien m'écouter.

d'après Andrée

Prières pour les malades

Dieu qui veut être la vie de tout homme…

Dieu qui veut être la vie de tout homme, Dieu qui n'abandonne aucun de tes enfants, accorde-nous la force dans la maladie, que nous puissions découvrir dans cette épreuve combien tu peux être proche de nous par des frères qui soutiennent notre courage et par l'espérance que tu nous donnes en Jésus-Christ. Ô notre Sauveur, guéris, nous t'en prions par la grâce du Saint-Esprit les maux dont nous souffrons, nous et tous les malades de la terre. Referme nos blessures, pardonne nos péchés, chasse tout ce qui fait souffrir nos âmes et nos corps, rends-nous par pitié la santé spirituelle et corporelle, afin que, guéris par ta bonté, nous puissions nous livrer à nouveau à nos activités, Toi qui vis et règnes avec le Père et le Saint-Esprit dans les siècles des siècles.
Amen.

Jésus-Christ, notre Sauveur, guéris-nous…

Jésus-Christ, toi qui es notre Sauveur et qui donnes la vie, regarde chacun d'entre nous et libère-nous de ce qui nous opprime. Refais nos forces, délivre-nous de tout mal, pour ta gloire. Guéris en nous tout ce que tu désires, purifie-nous, afin que nous soyons pleins de joie dans ta tendresse. Garde chacun d'entre nous et exauce les cœurs de ceux qui te supplient. Amen.

Françoise

Ô Mon Dieu, voici ce malade devant Toi…

Réciter d'abord trois *Gloire au Père*[1].

« Ô Mon Dieu, voici ce malade devant toi.
Il est venu te demander ce qu'il désire
et ce qu'il considère comme le plus important pour lui.
Toi ô mon Dieu,
fais entrer dans son cœur ces paroles :
« L'important, c'est la santé de l'âme ! »
Seigneur, qu'advienne pour lui,
ta volonté en tout, si tu veux qu'il guérisse,
que la santé lui soit donnée ;
mais si ta volonté est autre,
qu'il continue à porter sa croix.
Je te prie aussi pour nous,
qui intercédons pour lui ;
purifie nos cœurs,
pour nous rendre digne de transmettre
ta Sainte Miséricorde.
Protège et allège sa peine,
que soit faite en lui ta sainte volonté,
qu'à travers lui soit révélé ton Saint Nom.
Aide-le à porter sa croix avec courage ».
Amen.

1. *Gloire soit au Père, au Fils et au Saint-Esprit, comme il était au commencement, maintenant et toujours et dans les siècles des siècles. Amen.*

Dieu, Père de tendresse, plein de compassion…

Dieu, Père de tendresse, plein de compassion pour tous ceux qui T'invoquent, nous nous tournons aujourd'hui vers Toi en qui nous plaçons notre espérance.
Tu ne cesses de prodiguer Tes miséricordes aux pauvres et aux souffrants qui ont recours à Toi.
Jésus, Tu as dit à Ton Église : si deux ou trois unissent leur voix pour demander quoi que ce soit, cela leur sera accordé par mon Père qui est aux cieux… Nous avons confiance en Toi. Fais disparaître les causes connues ou cachées de nos divisions et de nos amertumes, rends-nous passionnés de l'unité de Ton Corps, que nous recevions l'onction du pardon et que soit ainsi agréée notre prière.
Par l'intercession de Marie, Ta Mère et notre Mère, sois favorable à notre demande. Vois, celui que tu aimes est malade, et Toi seul peux le soulager vraiment. Mets en œuvre la puissance de Ton Esprit Saint, viens le visiter au cœur de sa souffrance, à la racine même de sa maladie ou de son infirmité.
Nous croyons que Tu es la Résurrection et la Vie.
Sois sa force dans son désarroi, redonne-lui la paix et, si telle est Ta volonté, apporte-lui la guérison. Toi qui vis et règnes pour les siècles des siècles.
Amen.

Communauté des Béatitudes

Seigneur Jésus, nous croyons que tu es vivant…

Seigneur Jésus,
Nous croyons que Tu es Vivant et ressuscité, nous croyons que Tu es réellement présent dans le Très Saint Sacrement de l'autel et en chacun de nous.
Nous te louons et nous t'adorons. Nous te rendons grâce, Seigneur, de venir jusqu'à nous, Toi, le pain vivant descendu du Ciel.
Tu es la plénitude de la vie. Tu es la résurrection et la vie. Tu es Seigneur, la Santé des malades.
Nous te supplions, Jésus, aie compassion de ceux qui souffrent dans leur corps, de ceux qui souffrent dans leur cœur et de ceux qui souffrent dans leur âme. Aie compassion d'eux, Seigneur.
Maintenant, nous te le demandons. Bénis-les tous et fais que beaucoup recouvrent la santé. Que leur Foi grandisse et qu'ils s'ouvrent aux merveilles de ton amour, pour qu'eux aussi soient témoins de ton pouvoir et de ta compassion.
Nous te le demandons, Jésus, par le pouvoir de tes saintes plaies, par ta sainte Croix et par ton précieux Sang.
Guéris-les, Seigneur. Guéris-les dans leur corps. Guéris-les dans leur cœur. Guéris-les dans leur âme. Donne-leur la vie, la vie en abondance.
Nous te le demandons par l'intercession de la Très Sainte Vierge Marie, ta Mère, la Vierge des douleurs, celle qui était présente, debout, près de la Croix, celle qui fut la première à contempler tes saintes plaies, celle que tu nous as donnée pour mère.
Tu nous as révélé que tu as pris sur Toi toutes nos douleurs et par tes saintes plaies nous avons été guéris. Aujourd'hui, Seigneur, nous te présentons dans la Foi tous les malades qui nous ont demandé une prière et nous te demandons de soulager leur maladie et de leur rendre la Santé.
Nous te demandons pour la Gloire du Père du Ciel, de guérir les malades.

Fais qu'ils grandissent dans la Foi, dans l'Espérance et qu'ils reçoivent la Santé pour la Gloire de ton Nom. Pour que ton règne continue à s'étendre de plus en plus dans les cœurs, à travers les signes et les prodiges de ton amour. Nous te demandons tout cela, Jésus, parce que tu es Jésus. Tu es le bon Pasteur et nous sommes toutes les brebis de ton troupeau. Nous sommes si sûrs de ton amour, que même avant de connaître le résultat de notre prière, dans la Foi, nous te disons : Merci Jésus, pour tout ce que tu vas faire en chacun d'eux. Merci pour les malades que tu es en train de guérir à présent, que tu es en train de visiter par ta miséricorde. Merci Jésus pour tout ce que tu vas faire à travers cette prière. Nous la déposons entre tes mains à partir d'aujourd'hui et nous te demandons de la plonger dans tes saintes plaies. Recouvre-la de ton Sang divin et qu'à travers ce message, ton Cœur de Bon Pasteur parle aux cœurs de tant de malades par cette prière. Gloire et louange à Toi, Seigneur.
Amen.

Père Emiliano Tardif

Éditions de l'Emmanuel – 26 rue de l'abbé Grégoire – 75006- Paris –F.

Prière avant une opération

Seigneur, tu connais bien mon état de santé – mes difficultés, ma maladie et son évolution – qui nécessite une opération, une intervention chirurgicale.
Donne-moi le courage d'affronter sereinement cette épreuve, de m'abandonner à ta volonté, et aux mains expertes des médecins qui vont intervenir pour essayer de me guérir.
Je ne peux plus rien contrôler.
Ma vie dépend de toi et dépend du succès de cette intervention.
Tu connais mes besoins, tu vois ceux des membres de ma famille…
Jésus, j'ai confiance en toi.
Demande, je te prie, à Marie de m'assister et de veiller sur moi au cours de cette intervention.
Marie, je me confie à tes soins, toi qui sais si bien soigner les plaies douloureuses du corps et de l'âme.
Jésus, Marie, je vous prie aussi pour les membres de l'équipe médicale qui vont me prendre en charge.
Bénissez-les pour tout ce qu'ils accomplissent journellement pour leurs semblables.
Mon bon Ange Gardien, guide toi-même leurs gestes.
Jésus, Marie, penchez-vous sur moi, veillez sur moi.
Je suis votre enfant.
Je vous confie ma vie, mon souffle.
Accordez-moi votre protection et votre bénédiction.
Seigneur, que ta volonté soit faite.
Amen.

Jean-Paul Dufour

Prières dans la maladie et l'infirmité

Prière des malades

Vierge Marie, Mère de miséricorde, c'est avec confiance que je tourne vers toi mon regard filial.
Je sais et je crois que tu m'accompagnes dans mon épreuve, comme tu l'as fait pour Jésus, ton fils, sur le chemin du calvaire.
Quand ma croix sera trop lourde, aide-moi à la porter et à ne pas perdre courage.
Vierge Marie, notre Mère prie pour moi ainsi que pour tous ceux qui me manifestent leur affection.
Que par ton intercession, Jésus ton Fils, nous comble de sa Paix et nous garde dans l'Espérance.

Heureux ceux…

Heureux ceux qui respectent mes mains décharnées
et mes pieds déformés.
Heureux ceux qui conversent avec moi
bien que j'aie désormais quelque peine à bien entendre leurs paroles.
Heureux ceux qui comprennent que mes yeux
commencent à s'embrumer et mes idées à s'embrouiller.
Heureux ceux qui m'assurent qu'ils m'aiment
et que je suis encore bonne ou bon à quelque chose.
Heureux ceux qui m'aident à vivre l'automne de ma vie…

Saint Vincent de Paul

Merci Seigneur pour ceux qui me comprennent

Bénis soient ceux qui comprennent mes mains tremblantes et mon pas hésitant.
Bénis soient ceux qui savent qu'aujourd'hui mes oreilles vont peiner pour entendre et mes yeux pour voir.
Bénis soient ceux qui ignorent gentiment mes maladresses au cours des repas.
Bénis soient ceux qui, en souriant, s'arrêtent un moment pour bavarder avec moi.
Bénis soient ceux qui ne disent jamais : « C'est la troisième fois que vous racontez ça aujourd'hui. »
Bénis soient ceux qui ont le don de me faire évoquer les jours heureux d'autrefois.
Bénis soient ceux qui font de moi un être aimé et non abandonné.
Bénis soient ceux qui devinent que je ne sais plus comment trouver la force de porter ma croix.
Bénis soient ceux dont la charité envers moi fait penser au Bon Dieu.
Bénis soient ceux qui écartent les ronces de mon dernier parcours vers la Maison du Père.
Quand j'aurai franchi le seuil de l'éternité, je me souviendrai d'eux auprès du Seigneur.

Esther Mary Walker

Aide-moi à t'offrir ma journée Seigneur

Seigneur Jésus,
une nouvelle journée commence
et elle me trouve encore malade.
Je t'offre, Seigneur,
mon corps immobilisé,
mon front fiévreux,
mes mains inactives,
peut-être des heures d'insomnies…
en tout cas,
cette longue journée qui s'annonce.
Dès à présent, je joins mes souffrances
aux tiennes.
Je t'offre les joies
que me procureront les visites.
Je te remercie de toutes les attentions
dont je serai entouré,
et que tant de malades
ne connaissent pas.
Je t'offre aussi les instants
où j'aurai l'impression
d'être un peu abandonné
tandis que la vie continue
autour de moi.
Fais que je sois alors heureux
de me retrouver seul avec toi.
Donne-moi,
à chaque instant de cette journée,
la force d'accepter en souriant,
ou du moins sans me révolter,
l'épreuve de la souffrance.
Et qu'ainsi je reste ton disciple,
Seigneur Jésus,
même en ce temps
ou la maladie me visite.

I.H. dans *Prie dans le secret*

Aide-moi à t'offrir ma vie

Aide-moi, Seigneur, Jésus,
à accepter ma vie comme elle est actuellement,
avec ses difficultés, ses peines et ses angoisses.
Aide-moi à accepter mon inutilité apparente.
Aide-moi à t'offrir ma vie et mon corps malade,
par un acte volontaire, libre et plein d'amour.
Sanctifie mon existence et ma souffrance humaine
et fais qu'en ce temps d'épreuve,
je te découvre chaque jour davantage
en m'unissant à toi.
Amen.

Quand tout va bien ou presque

Seigneur, quand tout va bien ou presque, quand ton règne semble se confondre avec le nôtre, notre prière est facile et paraît efficace… Seigneur, quand soucis, peines, maladie sont devenus pain quotidien, que la solitude ajoute un poids au jour, apprends-nous à prier, à prier encore, à prier toujours, à faire de notre vie remise entre tes mains un chemin de Foi, éclairant le chemin de croix, qui peut devenir chemin de Résurrection.

Ma vie n'est pas une vie manquée

Seigneur, je te supplie de me délivrer
de cette tentation harcelante,
de considérer le temps de ma maladie
comme une mesure pour rien dans ma vie,
une période creuse et sans valeur...
Que je revienne à la santé
ou que j'aille peu à peu à mon éternité,
je dois avant tout rester à la barre ;
ma vie, je dois la vivre au jour le jour
et te la donner tous les jours.
Il ne s'agit point de partir à la dérive...
Je n'ai pas à attendre un lendemain incertain
ni à me bercer de rêves ou de regrets ;
je suis malade, je te sers malade.
Vais-je attendre, pour t'aimer, des circonstances
qui, peut-être, ne se produiront jamais ?
Et s'agit-il pour moi de t'aimer à mon goût
ou de te servir là où tu m'attends ?...
Seigneur, ma vie n'est pas manquée
pour être une vie de malade.
Je veux la remplir à déborder,
avec ta grâce qui se joue du temps
et qui ne considère pas
les actions glorieuses aux yeux du monde.

Pierre Lyonnet

Nous te rendons grâces, Seigneur

Nous te rendons grâces, Seigneur,
parce qu'au fil des jours tu nous fais découvrir
les racines d'un vrai bonheur !
Tu nous fais connaître la valeur d'une vie au ralenti !
Tu nous donnes le temps de te rencontrer,
le temps de nous rencontrer les uns avec les autres !
Tu nous montres qu'il existe une force du cœur
plus grande que celle des muscles,
une agilité de l'esprit,
plus grande que celle des jambes
et une puissance d'aimer,
plus forte que tout résultat sportif !
Seigneur ! Nous savons que tu n'aimes pas la maladie,
mais que tu aimes tellement les malades !
Que tu n'envoies pas les fardeaux,
mais que tu donnes la force de vivre !
Nous savons par Jésus qui est tout amour,
que nos souffrances sauvent le monde
de l'égoïsme et du mal !

Que je vive ou que je meure

Seigneur Dieu,
une grande misère m'a assailli.
Les soucis m'oppressent.
Je ne vois aucune issue.
Mon Dieu, sois favorable et aide-moi.
Donne-moi la force de supporter ce que tu m'envoies.
Ne permets pas que l'angoisse me domine.
Prends soin paternellement des miens,
de ma femme et de mes enfants.
Seigneur Miséricordieux, pardonne-moi.
J'ai péché contre toi et les hommes.
Je me confie à ta grâce
et remets ma vie entre tes mains.
Agis envers moi selon ton bon plaisir
et, si tu le veux, en ma faveur.
Que je vive ou que je meure, je suis auprès de toi,
et, toi auprès de moi, ô Dieu.
Seigneur, j'attends ton salut et ton règne.
Amen.

Dietrich Bonhoeffer

Je ne sais pas pourquoi

Je ne sais pas pourquoi la souffrance,
mais je sais par qui elle devient Vie.
Je ne sais pas pourquoi cette souffrance qui nous fait crier,
mais je sais par qui elle est apaisée.
Je ne sais pas pourquoi cette souffrance qui nous met en larmes,
mais je sais par qui elles sont séchées.
Je ne sais pas pourquoi cette souffrance inutile et injuste,
mais je sais par qui elle est valorisée.
Je ne sais pas pourquoi cette souffrance qui s'abat et s'acharne,
sur des hommes, des femmes, des jeunes, des enfants,
mais je sais par qui elle nous rapproche les uns des autres
et resserre nos liens.
Je ne sais pas pourquoi, malgré cette souffrance
on se relève, on s'organise, on lutte,
mais je sais par qui on y arrive.
Je ne sais pas pourquoi la souffrance
mais je le sais :
toi Christ, tu es là
et nous tenons debout enracinés dans l'espérance !

J’avais demandé…

J’avais demandé à Dieu la force pour atteindre le succès ;
Il m’a rendu faible afin que j’apprenne humblement à obéir.
J’avais demandé la santé pour faire de grandes choses ;
Il m’a donné l’infirmité pour que je fasse des choses meilleures.
J’avais demandé la richesse pour que je puisse être heureux ;
Il m’a donné la pauvreté pour que je puisse être sage.
J’avais demandé le pouvoir pour être apprécié des hommes ;
Il m’a donné la faiblesse afin que j’éprouve le besoin de Dieu.
J’avais demandé un compagnon afin de ne pas vivre seul ;
Il m’a donné un cœur afin que je puisse aimer tous mes frères.
J’avais demandé des choses qui puissent réjouir ma vie ;
j’ai reçu la vie afin que je puisse me réjouir de toutes choses.
Je n’ai rien eu de ce que j’avais demandé
mais j’ai reçu tout ce que j’avais espéré.
Presque en dépit de moi-même
mes prières – informulées – ont été exaucées.
Je suis parmi les hommes, le plus richement comblé.

Texte gravé dans un Institut de réadaptation

Je n'ai plus rien Seigneur, mais je t'aime

Seigneur, tu es venu, tu m'as tout demandé,
et je t'ai tout donné.
J'aimais la lecture et maintenant je suis aveugle.
J'aimais courir dans les bois
et maintenant mes jambes sont paralysées.
J'aimais cueillir les fleurs au soleil du printemps
et je n'ai plus de mains.
Parce que je suis femme,
j'aimais regarder la beauté de mes cheveux,
la finesse de mes doigts,
la grâce de mon corps :
à présent, je suis presque chauve
et à la place de mes beaux doigts fins,
il ne me reste plus que des morceaux de bois rigides.
Regarde, Seigneur,
comme mon corps gracieux est abîmé.
Mais je ne me révolte pas.
Je te rends grâce.
Toute l'Éternité je te dirai merci,
car si je meurs cette nuit,
je sais que ma vie
a été merveilleusement bien remplie.
En vivant l'Amour,
j'ai été comblée
bien au-delà de ce que mon cœur désirait.
Ô mon Père,
comme tu as été bon pour ta petite Véronique.
Et ce soir, ô mon Amour, je te prie
pour les lépreux du monde entier.

Je te prie surtout pour ceux que la lèpre morale
abat, détruit, mutile et terrasse.
Ceux-là, surtout, je les aime,
et je m'offre en silence pour eux,
car ils sont mes frères et mes sœurs.
Ô mon Amour, je te donne ma lèpre physique
pour qu'ils ne connaissent plus le dégoût,
l'amertume et la froideur
de leur lèpre morale.
Je suis ta petite fille, ô mon Père,
conduis-moi par la main,
comme une maman conduit son bébé.
Presse-moi sur ton cœur,
comme un Père presse sur son cœur
son petit enfant.
Plonge-moi dans l'abîme de ton cœur,
et que j'y demeure avec tous ceux que j'aime,
durant toute l'Éternité.

Prière d'une lépreuse
– *Avec une infinie tendresse* – Ed. D.D.B.

Quand la mort nous sépare

Comme un bateau qui s'en va

Voici que je me tiens sur le rivage de la mer.
Un navire appareille.
Il déploie ses voiles blanches à la brise du matin
et cingle vers l'océan.
C'est là un objet de beauté, et je restais à le regarder
jusqu'à ce qu'enfin, il s'efface à l'horizon,
et que quelqu'un à mes côtés dise :
« Il est parti ».
Parti où ? Parti de ma vue, c'est tout.
Il garde la même taille, mâts, bastingage, et coque,
que lorsque je le voyais, et il est tout aussi capable
de porter son fardeau et son fret vivant à sa destination.
Qu'il diminue, qu'il échappe totalement à ma vue,
voilà qui est en moi, pas en lui ;
et juste au moment où quelqu'un dit à mes côtés :
« Il est parti », voici que d'autres le regardent venir
et d'autres voies s'élèvent :
« Le voici, il vient ».
C'est cela qu'on appelle mourir.

William Blake

Tu es vivant

Tu ne parles plus mais tu es vivant.
Tu ne bouges plus mais tu es vivant.
Tu ne souris plus
mais en arrière de tes yeux tu me regardes.
De très loin ?
Peut-être de très près,
je ne sais rien de ces distances.
Je ne sais plus rien de toi,
Mais tu sais maintenant davantage de choses sur moi.
Tu es en Dieu.
Je ne sais pas ce que cela peut vouloir dire
mais sûrement ce que tu voulais
et ce que je veux pour toi.
Je le crois.
Toute ma foi, je la rassemble.
Elle est maintenant mon seul lien avec toi.
Jésus, donne-moi de croire à ta victoire sur la mort.
Celui que j'aime veut entrer dans ta joie.
S'il n'est pas prêt, je te prie pour lui.
Achève sa préparation.
Pardonne-lui comme tu sais pardonner.
Aide-moi à vivre sans sa voix, sans ses yeux.
Que je ne le déçoive pas
maintenant qu'il va me voir vivre et m'attendre.

André Sève

Ne pleurez pas

Surtout mes amis, mes amours
ne pleurez pas,
faites-moi, je vous prie,
cette grâce dernière,
offrez-moi votre paix,
le sourire du cœur.
Si de moi, en votre âme
doit rester une image,
choisissez la plus belle,
la plus gaie,
celle où mon visage
étincelait la joie.
C'est ainsi que ma joie
répondra à votre âme.

Prière à la Sainte Vierge à l'heure de la mort

À l'heure de ma mort,
ô Marie, que j'aurais tant de fois invoquée,
soyez près de mon lit.
Soyez-y comme y serait ma mère, si elle vivait encore.
Peut-être que ma lange paralysée
ne pourra plus prononcer votre nom.
Mais mon cœur le redira toujours.
Je vous appelle maintenant pour ce moment redoutable.
Serai-je seul, expirant loin de tout secours,
seul sans une main aimée pour me fermer les yeux,
je mourrai souriant, parce que vous serez là,
je l'espère, je le crois, j'en suis sûr.

Daniel Brottier

Nous n'avons jamais su

Nous n'avons jamais su vraiment ce que tu pensais
sur plein de choses pourtant essentielles.
Tu ne parlais jamais de Dieu,
mais tu allais à l'église de temps en temps
pour dire adieu à tes amis quand ils mourraient,
pour partager la joie de ceux qui se mariaient,
pour accueillir les enfants de la famille
ou des amis quand on les baptisait
et pour les entourer plus tard
quand ils faisaient leur première communion.
Aujourd'hui, nous tes proches nous te disons adieu,
nous espérons que silencieusement
tu as rejoint ceux que tu aimais,
ceux dont tu avais partagé le travail, les soucis,
ceux que tu avais aidés ou qui t'avaient rendu service.
Demain, nous aussi nous partirons
sans avoir terminé notre travail,
nous laisserons sans doute des choses à faire,
nous abandonnerons nos travaux entrepris
que d'autres, à notre place poursuivront.
Mais ce jour-là nous espérons te retrouver,
nous viendrons, silencieusement,
nous asseoir auprès de toi
dans la maison de Dieu.

L’amour ne disparaît jamais

L’amour ne disparaît jamais,
la mort n’est rien.
Je suis seulement passé dans la pièce à côté,
je suis moi, tu es toi.
Ce que nous étions l’un pour l’autre
nous le sommes toujours.
Donne-moi le nom
que tu m’as toujours donné.
Parle-moi comme tu l’as toujours fait.
N’emploie pas un ton différent,
ne prends pas un air solennel ou triste.
Continue à rire
de ce qui nous faisait rire ensemble.
Prie, souris, pense à moi.
Prie pour moi,
que mon nom soit prononcé
à la maison, comme il l’a toujours été,
sans emphase d’aucune sorte,
sans une trace d’ombre.
La vie signifie tout,
ce qu’elle a toujours signifié.
Elle est ce qu’elle a toujours été.
Le fil n’est pas coupé.
Pourquoi serais-je hors de ta pensée
simplement parce que je suis hors de ta vue…
Je t’attends, je ne suis pas loin,
juste de l’autre côté du chemin.
Tu vois, tout est bien.

Henri Scott Holland

Ô Marie, notre petite enfant vient de repartir vers le Père…

Ô Marie, nous avions si souvent répété ces mots:
« Priez pour nous maintenant et à l'heure de notre mort »…
Et voilà que cette heure est venue:
notre petite Claudine passe de ses cinq ans à l'éternité. Alors, nous voilà tous les deux à genoux près de son petit lit et nous te demandons avec confiance de l'accueillir dans cette vie éternelle où tu es déjà pleinement glorieuse.
Nous avons conduit notre enfant jusqu'au seuil de l'éternité, nous ne pouvons plus la suivre maintenant; mais nous savons qu'un jour nous la retrouverons lorsque viendra notre heure.
Tu étais au pied de la croix
lorsque Jésus, ton fils, ton enfant, est mort.
Cela a dû te sembler injuste, incompréhensible:
ce fils, qui n'avait fait que le bien, traité comme un malfaiteur!
Pourtant tu as gardé entière ta foi en Dieu,
tu as attendu avec confiance la Résurrection.
Que ton exemple nous aide à poursuivre notre chemin
avec la même foi et la même espérance.
Obtiens aussi pour nous la force de briser ce silence de mort
pour chanter avec toi que Dieu fit pour nous des merveilles.
Car Claudine était une source de joie, de rires, de chansons,
un cœur débordant d'amour, toujours prêt à partager:
tous ceux qui l'ont rencontrée en gardent le vivant souvenir.
Sa petite bougie s'est consumée, mais non sans avoir allumé un grand nombre de cierges qui brûlent encore dans nos cœurs.
Ô Marie, avec toi nous voulons glorifier le Seigneur pour les grandes choses qu'il a faites en Claudine, notre petite fille qui, à cinq ans, connaissait déjà l'intimité de « son ami Jésus » dans l'Eucharistie.
Elle percevait aussi ta tendresse, Marie,
et lorsque la souffrance l'empêchait de dormir, elle disait:
« Caresse-moi, et chante un "Je vous salue Marie" ».
Maintenant, quand nous prions, il y a comme un écho qui vibre au fond de notre cœur: nous sentons notre Claudine en communion avec nous, et avec toi, Marie, et avec son ami Jésus, notre Vie et notre Résurrection.

Robert et Godelieve

Aide-moi, Seigneur

Seigneur Dieu, Père tout-puissant,
Seigneur Jésus-Christ, mon Seigneur,
Marie, ma douce maman,
je sais que je ne suis pas seul, je veux croire que vous êtes là tout près de moi, mais je souffre, j'ai mal, ne m'abandonnez pas dans ma peine, aidez-moi à ne pas désespérer.

Je vous en supplie, portez ma peine, venez à mon secours car l'être que j'aimais n'est plus.

Je ne le (la) vois plus, je n'entends plus sa voix, son pas, je ne devine plus sa présence près de moi.

Je sais, Seigneur, que tu es ressuscité des morts, je sais que tu m'as racheté à la vie éternelle, je sais que la mort ne s'arrête pas là, qu'elle n'est qu'un passage.

Je sais que tu es la résurrection et la vie, je sais que l'être que j'aimais est né d'une nouvelle vie, près de toi, en toi, pour toujours.

Je sais que tu m'appelleras aussi un jour près de toi où je retrouverai celui (celle) que j'aime et qui m'aime encore plus fort aujourd'hui.

Je sais que par toi, la vie triomphe de la mort, que tu ne me veux pas abattu.

Mais je souffre, Seigneur ; viens à ma rencontre, aide-moi, je t'en supplie, à porter la Croix qui pèse aujourd'hui si lourd sur mes épaules.

Soulage-moi, Seigneur, le fardeau est trop lourd, j'ai peur de défaillir, mon cœur et ma raison se brisent.

Viens à mon secours, Seigneur, du fond de ma nuit, je t'appelle.

Je t'aime, Seigneur.

Garde mon corps, mon âme, mon esprit dans l'espérance ; j'ai confiance en toi, Seigneur Jésus, je veux avoir confiance en toi.

Fais-moi voir, fais-moi sentir ta lumière, dans cette nuit qui m'accable.

Reçois, Seigneur Dieu, l'âme de celui (celle) que j'aime, ne regarde pas ses péchés, écoute mes prières.

Ô Père bon et miséricordieux, ne retiens que le bien qu'il (elle) a pu faire quand il (elle) était parmi nous.

Tu connais la nature humaine, faible et pécheresse, que Ton fils a voulu pourtant épouser pour nous sauver.

Ô Seigneur, reçois l'âme de…

Pardon et miséricorde, pour lui (elle), pour nous, je t'en supplie, Seigneur.

Et donne-moi la force, donne-moi ta force pour poursuivre ma route dans l'épreuve afin que nous soyons un jour à jamais réunis dans notre patrie, en Toi, avec… en Dieu et avec notre Mère. Amen

Jean-Paul Dufour

Ne pleure pas, si tu m'aimes

Ne pleure pas, si tu m'aimes !
Si tu savais le don de Dieu et ce que c'est que le ciel !
Si tu pouvais d'ici entendre le chant des Bienheureux
et me voir au milieu d'eux !
Si tu pouvais voir se dérouler sous tes yeux les immenses horizons
et les nouveaux sentiers où je marche !
Si un instant, tu pouvais contempler comme moi la Beauté
devant laquelle toutes les beautés pâlissent !
Quoi ?… tu m'as vu… tu m'as aimé dans le pays des ombres
et tu ne pourrais ni me revoir ni m'aimer
dans le pays des immuables réalités ?
Crois-moi, quand la mort viendra briser tes liens
comme elle a brisé ceux qui m'enchaînaient,
et quand, un jour que Dieu seul connaît et qu'il a fixé
ton âme viendra dans ce ciel où l'a précédé la mienne…
ce jour-là, tu me reverras et tu retrouveras mon affection purifiée.
À Dieu ne plaise qu'entrant dans une vie plus heureuse,
je sois infidèle aux souvenirs et aux vraies joies de mon autre vie
et sois devenu moins aimant !
Tu me reverras donc,
transfiguré dans l'extase et le bonheur,
non plus attendant la mort,
mais avançant, d'instant en instant,
avec toi, dans les sentiers nouveaux de la Lumière et de la Vie !
Alors… essuie tes larmes, et ne pleure plus…
si tu m'aimes !…

Saint Augustin

Prière pour les défunts

Père, nous t'en prions, donne le repos à tous les défunts et que ta lumière éternelle les éclaire.
À la puissance de l'enfer, arrache leur âme Seigneur.
Mon Dieu, tu as créé puis sauvé tous les hommes.
Oublie tous les péchés de tes bons serviteurs.
Accorde-leur par nos ferventes prières ce pardon qu'ils ont toujours désiré.
Toi qui es vivant et glorieux dans l'Éternité.
Amen.

Ils sont nombreux les bienheureux

Ils sont nombreux les bienheureux qui n'ont jamais fait parler d'eux, tous ceux qui ont, depuis des âges, aimé sans cesse et de leur mieux, autant leurs frères que leur Dieu !
Ceux dont on ne dit pas un mot, ceux qui n'ont pas fait de miracle, ceux qui n'ont jamais eu d'extase, et n'ont laissé d'autre trace qu'un coin de terre ou un berceau.
Ils sont nombreux, ces gens de rien, ces bienheureux du quotidien, qui n'entreront pas dans l'histoire, ceux qui ont travaillé sans gloire, et qui se sont usés les mains à pétrir, à gagner le pain.
Ils ont leur nom sur tant de pierres, et quelquefois dans nos prières.
Mais ils sont dans le cœur de Dieu !
Et quand l'un d'eux quitte la terre, pour gagner la maison du Père, une étoile naît dans les cieux…

Lorsque je paraîtrai devant Toi

…le don gratuit de Dieu, c'est la vie éternelle dans le Christ Jésus notre Seigneur. Rm 6, 23

Seigneur, je sais trop bien que lorsque Marie me présentera à Toi, en présence de saint Joseph et de mon Ange gardien, j'aurai une bien trop grosse valise que je traînerai péniblement derrière moi.

J'aurai aussi un petit sac de voyage accroché sur le devant de ma poitrine, contre mon cœur.

Tu sais bien, Seigneur, ce que l'un et l'autre contiendront.

Je sais aussi que Marie me débarrassera bien vite de ce lourd fardeau avant que je ne puisse m'agenouiller devant Toi, et que, mettant tout son cœur de Mère à te l'offrir, elle ouvrira elle-même le petit sac de voyage, qui ne sera rempli que des quelques actes d'amour que j'aurai accompli à ma mesure au cours de ma vie.

Si tu considérais un instant ce que contient la lourde valise, je sais bien que je n'aurais guère de chance de t'approcher.

Mais je sais aussi que tu m'as aimé, que tu t'es livré pour moi et que c'est bien par grâce que nous sommes sauvés.

Aussi, je suis sûr que tu sauras te réjouir de ce que tu trouveras dans le petit sac, puisque tu es toi-même à l'origine de ce qu'il contient, et que nous ferons la fête avec notre Mère en le découvrant ensemble, étonné pour ma part d'avoir répondu quelquefois à ce que tu espérais et attendais de moi lorsque j'étais encore en pèlerinage sur la terre.

Je sais aussi que tu me prendras dans tes bras et je pourrai alors te dire mille mercis pour toutes les fois où tu m'auras exaucé, lorsque je te demandais de remplir mon cœur de ton Amour, pour toutes les fois où j'aurai été un peu amour pour mes frères, où j'aurai essayé de te faire connaître et aimer, même si j'ai été un ouvrier de la dernière heure, où je me serai prononcé pour toi devant eux, où j'aurais veillé fidèlement dans la prière et dans le jeûne, et je sais bien que pour cela, tu te prononceras pour moi devant notre Père.

Voilà ma foi, mon espérance, ma certitude, ma confiance en ta Miséricorde infinie, qui seules peuvent nous conduire à toi.

Voilà la clé qui nous ouvre la porte de ton Cœur, Toi, Seigneur, qui nous accueilles, qui nous introduis dans le Paradis, qui nous fais entrer dans la joie éternelle, dans la lumière, la paix, et le bonheur sans fin de tous les enfants de Dieu où nous pourrons, au sein de la Trinité très Sainte,en compagnie de Marie et de tous ceux que nous avons connus et aimés, te chanter à jamais tout notre amour et toute notre reconnaissance pour l'éternité.

Amen.

Jean-Paul Dufour

LA PRIÈRE DE JÉSUS

Après avoir parlé ainsi, Jésus, levant les yeux au ciel, dit : « Père, l'heure est venue ! Glorifie ton Fils afin que ton Fils te glorifie, et que, selon le pouvoir que tu lui as donné sur toute chair, il donne la vie éternelle à tous ceux que tu lui as donnés. Or la vie éternelle, c'est qu'ils te connaissent, toi le seul vrai Dieu, et celui que tu as envoyé, Jésus-Christ. Je t'ai glorifié sur la terre en achevant l'œuvre que tu m'as donnée à faire. Et maintenant, toi, Père, glorifie-moi auprès de toi de la gloire que j'avais auprès de toi, avant que le monde fût.

J'ai manifesté ton nom aux hommes, que tu m'as donnés du milieu du monde. Ils étaient à toi, tu me les as donnés, et ils ont gardé ta parole. Maintenant ils ont connu que tout ce que tu m'as donné vient de toi ; car les paroles que tu m'as données, je les leur ai données ; ils les ont reçues, et ils ont vraiment connu que je suis sorti de toi, et ils ont cru que tu m'as envoyé.

C'est pour eux que je prie ; je ne prie pas pour tout le monde, mais pour ceux que tu m'as donnés, car ils sont à toi ; et tout ce qui est à moi est à toi, et ce qui est à toi est à moi, et je suis glorifié en eux. Je ne suis plus dans le monde, eux sont dans le monde, et moi je viens vers toi. Père saint, garde en ton nom ceux que tu m'as donnés, afin qu'ils soient un comme nous. Lorsque j'étais avec eux, je gardais en ton nom ceux que tu m'as donnés, j'ai veillé, et aucun d'eux ne s'est perdu, si ce n'est le fils de perdition, afin que l'Écriture fût accomplie.

Mais maintenant je viens vers toi, et je parle ainsi dans le monde, afin qu'ils aient en eux ma joie parfaite. Je leur ai donné ta parole et le monde les a haïs, parce qu'ils ne sont pas du monde, comme moi, je ne suis pas du monde. Je ne te prie pas de les enlever du monde, mais de les garder du Mauvais. Ils ne sont pas du monde, comme moi, je ne suis pas du monde. Consacre-les dans la vérité ; ta parole est vérité. Comme tu m'as envoyé dans le monde, moi aussi, je les ai envoyés

dans le monde. Et pour eux, je me consacre moi-même, afin qu'ils soient eux aussi consacrés dans la vérité.
Je ne prie pas pour eux seulement, mais aussi pour ceux qui croiront en moi à cause de leur parole, afin que tous soient un, comme toi, Père, tu es en moi et moi en toi, qu'eux aussi soient en nous, pour que le monde croie que tu m'as envoyé. Je leur ai donné la gloire que tu m'as donnée, pour qu'ils soient un comme nous sommes un : moi en eux et toi en moi, afin qu'ils soient parfaits dans l'unité, et que le monde connaisse que tu m'as envoyé, et que tu les as aimés comme tu m'as aimé.
Père, ceux que tu m'as donnés, je veux que là où je suis, eux aussi soient avec moi, pour qu'ils contemplent ma gloire, que tu m'as donnée parce que tu m'as aimé avant la fondation du monde. Père juste, le monde ne t'a pas connu, mais moi je t'ai connu, et ceux-ci ont connu que tu m'as envoyé. Je leur ai fait connaître ton nom et je le leur ferai connaître, afin que l'amour dont tu m'as aimé soit en eux, et que moi, je sois en eux. »

Jn 17, 1-26

LE CHEMIN DE CROIX

Sculpture du Père Marie-Bernard
61380 – La Trappe de Soligny – France

Le Chemin de Croix ou Chemin de l'Amour

Méditation d'introduction

Jésus, ta mère nous a invités à méditer sur ta passion et ta mort. Elle nous a appelés à vénérer ta croix, je suis prêt avec Marie à T'accompagner sur ton chemin de croix, avec tout l'amour que notre mère a démontré en Te suivant jusqu'au Calvaire. Je veux porter ma croix comme Tu as porté la tienne. Par ton exemple, apprends-moi à aider les autres à porter leur croix et à me relever après une chute.
Marie, je pars maintenant avec toi pour suivre Jésus sur son chemin de croix. Je porte ma croix, la croix de ma famille, celle de l'Église et du monde. Je voudrais prendre sur mes épaules chaque croix pour aider tous les humains.

Première station : Jésus est condamné à mort

Nous t'adorons, ô Christ et nous te bénissons.
– Parce que Tu as racheté le monde par ta sainte Croix

Le grand prêtre lui dit : « je t'adjure par le Dieu Vivant de nous dire si tu es le Christ, le Fils de Dieu. »
« Tu l'as dit… » lui dit Jésus.
Alors le grand Prêtre déchira ses vêtements en disant : «… vous venez d'entendre le blasphème ! Qu'en pensez-vous ? ».
Ils répondirent : « Il mérite la mort. »

Mt 26, 63-66

...ma vie… personne ne me l'enlève ; mais je la donne de moi-même.

Jn 10, 17-18

... Il offre sa vie en sacrifice…

Is 53, 6-10

Jésus, me voici maintenant devant Toi. Tu ne me condamnes pas, Tu ne regardes pas mes fautes mais Tu désires m'en purifier. Merci ! Je regrette sincèrement aujourd'hui d'avoir tant de fois jugé les autres, dit du mal de mon prochain et d'avoir laissé passer tant d'injustices infligées aux autres sans réagir.
Jésus, donne-moi la grâce d'être désormais, entièrement à Toi. Je Te prie pour tous ceux qui font leur chemin de croix, sois miséricordieux pour tous, efface les jugements qu'ils subissent ou font subir aux autres. Que désormais, l'un en face de l'autre, tous les hommes soient des frères, que tous les justes ne périssent plus et que l'amour et la paix viennent.
Marie, tu as entendu la sentence mais tu n'as pas jugé. Reste avec moi, avec tous tes fils et filles.
(Dans un court silence, nous offrons toutes nos croix et nos souffrances à Dieu)

Notre Père…, Je vous salue Marie…, Gloire au Père…

Prends pitié de nous, Seigneur
– Prends pitié.

Deuxième station : Jésus est chargé de sa croix

Nous t'adorons, ô Christ et nous te bénissons
– Parce que Tu as racheté le monde par ta sainte Croix.

Ils prenaient le roseau et en frappaient sa tête. Puis, quand ils se furent moqués de lui… ils lui remirent ses vêtements et l'emmenèrent pour le crucifier. Mt 27, 30-31

Je frémis sous les cris de l'ennemi… Ils me chargent de crimes, avec rage, ils m'accusent.

Mon cœur se tord en moi, les affres de la mort tombent sur moi ; crainte et tremblement me pénètrent, un frisson m'étreint.

Ps 55, 4-6

Jésus, Tu as volontairement pris ta croix à ce moment précis, car c'était la volonté du Père. Tu t'es laissé maltraiter pour nous épargner. Je regrette d'avoir tant de fois rejeté la croix en choisissant le chemin de la facilité. Je regrette d'avoir résisté à la croix de l'amour et de la patience pour choisir celle de la discorde, de la haine, de l'égoïsme et de l'impatience.

Maintenant, je comprends mieux que par mon comportement, j'ai chargé de croix le dos de mon prochain. Pardonne-moi ! Dès aujourd'hui, je veux accepter ma croix comme Toi Tu l'as acceptée et aimée... Maintenant, je pardonne à tous ceux qui, tant de fois, ont chargé mon dos de lourdes croix. Je te prie pour tous ceux qui m'ont offensé, qui ne m'ont pas aimé, qui n'ont pas pardonné mes faiblesses et mes fautes mais ne m'ont pas rendu le mal pour le mal. Je leur pardonne ; je Te supplie de leur pardonner Toi aussi.

Marie, maintenant je réalise mieux ta présence. Obtiens-moi la grâce de savoir accepter et de porter la croix. Merci de m'avoir incité à prier pour l'acceptation des souffrances, et cela par amour.

Marie, ne te lasse pas de m'apprendre comment accepter la croix et comment la porter.

Notre Père..., Je vous salue Marie..., Gloire au Père...

Prends pitié de nous, Seigneur
– Prends pitié.

Troisième station : Jésus tombe pour la première fois

Nous t'adorons, ô Christ, et nous te bénissons
– Parce que Tu as racheté le monde par ta Sainte Croix.

Ils se rient de ma chute, ils s'attroupent… si je tombe, ils m'encerclent, ils grincent des dents contre moi.

Ps 35, 15-16

Tous comme des moutons, nous étions errants, chacun suivant son propre chemin, et Dieu a fait retomber sur lui nos fautes à tous.
Maltraité, il s'humiliait, il n'ouvrait pas la bouche, comme l'agneau qui se laisse mener à l'abattoir…

Is 53, 6-10

Jésus, j'observe comment Tu es tombé pour la première fois. Je sais que même la croix qu'on porte volontairement peut devenir très lourde. Tu ne devais pas tomber. Tu aurais pu appeler à l'aide le chœur des anges. Mais Tu as pris le chemin de l'homme souffrant. En tout Tu es devenu notre semblable excepté le péché. Je t'en remercie, Jésus.

Quand je pense à tous mes manquements d'amour, de foi et d'espérance devant toutes mes chutes, je ne puis que dire :
« Pardonne-moi ! Tant de fois, j'ai rejeté ma croix ; je refusais de la porter : ce sont les autres qui devaient tomber sous son poids. » Ainsi je perdais foi et espérance ; et je désespérais…

Jésus, je Te remercie ; après cette chute, Tu n'as pas abandonné ton chemin. Merci de n'avoir pas dit au Père :
« Je n'en peux plus ! » Mais Tu T'es relevé et Tu es reparti. Jésus, donne-moi la force de me relever après chaque chute ; accompagne-moi aussi pour que je ne retombe plus.

Je Te prie pour tous ceux devant lesquels je suis passé sans avoir été prêt à les secourir ou les aider à dépasser leur peine. Jésus, donne-leur la grâce de se relever. Apprends-moi à aider les autres.
Mon Sauveur, nombreuses sont les personnes dans le monde entier qui, se tenant devant cette station, ont décidé de faire attention pour ne plus tomber. Maintenant, ils sont de nouveau écrasés par la croix et les souffrances, du péché et du mal. Que ta grâce, Jésus, les rejoigne et les relève.

Sous le poids de la haine, la paix disparaît de plus en plus dans le monde ; sous le poids du désir de la richesse et des possessions, l'amour et la justice se font de plus en plus rares. Beaucoup de gens sont tellement dépendants des biens matériels et attachés à la terre qu'ils ne peuvent plus se relever. Jésus, Tu es tombé pour tous, afin que tous se relèvent. Fais que nous nous relevions et que nous reprenions tous le chemin de la résurrection.

(Nous pouvons prier spécialement pour une personne que nous connaissons et qui passe par des épreuves difficiles.)

Marie, tu as assisté impuissante à la chute de ton Fils. Mais ta présence et ta fidélité lui étaient sûrement d'un grand secours. Merci pour la promesse de rester avec nous.

Marie, aide-nous à nous mettre en marche en nous relevant avec nos croix. Que la chute de ton Fils nous guérisse.

Notre Père…, Je vous salue Marie…, Gloire au Père…

Prends pitié de nous, Seigneur
– Prends pitié.

Quatrième station : Jésus rencontre sa mère

Nous t'adorons, ô Christ et nous te bénissons
– Parce que Tu as racheté le monde par ta Sainte Croix.

Qui pourra te consoler, Vierge, fille de Sion ? Car elle est grande comme la mer, ta douleur. Lm 2, 13

Syméon dit à Marie, sa mère : « Vois, ton enfant doit amener la chute et le relèvement d'un grand nombre en Israël ; les uns seront pour lui, les autres contre lui, et toi-même, une épée te transpercera l'âme…
Lc 2, 34-35

Marie, tu as rencontré ton Fils sur le chemin du Calvaire. Tu ne pouvais le consoler que de ton regard. Dans son regard tu as aussi senti qu'Il acceptait la souffrance et la croix pour nous sauver. Marie, merci d'être restée. L'amour a été plus fort que l'amertume. Et vous deux, dans la rencontre de vos regards, vous avez de nouveau accepté la volonté du Père. Vous avez souffert et vous avez porté la croix tous les deux, avec amour et abandon. Marie, obtiens-moi d'être fidèle comme toi.

Jésus, pardonne-moi d'avoir évité des rencontres avec Toi. Et très souvent, mes rencontres ont été superficielles. Donne-moi la grâce de te rencontrer en toute occasion. Je désire rencontrer les autres avec amour, même quand je souffre et qu'ils souffrent. Je ne veux plus me dérober devant qui que ce soit. Jésus, je Te prie pour tous les hommes qui souffrent et ne rencontrent personne qui soit prêt à les aider. Je te prie aussi pour tous les méprisés…

Jésus, je Te prie pour tous ceux qui font le chemin de la croix. Qu'ils te rencontrent ! Viens à leur rencontre Toi aussi. Que leur vie soit changée, que leurs souffrances soient transformées en bien, pour la gloire du Père.

Marie, accompagne tes enfants comme tu l'as fait pour ton Fils. Puisse ton regard rencontrer chacun pour qu'il soit consolé et encouragé à poursuivre le chemin de sa vie dans l'espérance.

Marie je veux réapprendre à porter la croix avec amour et rencontrer avec ce même amour tous ceux qui la portent.

Notre Père…, Je vous salue Marie…, Gloire au Père…

Prends pitié de nous, Seigneur
– Prends pitié.

Cinquième station : Simon de Cyrène aide Jésus à porter sa croix

Nous t'adorons, ô Christ, et nous te bénissons
– Parce que Tu as racheté le monde par ta Sainte Croix.

Ils trouvèrent un homme de Cyrène, nommé Simon, et le requirent pour porter sa croix. Mt 27,32

Si quelqu'un veut venir à ma suite, qu'il se renie lui-même, qu'il se charge de sa croix chaque jour, et qu'il me suive.

Lc 9, 23

Mais dans la mesure où vous participez aux souffrances du Christ, réjouissez-vous, afin que, lors de la révélation de sa gloire, vous soyez aussi dans la joie et l'allégresse. Heureux si vous êtes outragés pour le nom du Christ, car l'Esprit de gloire, l'Esprit de Dieu repose sur vous.

1 P 4, 13-14

Mon Jésus, ils avaient le devoir de Te torturer le plus possible et de Te clouer à la croix. C'est pourquoi ils ont chargé un homme pour T'aider à la porter ; et ils ont réquisitionné Simon de Cyrène, l'homme qui rentrait de son travail.

Toi, Simon, comment te sentais-tu ? N'as-tu pas murmuré dans ton intérieur ? N'as-tu pas pensé : Mais pourquoi moi devrais-je L'aider ? J'ai travaillé durant toute la journée, et je rentre fatigué de mon travail. Pourquoi, moi, je devrais porter la croix de quelqu'un qui la mérite selon nos lois ? Pourquoi faut-il que je participe à sa honte ? Simon, je te comprends si tu as discuté ainsi. Pourtant, tu as aidé à porter la croix de Celui qui savait trouver le moyen de remercier. Tu as aidé à porter la croix de Jésus et nous te considérons heureux, Simon, car tu as sûrement été récompensé par la vie éternelle…
Jésus, merci d'avoir accepté cette aide.
Jésus, donne-moi de te reconnaître dans chaque homme qui souffre. Donne-moi de comprendre que je pourrais être encore plus heureux que Simon de Cyrène car je peux t'aider tous les jours. Apprends-moi à ne pas laisser échapper aucune occasion pour bénéficier de ce bonheur de l'amour ici-bas.

Jésus, je Te prie pour tous ceux que je n'ai pas voulu aider dans leur malheur. Pardonne-moi et guéris-les de leurs blessures.

Je Te remercie pour tous ceux que j'ai pu aider en ton nom ou qui m'ont aidé moi aussi, en ton nom. Je Te prie pour tous ces frères et sœurs qui T'aident par amour pour Toi et en Toi.

Jésus, beaucoup font leur chemin de la croix et cherchent des Simon de Cyrène sur leur passage. Puissent-ils ressentir que Tu leur es proche et être prêts à porter la croix des uns et des autres et de cette façon participer à ta souffrance.

Marie, merci de m'apprendre à reconnaître et à aimer en chaque personne mon frère et ma sœur. Merci de me rappeler qu'aujourd'hui même, je peux aider Jésus.

Marie, avec toi j'offre mes prières, mes sacrifices, ma vie, pour que les plans de la paix et de l'amour se réalisent dans le monde.

Notre Père…, Je vous salue Marie…, Gloire au Père…
Prends pitié de nous, Seigneur
– Prends pitié.

Sixième station : Véronique essuie le visage de Jésus

Nous t'adorons, ô Christ et nous te bénissons
– Parce que Tu as racheté le monde par ta Sainte Croix.

Et moi, je suis comme un ver, je n'ai plus rien d'un homme,
tous se moquent de moi. Ps 22, 7-8

Sans beauté ni éclat pour attirer nos regards,
et sans apparence qui nous eut séduits ;
objet de mépris, abandonné des hommes,
homme de douleur, familier de la souffrance,
comme quelqu'un devant qui on se voile la face.
Is 53, 2-3

Jésus, on a déformé ton visage. Tes sueurs et ton sang se sont mêlés. On ne pouvait plus te reconnaître mais ton cœur était beau, le plus beau ; il se reflétait sur ton visage. Ta beauté intérieure brillait au moment où Tu étais tellement méprisé et humilié.

Alors une femme courageuse Te vit et s'approcha pour essuyer ton visage. Jésus, Tu n'as pas oublié de remercier. Véronique a trouvé ton visage gravé sur son voile.

Dans ce tumulte contre Toi, tous n'avaient pas oublié que Tu n'avais fait que du bien, que Tu avais tant de fois essuyé des larmes d'amertume et de misère, des larmes provoquées par la douleur et la souffrance. Merci, Véronique, de ne pas avoir craint d'affronter l'humiliation et l'insulte et de t'être occupé du Condamné.

Jésus, je regrette d'avoir tant de fois, par mes péchés, défiguré mon propre visage et celui des autres. Je sais que tu T'es identifié dans chacun de nous et cela signifie que ce que j'ai fait aux autres, c'est à Toi que je l'ai fait. Pardonne-moi, Jésus, Tu voulais que mon visage et ma vie soient le reflet de ton visage et de ta vie. Je l'ai oublié si souvent que ta lumière et ta joie ne pouvaient passer à travers moi pour rejoindre les autres. Je Te prie, lave mon visage de toute souillure et efface mes rides pour que ta lumière resplendisse en moi.

Je Te prie pour tous ceux qui attendaient de moi plus d'amour et de compréhension pendant que mon regard était aveuglé par l'égoïsme et l'orgueil. Puissent ton visage et ta lumière se refléter désormais en nous tous et pour nous tous.

Merci pour tous ceux qui, aujourd'hui, assistent tes frères et sœurs les plus méprisés, car de cette façon c'est Toi qu'ils aident à travers eux.

Jésus, viens plus particulièrement aider mon peuple pour qu'il se libère du péché du blasphème par lequel ton visage, ton nom, ton honneur et ta gloire sont tellement défigurés. Pardonne-nous et accorde-nous tes grâces.

Marie, dans ton cœur, tu remerciais Véronique pour son attention envers Jésus. Obtiens de ton Fils, pour moi et pour nous tous, la grâce que ton visage se reflète dans le nôtre.

Notre Père…, Je vous salue Marie…, Gloire au Père…

Prends pitié de nous, Seigneur
– Prends pitié.

Septième station : Jésus tombe pour la deuxième fois

Nous t'adorons, ô Christ et nous te bénissons
– Parce que Tu as racheté le monde par ta sainte Croix.

… méprisé, nous n'en faisions aucun cas.
Or, ce sont nos souffrances qu'il portait
et nos douleurs dont il était chargé. Is 53, 3-4

Il a été transpercé à cause de nos crimes,
écrasé à cause de nos fautes. Is 53, 5

« Ainsi, vous n'avez pas eu la force de veiller une heure avec moi ! Veillez et priez pour ne pas entrer en tentation : l'esprit est ardent, mais la chair est faible. »

Mt 26, 40-41

Jésus, après les rencontres avec Marie, Simon de Cyrène et Véronique qui t'ont consolé, Tu es tombé de nouveau. C'était sûrement plus douloureux, plus lourd que la première fois. La haine de la foule en délire Te submergeait. Plus les gens Te voyaient faible, plus ils hurlaient. Mais Toi, Tu continuais ton chemin de souffrances et Tu marchais… ô merci Jésus pour ta marche, pour ta chute et pour ton relèvement. Pardonne-moi mes chutes ; pardonne-moi mes résolutions de courte durée, dans mes épreuves et mes difficultés, je m'arrêtais de marcher, je perdais l'orientation et je retrouvais mes mauvaises habitudes. Jésus, je désire maintenant me relever de nouveau et je promets de me relever après chaque chute. Je Te remercie de ta patience envers moi. Devant cette deuxième chute je Te prie pour tous ceux qui retombent, se découragent et doutent de la miséricorde. Aide-les à se relever ; qu'il n'y ait plus personne qui reste sur le chemin, terrassé par ses fautes et les misères de la vie. Qu'une nouvelle force ravive leur cœur, qu'une volonté plus forte les guide vers un nouveau départ.
Jésus, je Te prie pour tous ceux et celles qui avaient commencé une nouvelle vie mais qui sont retombés ensuite, emportés par la mission ou les mauvaises habitudes. Je Te demande qu'ils ne restent pas dans le péché mais qu'ils acceptent dans l'humilité et la simplicité cette nouvelle chute. Aide-les, Seigneur, et fais que personne ne soit éprouvé au-dessus de ses forces.

Merci, Marie, que la parole de consolation et d'encouragement de tes appels retentisse dans mon cœur.
Que l'amour nous réconforte tous afin de prendre un nouveau départ avec toi, sans lassitude…

Notre Père…, Je vous salue Marie…, Gloire au Père…

Prends pitié de nous, Seigneur
– Prends pitié.

Huitième station : Jésus console les femmes de Jérusalem

Nous t'adorons, ô Christ et nous te bénissons
– Parce que Tu as racheté le monde par ta sainte Croix.

Une grande masse du peuple le suivait, ainsi que des femmes qui se frappaient la poitrine et se lamentaient sur lui. Mais, se retournant vers elles, Jésus dit : « Filles de Jérusalem, ne pleurez pas sur moi ! pleurez plutôt sur vous-mêmes et sur vos enfants !…
Car si l'on traite ainsi le bois vert, qu'adviendra-t-il du sec ! »

Lc 23, 27-31

Jésus, doux et humble de cœur, ta passion ne T'a rendu ni aveugle ni sourd. Tu as vu les femmes qui pleuraient sur Toi. Martyr du genre humain par ta passion et par ta croix, Tu ne voulais pas attirer la pitié mais inciter à un profond changement de vie, Je te remercie.

Jésus, pardon d'avoir cherché la consolation dans les choses qui ne pouvaient pas me la donner. Tant de fois, par amour-propre, j'ai été sourd à la vérité et je me suis tourné vers le mensonge et la flatterie. Je n'avais pas la force de dire la vérité avec amour. Je trompais les autres et me trompais moi-même par des paroles flatteuses. Pardonne-moi mon manque de sincérité et toutes mes craintes qui me poussent à ne pas toujours chercher la vérité et à la dire avec amour. Aide-moi désormais à ne plus jamais chercher de fausses consolations, à ne plus jamais les accepter ni les offrir aux autres. Je désire vivre la vérité avec les autres dans la lumière.

Pardonne aux parents et aux éducateurs des jeunes d'avoir si souvent fermé les yeux devant la vérité et de n'avoir pas su la transmettre aux autres. Pardonne à ton Église tout entière de n'avoir pas su parfois éviter les solutions superficielles aux problèmes du monde oubliant ainsi de se baser sur l'amour et le pardon. Merci pour les paroles qui me viennent à l'esprit devant cette station…

Notre Père…, Je vous salue Marie…, Gloire au Père…

Prends pitié de nous, Seigneur
– Prends pitié.

Neuvième station : Jésus tombe pour la troisième fois

Nous t'adorons, ô Christ, et nous te bénissons
– Parce que Tu as racheté le monde par ta Sainte Croix.

Le Juste, mon serviteur justifiera la multitude en s'accablant lui-même de leurs fautes… Il s'est livré lui-même à la mort et il a été compté parmi les criminels, alors qu'il portait le péché des multitudes et qu'il intercédait pour les criminels.

Is 53, 11-12

Jésus, que puis-je encore penser devant cette nouvelle chute. Je me jette à genoux et j'observe tout ce qui se passe. Tu es écrasé, Tu es à bout de forces. Ceux qui T'amenaient à l'endroit où ils devaient Te crucifier, perdaient patience car tes chutes ralentissaient leur plan d'exécution. Pourtant Toi, Jésus, tu étais patient avec eux et tu leur as pardonné. Tes plaies et tes blessures, Tu les offrais au Père pour nous, je t'en remercie.

Pardonne-moi d'avoir manqué de patience envers les petits et les faibles, d'avoir eu peur de l'effort à faire pour défendre la vérité. Jésus, pardonne-moi d'avoir, par faiblesse, manqué d'amour et de n'avoir pas pansé les plaies des autres et de n'avoir pas su leur épargner des blessures. Je veux donc Te prier pour tous ceux pour qui j'ai été une cause de chute. Viens à leur aide maintenant.

Je t'implore aussi, Jésus, pour toutes les familles écrasées par les péchés des parents, pour le désaccord et les disputes entre pères et mères, entre parents et enfants ; pour l'infidélité, l'injure, la boisson et le massacre des vies naissantes dans le sein maternel. Jésus, fais que ces familles se relèvent et prennent un nouveau chemin.

Je te prie aussi, Jésus, pour les jeunes qui s'adonnent à la drogue, à l'alcool et qui en deviennent dépendants. Devant ta chute la plus difficile, je Te prie pour les cas désespérés qui viennent demander ton aide. Jésus, sois pour tous la pierre angulaire afin qu'on ne Te rejette plus jamais et que notre maison devienne solide.

Le monde T'a rejeté en tout. C'est pourquoi les familles se disloquent, les peuples se perdent. Ô Jésus, sois notre pierre d'angle pour que notre marche avec Toi s'oriente dès aujourd'hui en ligne droite.

Marie, tu as vécu cette chute aussi. Un autre glaive de douleurs a transpercé ton cœur. Tu continues à souffrir et à offrir cette chute pour tous nos nouveaux relèvements.

Notre Père…, Je vous salue Marie…, Gloire au Père…

Prends pitié de nous, Seigneur
– Prends pitié.

Dixième station : Jésus est dépouillé de ses vêtements

Nous t'adorons ô Christ et nous te bénissons
– Parce que Tu as racheté le monde par ta sainte Croix.

Lorsque les soldats eurent crucifié Jésus, ils prirent ses vêtements et firent quatre parts, une part pour chaque soldat, et la tunique. Or, la tunique était sans couture, tissée d'une pièce à partir du haut ; ils se dirent donc entre eux : « Ne la déchirons pas, mais tirons au sort qui l'aura ».

Jn 19, 23-24

Jésus, j'ai honte de voir ce qu'ils t'ont fait. Ils T'ont enlevé tes vêtements et T'ont mis à nu. Toi, Parole divine par laquelle tout a été créé et merveilleusement habillé, Tu es dévêtu. Tu l'as permis pour nous enlever les malédictions du péché et de la mort et nous revêtir de la bénédiction de la vie et de la résurrection. Je T'en remercie. Jésus, pardonne-moi d'avoir cédé aux passions et aux exigences de la chair aux dépens de mon âme et de mon esprit. Pardonne-moi d'avoir donné plus d'importance aux besoins du corps qu'à ceux de l'âme. Accorde-moi la grâce de me convertir ; que ta grâce m'inonde et me revête pour que je me débarrasse de tout désordre, fornication, cupidité, mauvais désirs, emportement et malice.

Jésus, nous te prions.
Que la loi de ton esprit triomphe de celle de la chair. Que nous devenions témoins d'une nouvelle vie que Tu nous as méritée par ta passion et par ta mort. Puissions-nous tous être revêtus de l'habit de ta bonté. Pardonne à chacun en particulier les péchés d'impureté, de débauche ou de tout autre mal. Merci de pouvoir Te prier pour tout cela avec une force renouvelée.

Marie, je ne peux même pas imaginer, encore moins le ressentir, comment tu t'es sentie à cette station. J'aimerais me joindre maintenant à tes sentiments et j'aimerais que tu m'apprennes à vivre selon ton esprit. Marie, je te remercie parce que tu ne regardes pas ma pauvreté causée par le péché ; merci pour ton désir de me revêtir de ta beauté.

Notre Père…, Je vous salue Marie…, Gloire au Père…

Prends pitié de nous, Seigneur
– Prends pitié.

Onzième station : Jésus est cloué sur la Croix

Nous t'adorons, ô Christ et nous te bénissons
– Parce que Tu as racheté le monde par ta sainte Croix.

Jésus disait : « Père, pardonne-leur : ils ne savent pas ce qu'ils font. »
Lc 23, 34

L'un des malfaiteurs suspendus à la croix l'injuriait… Mais l'autre, le reprenant, déclara : « Tu n'as même pas crainte de Dieu, alors que tu subis la même peine !
Pour nous, c'est justice, nous payons nos actes ; mais lui n'a rien fait de mal. » Et il disait : « Jésus, souviens-toi de moi, lorsque tu viendras avec ton Royaume. » Et Jésus lui dit : « En vérité, je te le dis, aujourd'hui, tu seras avec moi dans le Paradis. »
Lc 23, 39-43

Mon Jésus, la croix que Tu as portée et qui a ouvert les plaies de ton dos déjà blessé devient maintenant pour Toi un lit très dur. La souffrance que Tu endures pendant qu'on Te cloue à la croix, personne ne pourra jamais la décrire.

Jésus, Tu as ouvert la nouvelle voie du salut lorsque tu es resté muet devant les injures, lorsque Tu n'as pas cherché la vengeance pour ce qu'ils T'ont fait. Je Te remercie, souffrant parmi les souffrants. Ta souffrance nous a rachetés, nous, les hommes, car Tu as aimé en souffrant et souffert en aimant.

Pardonne-moi Jésus, d'avoir par mon attitude cloué les autres au bois de la mort par ma colère, poussé les autres dans la peur et l'angoisse ; par ma haine, fermé les portes de mon cœur aux autres. Rachète-moi de mes désirs injustifiés et de mes mauvaises habitudes qui déchirent mon âme.

Jésus, rachète les pauvres qui sont cloués sur la croix de la pauvreté à cause de l'exploitation et de l'attitude injuste des riches. Rachète les enfants crucifiés par les comportements de leurs parents. Délivre-nous, libère-nous, Jésus, de tout déchirement et conflit entre les peuples et les États.
Aide-nous pour qu'on fasse disparaître toute passion, colère, orgueil, qu'il en naisse l'amour, la paix, la réconciliation et la compréhension fraternelle.

Marie, chaque coup a résonné dans ton cœur maternel. Tu as tout enduré ; tu es restée debout. Merci pour l'amour que tu me portes, pour ton désir de me conduire vers le salut. Marie, aide-moi à anéantir en moi tout ce qui détruit et cloue les autres au pilori ; que je ne sois plus crucifié que par amour envers les autres.

Notre Père…, Je vous salue Marie…, Gloire au Père…

Prends pitié de nous, Seigneur
– Prends pitié.

Douzième station : Jésus meurt sur la croix

Nous t'adorons, ô Christ et nous te bénissons
– Parce que Tu as racheté le monde par ta Sainte Croix

Jésus donc voyant sa mère et, se tenant près d'elle, le disciple qu'il aimait, dit à sa mère : « Femme, voici ton fils. » Puis il dit au disciple : « Voici ta mère. » Dès cette heure-là, le disciple l'accueillit chez lui.

Jn 19, 26-27

Jésus dit : « J'ai soif. » Jn 19, 28

Et à la neuvième heure, Jésus clama en un grand cri : « Mon Dieu, mon Dieu, pourquoi m'as-tu abandonné ? »

Mc 15, 34

Quand il eut pris le vinaigre, Jésus dit : « C'est achevé. » Jn 19,30

… et jetant un grand cri, Jésus dit : « Père, en tes mains, je remets mon esprit. » Ayant dit cela, il expira.

Lc 23, 46

Mon Jésus, voici où ton amour pour nous et ton obéissance au Père T'ont conduit. Qui de nous ne comprendra jamais ton amour ! Oh ! merci de nous avoir tant aimés : nous ne pouvons même pas le comprendre. Que ton cœur transpercé soit notre salut à tous !

Je désire être une réponse à ton amour. Je veux avec amour entendre et écouter ta parole au pied de la croix. Qu'elle pénètre dans mon cœur comme elle est entrée dans le cœur de notre mère, Marie, qui avait la force de rester au pied de la croix.
(restons en silence)
Père céleste, merci d'avoir confié cette tâche à ton fils Jésus Christ. Jésus, merci de l'avoir accomplie jusqu'à la mort sur la croix. Dieu du ciel, merci d'avoir exaucé sa prière de pardon pour nous.

À mon tour, je pardonne aussi à tous ceux qui m'ont insulté et je Te prie pour tous ceux qui n'ont pas encore pardonné. Que ta miséricorde et la souffrance de ton Fils les interpellent pour que la paix vienne parmi les hommes.
Marie, il n'était pas facile pour toi de comprendre la volonté du Père mais tu l'as acceptée en union avec ton Fils. Merci de nous avoir acceptés aussi comme tes enfants. Et toi, Jean, merci d'avoir accueilli Marie en notre nom à tous et d'avoir pu ainsi la remercier pour tous.

Notre Père…, Je vous salue Marie…, Gloire au Père…

Prends pitié de nous, Seigneur
– Prends pitié

Treizième station : Jésus est descendu de la croix

Nous t'adorons, ô Christ, et nous te bénissons
– Parce que Tu as racheté le monde par ta sainte Croix.

Venus à Jésus, quand ils virent qu'il était déjà mort, ils ne lui brisèrent pas les jambes, mais l'un des soldats, de sa lance, lui perça le côté, et il sortit aussitôt du sang et de l'eau.

Jn 19, 33-34

Après ces événements, Joseph d'Arimathie… demanda à Pilate de pouvoir enlever le corps de Jésus. Pilate le permit. Ils vinrent donc et enlevèrent son corps.

Jn 19, 38

Jésus, Tu as achevé ta vie terrestre dans des souffrances atroces. Tu es mort en héros d'amour et du pardon et tu as remis ton esprit au Père. Avec Toi, Tu as amené le larron qui était à tes côtés, parce qu'il T'a demandé de Te souvenir de lui. Jésus, je te remercie maintenant d'être venu parmi nous pour chacune de tes paroles, pour tes œuvres, pour chaque signe par lequel Tu as démontré que Tu nous aimais.

Marie, tu es restée au pied de la croix. Tu as tout entendu, tout souffert. Et maintenant, tu tiens ton fils dans tes bras maternels, avant qu'Il ne soit déposé au tombeau. Avec quelle tendresse et quel amour, tu L'as reçu dans tes bras à la descente de la croix ! Jamais personne ne pourra comprendre ni même le décrire…
Merci, Marie, pour l'amour de ton cœur de mère. Merci d'avoir accepté, à l'Annonciation, d'abriter et de porter Jésus dans ton sein. Tu Lui as donné la place dans ton propre cœur. Merci d'avoir permis au Fils de Dieu de prendre chair dans ton sein pour devenir homme et notre Sauveur. Merci pour tes bras qui L'ont accueilli après qu'il eut été tué par les hommes en étant cloué à la croix. Merci de l'avoir, dans la foi et l'espérance, remis à la terre et déposé au tombeau.

Marie, par toi, je demande pardon pour tout péché qui a apporté de la froideur en mon cœur et autour de moi. Merci pour ta disponibilité à m'accueillir dans la tendresse de ton cœur maternel. Console-moi et continue à me guider sur le chemin du Seigneur.
Marie, je te prie maintenant pour tous les enfants du monde, plus particulièrement pour ceux qui se sont complètement refroidis ou qui sont morts spirituellement à cause du péché. La mort éternelle s'est emparée d'eux. Accueille-les avec leurs croix ; qu'ils revivent par la force de l'Esprit de Dieu.

Marie, je te prie aussi pour les enfants rejetés qui ne connaissent pas la chaleur d'un sein maternel. Sois leur mère, redonne-leur le goût de vivre. Ô Marie, je te prie pour les mères dont le sein est devenu le tombeau de la vie, parce qu'elles ont tué leur enfant ou l'ont rejeté après la naissance. Rends-leur la vie. Que le sein maternel revive et redevienne le berceau et non le tombeau de la vie.

Marie dès aujourd'hui je t'offrirai des prières pour le salut de tous.

Notre Père…, Je vous salue Marie…, Gloire au Père…

Prends pitié de nous, Seigneur
– Prends pitié.

Quatorzième station : Jésus est mis au tombeau

Nous t'adorons, ô Christ et nous te bénissons
– Parce que Tu as racheté le monde par ta Sainte Croix.

Joseph prit donc le corps, le roula dans un linceul propre et le mit dans le tombeau neuf qu'il s'était fait tailler dans le roc ; puis il roula une grande pierre à l'entrée du tombeau et s'en alla.
Or il y avait là Marie de Magdala et l'autre Marie, assises face au sépulcre. Mt 27, 59-61

Jésus, Tu as accepté la croix, la mort et le tombeau pour être semblable à nous. Par ta croix, tu as consacré la souffrance. Par ta mort, Tu as vaincu la mort. Par ton tombeau, Tu as ouvert tous les tombeaux. Merci ! Pendant que je me tiens près de ton sépulcre, je médite sur ma vie et sur ma propre fin. Je sais que moi aussi, un jour, j'aurai une fin sur cette terre. Je ne sais ni le jour ni le moment, mais maintenant, je T'offre aussi mes angoisses devant la mort. Que l'instant de mon passage soit consacré par ta présence. Donne-moi de vivre en étant toujours conscient du moment inévitable de ce passage vers la lumière. Que rien en ce monde ne m'arrête ni ne m'empêche de cheminer vers Toi. Donne-moi le repos éternel dans le sein du Père.

Je te prie maintenant pour ceux qui meurent ou sont sur le point de mourir, soit d'une mort naturelle et bien préparée, soit d'une mort subite ou causée par la violence ou le désespoir. Je Te prie également pour tous ceux qui accompagnent les mourants. Que par leur présence et leur aide, leurs derniers moments soient adoucis. Sois près d'eux et prends-les dans ton paradis. Sauve-nous tous des ténèbres éternelles. Introduis-nous dans la lumière qui a éclaté au tombeau le troisième jour de ta mort.

Marie, reste avec moi à l'heure de ma mort. Prends ma vie et accueille-moi dans ton sein maternel. Marie, aide-moi à comprendre tout ce que tu m'offres ; que désormais dans une joie sereine je vive avec toi et que je réalise, tous les jours, la volonté du Père comme tu l'as fait. Qu'en moi, meure tout mal et que ressuscitent le bien et la vie.

Notre Père…, Je vous salue Marie…, Gloire au Père…

Prends pitié de nous, Seigneur
– Prends pitié.

Extrait de « *Priez avec le cœur* », fra Slavko Barbaric

Quelle idée de finir comme un esclave quand le monde entier a besoin d'être sauvé tout de suite ?
Vous n'auriez pas fait comme ça. Moi non plus, sans doute. Mais nous sommes ceux qui doivent être sauvés, pas le Sauveur.
Un Sauveur, ça sert à sauver. Alors taisons-nous et restons à genoux devant l'humilité de notre Père des cieux. Sinon, nous ne sommes bons qu'à lui tenir les rameaux le dimanche et à lui cracher dessus le lendemain si ce qu'il fait ne nous plaît pas. Laissons-le nous guérir en silence.

…le troisième jour, il est ressuscité des morts…

Tout est alors renouvelé. Le chemin de la Croix ne finit pas mais il fleurit désormais dans la vie nouvelle, vie de bien, d'abondance et de joie. Tout a été racheté par le Christ, tout chante désormais la gloire de Dieu. La semence de la Résurrection est présente et active dans l'histoire de l'homme. Devenus enfants de Dieu par le baptême, nous marchons en Église à la suite du Christ, Vie éternelle pour le Salut du monde. Nous sommes en route vers la sainteté, par la présence de la grâce, par l'Esprit Saint répandu du Cœur ouvert de Jésus, sous la protection de Marie. Jésus nous appelle chaque jour à vivre de son Amour et à nous accomplir en son Amour, en chaque vocation, en chaque état de vie, pour être par lui, et à sa suite, vainqueur du mal.

Le chemin de la guérison et de la contrition

Première Station : Jésus est condamné à mort

Il m'a été montré comment me libérer de toutes les vilaines choses qui m'étaient arrivées ou que moi-même j'avais faites et me laisser pénétrer de tous les bons moments et grâces du passé, du présent et du futur.

Jésus : Donne-moi chaque occasion où tu as condamné autrui et celles où tu as été condamné injustement, et tiens-toi ici en ma présence, tranquillement, sans te plaindre.
Je te donnerai en récompense de voir toutes les fois où tu as supporté, en silence et patiemment, condamnation et injustice. Je te donnerai force et aide pour supporter dorénavant injustice et condamnation dans le silence. Ensemble, nous nous tiendrons côte à côte pour racheter cette situation et pour le salut des âmes. Si tu devais tomber dans ta faiblesse, je serais là pour porter ce que tu ne peux pas porter et ma main te relèvera, par la Confession, et nous recommencerons.

Deuxième Station : Notre Seigneur reçoit sa Croix

Jésus : Donne-moi ton innocence crucifiée, toutes les blessures et les plaies du passé et du présent, donne-moi ta solitude et ta douleur. Donne-moi ta pureté perdue, tes espoirs rompus et tes rêves brisés.
Donne-moi tes croix et je prendrai avec joie leur fardeau, moi-même. Et moi, je te donnerai en récompense, de voir toutes ces fois où tu as porté tes Croix avec courage. Oui, malgré ta faiblesse tu as fait ceci pour les âmes que j'aime. Je te rendrai ton innocence, je guérirai les blessures de ton passé et de ton présent. Je te rendrai ton innocence et ta pureté. Je mettrai en ton cœur un nouveau rêve d'un âge d'amour, de lumière, de beauté et d'innocence renées, ressuscitées dans ma résurrection. Voici ton héritage, car tu es mon enfant, un enfant de Dieu.

Aide-moi, j'ai besoin de ton aide pour m'aider à porter cette croix de l'innocence crucifiée en ceux qui t'entourent, et aussi en toi-même ; ensemble nous gagnerons la victoire. Je suis toujours avec toi.

Troisième Station : Notre Seigneur tombe pour la première fois

Jésus : Donne-moi toutes tes chutes et tes échecs, quand tu t'es détourné de moi et que tu m'as écrasé de tes péchés, que tu as broyé ma vie divine en toi et d'autres.
Laisse-moi te donner en retour ma gratitude pour chaque fois que tu as réussi à te relever et continuer ton chemin. Permets-moi de te remercier de t'être tourné vers moi humblement en confession, ou le regret dans ton cœur. Je me réjouis avec toi à chaque nouveau commencement sur ton chemin vers le ciel !

Quatrième Station : Notre Seigneur rencontre sa Mère affligée

Jésus : Mères et pères, donnez-moi votre peine et votre douleur lorsque vous ne pouvez pas secourir vos enfants souffrants, lorsque le péché et le mal vous les ravissent.
Enfants, donnez-moi votre angoisse quand vous devez suivre des chemins que vos parents ne comprennent pas pleinement et que vous ne pouvez pas leur expliquer. Placez-vous dans le regard constant d'amour entre ma Mère très pure et Moi-même, et tout s'arrangera.
Je vous donne ma Mère pour être votre Mère ! Ma voie pour être votre voie ! Venez, suivez-moi sur ce chemin d'amour.

Cinquième Station : Simon de Cyrène aide Notre Seigneur

Jésus : Donne-moi tous ces manques à aider un autre lorsqu'il était de ton pouvoir de le faire. Donne-moi toutes ces occasions où tu as rendu le fardeau de quelqu'un d'autre plus lourd au lieu de l'alléger ; quand tu as résisté ou pris la Croix à contrecœur. Donne-moi le fardeau de ton échec.

Je me souviendrai en échange de toutes les fois où tu as aidé quelqu'un d'autre, où tu as endossé joyeusement le poids de la douleur d'autrui. Je te guiderai et Je t'aiderai à l'avenir à mieux faire et à être plus généreux, car ce que tu fais à autrui, tu me le fais à moi-même.

Sixième Station : Véronique essuie le Visage de Notre Seigneur

Jésus : Donne-moi tout ce respect humain qui t'a empêché de « sortir du rang » et de témoigner publiquement, par un acte de charité, pensant d'abord à ce que d'autres pourraient penser de toi. Donne-moi tes indifférences aux souffrances physiques ou morales d'autrui qui t'ont fait te tenir en arrière, et regarder.
Donne-moi ton indifférence, ta crainte, ton manque de compassion, et je te donnerai courage, tendresse, gestes d'amour dans la douceur et la discrétion. Il y a tant de personnes à consoler. Toi et moi ensemble, nous consolerons mes chers enfants.

Septième Station : Notre Seigneur tombe pour la deuxième fois

Jésus : Mon enfant, donne-moi le poids de tes péchés, ils t'écrasent tant ! Tu as l'impression que tu n'as pas la force de te lever, et même quand tu y parviens, tu es trop faible pour ne pas retomber immédiatement ; alors tu y stagnes dans la peine et la souffrance. Je suis venu te relever, pour prendre ce terrible fardeau qui t'écrase au point de désespérer ; donne-moi simplement tes péchés – peu importe leur horreur. Je viens, non pas te condamner, mais pour tout oublier.
Viens à moi dans la confession ! Ne t'inquiète pas si tu l'as délaissé, peut-être depuis des années, ni même si tu ne sais pas par où commencer. Viens au prêtre et explique tes difficultés et demande-lui de t'aider. Viens à moi souvent.

Huitième Station : Notre Seigneur console les femmes de Jérusalem

Jésus : Donne-moi toutes les fois où tu as négligé les prières à ton intention et à l'intention de tes enfants, où tu as cessé de prier, te disant : « personne n'écoute ni n'entend mes prières, Dieu ne répond pas à mes prières, Dieu ne se soucie ni de moi ni de mes enfants. »
Donne-moi toutes les prières auxquelles je n'ai pas répondu de ta manière, et toutes les prières exaucées auxquelles j'ai répondu de ma manière mais que tu as rejetées.
Je te donnerai en retour chaque prière exaucée de manière à te mener à la Sainteté ; parfois ce don sera déguisé sous l'aspect de la souffrance, d'une perte ou d'une peine pour que ton âme grandisse en courage, en amour, en abnégation ; parfois elle sera enveloppée de joie, de paix et d'amour. Il n'y a aucune prière de mes enfants qui ne soit exaucée par moi, parce que je vous aime ! Toute la création vous dit, tous les jours : « Je t'aime ! » Souviens-toi de moi, car je ne t'oublie jamais – même un seul instant.

Neuvième Station : Notre Seigneur tombe une troisième fois

Jésus : Donne-moi toutes les fois où tu ne peux plus avancer, car je comprends bien ce que tu ressens ! Je gisais ici par amour pour toi. Donne-moi ta détresse et crois au pouvoir de mon Nom. Fais appel à mon Nom : Jésus. Je vous aime tant et Je connais chacun par son nom.
Je vous donne ma Mère, dont le cœur si tendre me donna le courage de me relever et continuer.

Dixième Station : Notre Seigneur est dépouillé de ses vêtements

Jésus : Donne-moi tous les biens que je t'ai donnés au départ mais dont tu as tant de mal à te départir, donne-moi tes biens les plus précieux et je te donnerai la liberté, la lumière, la joie et l'amour.
Rends-moi tout ce que je t'ai donné et en retour, je t'inonderai avec encore plus d'abondance.
Pourquoi as-tu peur, mon enfant ? Je suis ton Dieu et bien capable de prendre soin de toi !
Donne-moi ton manque de générosité et je te donnerai toute ma générosité.

Onzième Station : Notre Seigneur est cloué à la Croix

Jésus : Donne-moi toutes les fois où tu ne voulais pas être cloué à la Croix par amour des autres.
Donne-moi ta crainte de la Croix, la crainte pour toi et la crainte pour les autres. Et moi, je te donnerai le courage de devenir une victime volontaire de réparation et d'amour.
Ne crains rien, je suis avec toi, et regarde : ta Mère céleste nous accompagne !

Douzième Station : Notre Seigneur meurt sur la Croix

Jésus : Donne-moi ta crainte de souffrance et de mort et je vaincrai la mort et je te libérerai de la souffrance. Tu n'es jamais seul, même pas un seul instant.
Donne-moi ton cri d'angoisse et je te donnerai le cri de la Victoire : « Que ta volonté soit faite ». Crois en mon nom et fais appel à ce nom : « Jésus ». Tu n'as qu'à me demander de me souvenir de toi et la vie en ma compagnie t'appartiendra !

Treizième Station : Jésus repose dans les bras de sa Mère

Jésus : Donne-moi ton innocence Crucifiée.
Repose dans les bras de l'Amour Maternel que J'ai pour toi. Fais appel à ta Mère Céleste, Ses bras reçoivent vos esprits, vos corps et vos âmes blessés.
Tu es autant Son enfant que Moi-même, Ses larmes intercèdent pour toi. Aime-la ! Combien elle t'aime !

Quatorzième Station : Notre Seigneur est mis au tombeau

Jésus : Repose ici dans le silence et le calme. Donne-moi ton chagrin et je te donnerai ma Paix et une résurrection glorieuse.

d'après Patricia

Chemin de Croix

Première Station : Jésus est condamné à mort

Nous t'adorons, ô Christ et nous te bénissons.
– Parce que Tu as racheté le monde par ta sainte Croix

Dessins de Hippolyte Lazerges – 1869 – France

Quand tu regardes mes souffrances, tu me reposes. Dis-moi que cela ne t'ennuie pas de parcourir le chemin avec moi. Ce que tu fais pour moi avec joie me plaît davantage
Contemple mon Cœur à toutes les phases de ma Passion. Considère mon Amour. Regarde mes yeux : tu n'y verras que de l'extrême douceur et de l'extrême Amour, au milieu de l'extrême cruauté.
Offre au Père, à chaque station, le Sang que j'y ai versé pour le salut du monde.
Rappelle-toi qu'en montant au Calvaire pour la gloire du Père, je priais pour ceux qui m'accompagnaient. Accompagne-moi. J'ai fait vivre les miens jusqu'à en mourir.

Notre Père…, Je vous salue, Marie…, Gloire au Père…

Prends pitié de nous, Seigneur
– Prends pitié.

Deuxième Station : Jésus est chargé de sa croix

Nous t'adorons, ô Christ et nous te bénissons.
– Parce que Tu as racheté le monde par ta sainte Croix

Avec quelle joie intérieure j'ai embrassé ma Croix, quand on me l'a apportée ! Depuis si longtemps je la désirais à cause de vous et pour obéir au Père ! Elle était votre salut. Sauver le monde, sais-tu ce que cela a été pour moi ? Je vous ai portés comme une mère, en portant ma Croix. *Reçois la Croix de chaque jour comme j'ai reçu la mienne*. Il ne faut pas seulement la porter, il faut la prendre, ma Croix. Oui, elle est bien mienne ; car nous ne faisons qu'un. Quand tu la rencontreras, je suis avec elle. Accueille-nous donc ensemble. Portons notre croix tous les deux. Regardez bien mes souffrances, puisqu'elles sont pour vous. Offrez-les au Père, pour réparer, puisque vous avez le pouvoir de réparer.

Notre Père…, Je vous salue, Marie…, Gloire au Père…

Prends pitié de nous, Seigneur
– Prends pitié.

Troisième Station : Jésus tombe pour la première fois

Nous t'adorons, ô Christ et nous te bénissons.
– Parce que Tu as racheté le monde par ta sainte Croix

Ils me poussent sur le chemin du Calvaire. Ma fatigue est si grande, mon Corps tellement brisé et sans forces que je tombe à terre, baigné de sueur et de Sang. La Croix si lourde retombe sur moi, m'écrasant sous son poids. Les pierres du chemin meurtrissent mon Visage. Le sable et la poussière se mêlent à mon Sang pour obscurcir mes yeux et se coller à ma Face. Je suis l'être le plus misérable de la terre.
Si le poids de la Croix me fait tomber, le zèle du salut des âmes me relève et m'encourage à poursuivre mon chemin. *Regarde-moi allant jusqu'au bout de chaque souffrance. Ne t'épargne pas.* Il faut que rien de ce que j'ai souffert ne soit perdu. Recueille-le ; offre-le au Père.

Notre Père…, Je vous salue, Marie…, Gloire au Père…

Prends pitié de nous, Seigneur
– Prends pitié.

Quatrième Station : Jésus rencontre sa Sainte Mère

Nous t'adorons, ô Christ et nous te bénissons.
– Parce que Tu as racheté le monde par ta sainte Croix

Considère ma Mère s'élançant vers moi, dans le grand désir de m'aider. Elle ne le pouvait pas. Mais ce geste et le désir de son Cœur m'ont grandement consolé. Faites ainsi souvent : élancez-vous vers moi ; et, plus tard, vous verrez les joies que vous m'aurez données.
En m'embrassant, ma Mère a reçu la force d'assister à la mort affreuse de son Fils. Elle fut tâchée de mon Sang. Demandez-lui d'envoyer ces gouttes à la conversion des pécheurs.
Cela coûte cher une âme. Il faut du temps et des sacrifices. Souffre pour elles. Attache tes souffrances à mes souffrances, afin de plaire davantage au Père.
La Passion et la mort que je souffre dans mon Corps, ma Mère les souffre dans son Cœur.

Notre Père..., Je vous salue, Marie..., Gloire au Père...

Prends pitié de nous, Seigneur
– Prends pitié.

Cinquième Station : Simon le Cyrénéen aide Jésus à porter sa Croix

Nous t'adorons, ô Christ et nous te bénissons.
– Parce que Tu as racheté le monde par ta sainte Croix

Aussitôt après avoir rencontré ma Mère, un secours m'est venu : Simon le Cyrénéen.
- Aie souci pour les pécheurs, ton prochain. Quand tu pries pour les pécheurs, c'est comme si tu me tendais la main pour m'aider. *Quand tu aides ton prochain, c'est moi que tu aides. Si ta charge est trop lourde, prends en plus celle des autres : tu soulageras un peu ma Croix sur le chemin.*
- Tu m'aides, quand tu travailles à devenir meilleur. As-tu travaillé à la Rédemption ?
Certaines âmes ne pensent ni à leur fatigue, ni à leurs souffrances ; elles n'ont qu'un seul désir : Me prouver leur amour et consoler mon Cœur. Ce sont elles qui portent vraiment ma Croix et qui reposent mon Cœur.

Notre Père…, Je vous salue, Marie…, Gloire au Père…

Prends pitié de nous, Seigneur
– Prends pitié.

Sixième Station : Véronique essuie la Face de Jésus

Nous t'adorons, ô Christ et nous te bénissons.
– Parce que Tu as racheté le monde par ta sainte Croix

Voyez comme son amour sait vaincre son respect humain.
Contemple mon Visage douloureux.
Ce sera comme le doux linge de Véronique. Elle me le tendait ; et, d'une main, je l'appuyais sur ma Face, lui en laissant l'empreinte.
- Regarde ma figure de pauvre homme, battue par des esclaves en fureur. Regarde mes yeux remplis de larmes et de Sang et souviens-toi que je suis ton Dieu. Regarde bien mon Visage, quand je sauvais les hommes.
Un visage qui veut donner la Vie, vous imaginez ce qu'il peut exprimer d'Amour.
- Contemplez, aimez ces blessures que j'ai gagnées à votre service. Je dis bien gagnées ; car c'est un gain de mon Cœur pour vous. Voyez si vous ne pouvez pas commencer à m'aimer comme je veux l'être, *par-dessus tout.*
Quand tu me consoles, j'imprime ma Face sur ton âme.

Notre Père..., Je vous salue, Marie..., Gloire au Père...

Prends pitié de nous, Seigneur
– Prends pitié.

Septième Station : Jésus tombe pour la seconde fois

Nous t'adorons, ô Christ et nous te bénissons.
– Parce que Tu as racheté le monde par ta sainte Croix

Le Christ a porté les péchés de tous les hommes. Unis-toi à Lui.
- *Prends courage ! Ne m'en a-t-il pas fallu pour monter au Calvaire ?*
Regarde si un homme peut aimer autant que moi.
Pensez souvent à mes chrétiens du monde actuel, les souffrants, les persécutés, les abandonnés, les exilés, ceux que l'on martyrise à cause de mon nom, ceux qui, dans leur corps en destruction, continuent à me bénir, à m'appeler de leur amour. Priez pour eux. Offrez mes mérites au Père : ils sont à vous : je les ai achetés avec ma douleur. J'ai tout mérité pour vous. Prenez : c'est à vous.
Tu ne sais pas la force de la prière : c'est comme un bras puissant qui viendra aider le mien ; *car je permets que l'on m'aide.*

Notre Père..., Je vous salue, Marie..., Gloire au Père...

Prends pitié de nous, Seigneur
– Prends pitié.

Huitième Station : Jésus console les femmes de Jérusalem

Nous t'adorons, ô Christ et nous te bénissons.
– Parce que Tu as racheté le monde par ta sainte Croix

Ne pleurez pas sur moi, mais sur le péché. Je parlais ainsi pour les bourreaux qui m'entouraient et que je désirais tant sauver.
Quand je vous vois souffrir pour moi, je recueille vos souffrances avec un grand Amour, comme si les vôtres dépassaient les miennes et avaient une valeur que mon Cœur voudrait rendre infinie.
Les âmes qui m'aiment attirent ma miséricorde et sauvent le monde.
Laissez-vous embraser du désir de consoler mon Cœur pour réparer tant de péchés. Offrez mes mérites au Père, comme s'ils étaient à vous. Combien peu s'en servent ! Ils sont là, tous, à votre disposition.

Notre Père..., Je vous salue, Marie..., Gloire au Père...

Prends pitié de nous, Seigneur
– Prends pitié.

Neuvième Station : Jésus tombe pour la troisième fois

Nous t'adorons, ô Christ et nous te bénissons.
– Parce que Tu as racheté le monde par ta sainte Croix

Il y a bien des manières d'avancer, même par chutes. Ne crains pas de crier, si tu tombes ; mais que ce cri aille vers ton Sauveur.
Regarde-moi : j'ai été jusqu'au bout de chaque souffrance ; j'ai voulu tout souffrir, afin que vous puissiez me rencontrer à mi-chemin de vos souffrances. *Je viens toujours au-devant de vous, vous apporter le soutien et la joie de peiner avec votre Sauveur*. Va amoureusement jusqu'au bout de ta souffrance et de ton sacrifice. Ne t'arrête pas volontairement. J'aimais. Je sauvais. Aimez et sauvez mon honneur de Sauveur. Des prières, des pénitences, c'est la monnaie d'achat et de rachat. *Je joins à d'autres prières tes prières et tes sacrifices ; et une âme est sauvée.*

Notre Père..., Je vous salue, Marie..., Gloire au Père...

Prends pitié de nous, Seigneur
– Prends pitié.

Dixième Station : Jésus est dépouillé de ses vêtements

Nous t'adorons, ô Christ et nous te bénissons.
– Parce que Tu as racheté le monde par ta sainte Croix

N'aie pas peur de regarder mes blessures ; elles sont à toi. Ne les ai-je pas souffertes à votre service ? Il faut les saluer comme les bienfaitrices qui t'ont sauvé. Est-ce que ton cœur peut rester fermé devant mes plaies ouvertes ? *Comment hésiterais-tu à me faire des sacrifices ? Mon Sang coule de tout mon Corps, en ruisseaux*. Je laisse mes veines se vider de leur Sang.
Il faut entrer dans l'intimité de mes souffrances, connues et inconnues. Ne suis-je pas devenu la douleur vivante, par Amour pour vous ? Pourquoi les hommes ne veulent-ils pas croire à mon Amour ? *Je n'ai vécu et ne suis mort que par Amour des âmes*. Ah ! les âmes ! Quand tu pries pour elles, tu me fais tant plaisir !

Notre Père…, Je vous salue, Marie…, Gloire au Père…

Prends pitié de nous, Seigneur
– Prends pitié.

Onzième Station : Jésus est cloué à la croix

Nous t'adorons, ô Christ et nous te bénissons.
– Parce que Tu as racheté le monde par ta sainte Croix

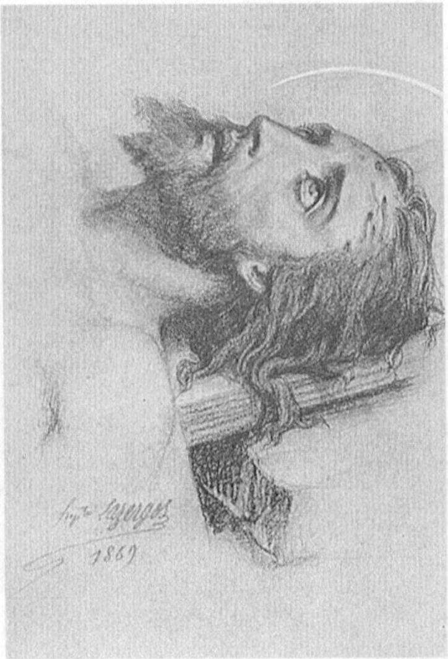

Comment aurais-je eu le courage d'assister aux préparatifs qui se faisaient devant moi, si je n'avais eu, dans la volonté, le grand désir de la gloire du Père et la soif de votre salut ? J'ai ouvert le Ciel à tous ; mais chacun est libre. C'est à vous, mes frères, de compléter le salut des hommes, en me le demandant et en souffrant pour eux.
Qu'est-ce qui vous fait peur en moi ? A-t-on peur d'un homme étendu à terre, livrant aux clous ses mains et ses pieds ?
- *Je vous ai aimés tous et chacun jusqu'à l'excès. Alors, ne doutez jamais de moi*. Quand on a souffert cela, que peut-on refuser ?
À chaque fois que tu m'as présenté au Père et que ton âme s'est unie à mon Âme douloureuse, le Salut du monde s'est élargi, parce que tu as complété ma prière.

Notre Père…, Je vous salue, Marie…, Gloire au Père…

Prends pitié de nous, Seigneur
– Prends pitié.

Douzième Station : Jésus meurt sur la croix

Nous t'adorons, ô Christ et nous te bénissons.
– Parce que Tu as racheté le monde par ta sainte Croix

Adore-moi mourant… Je suis mort pour les pécheurs. Pour toi, en pleine vie, je suis mort à force d'avoir été frappé. J'ai laissé fuir tout mon Sang, goutte à goutte, jusqu'à la dernière. Je suis mort, pour mieux vous donner la Vie.
Quand tu m'offres tout sanglant, il se passe quelque chose au Ciel et sur la terre ; ne le crois-tu pas ? À quoi auraient servi mes douleurs ? Que fais-tu de la Bonté du Père ?
Souvenez-vous de mon cri. *Je vous criais une dernière fois mon Amour*. C'était le dernier jet de mon Cœur, en d'horribles souffrances. Mon Amour n'est jamais mort : en tout temps je vous ai aimés. Quand ta vie s'arrêtera, que ce soit dans un cri d'amour. Je suis toujours crucifié devant le Père, qui voit au même instant tous les temps. Je suis toujours l'Agneau de Dieu, qui efface les péchés du monde.

Notre Père…, Je vous salue, Marie…, Gloire au Père…

Prends pitié de nous, Seigneur
– Prends pitié.

Treizième Station : Jésus est descendu de la croix

Nous t'adorons, ô Christ et nous te bénissons.
– Parce que Tu as racheté le monde par ta sainte Croix

Si vous aviez vu mon pauvre Corps, dans les bras et sur les genoux de ma Mère ! Il avait perdu toute sa beauté. Pour vos péchés, il avait été blessé à mort. Il avait traîné à terre. Mes membres étaient difformes, mon regard éteint. Ce n'était plus mon Visage. Ma Mère l'adore, le baise, laisse tomber ses larmes sur mon Visage et sur mes membres. Elle a bien peu de temps ; et cependant avec quelle perfection elle ferme chaque plaie, et avec quel amour ! *Toi aussi, repose entre les mains de ma Sainte Mère, et laisse-la panser tes plaies.*
Avec Marie, adorez, baisez mes plaies ; laissez couler vos larmes sur mon Visage et dites une parole de consolation à ma Mère, qui est aussi la vôtre.
- Je suis éternellement mourant de soif pour votre salut. Toi, désaltère-moi, aime-moi pour les autres.

Notre Père..., Je vous salue, Marie..., Gloire au Père...

Prends pitié de nous, Seigneur
– Prends pitié.

Quatorzième Station : Jésus est mis au tombeau

Nous t'adorons, ô Christ et nous te bénissons.
– Parce que Tu as racheté le monde par ta sainte Croix

Aurais-tu pu, aurais-tu osé imaginer la mort d'un Dieu pour sa créature ? Et une telle mort ? Prends courage ! Aime à reprendre courage !
Pensez souvent à ma Passion. *Comprenez-vous l'Amour de votre Dieu ?* Quoi que vous sachiez de la Passion et de la Rédemption, le sentiment de mon Cœur, qui l'a désirée si ardemment, vous échappe. Avant, il était difficile de souffrir pour l'Amour ; mais, maintenant que je vous ai montré le chemin, ne vous serait-il pas doux de vous unir à moi dans vos moments de douleur ?
Le pire, après tant de souffrances, c'est d'être méconnu, oublié de tant de cœurs glacés et indifférents. Implore-moi pour eux. Même avant la Passion, je savais ce que souffrir était. J'aimais ma Passion par Amour pour vous : aime-la à cause de moi.

Notre Père..., Je vous salue, Marie..., Gloire au Père...

Prends pitié de nous, Seigneur
– Prends pitié.

Sculpture de Michel Ange – XVIe siècle – Florence – Italie

PRIÈRES POUR DEMANDER L'HUMILITÉ

Il faut que tu grandisses Seigneur et que je diminue

Jésus, doux et humble de cœur, délivre-moi
de l'esprit de critique et de jugement,
du désir d'être honoré,
du désir d'être distingué,
du désir d'être loué et félicité,
du désir d'être préféré à d'autres,
du désir de briller et d'être admiré,
du désir d'exercer la puissance.
Seigneur Jésus,
sois le seul maître dans mon cœur et dans ma vie ;
grandis chaque jour en moi et que je diminue.
Amen.

Jean Pliya – *Prier comme un enfant de Roi* –
Ed. F.X. de Guibert

Jésus, doux et humble de cœur

Jésus, doux et humble de cœur,
je te supplie de rendre mon cœur semblable au tien.
Donne-moi la grâce d'acquérir progressivement un cœur généreux, doux et patient.
Donne-moi la grâce de me sentir bien dans le silence et l'anonymat.
Délivre-moi de la peur du ridicule, et de la crainte de l'échec.
Enlève de mon cœur la tristesse.
Rends-moi libre, fort et joyeux.
Que rien ne puisse perturber ma paix, ni m'inspirer de la crainte.
Que mon cœur ne sente pas la nécessité des autosatisfactions, et que je puisse dormir tous les jours dans le lit de la paix.
Revêts-moi de douceur et de patience, de mansuétude et de force, de suavité et de vigueur, de maturité et de sérénité.
Et que l'on puisse te reconnaître en moi.
Amen.

L’humilité est une perpétuelle paix du cœur

L’humilité est une
perpétuelle paix du cœur.
C’est n’avoir point de trouble,
c’est n’être jamais
fâché ou vexé,
irrité ou endolori.
C’est ne m’étonner de rien
qui puisse m’arriver,
de ne rien ressentir
comme étant dirigé contre moi.
C’est rester calme
quand personne ne me loue,
et si je suis avili ou méprisé,
c’est trouver en moi un lieu béni
où je puisse me rendre,
refermer la porte,
m’agenouiller devant mon
Père en secret,
être en paix,
comme au sein d’une mer
profonde et calme
quand tout autour de moi
semble trouble.

Dr Bob

Sculpture de Michel Ange – XVIe siècle – Florence – Italie

PRIÈRE POUR LA CONVERSION ET LE SALUT DES ÂMES

Père Éternel et bien-aimé,
par le Cœur Immaculé de Marie
et le Divin Cœur de Jésus,
je t'offre ton Divin Fils sur la Croix,
je t'offre tous ses mérites gagnés pour nous,
ses saintes plaies,
particulièrement sa sainte plaie de l'épaule,
sa tête couronnée d'épines,
son précieux Sang versé pour moi et pour mes frères
en rachat de mes fautes, et de nos fautes,
son Cœur transpercé d'Amour,
en union avec toutes les saintes Messes
célébrées aujourd'hui dans le monde,
et je te rends grâce,
Père des Miséricordes,
des cœurs que tu ouvres à la vie,
des conversions que tu permets en cette heure,
et des âmes que tu sauves
par le même Jésus-Christ, notre Seigneur.
Amen

« Ô Sang et Eau, qui avez jailli du Cœur de Jésus comme source de miséricorde pour nous, j'ai confiance en vous. »

Jésus à Sainte Faustine

LE SILENCE... *si nécessaire pour trouver Dieu.*

Si le monde désaxé court à la dérive, c'est en grande partie parce qu'il y a trop de mouvement, pas assez de prières, trop d'action et pas assez d'adoration, trop d'œuvres et pas assez de vie intérieure. Toutes les œuvres extérieures, toutes les activités ne sont efficaces que dans la mesure où Dieu en est l'animateur. Une âme ne donne que du trop plein d'elle-même.

Marthe Robin

La chose la plus importante est *le silence*. Les âmes de prière sont des âmes de profond silence. Nous ne pourrons nous mettre directement en présence de Dieu sans nous obliger à un silence intérieur et extérieur, c'est pourquoi nous devons nous habituer au silence de l'esprit, des yeux, de la langue. *Dieu est l'ami du silence*.
Nous avons besoin de trouver Dieu, mais nous ne pouvons le rencontrer dans le bruit et l'agitation. Voyez comme la nature, les arbres, les fleurs et l'herbe croissent dans un profond silence. Voyez les étoiles, la lune se déplacent en silence...
Le silence nous donne un regard neuf sur toutes choses. Nous avons besoin de ce silence afin de toucher les âmes. L'essentiel n'est pas ce que nous disons, mais ce que Dieu dit et ce qu'il dit à travers nous. Jésus nous attend toujours en silence. *Dans ce silence il nous écoutera, c'est là qu'il parlera à nos âmes*. Et là nous entendrons sa voix.
Dans le silence, nous trouverons une énergie nouvelle et une unité réelle. L'énergie de Dieu sera nôtre afin de bien accomplir toute chose. L'unité de nos pensées avec *ses* pensées, l'unité de nos prières avec *ses* prières, l'unité de nos actions avec *ses* actions, de notre vie avec *sa* vie... Toutes nos paroles seront inutiles si elles ne viennent pas du fond du cœur... Nous avons besoin de silence afin de toucher les âmes. Plus nous recevons dans notre *prière silencieuse,* plus nous pouvons donner dans *notre vie active*.
Priez comme le fit Marie car elle a tout gardé dans son Cœur par la prière et la méditation et elle continue toujours en étant la Médiatrice de toutes les grâces.

Sainte Teresa de Calcutta

Il n'est plus jamais seul celui dont le silence est habité par Dieu.

LE JEÛNE

Le jeûne dans la Bible

Moïse demeura là avec Yahvé, quarante jours et quarante nuits. Il ne mangea ni ne but, et il écrivit sur les tables les paroles de l'Alliance, les dix paroles.
Ex 34, 28

Il t'a humilié, il t'a fait sentir la faim, il t'a donné à manger la manne qui ni toi ni tes pères n'aviez connue, pour te montrer que l'homme ne vit pas seulement de pain, mais que l'homme vit de tout ce qui sort de la bouche de Yahvé.
Dt 8, 3

Les gens de Ninive crurent en Dieu ; ils publièrent un jeûne (...) aussi Dieu se repentit du mal dont il les avait menacés, il ne le réalisa pas.
Jon 3, 5-10

Anne (...) ne quittait pas le Temple, servant Dieu nuit et jour dans le jeûne et la prière.
Lc 2, 36-37

Jésus jeûna durant quarante jours et quarante nuits (...)
Mt 4, 2

Heureux les cœurs purs, car ils verront Dieu.
Mt 5, 8

(...) quand tu jeûnes, parfume ta tête et lave ton visage, pour que ton jeûne soit connu, non des hommes, mais de ton Père qui est là, dans le secret ; et ton Père, qui voit dans le secret, te le rendra.
Mt 6, 17

Pourquoi nous et les Pharisiens jeûnons-nous, et tes disciples ne jeûnent-ils pas ? Et Jésus leur dit : « Les compagnons de l'époux peuvent-ils mener le deuil tant que l'époux est avec eux ? Mais viendront des jours où l'époux leur sera enlevé ; et alors ils jeûneront. »
Mt 9,...14-15

(...) Pourquoi nous autres n'avons pu l'expulser ! Il leur dit : « Cette espèce-là ne peut sortir que par la prière et par le jeûne. »
Mc 9,...28-29

Le sens du jeûne

Dans l'Ancien Testament, loin d'être un exploit ascétique, le jeûne est déjà pratiqué souvent en signe de pénitence, pour demander le pardon de Dieu en reconnaissant ses péchés (Jl 2, 12), pour demander telle ou telle faveur, pour se préparer à la rencontre de Dieu ou avant d'accomplir une mission. De nos jours, le jeûne est toujours utile et nécessaire. L'Église nous invite à jeûner plus particulièrement dans le temps de Carême en association avec des efforts de partage et de prière. On peut, par exemple, donner ce que l'on économise en jeûnant à ceux qui sont dans le besoin autour de nous.

Sur le plan personnel, le jeûne nous entraîne à l'humilité, abaisse notre orgueil en nous faisant sentir nos limites et redécouvrir les besoins élémentaires et les contingences de notre corps. Il nous apprend à éduquer nos instincts, nous aide à mieux discerner le bien du mal, pour vivre dans une plus grande liberté de cœur. Il nous purifie en nous rapprochant de Dieu, ouvre nos cœurs aux besoins des autres et nous conduit à la compassion et à la miséricorde.

Le jeûne doit être le signe d'une attitude intérieure de conversion du cœur et non seulement une pratique extérieure comme le rappellent les prophètes (Am 5, 22) et l'Évangile (Mt 6, 16).

La nourriture est un don de Dieu, elle nous est nécessaire. Au-delà de la modération et du détachement avec lesquels le chrétien est appelé à user des biens de ce monde, le jeûne nous amène à renoncer volontairement à des biens légitimes. Il est en cela un sacrifice, c'est-à-dire une offrande, un don gratuit fait au Seigneur. De ce fait, il devient un moyen puissant d'intercession auprès de Dieu, pratiqué dans ce sens par David (2S 12, 16) et annoncé par Jésus comme moyen privilégié pour expulser les démons (Mc 9, 29).

Le jeûne et la prière, langage d'amour entre Dieu et les hommes, sont intimement liés et complémentaires. Ils portent des fruits spirituels de réparation et de guérison dans le monde. Par le jeûne et la prière, vécus avec le cœur et dans l'humilité, on peut intervenir sur les lois naturelles et humaines (maladies, guerres...). C'est une arme contre l'ennemi, mais une arme pacifique, recréatrice.

Comme toujours, le Seigneur nous veut très libres dans nos choix. Telle ou telle prière, le jeûne ne peuvent être des « devoirs ». Jésus nous appelle, nous invite, nous propose... Le jeûne, il est vrai, a été délaissé au cours de la fin du siècle dernier en Occident. Si nous en ressentons l'appel, nous pouvons jeûner au pain et à l'eau le mercredi et le vendredi ainsi que les veilles de Fêtes (hormis dans l'octave après Noël et Pâques, qui sont des temps d'allégresse et de joie).
Pour cela, le Seigneur utilise notre volonté, mais n'oublions pas que même s'il voit notre désir, c'est lui qui nous donne la grâce du jeûne. Nous pouvons demander cette grâce à Marie et à Jésus la veille dans la prière pour le supporter et le vivre dans la paix et dans la joie.
Quelques comportements toutefois sont à adopter les jours de jeûne :
- il est recommandé de boire beaucoup.
- de mastiquer le pain lentement et longuement avant de l'avaler.
- de manger un pain de bonne qualité, le plus complet possible, en quantité suffisante.
Les personnes malades ou affaiblies, bien sûr, ne sont pas appelées au jeûne et si nous n'avons pas la force de jeûner ou de jeûner régulièrement, nous pouvons par contre renoncer dans le même esprit à des choses que nous aimons ou auxquelles nous sommes trop attachées et qui souvent ne nous sont guère profitables.
Le jeûne et la prière nous rapprochent de Dieu qui seul demeure, pour mieux en vivre. Que l'amour que nous recevons de lui, reste notre priorité et se manifeste toujours dans nos démarches, nos rencontres et nos actes.

Quand donc tu présentes ton offrande..., si tu te souviens que ton frère a quelque chose contre toi, ...va d'abord te réconcilier avec ton frère ; puis reviens, et alors présente ton offrande.

Mt 5, 23-24

Prière des jours de jeûne

Ô Seigneur Dieu, Créateur du ciel et de la terre et mon Créateur, je te remercie aujourd'hui pour cet ordre merveilleux du monde créé. Merci d'avoir fait la terre féconde qui produit des fruits de toutes sortes ; merci pour la nourriture qu'on en retire. Père, je me réjouis de ta création et de tous ses fruits. Je t'en remercie. Oui, merci pour le pain et l'eau dont nous avons besoin quotidiennement. Père, merci d'avoir fait mon organisme apte à utiliser ces produits de la terre afin de croître et de te servir. Merci pour tous ceux qui acceptent de partager avec les autres. Soit loué pour tous ceux qui ne se contentent pas seulement du pain terrestre, mais recherchent le pain du Ciel.

Père, aujourd'hui je prends la décision de jeûner, non pas pour mépriser les biens que tu as créés ; je ne les rejette pas, mais je veux les redécouvrir. Je décide de jeûner aujourd'hui car tes prophètes, ton fils Jésus-Christ, tes apôtres, tes disciples l'ont fait et particulièrement ta servante, notre mère Marie nous y invite.

Père, je t'offre aujourd'hui ce jour de jeûne. En le vivant, je désire écouter davantage ta parole et la mettre en pratique. Je t'offre ce jeûne pour que vienne la paix dans le monde et pour tous ceux qui aveuglés par le matérialisme ne voient plus aucune autre valeur.

Père, par ce jeûne, ouvre nos yeux afin que nous puissions apprécier tout ce que tu nous donnes et tout ce que nous avons déjà.

Par ce jeûne, éclaire-moi afin que je puisse mieux te voir, entendre ta parole et accepter les autres dans un amour grandissant envers toi et envers mon prochain.

Père, j'ai décidé aussi de vivre aujourd'hui au pain et à l'eau pour avoir davantage le goût du Pain céleste et ressentir la présence de ton Fils dans l'Eucharistie.

Par ce jeûne, que ma foi et ma confiance en toi augmentent. Père, fais que je sois pauvre devant toi ; donne-moi la grâce de comprendre, à travers le jeûne, que tu m'es nécessaire. Fais que mon cœur aspire à toi comme la biche assoiffée cherche l'eau vive, comme le désert attend la pluie abondante.

Je t'implore d'une façon particulière pour que grandisse en moi cette compréhension envers ceux qui ont faim et soif ou qui sont privés des biens matériels indispensables et nécessaires. Aide-moi à découvrir les choses inutiles dans ce que je possède pour y renoncer au profit de mes frères et sœurs démunis.
Ô Père, je te prie spécialement pour que tu me donnes la grâce de réaliser que je ne suis qu'un pèlerin sur cette terre et qu'au moment de mon départ pour l'autre monde, je ne pourrai emporter avec moi rien d'autre que mon amour et mes bonnes œuvres. De plus, rends-moi conscient que tout ce que je possède ou ce dont je dispose ne m'appartient pas, mais que cela m'a été confié pour que je puisse l'utiliser au mieux pour les besoins de tous.
Père, par ce jeûne, donne-moi la grâce de devenir plus humble et mieux disposé à faire ta volonté. Purifie-moi de mon égoïsme et de mon orgueil, de mes passions, de mes mauvaises habitudes et apprends-moi à rejeter toute tentation.
Que mon jeûne soit aussi le jeûne de la colère, du renfermement sur moi-même et de la médisance.
Que les profondeurs de mon âme s'ouvrent à ta grâce pour qu'elle me lave et m'inonde tout entier.
Marie, ton cœur était libéré de toute attache, excepté la volonté de Dieu. Par la prière, obtiens-moi aujourd'hui la grâce de jeûner pour que mon cœur chante avec toi le Magnificat. Apprends-moi à être ferme et persévérant dans ma décision de jeûner. Je t'offre les difficultés et la faim que je ressentirai aujourd'hui. Marie, prie pour moi. Que par ton intercession et la force de ta protection tout mal et toutes les tentations du malin s'éloignent de moi. Apprends-moi, Marie, à jeûner et à prier ; que de jour en jour, je devienne semblable à toi et à ton divin Fils Jésus-Christ, dans l'Esprit Saint.
Amen.

Par Fra Slavko Barbaric – *Prier avec le cœur* –

La Sainte Face
Le Linceul (Saint Suaire) de Turin – Italie

Offrande de la Sainte Face au Père Eternel

Père Éternel qui es aux cieux, Dieu d'amour, de bonté et de miséricorde infinis.
Par le Cœur immaculé, maternel et douloureux de Marie, en union avec tous les Anges, saint Joseph, les saints et les bienheureux, au nom de toutes les âmes du purgatoire et de tous les hommes et femmes de la terre, je t'offre la Sainte Face couverte de sang et de larmes de ton Fils bien-aimé, notre Seigneur Jésus Christ.
Je te l'offre dans un acte d'amour inexprimable, avec chaque respiration, chaque battement de cœur, chaque pensée, chaque regard, chaque parole et chaque action de toute personne sur la terre.
Je t'offre avec amour cette Face très sainte et adorable, en réparation des blasphèmes et des péchés du monde, pour que s'étende sur toute la terre le temps de ta Miséricorde, pour fortifier et encourager les prêtres et les religieux, pour la conversion des pécheurs, particulièrement ceux qui ont le plus besoin de repentir, et pour la libération des âmes du purgatoire, en particulier des âmes sacerdotales.
Amen

Voir les promesses attachées à cette dévotion en page 544.

« Je voudrais que ma Face, qui reflète les souffrances intimes de mon âme, la douleur et l'amour de mon Cœur, soit plus honorée. Qui me contemple, me console…
Toutes les fois que l'on contemplera ma Face, je répandrai mon amour dans les cœurs et par cette contemplation, on obtiendra le salut de beaucoup d'âmes. »

Jésus à sœur Maria Piérina en 1943

Le Saint Suaire est un miroir de l'Évangile… tout homme sensible se sent touché intérieurement et profondément ému lorsqu'il contemple l'image qu'il présente.

Saint Jean-Paul II

Promesses de Notre Seigneur Jésus Christ
à tous ceux qui vénèrent sa Sainte Face

1. Ils obtiendront intérieurement, grâce à mon humanité imprimée en eux, un vivant reflet de ma divinité ; ils en seront irradiés jusqu'au fond de l'âme, de telle sorte que, grâce avec la ressemblance avec ma Face, ils seront plus éclatants dans la vie éternelle que beaucoup d'autres âmes.
2. Au moment de la mort, je rétablirai en eux l'image de Dieu, défigurée par le péché.
3. En vénérant ma Sainte Face en esprit d'expiation, ils me seront aussi agréables que sainte Véronique ; ils me rendront un service égal au sien et je graverai mes traits divins dans leur âme.
4. Cette Face adorable est comme le sceau de la divinité, qui a le pouvoir d'imprimer dans les âmes qui se tournent vers Elle, l'image de Dieu.
5. Plus ils se soucieront de rétablir ma Face défigurée par les insultes, l'impiété, plus je me soucierai de la leur, défigurée par le péché. J'y imprimerai à nouveau mon image et je la rendrai aussi belle qu'elle était à l'instant du baptême.
6. En offrant ma Sainte Face à mon Père, ils apaiseront le mécontentement divin et obtiendront la conversion des pécheurs (comme avec une monnaie céleste).
7. Il ne leur sera rien refusé lorsqu'ils offriront ma Sainte Face. Je parlerai moi-même à mon Père pour lui présenter toutes leurs préoccupations.
8. Ils opéreront des prodiges par ma Sainte Face. Je les éclairerai de ma lumière ; je les envelopperai de mon amour ; je leur accorderai la persévérance dans le bien.
9. Je ne les abandonnerai jamais.
10. Je serai auprès de mon Père le défenseur de tous ceux qui, par la parole, la prière ou l'écrit, soutiendront ma cause dans cette œuvre de réparation. À l'heure de la mort, je purifierai la face de leur âme de toutes les souillures du péché et je leur rendrai leur beauté originelle.

Extraits de la vie de sainte Gertrude, de sainte Mechtilde et de la servante de Dieu, Sœur Marie de Saint Pierre, carmélite à Tours.

Les quinze oraisons

Révélations et promesses de Jésus à Sainte Brigitte :

« J'ai reçu en mon corps 5 480 coups. Si vous voulez les honorer par quelque vénération, vous direz quinze Notre Père, quinze Je vous salue Marie et les quinze oraisons que je vais vous enseigner pendant un an entier… L'année étant écoulée, vous aurez salué chacune de mes plaies. Quiconque accomplira cette dévotion délivrera du Purgatoire quinze âmes de sa lignée, quinze justes de sa même lignée seront confirmés et conservés en grâce et quinze pécheurs de sa même lignée seront convertis.
La personne qui dira ces Oraisons aura les premiers degrés de perfection, et quinze jours avant sa mort, je lui donnerai mon précieux corps, afin que par celui-ci, il soit délivré de la faim éternelle. Je lui donnerai mon précieux sang à boire de peur qu'il n'ait soif éternellement.
Quinze jours avant sa mort, il aura une amère contrition de tous ses péchés et une parfaite connaissance de ceux-ci.
Je mettrai le signe de ma très victorieuse Croix devant lui, pour son secours et sa défense contre les embûches de ses ennemis.
Avant sa mort, je viendrai avec ma très chère et bien-aimée Mère, et je recevrai avec bonté son âme et la mènerai aux joies éternelles… L'ayant menée jusque-là, je lui donnerai un singulier trait à boire de la fontaine de ma Déité…
Celui qui dira ces Oraisons est assuré d'être joint au suprême chœur des Anges, et, quiconque les enseignera à un autre, sa joie et son mérite ne manqueront jamais, mais seront stables et dureront à perpétuité. »

Le Bienheureux Pape PIE IX a approuvé ces oraisons
le 31 mai 1862, recommandant leur propagation
« pour le bien des âmes et pour la pure vérité… »

Première Oraison

Notre Père… Je vous salue Marie…
Ô Jésus-Christ ! Douceur éternelle à tous ceux qui t'aiment, joie qui surpasse toute joie et tout désir, salut et espoir de tous pécheurs, qui a témoigné n'avoir de plus grand contentement que d'être parmi les hommes, jusqu'à prendre la nature humaine, en la plénitude des temps, pour l'amour d'eux, souviens-toi de toutes les souffrances que tu as endurées dès l'instant de ta conception et surtout dans le temps de ta sainte Passion, ainsi qu'il avait été décrété et ordonné de toute éternité dans la pensée divine.
Souviens-toi, Seigneur, que faisant la Cène avec tes disciples, après leur avoir lavé les pieds, tu leur as donné ton Corps sacré et ton précieux Sang, et, tout en les consolant avec douceur, tu leur as prédit ta prochaine Passion.
Souviens-toi de la tristesse et de l'amertume que tu as éprouvées en ton âme, comme tu l'as témoigné toi-même, disant « Mon âme est triste jusqu'à la mort. »
Souviens-toi, Seigneur, des craintes, angoisses et douleurs que tu as endurées en ton corps délicat avec le supplice de la Croix, quand après avoir prié trois fois en répandant une sueur de sang, tu as été trahi par Judas, ton disciple, pris par la nation que tu avais choisie et élevée, accusé par de faux témoins, injustement jugé par trois juges, en la fleur de ta jeunesse et dans le temps solennel de la Pâque.
Souviens-toi que tu as été dépouillé de tes propres vêtements et revêtu de ceux de la dérision ; qu'on t'a voilé les yeux et la face, qu'on te donna des soufflets, que tu as été couronné d'épines, qu'on t'a mis un roseau à la main et qu'attaché à une colonne, tu as été déchiré de coups et accablé d'affronts et d'outrages.
En mémoire de toutes ces peines et douleurs que tu as endurées avant ta Passion sur la Croix, donne-moi avant ma mort une vraie contrition, une pure et entière confession, une digne pénitence et la rémission de tous mes péchés. Ainsi soit-il.

Deuxième Oraison

Notre Père… Je vous salue Marie…
Ô Jésus ! vraie liberté des anges, paradis de délices, souviens-toi de l'horreur de la tristesse que tu as endurée lorsque tes ennemis, ainsi que des lions furieux, t'entourèrent, et par mille injures, crachats, soufflets, griffures et autres supplices inouïs, te tourmentèrent à l'envi.
En considération de ces tourments et de ces paroles injurieuses, je te supplie, ô mon Sauveur, de me délivrer de tous mes ennemis, visibles et invisibles, et de me faire arriver, sous ta protection, à la perfection du salut éternel. Ainsi soit-il.

Troisième Oraison

Notre Père… Je vous salue Marie…
Ô Jésus ! Créateur du Ciel et de la terre, que nulle chose ne peut borner ni limiter, toi qui renfermes et tiens tout sous ta puissance, souviens-toi de la douleur très amère que tu as endurée lorsque les soldats, attachant tes mains sacrées et tes pieds très délicats à la croix, les percèrent de part en part avec de gros clous émoussés et, ne te trouvant pas dans l'état qu'ils voulaient pour contenter leur rage, agrandirent tes plaies, y ajoutèrent douleur sur douleur et, par une cruauté inouïe, t'allongèrent sur la Croix et te tirèrent de tous côtés en disloquant tes membres. Je te conjure, par la mémoire de cette très sainte et très aimante douleur de la Croix, de me donner ta crainte et ton amour. Ainsi soit-il.

Quatrième Oraison

Notre Père… Je vous salue Marie…
Ô Jésus ! céleste médecin, élevé en croix pour guérir nos plaies par les tiennes, souviens-toi des langueurs et meurtrissures que tu as endurées en tous tes membres, dont aucun ne demeura en sa place, en sorte qu'il n'y avait douleur semblable à la tienne. Depuis la plante des pieds

jusqu'au sommet de la tête, aucune partie de ton corps n'était sans tourment ; et cependant, oubliant toutes tes souffrances, tu ne t'es point lassé de prier Ton Père pour tes ennemis, lui disant : « Père, pardonne-leur, car ils ne savent pas ce qu'ils font ». Par cette grande miséricorde et en mémoire de cette douleur, fais que le souvenir de ta très amère Passion opère en moi une parfaite contrition et la rémission de tous mes péchés. Ainsi soit-il.

Cinquième Oraison

Notre Père… Je vous salue Marie…
Ô Jésus ! miroir de splendeur, souviens-toi de la tristesse que tu as eue, lorsque, contemplant dans la lumière de ta Divinité la prédestination de ceux qui devaient être sauvés par les mérites de ta Sainte Passion, tu voyais en même temps la grande multitude des réprouvés qui devaient être damnés par leurs péchés et tu plaignais amèrement ces malheureux pécheurs perdus et désespérés.
Par cet abîme de compassion et de pitié, et principalement par la bonté que tu fis paraître envers le bon larron, lui disant : « Tu seras aujourd'hui avec moi en Paradis », je te prie, ô doux Jésus ! qu'à l'heure de ma mort, tu me fasses miséricorde. Ainsi soit-il.

Sixième Oraison

Notre Père… Je vous salue Marie…
Ô Jésus ! Roi aimable et tout désirable, souviens-toi de la douleur que tu as eue, quand nu et comme un misérable, attaché et élevé en Croix, tous tes parents et tes amis t'abandonnèrent, excepté ta Mère bien-aimée qui demeura, en compagnie de Saint Jean, très fidèlement auprès de toi dans l'agonie et que tu as recommandés l'un à l'autre en disant : « Femme, voici ton fils ! », et à saint Jean : « Voici ta mère ! »
Je te supplie, ô mon Sauveur par le glaive de douleur qui alors transperça l'âme de ta Sainte Mère, d'avoir compassion de moi en toutes mes afflic-

tions et tribulations, tant corporelles que spirituelles, et de m'assister dans toutes mes épreuves, surtout à l'heure de ma mort. Ainsi soit-il.

Septième Oraison

Notre Père… Je vous salue Marie…
Ô Jésus, fontaine de pitié inépuisable qui, par une profonde affection d'amour a dit sur la Croix : « J'ai soif ! », mais de la soif du salut du genre humain, je te prie, ô mon Sauveur d'exalter le désir de mon cœur pour tendre à la perfection dans toutes mes œuvres, et d'éteindre entièrement en moi la concupiscence charnelle et l'ardeur des appétits mondains. Ainsi soit-il.

Huitième Oraison

Notre Père… Je vous salue Marie…
Ô Jésus ! douceur des cœurs, suavité des esprits, par l'amertume du fiel et du vinaigre que tu as goûtés sur la croix pour l'amour de nous, accorde-moi de recevoir dignement ton Corps et ton Sang précieux pendant ma vie et à l'heure de ma mort, pour servir de remède et de consolation à mon âme. Ainsi soit-il.

Neuvième Oraison

Notre Père… Je vous salue Marie…
Ô Jésus ! vertu royale, joie de l'esprit, souviens-toi de la douleur que tu as endurée, lorsque, plongé dans l'amertume à l'approche de la mort, insulté et outragé par les juifs, tu as crié à haute voix que tu avais été abandonné de ton Père, lui disant : « Mon Dieu, mon Dieu, pourquoi m'as-tu abandonné ? » Par cette angoisse, je te conjure, ô mon Sauveur, ne m'abandonne pas dans les terreurs et les douleurs de la mort.
Ainsi soit-il.

Dixième Oraison

Notre Père… Je vous salue Marie…
Ô Jésus ! qui es en toutes choses commencement et fin, vie et vertu, souviens-toi que tu t'es plongé pour nous dans un abîme de douleurs, depuis la plante des pieds jusqu'au sommet de la tête. En considération de la grandeur de tes plaies, enseigne-moi à garder tes commandements par une vraie charité, ces commandements dont la voie est large et aisée pour ceux qui t'aiment. Ainsi soit-il.

Onzième Oraison

Notre Père… Je vous salue Marie…
Ô Jésus ! abîme très profond de miséricorde, je te supplie, en mémoire de tes plaies qui ont pénétré jusqu'à la moelle de tes os et de tes entrailles, de me tirer, moi misérable submergé par mes offenses, hors du péché et de me cacher de ta face irritée dans les trous de tes plaies, jusqu'à ce que ta colère et ta juste indignation soient passées. Ainsi soit-il.

Douzième Oraison

Notre Père… Je vous salue Marie…
Ô Jésus ! Miroir de vérité, marque d'unité, lien de charité, souviens-toi de la multitude de plaies dont tu as été blessé de la tête aux pieds, déchiré et tout rougi par l'effusion de ton sang adorable ! Ô grande et universelle douleur que tu as endurée pour l'amour de nous en ta chair virginale ! Très doux Jésus, qu'aurais-tu pu faire pour nous que tu n'aies fait ? Je te conjure, ô mon Sauveur, de marquer de ton précieux sang toutes tes plaies dans mon cœur, afin que j'y lise sans cesse tes douleurs et ton amour.

Que par le fidèle souvenir de ta Passion, le fruit de tes souffrances soit renouvelé dans mon âme, et que ton amour s'y augmente chaque jour, jusqu'à ce que je parvienne à toi qui es le trésor de tous les biens et de toutes les joies, que je te supplie de me donner, ô très doux Jésus, dans la vie éternelle. Ainsi soit-il.

Treizième Oraison

Notre Père... Je vous salue Marie...
Ô Jésus ! lion très fort, roi immortel et invincible, aie mémoire de la douleur que tu as endurée, lorsque toutes tes forces, tant du cœur que du corps, étant entièrement épuisées, tu as incliné la tête en disant : « Tout est consommé ».
Par cette angoisse et cette douleur, je te supplie Seigneur Jésus, d'avoir pitié de moi, en la dernière heure de ma vie, lorsque mon âme sera dans l'angoisse et que mon esprit sera troublé. Ainsi soit-il.

Quatorzième Oraison

Notre Père... Je vous salue Marie...
Ô Jésus ! Fils unique du Père, splendeur et figure de sa substance, souviens-toi de l'humble recommandation que tu as faite à ton Père, lui disant : « Mon Père, je remets mon esprit entre tes mains ! »
Puis, ton corps déchiré, ton cœur brisé et les entrailles de ta miséricorde ouvertes pour nous racheter, tu as expiré ! Par cette précieuse mort, je te conjure, ô Roi des saints, de me réconforter et de me secourir pour résister au démon, à la chair et au sang afin qu'étant mort au monde, je vive en toi seul. Reçois, je te prie, à l'heure de ma mort, mon âme pèlerine et exilée qui retourne à toi. Ainsi soit-il.

Quinzième Oraison

Notre Père… Je vous salue Marie…
Ô Jésus ! vraie et féconde vigne, souviens-toi de l'abondante effusion de sang que tu as si généreusement répandue de ton corps sacré ainsi que le raisin sous le pressoir. De ton côté, percé d'un coup de lance par un soldat, tu as donné du sang et de l'eau de telle sorte qu'il n'en est plus demeuré une seule goutte, et enfin, comme un faisceau de myrrhe élevé au plus haut de la croix, ta chair délicate s'est anéantie, l'humeur de tes entrailles s'est tarie, la moelle de tes os s'est desséchée. Par cette amère Passion et par l'effusion de ton précieux sang, je te supplie, ô bon Jésus de recevoir mon âme lorsque je serai à l'agonie. Ainsi soit-il.

Prière finale

Ô doux Jésus ! blesse mon cœur, afin que des larmes de pénitence, de douleur et d'amour nuit et jour me servent de pain ; convertis-moi entièrement à toi, que mon cœur te soit une perpétuelle habitation, que ma conversation te soit agréable, et que la fin de ma vie te soit tellement louable qu'après ma mort je puisse mériter ton paradis et te louer à jamais avec tous tes saints. Ainsi soit-il.

Les sept « Notre Père »

Notre Divin Sauveur révéla à sainte Brigitte qu'il accorderait à tous ceux qui prieront chaque jour, pendant douze ans, sept Notre Père, sept Je vous salue Marie et les prières suivantes en l'honneur de son Précieux Sang, les cinq grâces suivantes :

1- Ils n'iront pas au Purgatoire.
2- Je les compterai au nombre des Martyrs, comme s'ils avaient versé leur sang pour la foi.
3- Je conserverai en état de grâce sanctifiante l'âme de trois de leurs parents, au choix.
4- Les âmes de leur parenté, jusqu'à la quatrième génération, éviteront l'Enfer.
5- Ils connaîtront la date de leur mort un mois avant.
S'ils devaient mourir avant, je considère la chose acquise, comme s'ils avaient rempli toutes les conditions.

Le Pape Innocent X a confirmé cette révélation et a ajouté que les âmes qui s'en acquittent libèrent, chaque Vendredi Saint, une âme du Purgatoire.

Cette dévotion a été approuvée et recommandée par le Pape Clément XII en 1738 ainsi que par la Sainte Congrégation du Sacré-Collège de Propagande pour la Foi.

Prière

Ô Jésus, je veux, maintenant, réciter sept fois le Notre Père, en union du même amour par lequel cette prière a sanctifié et adouci ton Cœur. Prends-la, de mes lèvres, en ton Divin Cœur. Corrige-la et perfectionne-la afin qu'elle apporte autant d'honneur et de joie en la Sainte Trinité que tu nous en as démontré sur la terre ; cette prière devrait submerger ta Sainte Humanité pour glorifier tes Saintes Plaies et le Précieux Sang qui s'en est écoulé.

1-Circoncision

Notre Père… Je vous salue Marie…
Père Éternel, par les mains immaculées de Marie et le Divin Cœur de Jésus, je t'offre les premières plaies, les premières douleurs et la première effusion du sang versé par Jésus pour expier les péchés de l'homme, de la jeunesse, les miens, et pour le renoncement aux premiers péchés mortels, surtout dans ma parenté.

2-Sueur de Sang

Notre Père… Je vous salue Marie…
Père Éternel, par les mains immaculées de Marie et le Divin Cœur de Jésus, je t'offre les douleurs horribles du cœur de Jésus au Jardin des Oliviers, et chaque goutte de sa sueur de sang pour expier tous les péchés de cœur, les miens, pour le renoncement à de tels péchés et pour l'accroissement de l'amour de Dieu et du prochain.

3-Flagellation

Notre Père… Je vous salue Marie…
Père Éternel, par les mains immaculées de Marie et le Divin Cœur de Jésus, je t'offre les milliers de plaies, les douleurs cruelles et le précieux sang de Jésus lors de sa flagellation, pour tous les péchés de la chair, les miens, pour le renoncement à de tels péchés et pour la conservation de l'innocence, en particulier dans ma parenté.

4-Couronnement d'épines

Notre Père… Je vous salue Marie…
Père Éternel, par les mains immaculées de Marie et le Divin Cœur de Jésus, je t'offre les plaies, les douleurs et le précieux sang de la tête sainte de Jésus lors de son couronnement d'épines, pour expier tous les péchés d'esprit de l'homme, les miens, pour le renoncement à de tels péchés et pour l'extension du règne du Christ sur la terre.

5-Portement de la Croix

Notre Père... Je vous salue Marie...
Père Éternel, par les mains immaculées de Marie et le Divin Cœur de Jésus, je t'offre les douleurs de Jésus sur le chemin de Croix, surtout sa sainte plaie de l'épaule, le précieux sang, pour alléger le poids de la Croix, mes murmures contre les saintes ordonnances, tous les péchés commis, pour le renoncement à de tels péchés et pour un véritable amour à la Sainte Croix.

6-Crucifixion de Jésus

Notre Père... Je vous salue Marie...
Père Éternel, par les mains immaculées de Marie et le Divin Cœur de Jésus, je t'offre ton Divin Fils, cloué et élevé sur la Croix, ses plaies aux mains et aux pieds et les trois filets de son précieux sang versé pour nous, son extrême pauvreté, son obéissance parfaite, toutes les affres de son Corps et de son Âme, sa précieuse mort et son mémorial non sanglant dans toutes les Saintes Messes de la terre, pour expier toutes les atteintes aux vœux et aux saintes institutions, en satisfaction de mes péchés et ceux du monde entier, pour les malades et les mourants, pour obtenir de saints prêtres et laïcs, aux intentions du Saint-Père, pour la restauration de la famille chrétienne, pour fortifier et encourager la foi, pour notre patrie, pour l'unité des peuples dans le Christ et son Église, ainsi que tous les pays où les chrétiens sont en minorité.

7-Blessure du côté

Notre Père... Je vous salue Marie...
Père Éternel, accepte, pour le besoin de la sainte Église et en expiation des péchés des hommes, ces précieux dons, Eau et Sang, jaillis de la plaie du divin Cœur de Jésus. – Sang du Christ, dernier contenu de Ton Sacré Cœur, lave-moi et purifie-moi de tous mes Péchés Coupables. – Eau de Côté du Christ, lave-moi et purifie-moi de mes premiers péchés et sauve-moi, ainsi que toutes les pauvres âmes, des flammes du purgatoire.

Photo Jean-Paul Dufour

Église de Felletin - Creuse - France

Je bénirai les maisons ou l'image de mon Cœur sera exposée et honorée.

Jésus à sainte Marguerite Marie

La dévotion au Sacré-Cœur de Jésus et la communion des neuf premiers vendredis du mois

Notre Seigneur Jésus est apparu à Sainte Marguerite Marie Alacoque à Paray-Le-Monial (France) en 1675 – apparition reconnue par l'Église – Il lui a présenté son cœur: « Voilà ce Cœur qui a tant aimé les hommes et qui ne reçoit de la plupart, que des ingratitudes ».
À tous les fidèles qui prient et honorent son Sacré Cœur, Jésus a accordé les promesses suivantes :

1 - Je leur donnerai toutes les grâces nécessaires dans leur état.
2 - Je mettrai la paix dans leur famille.
3 - Je les consolerai dans toutes leurs peines.
4 - Je serai leur refuge assuré pendant la vie et surtout à la mort.
5 - Je répandrai d'abondantes bénédictions sur toutes leurs entreprises.
6 - Les pécheurs trouveront dans mon cœur la source et l'océan infini de la miséricorde.
7 - Les âmes tièdes deviendront ferventes.
8 - Les âmes ferventes s'élèveront à une grande perfection.
9 - Je bénirai même les maisons ou l'image de mon cœur sera exposée et honorée.
10 - Je donnerai aux prêtres le talent de toucher les cœurs les plus endurcis.
11 - Les personnes qui propageront cette dévotion auront leur nom écrit dans mon cœur, où il ne sera jamais effacé.
12 - Je te promets, dans l'excès de la miséricorde de mon cœur, que mon amour tout-puissant accordera à tous ceux qui communieront les premiers vendredis, neuf mois de suite, la grâce de la pénitence finale; qu'ils ne mourront pas dans ma disgrâce, ni sans recevoir leurs sacrements, et qu'il se rendra leur asile assuré à cette heure dernière.

Nous sommes invités, après une confession sincère, à communier dignement au Corps du Christ, en état de grâce, avec pureté de conscience et de cœur.
Cette dévotion au Sacré-Cœur de Jésus et ses promesses n'ajoutent rien et ne retirent rien à la Révélation du Christ mais elles nous ont été données « afin que les hommes répondent avec empressement au désir d'être aimé qui brûle le Divin Cœur. Il a daigné mêler à ses invitations la promesse d'admirables récompenses. »

Léon XIII

L'Heure Sainte réparatrice

...Alors il leur dit : « Mon âme est triste à en mourir, demeurez ici et veillez avec moi »

Mt 26, 38

...Il vient vers les disciples et les trouve en train de dormir... « Ainsi, vous n'avez pas eu la force de veiller une heure avec moi !... »

Mt 26, 40

« Tu te prosterneras avec moi... en demandant miséricorde pour les pécheurs ».

Jésus à Sainte Marguerite Marie

Litanie d'intercession :

Seigneur Jésus, Toi qui passais tes nuits en prière, intercédant auprès du Père pour tous les hommes, en cette nuit où Tu nous appelles à veiller et à prier avec Toi, viens à notre secours.

Seigneur Jésus, par la nuit de ta Passion tu as souffert pour nous, nous Te prions.

Pour ton Église qui t'attend dans la nuit de ce monde comme son Époux,
Seigneur Jésus, par la nuit de ta Passion...
Pour ton peuple, l'Israël selon la chair, qui écoute ta Parole dans la nuit, en espérant l'aurore de ton Royaume,
Seigneur Jésus...
Pour les nations païennes qui te cherchent dans la nuit comme à tâtons,
Seigneur Jésus...

Pour les peuples sur lesquels sont tombées la nuit de l'idéologie totalitaire et l'oppression du mensonge,
Seigneur Jésus…
Pour nos frères que l'on persécute en ton Nom et qui se cachent dans la nuit pour te prier, pour ceux que l'on arrache en pleine nuit à leur foyer, pour les persécuteurs aveuglés par la haine et qui ne savent pas ce qu'ils font,
Seigneur Jésus…
Pour ceux qui ne nous aiment pas et que nous ne savons pas aimer, pour nos ennemis et tous ceux qui nous veulent du mal,
Seigneur Jésus…
Pour les malades, pour ceux qui sont dans les hôpitaux et qui passent la nuit dans la souffrance, pour ceux qui agonisent et meurent en cette nuit, eux dont les yeux ne verront pas le jour nouveau,
Seigneur Jésus…
Pour les angoissés qui ne trouvent pas le sommeil et dont la nuit est interminable, pour ceux qui sont tentés de se suicider et que la nuit soumet au pouvoir du prince des ténèbres,
Seigneur Jésus…
Pour les prostituées dont on achète l'amour dans l'obscurité de la nuit, pour ceux qui sont pris au piège du vice ou de la drogue,
Seigneur Jésus…
Pour les voleurs et les criminels qui commettent le mal avec la complicité de la nuit,
Seigneur Jésus…
Pour ceux qui sont en prison, pour ceux que l'on torture et que l'on dégrade dans le secret de la nuit, pour les condamnés à mort qui attendent la nuit de leur exécution,
Seigneur Jésus…
Pour les pauvres sans abri, pour ceux qui errent solitaires dans la nuit au milieu de l'indifférence des autres,
Seigneur Jésus…
Pour les petits enfants dans la nuit du sein de leur mère, pour ceux qui ne verront pas le jour à cause de l'égoïsme des hommes, pour les enfants qu'on martyrise,
Seigneur Jésus…

Pour les aveugles dont la nuit n'a pas de fin, pour les malades mentaux dans la nuit de leur folie,
Seigneur Jésus…
Pour ceux qui travaillent et peinent dans la nuit, pour ceux qui voyagent dans l'insécurité de la nuit,
Seigneur Jésus…
Pour les habitants de cette paroisse, de cette ville, de ce diocèse qui dorment en cette nuit, pour nos frères, nos parents, ceux que nous aimons, que Tu protèges dans leur sommeil,
Seigneur Jésus…
Pour les foyers qui reposent dans la paix, pour les femmes qui mettent au monde leur enfant en cette nuit,
Seigneur Jésus…
Pour notre Pape…, pour notre évêque…, et tous les évêques, pour les prêtres, les diacres et tout le peuple chrétien,
Seigneur Jésus…
Pour les communautés monastiques de notre région, pour les frères et sœurs ermites qui veillent dans la nuit attendant ton Retour,
Seigneur Jésus…
Pour nos frères défunts qui ne sont pas encore entrés dans la lumière de la Gloire,
Seigneur Jésus…
Et pour nous, pécheurs, qui dans la nuit, avançons vers la lumière de ton jour sans déclin,
Seigneur Jésus…

J.-M. Guarrigue

Seigneur, tu as voulu que nous soyons en toi, que nous vivions ta prière, que nous participions à ton œuvre de salut. Ô, Seigneur, nous voulons réparer tous les outrages, les sacrilèges, les indifférences qui ont fait souffrir ton Cœur. Nous voulons te rendre l'honneur, la gloire et la louange que tu attends de nous, parce que tu es notre Dieu !
Nous voulons t'accompagner fidèlement dans cette prière, dans cette souffrance de Gethsémani ; nous t'offrons notre présence, notre silence… afin que beaucoup de brebis connaissent la joie des retrouvailles avec ton Cœur qui nous aime tant !

La Médaille de la Chapelle de la rue du Bac

Le 27 novembre 1830, la Vierge Immaculée apparut à Sainte Catherine Labouré à la chapelle de la rue du Bac à Paris, lui demandant de faire frapper une médaille dont elle lui révéla le modèle, en lui disant que les personnes qui la porteraient au cou recevraient de grandes grâces et que les grâces seraient abondantes pour les personnes la portant avec confiance.

L'Église donna son accord et le 30 juin 1832, les premières médailles furent répandues et distribuées à tous : malades, souffrants…

Devant les bienfaits obtenus, la Médaille de Marie Immaculée sera vite surnommée : « Médaille Miraculeuse ».

Cette médaille a connu et connaît toujours une diffusion très importante et populaire, la confiance des fidèles en Marie et en cette dévotion obtenant de nombreuses grâces de conversion, de protection et de guérison à travers le monde et dans tous les milieux.

Si nous aimons la Vierge Marie et si nous avons confiance en sa puissante intercession :

– nous pouvons porter sur nous sa médaille pour vivre dans la grâce de Dieu et bénéficier de la protection particulière de la Vierge Immaculée.

– dire chaque jour l'invocation « Ô Marie, conçue sans péché, prie pour nous qui avons recours à toi », particulièrement chaque matin et soir en embrassant respectueusement la médaille.

– aider à sa diffusion auprès des enfants, à l'occasion d'un baptême, d'une fête, d'une épreuve, auprès des malades et de tous ceux qui souffrent…

Chapelle Notre-Dame de la Médaille Miraculeuse – 140, rue du Bac – 75007 Paris – F

La dévotion au Cœur Douloureux et Immaculé de Marie et la communion des cinq premiers samedis du mois

Marie est apparue aux enfants de Fatima (Portugal) de mai à octobre 1917 – apparitions reconnues par l'Église – en invitant tous ses enfants à la conversion, à la repentance, à la prière et en particulier la prière du Rosaire.

« Je veux que vous récitiez le chapelet tous les jours » – 13/06/1917

« Dieu veut établir dans le monde la dévotion à mon Cœur Immaculé » – 13/07/1917

« Beaucoup d'âmes vont en enfer parce qu'il n'y a personne qui prie et qui se sacrifie pour elles. » – 13/08/1917

« Il faut que les hommes changent de vie, qu'ils demandent pardon de leurs péchés, qu'ils n'offensent plus Notre Seigneur qui est déjà trop offensé » – 13/10/1917

« Je suis Notre Dame du Rosaire » – 13/10/1917

Marie a présenté son Cœur à Sœur Lucie :
Vois, ma fille, mon Cœur entouré d'épines, que les hommes ingrats m'enfoncent à chaque instant par leurs blasphèmes et leurs ingratitudes. Toi, au moins, tâche de me consoler, et annonce que :
Je promets d'assister à l'heure de la mort, avec toutes les grâces nécessaires pour sauver les âmes, tous ceux qui, pendant cinq mois de suite, le premier samedi de chaque mois, en esprit de réparation :

- se confesseront
- communieront
- diront un chapelet (5 dizaines)
- passeront un quart d'heure avec moi en méditant les mystères du Rosaire.

Jésus Miséricordieux
Monastère de la Divine Miséricorde – Cracovie – Pologne

L'Image de Jésus Miséricordieux

Le 22 février 1931, Jésus Miséricordieux se montra dans une vision à Sainte Faustine au monastère de Plock en Pologne.
Jésus se présenta vêtu d'une tunique blanche, une main levée pour bénir, la seconde touchant son vêtement sur la poitrine. De la tunique entrouverte sortaient deux grands rayons, l'un rouge, l'autre pâle.
Jésus lui dit: « Peins un tableau de ce que tu vois, avec l'inscription: **Jésus, j'ai confiance en Toi.**
Je désire qu'on honore cette image, d'abord dans votre chapelle, puis dans le monde entier ».
Lorsque Sainte Faustine demanda à Jésus la signification des rayons, il lui répondit:
« Ces deux rayons indiquent le sang et l'eau: le rayon pâle signifie l'eau qui purifie les âmes, le rayon rouge signifie le sang, qui est la vie des âmes.
Ces deux rayons jaillirent des entrailles de ma miséricorde, alors que mon cœur, agonisant sur la croix, fut ouvert par la lance.
Heureux celui qui vivra dans leur lumière, car il n'aura pas à redouter la justice de Dieu. »
Ces deux rayons invoquent les saints sacrements et les dons de l'Esprit Saint dont l'eau est le symbole biblique.
Par son expression, l'image est étroitement liée à la liturgie du premier dimanche après Pâques: la fête de la Miséricorde. En ce jour, l'Église médite le passage de l'Évangile selon Saint Jean qui parle de l'apparition de Jésus ressuscité et de l'institution du Sacrement de la réconciliation. Jn 20, 19-23
Les rayons de sang et d'eau qui coulent du Cœur transpercé, qui est invisible sur l'image, les cicatrices des plaies sur les mains et sur les pieds évoquent les événements du Vendredi Saint.
Cette image nous révèle l'immense amour miséricordieux de Dieu pour l'homme, et les paroles « Jésus, j'ai confiance en Toi » la confiance à laquelle nous appelle notre Sauveur.

Cette confiance en la miséricorde de Dieu nous engage à faire nous aussi miséricorde aux autres et à aimer notre prochain, d'après les paroles mêmes de Jésus :
« Par cette image, je donnerai beaucoup de grâces aux âmes, elle doit leur rappeler les exigences de ma miséricorde, car même la foi la plus forte ne sera rien sans l'action. »
À la vénération de cette image, à notre prière pleine de confiance, liée à un vif amour du prochain, Jésus a promis la grâce du salut, de grands progrès pour la vie de notre âme, la grâce d'une bonne mort et d'autres grâces et bienfaits... dès notre vie sur la terre.
« Par cette image, j'accorderai beaucoup de grâces aux âmes ; il faut donc qu'elle soit accessible à tous. Je promets que l'âme qui honorera cette image ne sera pas perdue. Je lui promets aussi la victoire sur ses ennemis dès ici-bas, et spécialement à l'heure de la mort ; je la défendrai moi-même comme ma propre gloire.
Les flammes de la miséricorde me brûlent, je désire les verser sur les âmes humaines.
Oh ! quelle douleur elles me causent, quand elles ne veulent pas les recevoir… Dis à l'humanité endolorie de se blottir dans mon cœur miséricordieux et je la comblerai de paix. L'humanité ne trouvera pas la paix tant qu'elle ne se tournera pas avec confiance vers ma miséricorde. Parle au monde de ma miséricorde, que l'humanité entière apprenne à connaître mon insondable miséricorde. C'est un signe pour les derniers temps, après viendra le jour de la justice. Tant qu'il en est temps, que les hommes aient recours à la source de ma miséricorde, qu'ils profitent du sang et de l'eau qui ont jailli pour eux. Avant de venir comme juge équitable, j'ouvre d'abord toutes grandes les portes de ma miséricorde. Qui ne veut pas passer par la porte de ma miséricorde, passera par la porte de ma justice… »

Imprimatur
Cardinal Macharski – Archevêque de Cracovie – le 11 janvier 1992

Le chapelet à la Miséricorde Divine

Jésus a enseigné cette prière à Sainte Faustine à Wilno en Pologne les 13 et 14 septembre 1935, en lui indiquant les grâces qu'il accorderait par ce chapelet.

Dans cette prière nous offrons à Dieu le Père : « le Corps et le Sang, l'Âme et la Divinité » de Jésus-Christ, son Fils, sa Personne Divine et son humanité « en réparation de nos péchés et de ceux du monde entier ».

En offrant le Fils Bien-Aimé de Dieu, et Notre Seigneur Jésus-Christ, nous nous unissons au sacrifice de la croix de Jésus pour le salut du monde ; nous invoquons l'amour, que Dieu le Père a pour son Fils, et pour tout homme.

En demandant « la miséricorde pour nous et pour le monde entier », nous accomplissons ainsi un acte de miséricorde. Par cette prière, humble, confiante et persévérante, nous croyons en la réalisation des promesses du Christ attachées à la récitation de ce chapelet.

« Ma fille, incite les âmes à dire ce chapelet que je t'ai indiqué. Il Me plaît de leur accorder tout ce qu'elles Me demanderont par cette prière... si cela est conforme à Ma volonté. » La volonté de Dieu est l'expression de l'amour envers l'homme, et bien sûr, seul ce qui est conforme à cet amour pourra être accordé par le meilleur Père. De grandes grâces seront également accordées au moment de la mort : grâce de conversion et de mort paisible pour les personnes qui prieront ce chapelet et pour les mourants, auprès desquels on priera avec ces paroles. Les prêtres le donneront aux pécheurs comme dernière planche de salut. Celui qui le dira sera l'objet d'une grande miséricorde à l'heure de sa mort, fut-il le pécheur le plus endurci. Même si on le récite seulement une fois, mais avec des sentiments conformes aux paroles de cette prière, et surtout dans une attitude de confiance, d'humilité et avec un sincère regret pour les péchés, les grâces seront accordées.

« À trois heures, implore Ma Miséricorde, tout particulièrement pour les pécheurs. Ne serait-ce que pour un court instant, plonge-toi dans ma Passion…
C'est là une heure de grande Miséricorde pour le monde entier… En cette heure, je ne saurais rien refuser à l'âme qui me prie, par ma Passion. »

Chapelet à la Miséricorde Divine

On récite les prières suivantes à l'aide du chapelet :

Au début,

Notre Père…, Je Vous salue, Marie…, Je crois en Dieu…

Sur les gros grains, une fois :

Père Éternel, je T'offre le Corps et le Sang, l'Âme et la Divinité de ton Fils Bien-Aimé, notre Seigneur Jésus-Christ, en réparation de nos péchés et de ceux du monde entier.

Sur les petits grains, 10 fois :

Par Sa douloureuse Passion, sois miséricordieux pour nous et pour le monde entier.

Pour terminer, 3 fois :

Dieu Saint, Dieu Fort, Dieu Éternel, prends pitié de nous et du monde entier.

Imprimatur
Cardinal Macharski – Archevêque de Cracovie – le 11 janvier 1992

La Fête de la Miséricorde Divine

« Je désire que Ma Miséricorde soit fêtée solennellement le premier dimanche après Pâques ».

La date choisie par Jésus et révélée à Sainte Faustine montre le lien étroit entre le Mystère Pascal de la Rédemption et la Fête de la Miséricorde, car la passion, la mort et la résurrection du Christ sont la révélation éminente de l'amour miséricordieux de Dieu.

La Fête de la Miséricorde doit être non seulement un jour où l'on honore Dieu dans ce mystère, mais aussi un jour de grâce pour tous et surtout pour les pauvres pécheurs. Le Seigneur promet de grandes grâces et privilèges à la célébration de cette fête. Ceux qui se seront préparés ce jour-là par le Sacrement de la Réconciliation et qui recevront la Sainte Communion obtiendront non seulement l'entière rémission de leurs fautes, mais aussi des peines en conséquence.

« Je désire que la Fête de la Miséricorde soit le recours et le refuge pour toutes les âmes, et surtout pour les pauvres pécheurs. En ce jour les entrailles de ma miséricorde sont ouvertes, je déverse tout un océan de grâces sur les âmes qui s'approcheront de la source de ma miséricorde ; toute âme qui se confessera et communiera recevra le pardon complet de ses fautes et la remise de leur punition ; en ce jour sont ouvertes toutes les sources divines par lesquelles s'écoulent les grâces ; qu'aucune âme n'ait peur de s'approcher de moi, même si ses péchés sont comme l'écarlate.

La Fête de la Miséricorde a jailli de mes entrailles pour la consolation du monde entier. »

Cette fête doit être préparée par une neuvaine qui commence le Vendredi Saint et consiste à réciter le chapelet à la Miséricorde Divine pendant neuf jours de suite, la neuvaine se terminant le premier dimanche après Pâques.

Voir dans le chapitre « Neuvaines » : La neuvaine à la Miséricorde Divine (page 582).

Imprimatur

Cardinal Macharski – Archevêque de Cracovie – le 11 janvier 1992

d'après le Saint Suaire de Turin

NEUVAINES

Le sens de la Neuvaine

Dans neuvaine, nous entendons le chiffre neuf. Une neuvaine est une prière à une intention bien particulière répétée neuf jours de suite. Dieu se laisse toucher par cette forme d'intercession, ce que toute l'histoire de l'Église nous montre par de nombreux témoignages.
En effet, elle invite notre cœur à la fidélité, et sa régularité répond en écho à Jésus : « Frappez et l'on vous ouvrira ». La neuvaine est donc une petite porte que l'on demande au ciel d'ouvrir, le Ciel où nous avons de nombreux amis, puissants intercesseurs sur le Cœur de Dieu.
Nous prierons donc par l'intercession d'un Saint, mais aussi par celle de Marie, ou nous nous adresserons à Dieu directement.
De nombreuses neuvaines existent déjà, formulées à des intentions rejoignant un peu toutes les situations de notre vie, santé, famille, travail… mais nous pouvons également en composer nous-mêmes…
Nous trouverons quelques exemples dans les pages qui suivent, nous pouvons aussi utiliser n'importe quelle prière de ce livre.

Neuvaine à la Sainte Trinité par l'intercession de Sainte Thérèse de l'Enfant-Jésus et de la Sainte Face

Père Éternel,
qui es aux Cieux où tu couronnes les mérites de ceux qui, en ce monde, te servent avec fidélité ; par l'amour si pur que te porta ta petite enfant, Thérèse de l'Enfant Jésus et de la Sainte Face, jusqu'à espérer dans sa filiale confiance « que tu ferais sa volonté au Ciel ayant elle-même toujours fait la tienne sur la terre » soit sensible à son intercession, et, par elle, je te supplie d'exaucer la prière que je t'adresse avec foi et confiance.

Notre Père…, Je vous salue, Marie…, Gloire au Père…

Fils Éternel du Père,
qui as promis de récompenser les plus légers services rendus au prochain en ton nom, jette un regard d'amour sur ta petite épouse, Thérèse de l'Enfant Jésus et de la Sainte Face, qui eut à cœur, avec tant de zèle, le salut des âmes. Pour tout ce qu'elle a fait et souffert ici-bas, rappelle-toi sans cesse son vœu de « passer son Ciel à faire du bien sur la terre » et, par ce vœu, accorde-moi la grâce pour laquelle je te prie avec soumission et amour.

Notre Père…, Je vous salue, Marie…, Gloire au Père…

Esprit Saint et Éternel,
qui, par tant de grâces d'amour, as perfectionné l'âme de sainte Thérèse de l'Enfant-Jésus et de la Sainte Face, je te supplie par la docilité avec laquelle elle répondit à tes prévenances, d'exaucer les supplications qu'elle t'adresse, et te souvenant de sa promesse de « faire tomber du Ciel une pluie de roses », accorde-lui pour moi, ô Esprit Saint, la réalisation de cette promesse.

Notre Père…, Je vous salue, Marie…, Gloire au Père…

Sainte Thérèse de l'Enfant Jésus et de la Sainte Face,
qui dans ta courte existence n'as cherché que la vérité dans la pureté, la confiance et l'abandon de tout ton être à Dieu, maintenant que tu vis dans la lumière du Père, jette un regard d'amour sur moi qui me confie

pleinement en toi. Présente mon intention, intercède auprès de Notre Mère, la Vierge Immaculée dont tu as été « la fleur » privilégiée, auprès de la Reine du Ciel « qui te sourit au matin de la vie ».
Supplie-la, elle, si puissante sur le Cœur de Jésus, de m'obtenir la grâce que je désire tant, et de l'accompagner de sa bénédiction qui me fortifie durant ma vie, me défende au moment de la mort, et me conduise à la bienheureuse éternité.
Amen.

Salut, ô Reine. (Salve Regina)

Neuvaine de confiance au Cœur de Jésus

Seigneur Jésus, à ton Cœur, je confie...
(telle personne, telle intention, telle peine, telle difficulté...)
Regarde... Puis fais selon le désir de ton Cœur...
Laisse agir ton Cœur...
Jésus Sauveur, je compte sur Toi...
Je me fie à Toi...
Je m'abandonne à Toi...
Je suis sûr de Toi...
Cœur Sacré de Jésus, j'ai confiance en Toi.
Cœur Sacré de Jésus, je crois à ton Amour pour moi.
Cœur Sacré de Jésus, que ton règne vienne.

Notre Père – 10 Je vous salue, Marie – Gloire au Père.

Neuvaine au Sacré Cœur de Jésus

Ô mon Jésus, qui as dit : « En vérité je vous le dis, demandez et vous recevrez, cherchez et vous trouverez, frappez et l'on vous ouvrira » voici que je frappe, je cherche, je demande la grâce de…

Notre Père – Je vous salue, Marie – Gloire au Père.
Sacré Cœur de Jésus, j'ai confiance et j'espère en Toi.

Ô mon Jésus, qui as dit : « En vérité je vous le dis, tout ce que vous demanderez à mon Père en mon nom, Il vous l'accordera ! » voici qu'à ton Père, en ton nom, je demande la grâce de…

Notre Père – Je vous salue, Marie – Gloire au Père.
Sacré Cœur de Jésus, j'ai confiance et j'espère en Toi.

Ô mon Jésus, qui as dit : « En vérité je vous le dis, le ciel et la terre passeront, mais mes paroles ne passeront point ! » voici que m'appuyant sur l'infaillibilité de tes saintes paroles, je demande la grâce de…

Notre Père – Je vous salue, Marie – Gloire au Père.
Sacré Cœur de Jésus, j'ai confiance et j'espère en Toi.

Ô Sacré Cœur de Jésus, toi qui ne peux pas ne pas avoir compassion des malheureux, aie pitié de nous pauvres pécheurs, et accorde-nous la grâce que nous te demandons par l'intercession du Cœur Immaculé de Marie, notre tendre Mère, et la tienne.
Saint Joseph, père adoptif du Sacré Cœur de Jésus, prie pour nous.

Salut, ô Reine (Salve Regina)

d'après Saint Pio de Pietrelcina

Neuvaine à la Sainte Vierge Marie pour la conversion de notre famille

Au nom du Père, du Fils et du Saint-Esprit.

Sainte Vierge Marie, nous venons en cette neuvaine déposer notre famille au cœur de tes prières.
Nous sentons un besoin urgent de conversion pour chacun de nous, afin que notre famille vive selon la Volonté de Dieu.
Nous reconnaissons humblement nos faiblesses et te demandons ton secours pour que notre maison soit un lieu où chaque petite chose soit faite avec amour et que nos cœurs soient habités par l'incarnation de notre Foi dans notre vie quotidienne, c'est-à-dire :

- accueillir chaque personne comme le Christ Lui-même,
- veiller avec amour à l'ordre, la propreté et la beauté de notre maison comme de notre âme,
- à nous changer nous-mêmes au lieu de vouloir changer notre prochain et à se sentir entièrement responsable,
- à prier chaque jour les uns pour les autres,
- à ne prononcer que de bonnes paroles qui élèvent,
- à veiller à avoir un profond respect les uns pour les autres sachant que chacun est habité par le Christ Vivant,
- à prier dans l'imitation de Marie, et en toute occasion et situation de la journée, nous poser cette question : « Comment auraient fait Marie et Jésus ? »
- enfin, à veiller à maintenir toujours une ambiance de paix, d'unité et d'espérance sachant que les œuvres passent mais que l'amour ne passera jamais.

Sainte Vierge Marie, nous confions notre chemin de Sainteté à tes prières afin que nous mettions en acte ce que nous proclamons par la parole, de crainte de ressembler aux pharisiens de l'Évangile. Amen.

Notre Père – 10 Je vous salue, Marie – Gloire au Père – Invocations.

Thierry Fourchaud

Neuvaine à Saint Joseph *(voir également la prière p. 266)*

Dans ces temps difficiles, l'Église combattue et insultée possède un solide protecteur. Prions et imitons assidûment Saint Joseph pour obtenir secours et défense.
Préparons-nous par une fervente neuvaine à sa fête afin qu'il nous accorde la protection dont nous avons besoin.

10 mars :
Le premier jour, nous nous rappellerons sa totale soumission au vouloir de Dieu et nous répéterons, avec un véritable esprit de foi : « Que ta Volonté soit faite, ô Seigneur ! » et nous demanderons à Saint Joseph de multiplier cette invocation autant de fois qu'il y a d'hommes, en les rendant tous dociles au divin vouloir.

Notre Père – 10 Je vous salue, Marie – Gloire au Père.

11 mars :
Le second jour, nous nous rappellerons son amour au travail qui a fait de lui le modèle de tous les travailleurs.
Nous le prierons pour eux afin qu'ils ne gaspillent ni les fatigues de leurs mains, ni celles de leur esprit, mais qu'en les offrant au Père, ils les transforment en une précieuse monnaie, grâce à laquelle ils pourront mériter une récompense éternelle.

Notre Père – 10 Je vous salue, Marie – Gloire au Père.

12 mars :
Le troisième jour, nous nous rappellerons la sérénité qu'il eut dans les différentes traverses de sa vie.
Nous le prierons pour tous ceux qui, dans les difficultés, se laissent abattre, en demandant pour tous la force nécessaire et la joie dans la douleur.

Notre Père – 10 Je vous salue, Marie – Gloire au Père.

13 mars :

Le quatrième jour, nous nous rappellerons son silence voulu et désiré : il lui a permis d'écouter la voix de Dieu qui lui parlait en le guidant toujours et partout.

Nous ferons un peu de silence intérieur en demandant, par son intercession, cette belle vertu qui consiste à savoir se taire et écouter.

Notre Père – 10 Je vous salue, Marie – Gloire au Père.

14 mars :

Le cinquième jour, nous réfléchirons à quel point fut grande la chasteté de Joseph qu'il conserva de la manière la plus parfaite, en offrant à Dieu chacun de ses sentiments, chacune de ses pensées et de ses œuvres, en gardant sans tâche son corps et son cœur.

Nous le prierons pour les jeunes qui, poussés par le désir de se marier, oublient la loi de Dieu, surtout le sixième commandement.

Notre Père – 10 Je vous salue, Marie – Gloire au Père.

15 mars :

Le sixième jour, nous méditerons combien fut grande son humilité devant Dieu, devant le prochain et face à lui-même.

Bien qu'étant de souche royale, il voulut être considéré comme un simple ouvrier. Il ne demanda rien pour lui : ni richesses, ni honneurs, heureux seulement de se sacrifier pour les deux êtres les plus sublimes que le Seigneur lui avait confiés.

Nous prierons pour les pères de famille afin qu'ils soient ses imitateurs dans la direction de cette cellule de la société, qui a tant besoin d'être assainie.

Notre Père – 10 Je vous salue, Marie – Gloire au Père.

16 mars :

Le septième jour, nous nous rappellerons sa tendre affection pour son épouse avec laquelle il partagea les peines et les joies de la vie, qu'il respecta et vénéra comme Mère de Dieu. Sa charge de gardien de la virginité de Marie, il la remplit parfaitement et fidèlement.

Nous prierons pour tous les époux, afin qu'ils demeurent fidèles aux engagements assumés dans le mariage et que, dans la compréhension et le support mutuels, ils puissent conduire leur mission à bonne fin.

Notre Père – 10 Je vous salue, Marie – Gloire au Père.

17 mars :

Le huitième jour, nous nous rappellerons combien fut grand le bonheur de Joseph de pouvoir serrer l'Enfant Jésus entre ses bras.
Le père et le fils, dans un don intime, échangeaient les plus tendres sentiments.
Nous prierons pour qu'entre parents et enfants, il y ait cette compréhension affectueuse et sincère qui les rende bons les uns envers les autres.

Notre Père – 10 Je vous salue, Marie – Gloire au Père.

18 mars :

Le neuvième jour, en pensant à la sainte mort de Joseph entre les bras de Jésus et ceux de Marie, nous le prierons pour tous ceux qui vont être rappelés au Père et pour que notre mort soit sereine et douce comme la sienne.

Notre Père – 10 Je vous salue, Marie – Gloire au Père.

19 mars :

En la fête de ce grand Saint, avec pleine confiance, nous recourrons à lui qui, pareil au Joseph de l'Antiquité, est le Vice-Roi du peuple de Dieu, et nous lui recommanderons toute l'Église.

– *Pensées et réflexions* – Éditions Fidélitas

Neuvaine à Sainte Bernadette Soubirous

1er jour : Dévotion à Marie.
Sainte Bernadette, fortifie notre confiance en la Sainte Vierge que tu as eu le bonheur de voir ici-bas ; comme toi, nous nous mettons sous sa protection afin de toujours garder la pureté de notre cœur.
« Ô divine Mère de notre Sauveur, vous louer, vous aimer, vous chanter, c'est l'apprentissage du Ciel ! »

Sainte Bernadette

Notre Père – 10 Je vous salue, Marie – Gloire au Père.

2e jour : Amour de Dieu.
Obtiens-nous, sainte Bernadette, d'aimer toujours fidèlement et profondément notre Dieu à qui nous devons tout. Que tous les actes de notre vie soient inspirés par ce saint amour et en soient le reflet.
« Ô Jésus, mettez tant d'amour dans mon cœur, qu'un beau jour il se brise pour aller à vous. »

Sainte Bernadette

Notre Père – 10 Je vous salue, Marie – Gloire au Père.

3e jour : Humilité.
Sainte Bernadette, qui as été choisie par la Mère de Dieu comme sa confidente parce que la simplicité de ton cœur lui était particulièrement agréable, fais-nous aimer et pratiquer l'humilité des enfants de Dieu.
« Plus je m'abaisserai, plus je grandirai dans le cœur de Jésus. »

Sainte Bernadette

Notre Père – 10 Je vous salue, Marie – Gloire au Père.

4e jour : Constance dans l'épreuve.
Sainte Bernadette, toi qui as su si patiemment et avec tant de confiance en Dieu supporter les souffrances morales de la contradiction lorsque tu rapportais tes entretiens avec la Reine du Ciel et endurer les douleurs physiques de la maladie, obtiens-nous cette même persévérance dans les épreuves de notre vie.

« La Croix peut remplacer tout, et rien ne peut la remplacer. »

Sainte Bernadette

Notre Père – 10 Je vous salue, Marie – Gloire au Père.

5e jour : Prière.

Apprends-nous, Sainte Bernadette, à prier Dieu par l'intercession de sa Divine Mère dans toutes les nécessités où nous pouvons nous trouver, comme la Vierge Marie elle-même te l'enseigna à Massabielle.

« Ô que vous êtes bon, Seigneur, pour ceux qui vous cherchent, qui se jettent dans vos bras, en y pleurant leurs misères de chaque jour. »

Sainte Bernadette

Notre Père – 10 Je vous salue, Marie – Gloire au Père.

6e jour : Abandon à la volonté de Dieu.

Toi qui as été, sainte Bernadette, l'instrument si docile de la volonté divine exprimée par Marie, apprends-nous à obéir loyalement à la volonté de Dieu et à nous soumettre de bon cœur à tout ce qu'il demande de nous.

« Je ne suis au monde que pour servir Dieu et sauver mon âme ; je recevrai tout de votre main, ô mon Dieu, persuadée qu'un père infiniment bon ne peut affliger ses enfants. »

Sainte Bernadette

Notre Père – 10 Je vous salue, Marie – Gloire au Père.

7e jour : Charité.

Nous voudrions te ressembler, sainte Bernadette, dans ton amour de Dieu et des hommes, et nous faire, comme toi, les instruments dociles de la Providence, pour le bien de notre prochain.

« Imiter la bonté de Jésus, guérir les blessures au lieu de les faire moi-même. La charité dépasse toutes les vertus. »

Sainte Bernadette

Notre Père – 10 Je vous salue, Marie – Gloire au Père.

8e jour : Pénitence.

Fais nous comprendre, Sainte Bernadette, la nécessité du renoncement pour le rachat de nos propres fautes et pour la rémission de celles de nos frères, selon le message que tu nous as transmis, de la part de la Reine du Ciel.

« Pénitence ! Pénitence ! Pénitence ! »

La Sainte Vierge à Sainte Bernadette

Notre Père – 10 Je vous salue, Marie – Gloire au Père.

9e jour : Vie intérieure.

Nous voulons, comme toi, Sainte Bernadette, vivre sous le regard de Dieu et de la Vierge Marie. Obtiens-nous la grâce de te ressembler, particulièrement sur ce point.

« L'âme intérieure voit Dieu en toute chose et profite de tout pour s'unir à Lui ; elle parle peu, ses actions et ses vertus parlent pour elle. »

Sainte Bernadette

Notre Père – 10 Je vous salue, Marie – Gloire au Père.

Neuvaine à la Miséricorde Divine

« Je désire – dit Jésus à Sœur Faustine – que durant neuf jours, tu amènes les âmes à la source de ma miséricorde, afin qu'elles puisent force et fraîcheur, ainsi que toutes les grâces dont elles ont besoin dans les difficultés de la vie et particulièrement à l'heure de la mort. Chaque jour tu amèneras un groupe d'âmes différent et tu les plongeras dans l'océan de ma miséricorde. Et moi, je ferai entrer toutes ces âmes dans la demeure de mon Père… Et chaque jour, par ma douloureuse passion, tu solliciteras de mon Père des grâces pour ces âmes. »
Voir dans le chapitre « Dévotions » : La Fête de la Miséricorde Divine et Le chapelet à la Miséricorde Divine.

Premier jour :

« Aujourd'hui, amène-moi l'humanité entière, et particulièrement tous les pécheurs et immerge-les dans l'océan de ma miséricorde. Tu me consoleras ainsi de l'amère tristesse dans laquelle me plonge la perte des âmes. »

Très Miséricordieux Jésus, dont le propre est d'avoir pitié de nous et de nous pardonner, ne regarde pas nos péchés, mais la confiance que nous mettons en Ta bonté infinie et accueille-nous dans la demeure de Ton Cœur plein de miséricorde pour nous y garder pour toujours. Nous t'en supplions par l'amour qui t'unit au Père et au Saint-Esprit.
Père Éternel, jette un regard de compassion sur toute l'humanité enfermée dans le Cœur très miséricordieux de Jésus et particulièrement sur les pauvres pécheurs.
Par sa douloureuse passion, témoigne-nous ta miséricorde afin que nous puissions la louer dans sa toute puissance pour les siècles des siècles. Amen.

– Le chapelet à la Miséricorde Divine

Deuxième jour :

« Aujourd'hui, amène-moi les âmes sacerdotales et religieuses, et immerge-les dans mon insondable miséricorde. Elles m'ont donné la force d'endurer mon amère passion, par elles comme par des canaux, ma miséricorde se déverse sur l'humanité. »

Très miséricordieux Jésus, source de tout bien, multiplie tes grâces dans l'âme de tes prêtres, religieux et religieuses, afin qu'ils accomplissent dignement les actes de miséricorde, et que, par la parole et l'exemple, ils amènent leur prochain à glorifier le Père de Miséricorde qui est dans les cieux.
Père Éternel, jette un regard de compassion sur les élus de ta vigne, les prêtres et les religieux, et comble-les de la puissance de ta bénédiction. Par les mérites du Cœur de ton Fils, accorde-leur ta force et ta lumière, afin qu'ils conduisent leurs frères sur le chemin du salut pour chanter ensemble et pour l'éternité la gloire de ton insondable miséricorde. Amen.

– Le chapelet à la Miséricorde Divine

Troisième jour :

« Aujourd'hui, amène-moi toutes les âmes pieuses et fidèles et immerge-les dans l'océan de ma Miséricorde. Ces âmes m'ont consolé sur le Chemin du Calvaire ; elles ont été cette goutte de consolation au milieu d'un océan d'amertume. »

Très Miséricordieux Jésus, qui accordes à tous avec surabondance les grâces du trésor de ta Miséricorde, accueille-nous dans la demeure de ton Cœur très aimant pour nous y garder pour toujours. Nous t'en supplions par l'amour inconcevable dont brûle ton Cœur pour le Père Céleste.

Père Éternel, jette un regard de compassion sur les âmes fidèles, héritage de ton Fils, et par les mérites de sa douloureuse passion, accorde-leur ta bénédiction et entoure-les de ton incessante protection afin qu'elles ne perdent l'amour ni le trésor de la sainte foi, mais qu'avec le chœur des anges et des saints, elles glorifient ton infinie miséricorde pour les siècles des siècles. Amen.

– *Le chapelet à la Miséricorde Divine*

Quatrième jour :

« Aujourd'hui, amène-moi les incroyants et ceux qui ne me connaissent pas encore. Dans mon amère passion, j'ai également pensé à eux, et leur zèle futur consolait mon Cœur. Immerge-les dans l'océan de ma miséricorde. »

Très miséricordieux Jésus qui es la lumière du monde, accueille dans la demeure de ton Cœur plein de miséricorde les âmes des incroyants qui ne te connaissent pas encore. Que les rayons de ta grâce les illuminent, afin qu'elles glorifient avec nous les merveilles de ta miséricorde, et garde-les pour toujours dans la demeure de ton Cœur très aimant.
Père Éternel, jette un regard de compassion sur les âmes des incroyants et de ceux qui ne te connaissent pas encore, mais qui sont aussi enfermés dans le Cœur très miséricordieux de Jésus. Attire-les à la lumière de l'Évangile afin qu'elles comprennent combien est grand le bonheur de t'aimer et fais qu'elles glorifient la largesse de ta miséricorde dans les siècles des siècles. Amen.

– *Le chapelet à la Miséricorde Divine*

Cinquième jour :

« Aujourd'hui, amène-moi les âmes des frères séparés en religion et immerge-les dans l'océan de ma miséricorde. Dans mon amère passion, elles me déchiraient le corps et le cœur, c'est-à-dire mon Église. Lorsqu'elles s'unissent de nouveau à l'Église, mes blessures se cicatrisent et elles me soulagent dans ma passion. »

Très Miséricordieux Jésus, qui es la bonté même, et qui ne refuses pas la lumière à ceux qui te la demande, accueille dans la demeure de ton Cœur très miséricordieux les âmes des frères séparés. Attire-les par ta lumière à l'unité de l'Église, garde-les dans la demeure de ton Cœur très aimant et fais qu'elles aussi glorifient la largesse de Ta miséricorde.
Père Éternel, jette un regard de compassion sur les âmes des frères séparés et particulièrement sur celles qui persistant obstinément dans leurs erreurs ont gaspillé tes dons et tes bontés et abusé de tes grâces. Ne regarde pas leurs fautes, mais l'amour de ton Fils et son amère passion qu'il souffrit également pour elles, puisqu'elles sont aussi contenues dans le Cœur très miséricordieux de Jésus. Fais qu'elles aussi glorifient ton immense miséricorde dans les siècles des siècles. Amen.

– *Le chapelet à la Miséricorde Divine*

Sixième jour :

« Aujourd'hui, amène-moi les âmes douces et humbles, ainsi que celles des petits enfants et immerge-les dans ma miséricorde. Ces âmes ressemblent le plus à mon Cœur, elles m'ont réconforté dans mon amère agonie. Je les voyais veiller comme des anges terrestres qui veilleront sur mes autels, sur elles je verse des torrents de grâces. Seule une âme humble est capable de recevoir ma grâce ; aux âmes humbles j'accorde ma confiance. »

Très Miséricordieux Jésus qui as dit toi-même : « Apprenez de moi que je suis doux et humble de Cœur », reçois dans la demeure de ton Cœur plein de miséricorde les âmes douces et humbles, ainsi que celles des petits enfants. Ces âmes plongent dans le ravissement le ciel entier et sont la prédilection particulière du Père Céleste. Elles forment un bouquet de fleurs devant le trône divin où Dieu se délecte de leur parfum. Ces âmes demeurent pour toujours dans le Cœur très aimant de Jésus et chantent sans cesse l'hymne de l'amour et de la miséricorde de Dieu pour les siècles.

Père Éternel, jette un regard de compassion sur les âmes douces et humbles et sur les âmes des petits enfants, qui sont dans la demeure du Cœur très miséricordieux de Jésus. Ce sont ces âmes qui ressemblent le plus à ton Fils et leur parfum monte de la terre vers ton trône. Père de miséricorde et de toute bonté, nous t'implorons par l'amour et la prédilection que tu as pour ces âmes, bénis le monde entier, afin que toutes les âmes puissent chanter ensemble la gloire de ta Miséricorde pendant toute l'éternité. Amen.

– Le chapelet à la Miséricorde Divine

Septième jour :

« Aujourd'hui, amène-moi les âmes qui honorent et glorifient particulièrement ma miséricorde et immerge-les dans ma miséricorde. Ces âmes ont le plus vivement partagé ma passion et ont pénétré le plus profondément dans mon esprit. Elles sont le vivant reflet de mon Cœur Miséricordieux. Ces âmes brilleront d'un éclat particulier dans la vie future, aucune n'ira dans le feu de l'enfer et je défendrai chacune d'elles en particulier à l'heure de la mort. »

Très Miséricordieux Jésus, dont le Cœur n'est qu'amour, accueille dans la demeure de ton Cœur plein de miséricorde les âmes qui honorent et glorifient particulièrement la grandeur de ta miséricorde. Ces âmes puissantes de la force de Dieu lui-même, confiantes en ta miséricorde, avancent au milieu des tourments et des contrariétés. Elles sont unies à toi et portent l'humanité entière sur leurs épaules, implorant sans cesse pour elles du Père céleste pardon et grâces. Fais que ces âmes persévèrent et entoure-les de ta miséricorde à l'heure de la mort.
Père Éternel, jette un regard de compassion sur les âmes qui glorifient et honorent ton plus grand attribut, c'est-à-dire ton infinie Miséricorde. Enfermées dans le Cœur très miséricordieux de Jésus, ces âmes sont un vivant Évangile, leurs mains sont pleines d'actes de miséricorde et leur âme débordante de joie chante l'hymne de la miséricorde du Très Haut.

Nous t'en supplions mon Dieu, manifeste-leur ta miséricorde selon l'espérance et la confiance qu'elles ont mises en toi. Que s'accomplisse en elles la promesse de Jésus qui leur a dit : « Je défendrai moi-même durant leur vie et particulièrement à l'heure de la mort comme ma propre gloire les âmes qui vénéreront mon infinie miséricorde. » Amen.

– Le chapelet à la Miséricorde Divine

Huitième jour :

« Aujourd'hui, amène-moi les âmes qui sont au Purgatoire et immerge-les dans l'abîme de ma miséricorde afin que les flots de mon Sang rafraîchissent leurs brûlures. Toutes ces âmes me sont très chères, elles s'acquittent envers ma justice. Il est en ton pouvoir de leur apporter un soulagement. Puise dans le trésor de mon Église toutes les indulgences, et offre-les pour elles. Si tu connaissais leur supplice, tu offrirais sans cesse pour elles l'aumône de ton esprit et tu paierais leurs dettes à ma justice. »

Très Miséricordieux Jésus qui as dit toi-même vouloir la miséricorde, voici que nous amenons à la demeure de ton Cœur très aimant les âmes du purgatoire qui te sont si chères et qui pourtant doivent rendre compte à ta justice. Que les flots de Sang et d'eau jaillis de ton Cœur éteignent les flammes du feu du purgatoire afin que là aussi se manifeste la puissance de ta miséricorde.
Père Éternel, jette un regard de compassion sur les âmes qui souffrent au purgatoire et qui sont aussi contenues dans le Cœur très miséricordieux de Jésus.
Par la douloureuse passion de Jésus, ton Fils, et par toute l'amertume dont son Âme très Sainte fut inondée, nous implorons ta miséricorde pour les âmes qui sont sous le regard de ta justice. Ne les regarde qu'à travers les plaies de Jésus, ton très cher Fils, car nous croyons que ta bonté et ta pitié sont sans limites. Amen.

– Le chapelet à la Miséricorde Divine

Neuvième jour :

« Aujourd'hui, amène-moi les âmes froides et immerge-les dans l'abîme de ma miséricorde. Ces âmes blessent le plus douloureusement mon Cœur. Au jardin des Oliviers, ce sont elles qui m'inspirèrent la plus grande aversion et m'arrachèrent cette plainte : Père fait que ce calice s'éloigne de moi ! Cependant que ta volonté soit faite et non la mienne ! Pour elles, l'ultime planche de salut est de recourir à ma miséricorde. »

Très Miséricordieux Jésus, qui n'es que pitié, accueille dans la demeure de ton Cœur très aimant les âmes froides. Que ces âmes glacées se réchauffent au feu de ton pur amour. Ô très compatissant Jésus, use de la toute puissance de ta miséricorde et attire-les elles aussi dans le foyer même de ton amour pour leur donner l'amour divin.
Père Éternel, jette un regard de compassion sur les âmes froides qui sont également contenues dans le Cœur très miséricordieux de Jésus. Père de Miséricorde et de toute consolation, nous t'en supplions, par les mérites de la douloureuse passion de ton Fils Bien-Aimé et par son agonie de trois heures sur la Croix, permets qu'elles aussi célèbrent pour toujours la grandeur de ta miséricorde. Amen.

– Le chapelet à la Miséricorde Divine –

Imprimatur

Cardinal Macharski – Archevêque de Cracovie – le 11 janvier 1992

PAROLES ET PENSÉES

Paroles des Saints

Je quitte Dieu à la chapelle, pour trouver Dieu dans mes frères.

La vraie charité ouvre les bras et ferme les yeux.

Saint Vincent de Paul

Votre cœur est sans repos tant qu'il ne repose en Dieu.

Saint Augustin

Il s'agit de croire pour comprendre, on est moins initié dans le mystère que par le mystère.

Saint Anselme

Ignorer les écritures, c'est ignorer le Christ.

Saint Jérôme

Semez de l'Amour, vous récolterez de l'Amour.

Saint Jean de la Croix

À l'égard de nos frères, nous devons le conseil: conseil silencieux par l'exemple et le secours de notre prière.

La charité ne se contente pas d'aimer qui vous aime, elle se porte vers les plus nécessiteux, vers les plus misérables.

Ce qui empêche le plus sérieusement de progresser vers Dieu, c'est uniquement de ne pas savoir dire merci. Heureux celui qui rend de très grandes actions de grâces, même pour les moindres bienfaits.

Saint Bernard

Aime-toi, mais comme Dieu t'a créé, lui qui t'aime.

Saint Antoine de Padoue

Ô mon Jésus, ô mon Dieu, écoutez ma prière: séparez-moi de tout ce qui peut me séparer de vous.

Sainte Bernadette

Tout par amour, rien par force.

Pensons seulement à bien faire aujourd'hui ; quand le jour de demain sera arrivé, il s'appellera aussi aujourd'hui et alors nous y penserons.

Saint François de Sales

Personne ne doit s'enfoncer dans le repos de la contemplation qu'il ne songe à se rendre utile au prochain. Nul ne doit se lancer à tel point dans l'action qu'il tarde à la contemplation divine.

Saint Augustin

La profondeur d'un homme est dans sa puissance d'accueil.

Devant tes frères, tâche d'être toujours gai et content, car il ne convient pas qu'un serviteur de Dieu se montre triste et le visage sombre.

Saint François d'Assise

Croyez-moi, ne craignez point les tentations. Passez outre. Les tentations ne sauraient souiller un cœur qui ne les aime pas. Laissez-les donc courir. Ne vous efforcez pas de vaincre vos tentations car ces efforts les fortifieraient.

Saint François de Sales

La sainteté, c'est une disposition du cœur, qui nous rend humble et pauvre devant Dieu, conscient de notre faiblesse et de notre néant et confiant jusqu'à l'audace en la bonté du Père.

Sainte Thérèse de l'Enfant-Jésus

Ne vous étonnez de rien. Ne vous découragez jamais, parce que vous n'êtes pas des anges et que vous êtes faibles.

Sainte Mariam de Jésus Crucifié

Lorsque je suis charitable, c'est Jésus seul qui agit en moi, plus je suis unie à lui, plus aussi j'aime toutes mes sœurs.

Notre Père regarde plus à l'intention qu'à la grandeur de l'action.

Sainte Thérèse de l'Enfant-Jésus

Cherche le Christ pour consentir à sa volonté mais sache que c'est lui qui te donne la grâce de consentir.
Seule une humilité totale, joyeuse, nous mérite la grâce, elle la précède toujours.

Ceux qui le cherchent le possèdent déjà.

Le Père Céleste appelle hommes au cœur pur ceux qui ne cherchent pas leurs intérêts, mais les intérêts de Jésus-Christ, qui ne demandent pas ce qui leur est utile, mais ce qui est utile à tous.

Heureux celui dont tout murmure a fui de son cœur et qui n'a plus sur les lèvres que des paroles d'action de grâce et de louange.

Saint Bernard

Que rien ne te trouble, que rien ne t'effraie, tout passe.
Dieu ne change pas. La patience obtient tout.
Qui possède Dieu ne manque de rien. Dieu seul suffit.

Sainte Thérèse d'Avila

Allez de monde en monde, de royaume en royaume, de richesse en richesse, de plaisir en plaisir, vous ne trouverez pas votre bonheur. La Terre entière ne peut pas plus contenter une âme immortelle qu'une pincée de farine, dans la bouche d'un affamé, ne peut le rassasier.

Saint Jean Marie Vianney, curé d'Ars

Ce n'est pas Dieu qui veut que l'âme se trouble de quoi que ce soit, ni qu'elle endure des peines… Le chemin de la vie exige très peu d'agitation et de combinaisons.

Celui qui rend grâce attire la grâce.

Saint Jean de la Croix

Si l'on se désespère parfois, c'est parce qu'on pense au passé ou à l'avenir. Combien, par manque d'espérance, nous nous procurons de peine et de souffrances inutiles que Dieu ne veut pas de nous.

Sainte Thérèse de l'Enfant-Jésus

Je ne veux rien désirer de moi-même, je ne veux avoir aucun désir, car le bien qui ne m'arrive pas par la volonté de Dieu ne me serait plus un bien.

Sainte Marie Madeleine de Pazzi

Le cloître, c'est la rue à condition d'avoir les yeux illuminés du cœur.

Saint Vincent de Paul

Non seulement ne critique pas, mais ne prête pas l'oreille aux critiques des autres.

Saint Jérôme

L'humilité ne fait état de rien, elle est heureuse de tout !

Si vous gardez le silence, vous garderez l'humilité, la charité, la douceur, l'obéissance et la patience.

Sainte Mariam de Jésus Crucifié

Le propre de l'Amour est de s'abaisser.

Sainte Thérèse de l'Enfant-Jésus

J'ai fait un pacte avec ma langue, j'ai décidé de me taire tant que mon cœur est encore en émoi.

Que l'amour du silence, te conduise au silence de l'amour.

Saint François de Sales

L'homme, de lui-même, ne peut voir Dieu, mais Dieu, s'il le veut, se fait découvrir.

Saint Irénée de Lyon

Celui qui désire entendre la voix de Dieu, qu'il se retire dans la solitude.

Saint Bernard

Toute personne avec qui tu fais communauté devient pour toi un ouvrier de la moisson de ton âme.

Ne soupçonnez pas le mal chez votre frère, car le soupçon altère la pureté de cœur.

Saint Jean de la Croix

Il vaut mieux faire de petites choses et le faire bien.

Ô Marie, ma bonne Mère, faites que je prouve mon amour à Jésus, comme vous, par l'acceptation de tout ce qu'il lui plaira de m'envoyer.

Sainte Bernadette

Apprenez à souffrir quelque chose pour l'amour du Seigneur sans que tout le monde le sache.

Sainte Thérèse d'Avila

Le Bon Dieu donne toujours d'aimer ce qu'il demande.

Je voudrais que vous soyez simple avec le Bon Dieu.

Sainte Thérèse de l'Enfant Jésus

Que personne ne pense à la mort, mais à l'immortalité ; ni à la souffrance temporaire, mais à la gloire éternelle.

Le plus grand sacrifice que l'on puisse offrir à Dieu, c'est notre paix, c'est la concorde fraternelle.

Saint Cyprien

Une heure de patience vaut mieux que plusieurs jours de jeûne.

L'Amour de Dieu est de tous les instants.

Saint Jean Marie Vianney, curé d'Ars

Ce qui touche le cœur de Dieu et en triomphe, c'est une ferme espérance.

Saint Jean de la Croix

Toute abondance qui n'est pas de Dieu est indigence.

Les œuvres de Dieu, on les voit, on en jouit ; l'œuvre paraît, mais l'Auteur se cache.

Saint Augustin

Dieu nous crie sa présence à travers toutes ses œuvres.

La sagesse consiste pour toi à jouer le rôle d'un bassin et non d'un canal. Un canal rend presque immédiatement ce qu'il reçoit. Un bassin, au contraire attend d'être rempli pour communiquer sans dommage ce dont il surabonde. Laisse-toi combler par Dieu avant de pouvoir partager avec les autres.

L'amour est connaissance. Dieu n'est parfaitement connu que quand il est parfaitement aimé.

Pour nous maintenir dans l'humilité, la tendresse divine permet habituellement que plus nous progressons vers Dieu, moins nous en avons conscience.

Pour celui qui vit dans la foi, le monde entier est plein de richesses.

La Sainteté est don de Dieu et non œuvre de l'homme.

Plus la grâce grandit en nous, plus nous nous dilatons dans la confiance.

Saint Bernard

Aime et fais ce que tu veux.
Si tu te tais, tais-toi par amour. Si tu parles, parle par amour.
Si tu corriges, corrige par amour. Si tu pardonnes, pardonne par amour.
Aie au fond de ton cœur la racine de l'amour.
De cette racine, il ne peut sortir que du bon.

Saint Augustin

Que la miséricorde l'emporte toujours dans ta balance, jusqu'au moment où tu sentiras en toi-même la grande miséricorde que Dieu éprouve envers le monde.

Saint Isaac le Syrien

Quand nous nous détournons d'un homme ou que nous l'offensons, c'est comme si nous mettions une pierre sur notre cœur. À un homme désemparé et troublé il faut redonner courage par une parole affectueuse.

Saint Séraphim de Sarov

Si tu ne comprends rien aux événements, souris et dis merci.

Sainte Thérèse de l'Enfant-Jésus

La chasteté de l'homme est un temple pour Dieu.

Saint Hilaire

Malheur, malheur, malheur à celui qui, après avoir bu de l'eau d'un puits, y jette une pierre dedans.

Malheur à l'homme, malheur à l'ordre qui cherche son honneur, sa réputation aux dépens de la gloire de Dieu.

Celui qui n'a pas de « moi » a toutes les vertus, et la paix, et la joie.

Ne dites pas : celui-ci porte du fruit, celui-là n'en porte pas. Celui d'aujourd'hui n'en portera pas demain et celui qui n'en porte pas aujourd'hui en portera demain.

Si Jésus me laissait, je serais pire que Judas ; mais si Jésus me garde, je serai Jean le bien-aimé.

Sainte Mariam de Jésus Crucifié

Le Seigneur n'ordonne pas de voler aux animaux qu'il n'a pas pourvus d'ailes.

Saint Grégoire de Nysse

Jésus, ne demande pas de grandes actions, mais seulement l'abandon et la reconnaissance.

Nous devons, par notre visage et tout notre comportement, être les témoins vivants du Sourire d'amour que Dieu pose sur le monde.

De même qu'avec une toute petite flamme faible et tremblante on peut allumer un grand incendie, ainsi le Bon Dieu se sert de qui il veut pour étendre son Règne…

Sainte Thérèse de l'Enfant-Jésus

En passant par toi, Dieu veut se faire connaître.

Sainte Élisabeth de la Trinité

Ce que tu as reçu, mets-le au service de tous.

Saint Augustin

Ne cherchez pas des actions spectaculaires ! Ce qui importe, c'est le don de vous-même. C'est le degré d'amour que vous mettez en chacun de vos gestes.

Un cœur joyeux est le résultat normal d'un cœur qui brûle d'amour.

Nous voulons faire sentir aux plus pauvres des pauvres qu'ils sont aimés… Car la pire des maladies, ce n'est pas d'avoir la lèpre ou la tuberculose, c'est d'être rejeté, méprisé, délaissé. La plus grande pauvreté, ce n'est pas d'avoir le ventre vide, c'est de n'être aimé ni désiré par personne.

Le simple fait que Dieu ait placé une âme sur votre chemin est le signe que Dieu veut que vous fassiez quelque chose pour elle.

Toute parole qui n'apporte pas la lumière augmente l'obscurité.

Nous ne saurons jamais tout le bien qu'un simple sourire peut faire.

Hier est passé, et demain n'est pas là, je n'ai qu'aujourd'hui pour aimer.

Sainte Teresa de Calcutta

Les handicapés, ce sont les agneaux de Dieu qui enlèvent les péchés du monde sans le savoir.

Bienheureux Paul VI

Dieu est simple.

Saint Jean XXIII

Si tu cherches la Paix, va à la rencontre des pauvres.

Saint Jean-Paul II

Quand nous comprendrons l'amour de Dieu pour nous, nous trouverons que l'éternité ne sera pas assez longue pour le remercier.

Vénérable Marthe Robin

Sur la prière…

Prier… Commence par dire humblement : « Je suis un pécheur, je te rends grâce Seigneur, de m'avoir patiemment supporté… »
Ensuite, demande le Règne de Dieu, puis des choses respectables et n'aie de cesse que tu ne les aies obtenues.

Saint Basile de Césarée

L'homme qui prie a la main sur le gouvernail du monde.

Saint Jean Chrysostome

C'est un vrai serviteur celui qui de corps se tient parmi les hommes, mais en esprit frappe à la porte du ciel par la prière.

Saint Jean Climaque

Dieu veut une prière désintéressée, un amour pur et gratuit. Il ne veut pas être aimé pour ce qu'il donne, mais parce qu'il se donne lui-même.

C'est la vérité de notre vie, qui dit la vérité de notre prière.

Saint Augustin

Certes la tentation du démon nous est pénible, mais notre prière lui est encore plus pénible à lui.

Plus la prière doit être efficace, plus le démon s'acharne à l'empêcher.

La prière obtient la force de jeûner. Le jeûne donne la force contre le démon. Tu es sûr d'avoir triomphé du monde si tu mortifies ton corps.

Saint Bernard

Les dons de la grâce n'appartiennent qu'à ceux qui prient et prennent soin de leur âme.

Saint Séraphim de Sarov

Si tu veux prier en ton cœur et si tu n'en es pas capable, contente-toi de dire la prière avec les lèvres, et tiens ton esprit attentif à ce que tu dis. Peu à peu le Seigneur te donnera aussi la grâce de la prière intérieure, et tu sauras alors prier sans distinction.

Saint Silouane

Prie pour tous les pécheurs, ne te permets pas de corriger qui que ce soit à cause de son péché, ou de vouloir le corriger durement ; cela ne ferait qu'aggraver ses blessures ; mais plutôt corrige-le par des conseils, des avertissements propres à enrayer le mal ou à le contenir dans les limites de la modération.

La prière, c'est une disposition intérieure toute de gratitude.

Saint Jean de Cronstadt

Un savant a dit : « Donnez-moi un levier, un point d'appui, et je soulèverai le monde ». Ce qu'Archimède n'a pu obtenir, les Saints l'ont obtenu dans toute sa plénitude. Le Tout-Puissant leur a donné pour point d'appui : Lui-Même et Lui seul ; pour levier : l'oraison qui embrase d'un feu d'amour ; et c'est ainsi qu'ils ont soulevé le monde. C'est ainsi que, jusqu'à la fin du monde, les Saints à venir le soulèveront aussi.

C'est la prière, c'est le sacrifice, qui font toute ma force. Ce sont des armes invincibles que Jésus m'a données. Elles peuvent bien plus que les paroles toucher les âmes, j'en ai fait bien souvent l'expérience.

Quand on a prié la Sainte Vierge et qu'elle ne nous exauce pas, c'est signe qu'elle ne veut pas. Alors il faut la laisser faire à son idée et ne pas se tourmenter.

Sainte Thérèse de l'Enfant-Jésus

C'est par la prière que les saints sont devenus saints.

Saint Alphonse-Marie de Liguori

C'est dans la prière qu'on reçoit la bonne volonté.

Dieu fait semblant de nous quitter, c'est une pieuse feinte. Il veut ainsi éprouver notre foi, il veut provoquer notre prière.

Dieu écoute qui l'écoute et parle à qui lui parle. Saint Bernard

Toute prière qui est faite sans préparation est une prière mal faite.

La prière est à notre âme ce que la pluie est à la terre. Si la pluie manque, tout ce que vous ferez ne servira à rien. La prière rend capable d'aimer. Voyez, mes enfants : le trésor d'un chrétien n'est pas sur la terre, il est dans le ciel. Eh bien ! notre pensée doit aller où est notre trésor.
L'homme a une belle fonction, celle de prier et d'aimer... Vous priez, vous aimez : voilà le bonheur de l'homme sur la terre ! La prière n'est autre chose qu'une union avec Dieu. Quand on a le cœur pur et uni à Dieu, on sent en soi un baume, une douceur qui enivre, une lumière qui éblouit. Dans cette union intime, Dieu et l'âme sont comme deux morceaux de cire fondus ensemble ; on ne peut plus les séparer. C'est une chose bien belle que cette union de Dieu avec sa petite créature. C'est un bonheur qu'on ne peut pas comprendre. Nous avions mérité de ne pas prier ; mais Dieu, dans sa bonté, nous a permis de lui parler. Notre prière est un encens qu'il reçoit avec un extrême plaisir. Mes enfants, vous avez

un petit cœur, mais la prière l'élargit et le rend capable d'aimer Dieu... La prière est un avant-goût du ciel, un écoulement du paradis. Elle ne nous laisse jamais sans douceur. C'est un miel qui descend dans l'âme et adoucit tout. Les peines se fondent devant une prière bien faite, comme la neige devant le soleil.

Tous ceux qui sont devenus saints ont fréquenté les sacrements et ont élevé leur âme à Dieu par la prière.

On n'a pas besoin de tant parler pour bien prier, on sait que le bon Dieu est là, dans le Saint Tabernacle ; on lui ouvre son cœur ; on se complaît en sa sainte présence. C'est la meilleure prière, celle-là.

Dans l'âme unie à Dieu, c'est toujours le printemps.

Saint Jean-Marie Vianney

Aimez toujours la prière. Quand je dis la prière, ce n'est pas tant s'imposer quantité de prières vocales à réciter chaque jour, mais cette élévation de l'âme vers Dieu à travers toutes choses qui vous établit avec la Sainte Trinité en une sorte de communion continuelle, tout simplement en faisant tout sous son regard.

Ah, si tu le connaissais un peu, la prière ne t'ennuierait pas. On vient tout simplement à Celui qu'on aime, on se tient près de lui comme un petit enfant dans les bras de sa mère et on laisse aller son cœur.

Sainte Élisabeth de la Trinité.

Ne commencez et ne finissez jamais votre travail que par la prière.

Saint Vincent Ferrier

Les promesses de Dieu sont liées à notre prière. L'ordre établi par Dieu est que nous pouvons tout obtenir de lui, mais toujours par le moyen de la prière. Bien que le Souverain Maître nous donne tout gratuitement, cependant nous devons le mériter par la prière. Mais ici nous sommes en plein mystère... cela suffit, prions.

Ni celui qui plante n'est quelque chose, ni celui qui irrigue, mais celui qui fait pousser : Dieu.

Et la puissance de Dieu qui seule peut atteindre les cœurs, où se trouve la racine de la désunion, est plus sensible à la prière et au sacrifice qu'à tout autre œuvre humaine, pourtant nécessaire à l'accomplissement de la volonté divine.

Saint Léopold Mandic

Les formules de prière sont pour le croyant comme les pitons de l'alpiniste pour l'escalade.

On cherche Dieu dans les livres, on le trouve dans la prière. La prière est la clé qui ouvre le cœur de Dieu.

Saint Pio de Pietrelcina

La prière est la respiration de l'âme. Sans la force que nous recevons de la prière, notre vie serait impossible.

Une famille qui prie, est une famille indestructible.

La prière nous donne un regard neuf sur toutes choses.

Sainte Teresa de Calcutta

La prière est la première condition de mon service dans l'Église et dans le monde.

À notre époque, le christianisme doit se distinguer surtout par « l'art de la prière ».

Saint Jean-Paul II

Ma vie vaudra ce que vaudra mon oraison.

Vénérable Marthe Robin

Paroles de nos aînés dans la foi

Ce n'est pas à cause de notre valeur que Dieu nous aime ; c'est parce qu'il nous aime que nous avons de la valeur.

H. Thielicke

La quête de l'homme ne peut s'achever qu'en expérience de Dieu.

Maurice Zundel

Ce n'est pas Dieu qui est loin de l'homme, mais l'homme qui est loin de Dieu.

Didier Decoin

J'attends la vie éternelle, je sais qu'elle sera simple, que celle-ci paraît compliquée… j'ai perdu l'enfance. Je ne pourrai la reconquérir que par la sainteté… Quand le règne de Satan aura pris fin, nous redeviendrons enfants.

Georges Bernanos

Seigneur prends-moi comme je suis et rends-moi tel que tu veux que je sois.

Jean-Paul 1er

L'homme spirituel cache les fautes d'autrui, comme Dieu protège le monde, comme le Christ lave de son sang notre péché, comme la Mère de Dieu étend sur les hommes le voile de ses larmes.

Olivier Clément

Apprends ceci, mon frère : toute pensée en laquelle ne prédominent pas le calme et l'humilité, n'est pas selon Dieu, mais c'est une soi-disant bonne inspiration venant des esprits mauvais. Car le Seigneur vient avec calme, mais tout ce qui est de l'Ennemi s'accompagne de trouble et d'agitation.

Barsanuphe

C'est l'Eucharistie qui fait l'Église et non le contraire.

La mission n'est que débordement de la communion.

Monseigneur Coffy

Nous sommes des pauvres en Christ. Aussi importe-t-il de ne jamais s'imposer, ni de chercher à capter une conscience humaine. Mais avant tout, que notre vie devienne une transparence de l'Évangile.

Frère Roger – Taizé

Le Saint n'est pas celui qui fait des choses extraordinaires, c'est celui qui apporte un grand amour à faire quotidiennement des choses ordinaires.

Cardinal Saliège

Quand on monte vers Dieu, on ne vieillit jamais, on grandit toujours, on rajeunit sans cesse.

Cardinal Marty

Faites comme Dieu : ne cherchez pas les imperfections humaines, ne cherchez pas les points faibles. Ainsi vous serez en paix avec la terre entière. Cherchez toujours dans autrui ce qui est bon. Concentrez votre attention sur cette partie positive de l'autre, mettez-la en pleine lumière et transformez le pécheur en saint homme.

Rabbi Nahman

Aimer, ce n'est pas faire de belles choses ni rendre service.
Aimer, c'est révéler la beauté, révéler à l'autre qu'il est précieux, qu'il a une valeur et qu'il a un sens à sa vie.
Aimer quelqu'un, c'est lui dire : « Je me réjouis de ta présence. »

Jean Vanier

Les vrais, les seuls regards d'amour sont ceux qui nous espèrent, qui nous envisagent, au lieu de nous dévisager.

Paul Baudiquey

Les seuls vrais conquérants sont ceux qui sont allés vers le prochain les mains nues et le cœur ouvert.

Daniel Rops

Il faudrait qu'aucun de nos frères ne puisse se plaindre de n'avoir pas rencontré en nous la tendresse de Dieu.

Le chrétien est celui qui poursuit l'incarnation dans sa vie, c'est celui qui, sans parler de Dieu, est lui-même parole de Dieu parce que vivant de la vie de Dieu. Respirant la présence de Dieu, il porte en lui ce témoignage qui est son existence même.

Maurice Zundel

Le bien qu'on fait importe plus que le mal qu'on dénonce.

Gustave Thibon

Partager, c'est la véritable façon d'aimer.

Pape François

Sur la prière…

Cesser de prier, c'est donner des forces à l'ennemi.
Ne pas prier du tout, c'est se soumettre au pouvoir adverse.

Origène

Le combat de la prière.
Les frères interrogeaient le Père Agathon, l'ermite : « Père, quelle est dans la vie la vertu qui exige le plus d'effort ? »
Il leur répondit : « Croyez-moi, j'estime qu'il n'y a rien qui demande plus d'effort que de prier Dieu. Car chaque fois que l'homme veut prier, les ennemis cherchent à l'en détourner ; ils savent en effet qu'on ne peut résister que si l'on prie Dieu. Et quelque genre de vie vertueuse que l'homme poursuive, il trouvera son repos s'il y persévère ; quant à la prière, elle réclame le combat jusqu'au dernier soupir. »

Agathon l'Ermite

Rassemblés autour de Jésus comme des disciples.
Sans la prière toutes les vertus sont comme des arbres sans terre. Notre Seigneur priait lui-même, il priait surtout sur les montagnes, là où il était seul, sans personne. Le chrétien, mon ami, est un homme de prière. Son père, sa mère, sa femme, ses enfants, sa vie, tout cela, pour lui, c'est le Christ. Le disciple du Christ doit vivre uniquement pour le Christ. Quand il aimera à ce point le Christ, il aimera forcément aussi toutes les créatures de Dieu. Les hommes croient qu'il faut d'abord aimer les hommes, et ensuite aimer Dieu. Moi aussi, j'ai fait cela, mais cela ne sert à rien. Quand, au contraire, j'ai commencé d'aimer Dieu avant tout, dans cet amour de Dieu, j'ai trouvé mon prochain, et dans ce même amour de Dieu, mes ennemis aussi sont devenus mes amis et des créatures divines.

Archimandrite Spiridon

Si tu veux que Dieu exauce rapidement ta prière, chaque fois que tu lèves et étends les mains vers Lui, commence d'abord par prier de toute ton âme pour tes ennemis, avant même de prier pour toi-même ; et en considération de cet acte de vertu, Dieu t'accordera tout ce que tu demandes.

Archimandrite Zénon

Ne t'afflige pas si tu ne reçois pas immédiatement de Dieu ce que tu lui demandes ; c'est qu'il veut te faire plus de bien encore par ta persévérance à demeurer avec lui dans la prière.

Evagre le Pontique

Ce qu'il y a de primordial pour l'apostolat du prêtre et du laïc, c'est la vie intérieure, la vie d'union à Dieu, la vie d'oraison, la vie dont parle Saint Paul lorsqu'il s'écrie : « Votre vie est cachée avec le Christ en Dieu ! »

Pie XII

La prière est la respiration des saints.

La prière de l'homme humble est comparable à une reine qui va et vient dans le palais du roi avec le pouvoir de s'emparer de tout ce qu'elle demande.

Marcel Van

L'Apôtre place la prière au-dessus de tout :
« Je vous conjure avant tout de prier ». 1 Tm 2, 1
Beaucoup de bonnes œuvres sont demandées au chrétien, mais l'œuvre de prière est au-dessus de toutes les autres, car, sans elle, rien de bien ne peut s'accomplir.
Sans la prière fréquente, on ne peut trouver la voie qui conduit au Seigneur, connaître la Vérité, crucifier la chair avec ses passions et ses désirs, être illuminé dans le cœur par la lumière du Christ et s'unir à Lui dans le salut.
Je dis fréquente, car la perfection et la correction de notre prière ne dépendent pas de nous, comme le dit encore l'apôtre Paul :
« Nous ne savons pas ce qu'il faut demander ». Rm 8, 26
Seule la fréquence a été laissée en notre pouvoir comme moyen pour atteindre la pureté de prière qui est la mère de tout bien spirituel.
« Acquiers la mère et tu auras une descendance » dit Saint Isaac le Syrien, enseignant qu'il faut acquérir d'abord la prière pour pouvoir mettre en pratique toutes les vertus.

Récits d'un pèlerin russe – Éditions du Seuil

Priez, ce n'est pas se fatiguer la tête au sujet de Dieu, c'est reposer son cœur en lui.

Augustin Ichiro Okumura

Prie comme un pauvre. Tu es fragile, versatile, distrait, radicalement incapable d'atteindre Dieu et de L'accueillir. Tu es pécheur en face de Dieu Trois fois Saint. Accepte ta pauvreté, sachant que Jésus a béni la prière de l'humble publicain. La prière du pauvre monte jusqu'aux oreilles de Dieu.

Prie avec courage, car les obstacles ne te manqueront pas, depuis le diable, ennemi acharné de ta prière qui, tel un lion rugissant, rôde alentour cherchant qui dévorer (1 P 5, 8), jusqu'aux sollicitations multiples de l'extérieur et à ta paresse innée. Souviens-toi de la promesse du prophète : « Courage, mes enfants, priez Dieu, il vous arrachera à la violence et à la main de vos ennemis » (Ba 4, 21). Au bout de l'effort, tu trouveras la paix.

Les Fraternités Monastiques de Jérusalem
Frère Pierre Marie

Avant d'être un moyen, la prière est l'expression de ce que je suis devenu par grâce. Je ne prie pas pour rentrer dans le royaume de Dieu, mais parce que Dieu m'a fait entrer gratuitement dans son royaume. Je prie parce que le Christ m'a introduit auprès du Père.

Mgr Coffy

La prière chrétienne est une prise de conscience de l'appel de Dieu, un consentement au dessein de Dieu, à la proposition de Dieu.

Louis Evely

Ce ne sont pas nos demandes qui transforment le dessein de Dieu, mais le don de Dieu qui transforme nos demandes.

Patrick Jacquemont

Le but de la prière est moins d'obtenir ce que nous demandons que de devenir autres.

Julien Green

Dieu nous donne non pas ce que nous lui demandons mais ce qu'il nous faut.

Léon Bloy

S'il faut prier, c'est parce que la prière est le cri de l'amour qui répond à l'Amour.

Maurice Zundel

Prions que le Seigneur mette en nous de quoi se servir de nous.

Theilhard de Chardin

La prière chrétienne et le cri d'un cœur qui, gagné par la grâce du Dieu souverain, ne connaît comme joie suprême que celle de « coopérer » avec Dieu et de voir l'œuvre divine du salut triompher dans la société humaine.

Fernand Ménégoz

Vouloir prier c'est prier.

La prière est une rencontre, un échange d'amour entre Dieu et l'homme, une activité à deux dont le principal acteur est Dieu. Lorsque nous prions, il nous faut donc avoir la conviction inébranlable que Dieu est là, qu'il nous attend prêt à nous écouter, que son amour est impatient de se donner à nous, et nous offrir à lui pour qu'il puisse accomplir en nous son œuvre.

Henri Caffarel

Marie nous enseigne à prier : ne pas vouloir affirmer face à Dieu notre volonté et nos désirs, aussi importants et raisonnables qu'ils puissent nous sembler ; mais les présenter devant lui et le laisser décider de ce qu'il veut faire.

Je demande… que l'on intensifie la prière, parce que la paix est d'abord un don de Dieu à implorer sans cesse.

Je vous invite tous à donner à la prière une place essentielle dans votre vie.

La prière est la première contribution que l'on peut apporter à la paix.

Benoît XVI

Soyez toujours des hommes et des femmes de prière.

Pape François

Saintes paroles

Que seul l'amour envers Dieu et envers notre prochain habite nos pensées.

L'amour demande un double effort, non seulement celui d'aimer les autres, mais surtout l'effort de se rendre aimable.

Si tu sens dans ton cœur quelque chose contre quelqu'un, prie jusqu'à ce que tu ressentes des sentiments positifs envers cette personne.

Il n'y a rien de plus fort au monde que la douceur.

Il n'y a pas d'amour de Dieu sans amour des hommes.
Il n'y a pas d'amour des hommes sans amour de Dieu.

Tout ce que je fais à mon prochain, je le fais à Jésus.
Tout ce que je refuse à mon frère, je le refuse à Jésus.

Si tu ne l'aimes pas, tu ne le regardes pas en face.

Je ne connais pas d'autre moyen pour pénétrer dans le cœur des hommes que la bonté.

Si nous sommes humbles, nous saurons saisir les vertus de notre prochain et nos défauts ; de cette façon, et seulement ainsi, nous connaîtrons la paix du cœur et nous saurons maintenir la paix avec tout le monde.

La paix n'est pas un mot, c'est un comportement.

Taisons-nous toujours quand nous nous apercevons qu'autour de nous on est agité.

Le bien ne fait pas de bruit, le bruit ne fait pas de bien.

Cette contrariété, le Seigneur l'a permise, lui qui m'aime infiniment et veut qu'en ce moment, je lui prouve mon amour en la supportant. Je ne veux plus jamais jeter la pierre et condamner ceux et celles qui m'entourent. Je préfère prier et me sacrifier pour eux.

Le bien coûte, il est le fruit d'une lutte permanente, mais il donne joie à l'esprit en le fortifiant.

Parlons le moins possible du mal qui se produit dans le monde car par le seul fait de le nommer on infecte l'air. Parlons toujours du bien que l'on fait ou que l'on voudrait faire au nom de Jésus, afin que tout le monde s'y sente appelé et que le bien se répande.

Un arbre qui tombe fait plus de bruit qu'une forêt qui pousse.

La justice de Dieu ne consiste pas à condamner mais à combler les manques.

Être bon, cela signifie avoir un cœur compatissant pour ceux qui souffrent et savoir se sacrifier pour les secourir. Être bon, cela signifie : ne pas juger, ne pas critiquer, ne pas calomnier le prochain, ne lui porter préjudice en aucune manière.

Le superflu appartient de droit au pauvre.

Lorsqu'un devoir, même simple et humble, est accompli par amour, il devient comme un chant ou une prière qui monte vers Dieu.

Le miracle le plus grand, c'est d'être persévérant dans la Foi jusqu'au dernier moment de la vie.

Ce qui est révélé, ce n'est pas une doctrine, un dogme, c'est une présence.

Il est vain de dire que l'on aime Jésus si l'on n'aime pas sa Mère.

Si dans le monde, on invoquait le nom de Marie plus souvent, avec plus de foi et de ferveur, que de malheurs seraient évités !

Tout passe, seul demeure l'Amour de Dieu pour nous et l'amour que nous lui portons.

Sur la prière…

La prière sans amour est comme un corps sans âme.

Sans la prière et l'union à Dieu, les œuvres de charité engendrent l'orgueil puis la vanité de ceux qui se glorifient de leurs propres œuvres.

Sans l'humilité, la prière est une insulte,
Sans l'humilité, la mortification est vanité.

Chanter, c'est prier deux fois.

Le péché a pris beaucoup d'emprise sur notre terre. Prions pour que Jésus soit vainqueur.

De nombreuses prières sont nécessaires, seuls des barrages spirituels telles des digues, peuvent contenir les flots dévastateurs de l'ennemi qui tente et guide les hommes et qui s'acharne à détruire ce que le Seigneur accomplit.

L'intercession, c'est le propre d'un cœur accordé à la miséricorde de Dieu.

C'est uniquement par la prière que la justice se transforme en miséricorde.

Que l'exemple des Saints… et que notre ange gardien… nous stimulent à faire de notre prière, l'acte le plus important de notre vie.

Ce n'est qu'avec la prière que Dieu peut être avec nous et occuper la première place dans notre vie.

Sans la prière constante, le cœur s'assèche et ne porte plus de fruit.

Prions sans cesse et en toute occasion ; que notre prière devienne une continuelle communion d'amour et de foi avec Dieu.

Celui qui prie vit de la lumière, celui qui prie porte la lumière, celui qui prie, devient lumière.

Quelques mots de mon cœur à toi, Jésus

Je te rends grâce, Seigneur, de tout ce que tu m'as donné et accordé de faire, et je te demande pardon du peu de cas que j'ai fait de toi et de toi en mes frères pendant toutes ces années passées.

Pardonne-moi, Seigneur, de t'avoir coûté si cher.

Je suis une vapeur orgueilleuse ; aide-moi, Seigneur, à devenir un souffle d'amour et d'humilité.

Je suis déjà sauvé, Seigneur, parce que je t'ai choisi.

Tu es tellement grand, Seigneur, et je me sens tellement petit, et tu trouves encore le moyen de m'aimer ! Je te dois tout et j'attends et j'espère tout de toi.

Je crois, Seigneur, que tu es vivant, je sais que je peux te parler, et cela suffit à mon bonheur.

Seigneur, donne-moi un esprit fort et résolu, un cœur droit et un regard pur et bienveillant.

Seigneur Dieu, Fils du Dieu vivant, tu es lumière et je suis ténèbres.
Pardonne-moi mes fautes, éclaire-moi, prends pitié de moi.
J'ai soif de Toi, désaltère-moi.
Enseigne-moi, donne-moi Ta Vie,
donne-moi Ta Paix, donne-moi Ta Force,
donne-moi Ta Grâce, donne-moi Ton Esprit Saint.
Emplis mon cœur de Ton Amour pour que je vive.
Je T'aime.
Viens, Seigneur Jésus.
Amen.

Ô Seigneur, tes mystères sont bien trop grands, mon intelligence si petite, mes moyens tellement limités que je n'ai d'autre chemin pour te connaître que de reposer entre tes bras, m'abandonner à toi, me laisser aimer, guérir et sauver, par toi, mon Seigneur et mon Roi.

Seigneur, chasse hors de moi tout ce qui n'est pas de toi ;
Sans toi, Seigneur, je ne suis rien.
Que puis-je faire que tu ne veuilles faire ?
Que puis-je faire si tu ne viens en mon cœur ?
Que puis-je faire si tu ne viens vivre en moi ?
Apprends-moi, Seigneur, à aimer.
Apprends-moi à aimer d'un grand Amour
chacun de mes frères.
Viens, Seigneur Jésus.

Seigneur, donne-moi la grâce de faire de moi une demeure digne de Toi.

Apprends-moi l'humilité Seigneur, pour que je puisse vivre de ta grâce.

Seigneur, garde-moi toujours petit, simple et confiant devant toi et mes frères.

Seigneur, donne-moi l'occasion en cette journée de reconnaître, de comprendre et de faire ta volonté.

S'il est vrai que je t'aime, Seigneur, alors apprends-moi à aimer mes frères.

Aide-moi, Seigneur, à faire en ton nom un peu de bien autour de moi en cette journée.

Aide-moi, Seigneur, à reconnaître et à comprendre les besoins de ceux que tu as mis autour de moi pour que je puisse les aider en ton nom.

Permets, Seigneur, que quelqu'un aujourd'hui soit heureux de m'avoir rencontré.

Tu m'as fait comprendre, Seigneur, que plus je serai petit devant Toi et devant mes frères, plus je serai comblé.

Seigneur, aide-moi à t'honorer par une vie de prière et de dévouement à mes frères… en attendant que tu viennes.

Tu nous libères, Seigneur, et tu nous donnes ta force quand nous t'annonçons par ta parole et par nos actes.

Père, je suis ton enfant. Donne-moi chaque jour ma nourriture, donne-moi par ton Fils Jésus Christ dans chaque communion ta Paix, ta Joie, et ton Amour.

Aide-moi, Seigneur, à te rester fidèle là où, même en peu de choses, je le suis.

Seigneur, tu es la lumière de nos vies, tu nous as tout donné.
Aide-nous à te rendre le peu que nous sommes, aide-nous à travailler à la venue de ton règne. Gloire à toi.

Si je connaissais ma misère et mon indigence, je mourrais de chagrin, mais je suis baptisé, je suis donc devenu fils et enfant bien-aimé du Père, racheté, appelé et conduit par Jésus-Christ à la vie divine. Béni sois-tu, Seigneur, de tant m'aimer et de m'apprendre ainsi à aimer. Que mon âme et mon cœur exultent et débordent toujours de joie dans la certitude de te rejoindre, et béni soit le jour de notre rencontre où nous vivrons en toi, et par toi, en Dieu, pour toujours, avec Marie notre Mère et tous ceux que nous avons connus et aimés.

Seigneur Jésus, pour me mettre en ta présence, donne-moi la grâce de toujours tracer lentement le signe de croix sur ma poitrine et de ramener chaque fois mes deux mains avec douceur et tendresse sur mon cœur puisque par ta croix il est à toi, il t'appartient et que tu y demeures.

Seigneur Jésus, comme toutes tes petites brebis que tu aimes et que tu conduis, garde-moi tout au long de ce jour confiant, épanoui et joyeux dans l'enclos de ton cœur.

Qu'est-ce que je suis, Seigneur, si ce n'est que tu m'aimes ?

Seigneur Jésus, aime-moi pour que je puisse t'aimer et ainsi, en t'aimant, pouvoir te faire aimer.

Que serais-je sans toi, Seigneur, et pourtant que ne suis-je déjà, grâce à toi ?

Je ne sais pas si je t'ai trouvé Seigneur, mais je sais que je ne voudrais pas te perdre.

Seigneur, je voudrais tant porter les vêtements de noces !

Je t'en prie Seigneur, sois ma lumière jusqu'au dernier jour de ma vie.

Seigneur, j'ai épuisé tous mes mots, je me rends à ta présence dans le silence, je m'offre à ton amour, je m'abandonne à toi.

Seigneur, aide-moi à être toujours un petit reflet de ta lumière pour mes frères.

Jean-Paul Dufour

Sur la foi…

J'ai été créé par l'amour et pour l'amour.

Dieu nous aime et nous pardonne malgré tous nos manques d'amour, il ne demande qu'à nous envelopper du manteau de sa miséricorde. Encore faut-il que nous pleurions sur notre péché, sur notre solitude, et que nous revenions à lui.

Le monde n'a pas besoin de discours, de méthodes, d'idées. Il a besoin d'être rassuré, il a besoin d'une présence, d'une chaleur, d'un cœur qui l'aime et le comprenne. Ce cœur nous savons où le trouver. C'est le cœur de Marie, c'est le cœur de Jésus, c'est le même amour. C'est l'amour du Père qui se fait proche pour chacun de nous, qui nous libère, qui nous dit « tu comptes pour moi », qui nous apprend à aimer nous aussi, c'est-à-dire à accueillir, donner et partager ce que nous avons reçu.

La vie n'est pas un combat (si ce n'est contre le péché), elle est un apprentissage à l'amour de Dieu.

Le péché est sournois comme le lierre au pied d'un arbre. Au début il semble plaisant, on l'accepte. Si on s'y habitue, à la fin, il nous enserre.

Au nom du Seigneur, je dois aimer.

La vie n'est pas une fatalité, on ne doit pas subir l'avenir mais le bâtir tous les jours dans l'amour avec l'aide et la grâce de Dieu.

Les doutes, j'en aurai toujours, j'aurai toujours à les combattre, mais comme ils me troublent, ils m'inquiètent et ils m'empoisonnent, j'ai décidé, par le nom victorieux de Jésus mon Sauveur, de les rejeter à jamais dans l'abîme.

Le secret du bonheur, c'est l'humilité en Jésus-Christ, à l'école de Marie.

Être pauvre de cœur, ce n'est pas compter sur ses propres forces, mais sur la grâce du Seigneur.

Je suis fragile, dépendant, voué à la mort, nourri par l'Église, racheté et promis à la vie divine par la mort et la résurrection de Jésus-Christ, notre Sauveur.

Le vendredi, il est vrai, n'est pas la fin et tout commence avec le dimanche, mais il n'y a pas de dimanche sans vendredi.

L'Esprit Saint est l'Esprit du Père et du Fils, Esprit d'Amour qui nous purifie, qui nous éclaire et qui inspire en nos cœurs tout élan, tout sentiment de générosité envers Dieu et nos frères. C'est l'Esprit de Jésus glorifié qui soutient l'Église et la fait vivre.

Je n'ai que peu de temps à passer sur la Terre en rendant grâce à Dieu, et en faisant le bien.

Dans un homme, dans une femme ou dans une communauté, même si l'on trouve la recherche et l'exigence d'une vie en Jésus-Christ, si Marie est absente, il manque l'attention, la discrétion, la délicatesse, la douceur, la prévenance, la protection et l'amour d'une Mère.

Prenons garde à ne pas nous annoncer par le Seigneur mais bien toujours à annoncer le Seigneur.

Le chrétien est un homme qui cherche la lumière, qui aime Jésus et Marie, qui vit en Dieu par sa prière et les sacrements qu'il reçoit en Église, qui donne sa présence, son écoute, sa bonne humeur, la joie qu'il reçoit de Jésus-Christ, et qui offre sa souffrance quand elle se présente, mais qui prie aussi Jésus pour en avoir le soulagement. C'est un homme en éveil qui s'ouvre aux autres et qui a le souci des besoins spirituels, affectifs et matériels de chacun. C'est un homme qui offre à Jésus dans le silence de sa prière et de son cœur chaque personne qu'il rencontre en laquelle il découvre et aime son propre Seigneur. La vie, comme l'amour, est communion, Communion Eucharistique, communion des cœurs par Dieu et en Dieu, qui seul a le pouvoir de maintenir cette union dans le temps, par les mérites de Jésus-Christ, notre Sauveur.

Servons le Seigneur et œuvrons à la mesure de ce que nous avons reçu, de ce qu'il a bien voulu mettre en nous. Ne nous endormons pas, certes, mais gardons l'humilité, réjouissons-nous, étonnons-nous, remercions Dieu pour tous les autres dons qu'il a déposés en nos frères sachant bien que toutes les grâces, tous les charismes, tous les appels dans leurs diversités sont complémentaires dans le Corps du Christ pour l'Église. Prenons garde à ne jamais imposer à nos frères « notre chapelle », notre façon de croire et d'agir en Dieu et auprès de nos frères. Restons ouverts, disponibles et persévérants dans nos engagements sans jamais non plus nous mésestimer car nous avons du prix pour Dieu. Nous garderons ainsi la paix.

Ma vie, mon présent, c'est le Christ. Mon avenir c'est le Christ. Et, si je ne me soucie ni de mon présent, ni de mon avenir, quelles ténèbres…

J'espère beaucoup du Seigneur, j'en connais peu de choses.

Plus on trouve Jésus, plus on cherche à le donner.

Mon trésor, c'est le Christ; et son écrin, Marie.

Je porte une grande joie et un grand bonheur dans le cœur, c'est que Jésus soit déjà aimé de mes frères. Je porte aussi une grande douleur, c'est qu'il ne soit pas encore connu de tous.

On oublie généralement bien trop vite les grâces reçues.

Nous sommes tous signe et présence de Dieu lorsque nous nous aimons.

Je voudrais entendre chaque jour mes frères musulmans, juifs et chrétiens dénoncer avec force ceux qui, au nom de leur religion, prônent la violence et la haine.

La joie en Dieu, la joie de Noël, comme la joie au quotidien, est surtout intérieure, silencieuse, contemplative et ne s'accompagne guère de paroles inutiles, d'agitation, voire d'exubérance.

Tout ce que le Ciel n'a pas fait à travers ses différents instruments pour que nous revenions à lui !

Sur cette terre, nous avons chacun des qualités et des défauts. Par la grâce de Dieu, essayons de faire fructifier les qualités et de corriger les défauts.

Si tu ne cesses de parler, comment écouter, entendre et comprendre ce que le Seigneur veut pour toi ?

Si le monde est durement éprouvé et malade, c'est parce qu'il persiste dans le péché, parce qu'il ne prie plus, parce qu'il a interrompu sa relation avec son Créateur.

Nous sommes tous baignés et immergés dans l'Amour de Dieu et c'est nous-mêmes qui lui faisons obstacle.

Nous sommes tous fils de Dieu, même si nous sommes tous plus ou moins ignorants des choses de Dieu.

Tant de choses nous sont encore voilées, que nous ne découvrirons qu'au Ciel !

Mon plus beau titre de gloire sur cette Terre, c'est d'être fils de Dieu. Encore faut-il que j'en sois digne.

Vivement le Ciel, puisque nous sommes nés pour cette rencontre.

Ma vocation, je ne la vivrai que pleinement au Ciel.

Quel plus grand bonheur que de faire connaître Jésus à nos frères !

Jean-Paul Dufour

Sur la prière…

La prière est vitale pour notre esprit et pour notre âme comme l'air, l'eau ou la nourriture pour le corps. L'homme ne peut grandir et se développer pleinement sans la prière, sans cette ouverture et cette présence à Dieu, cette écoute du Père qui veut combler tous ses enfants de son amour, de ses grâces et de sa bénédiction.

La prière, c'est donner du temps, gratuitement, au Seigneur et entretenir une amitié et une intimité avec lui.

Prier c'est être amoureux du Christ.

Quand notre cœur et nos paroles sont trop pauvres pour prier ou louer le Seigneur, offrons-lui notre confiance, notre écoute et notre silence.

Offrons notre prière au Seigneur sans nous décourager, même s'il nous semble parfois que nous avons peu de ferveur et que nous manquons d'attention. Elle n'en a pas moins de valeur.

Quand il me semble dans la prière que mes paroles sont accordées à mon cœur, que le Seigneur est proche, qu'il m'écoute, qu'il m'anime, qu'il me réconforte et que je suis heureux de prier et d'être en sa présence, c'est uniquement parce que l'Esprit Saint vient à mon aide, qu'il me fait la grâce de m'assister et que Marie et mon Ange gardien me protègent et veillent à mes côtés.

Il me semble que si dans mon temps de prière, je ne pleure pas de reconnaissance, de joie et de bonheur pour tout l'amour dont Jésus m'aime, c'est qu'il me reste encore davantage à lui ouvrir mon cœur.

La prière est un élan du cœur, une ouverture à Dieu, elle est source de joie, source de paix, source de vie, source de grâces, joie d'aimer.

Prions pour la Paix, pour notre Église, pour tous ceux qui sont dans la peine, l'épreuve et qui manquent de force. Prions pour tous ceux qui n'arrivent pas à pardonner. Prions pour ceux qui ne connaissent pas encore Jésus, qui ne se savent pas enfants bien-aimés du Père. Offrons notre prière pour ceux qui ne prient pas, pour ceux qui n'ont pas le désir de Dieu. Offrons notre prière pour le salut de tous.

Toute prière ne s'épanouit et ne porte du fruit que dans le secret des cœurs, dans le silence et dans l'humilité.

Jeûner c'est accepter d'être mis en terre pour que notre Seigneur en retire du fruit. C'est accepter de se laisser moudre.

Chaque jour qui passe me donne la grâce de prier, de me préparer davantage à sa rencontre et d'avancer en l'annonçant sur le chemin de Notre Seigneur.

L'Amour du Seigneur est douceur, il soulage, il met au large, il encourage, apaise, libère, déculpabilise, enlève la peur, accueille, il donne confiance, il unifie, il est tendresse.

Prier Dieu, c'est lui dire notre amour.

Chaque prière est une petite fenêtre qui s'ouvre sur le Ciel.

Jean-Paul Dufour

Bien pauvre, naïf et maladroit…

Bien pauvre tu resteras tant que tu n'auras pas découvert que ce n'est pas les yeux ouverts que tu vois le mieux !
Bien naïf tu resteras tant que tu n'auras pas appris que, les lèvres closes, il est des silences plus riches que la profusion de mots.
Bien maladroit tu resteras tant que tu n'auras pas compris que, les mains jointes, tu peux bien plus agir qu'en agitant les mains.

Dom Helder Camara

Un Sourire

Un sourire ne coûte rien et produit beaucoup,
il enrichit ceux qui le reçoivent
sans appauvrir ceux qui le donnent.
Il ne dure qu'un instant
mais son souvenir est parfois éternel.
Personne n'est assez riche pour s'en passer,
personne n'est assez pauvre pour ne pas le mériter.
Il crée le bonheur au foyer,
il est le signe sensible de l'amitié.
Un sourire donne du repos à l'être fatigué,
rend du courage aux plus découragés.
Il ne peut ni s'acheter, ni se prêter, ni se voler
car c'est une chose qui n'a de valeur
qu'à partir du moment où il se donne.
Et si quelquefois vous rencontrez une personne
qui ne sait plus avoir le sourire,
soyez généreux, donnez-lui le vôtre,
car nul n'a autant besoin d'un sourire
que celui qui ne peut en donner aux autres.

La rencontre de l’autre

La rencontre de l’autre n’est-elle pas chose rare ? Sans cesse, nous nous croisons ; souvent, nous nous heurtons, ou bien nous passons les uns à côté des autres sans nous voir. Pourtant, chaque frère est une présence, une image du Dieu vivant, sur notre chemin.
Or, très souvent, nous ne voyons dans l’autre que ce qui nous repousse et nous rend étrangers.
La rencontre suppose un premier acte de justice qui est d’accepter que l’autre ait le droit d’être lui-même, et non pas simplement une pauvre réplique de ce que nous sommes. L’autre n’est pas créé à notre image ; sa vocation, c’est de ressembler à Dieu, et non pas à moi.
Reconnaître à un autre le droit d’être lui-même et de ne pas nous ressembler, permet de le regarder vraiment et de ne pas essayer de nous reconnaître en lui, mais de le reconnaître, lui, et au-delà de lui-même, de reconnaître le Seigneur.
Un second acte de justice, c’est d’écouter l’autre avec la volonté d’entendre. L’écoute de l’autre, trop souvent, consiste à glaner dans sa parole juste de quoi le contredire dès qu’il aura fini de parler. Ce n’est pas un dialogue, car tandis que l’on parle, l’autre prépare sa réponse. Ensuite, on change de rôle, lorsqu’on se quitte, personne n’a vraiment rien entendu. Il n’y a pas eu de rencontre.
Écouter, ce n’est pas accueillir des mots, des phrases, avec un sens objectif, c’est chercher à saisir, au-delà d’une parole peut-être inadéquate, la vérité d’une pensée qui se cherche, qui voudrait faire saisir ce qui lui est cher. On ne sera jamais le même après cette rencontre, car elle nous désinstalle, c’est pourquoi on en a peur.

Dom Savin Boinot

Un sourire est une lumière à la fenêtre de l'âme qui indique que le cœur est bien là.

Dans le monde, il existe des centaines de langues, mais le sourire les connaît toutes.

Jésus ne dit pas…

Jamais homme n'a respecté les autres comme cet homme. Pour lui, l'autre est toujours plus et mieux que ce à quoi les idées reçues, même des sages et des docteurs de la Loi, tendent à le réduire. Il voit toujours en celui ou celle qu'il rencontre un lieu d'espérance.

Il voit toujours en celui qu'il rencontre, une promesse vivante, un extraordinaire possible, un être appelé, par-delà et malgré ses limites, ses péchés et parfois ses crimes, à un avenir tout neuf.

Il lui arrive même d'y discerner quelque merveille secrète dont la contemplation le plonge dans l'action de grâce.

Il ne dit pas: “Cette femme est volage, légère, sotte, elle est marquée par un atavisme moral, celui de son milieu”. Il lui demande un verre d'eau et il engage la conversation (Jn 4, 1-42).

Il ne dit pas: “Voilà une pécheresse publique, une prostituée à tout jamais enlisée dans son vice”. Il dit: “Elle a plus de chance pour le Royaume de Dieu que ceux qui tiennent à leur richesse ou se drapent dans leur vertu et leur savoir” (Lc 7, 36-47).

Il ne dit pas: “Celle-ci n'est qu'une adultère”. Il dit: Je ne te condamne pas. Va et ne pèche plus (Jn 8, 1-11).

Il ne dit pas: “Celle-là qui cherche à toucher mon manteau n'est qu'une hystérique”. Il l'écoute, lui parle et la guérit (Lc 8, 43-48).

Il ne dit pas: “Cette vieille qui met son obole dans le tronc pour les œuvres du temple est une superstitieuse”. Il dit qu'elle est extraordinaire et qu'on ferait bien d'imiter son désintéressement (Mc 12, 42-44).

Il ne dit pas: “Ces enfants ne sont que des gosses”. Il dit: “Laissez-les venir à moi et tâchez de leur ressembler” (Mc 10, 13-16).

Il ne dit pas: “Cet homme n'est qu'un fonctionnaire véreux qui s'enrichit en flattant le pouvoir et en saignant les pauvres”. Il s'invite à sa table et assure que sa maison a reçu le salut (Lc 19, 1-10).

Il ne dit pas, comme son entourage: “Cet aveugle paie sûrement ses fautes ou celles de ses ancêtres”. Il dit que l'on se trompe complètement à ce sujet et il stupéfie tout le monde, ses Apôtres, les scribes et les pharisiens, en montrant avec éclat combien cet homme jouit de la faveur de Dieu. L'action de Dieu devait se manifester en lui (Jn 9, 1-41).

Il ne dit pas : “Ce centurion n’est qu’un occupant”. Il dit : “Je n’ai jamais vu pareille foi en Israël” (Lc 7, 2-10).
Il ne dit pas : “Cet individu n’est qu’un hors-la-loi”. Il lui dit : Aujourd’hui tu seras avec moi dans le Paradis (Lc 23, 40-43).
Il ne dit pas : “Ce Judas ne sera jamais qu’un traître”. Il l’embrasse et lui dit : Mon ami (Mt 26, 47-50).
Il ne dit pas : “Ce fanfaron n’est qu’un renégat”. Il lui dit : Pierre, m’aimes-tu ? (Jn 21, 15-19).
Il ne dit pas : “Ces grands prêtres ne sont que des juges iniques, ce roi n’est qu’un pantin, ce procurateur romain n’est qu’un pleutre, cette foule qui me conspue n’est qu’une plèbe, ces soldats qui me conspuent ne sont que des tortionnaires”. Il dit : Père, pardonne-leur, car ils ne savent pas ce qu’ils font (Lc 23, 34).
Jésus n’a jamais dit : “Il n’y a rien de bon dans celui-ci, dans celui-là, dans ce milieu-ci, dans ce milieu-là”. De nos jours, il n’aurait jamais dit : “Ce n’est qu’un intégriste, qu’un moderniste, qu’un gauchiste, qu’un fasciste, qu’un mécréant, qu’un bigot…” Pour lui, les autres, quels qu’ils soient, quels que soient leurs actes, leur statut, leur réputation, sont toujours des êtres aimés de Dieu.
Jamais homme n’a respecté les autres comme cet homme. Il est unique. Il est le Fils unique de celui qui fait briller son soleil sur les bons et sur les méchants.

Cardinal Albert Decourtray

La paix viendra

Si tu crois qu'un sourire est plus fort qu'une arme,
Si tu crois à la puissance d'une main offerte,
Si tu crois que ce qui rassemble les hommes est
plus important que ce qui les divise,
Si tu crois qu'être différents est une richesse et
non pas un danger,
Si tu sais regarder l'autre avec un brin d'amour,
Si tu sais préférer l'espérance au soupçon…
Si tu estimes que c'est à toi de faire le premier pas
plutôt qu'à l'autre,
Si le regard d'un enfant parvient encore à désarmer
ton cœur,
Si tu peux te réjouir de la joie de ton voisin,
Si l'injustice qui frappe les autres te révolte autant
que celle que tu subis,
Si pour toi l'étranger est un frère qui t'est proposé,
Si tu sais donner gratuitement un peu de ton temps
par amour,
Si tu sais accepter qu'un autre te rende service,
Si tu partages ton pain et que tu saches y joindre
un morceau de ton cœur,
Si tu crois qu'un pardon va plus loin qu'une
vengeance…
Si tu sais chanter le bonheur des autres et danser
leur allégresse,
Si tu peux écouter le malheureux qui te fait perdre
ton temps et lui garder ton sourire,
Si tu sais accepter la critique et en faire ton profit
sans la renvoyer et te défendre,
Si tu sais accueillir et adopter un avis différent du tien…
Si tu refuses de battre ta coulpe sur la poitrine des autres,
Si pour toi l'autre est d'abord un frère,
Si la colère est pour toi une faiblesse, non une preuve de force,

Si tu préfères être lésé que de faire tort à quelqu'un,
Si tu refuses qu'après toi ce soit le déluge,
Si tu te ranges du côté du pauvre et de l'opprimé
sans te prendre pour un héros,
Si tu crois que l'amour est la seule force de discussion,
Si tu crois que la paix est possible,
...Alors la paix viendra.

Pierre Guilbert

Aimer

Aimer, pour nous, c'est aussi sourire, chanter,
faire rire : ceux qu'on aime, ceux qui ont besoin
de s'évader, les malades ou les biens portants ;
c'est admirer un tableau, un paysage,
c'est s'émouvoir devant un petit homme,
devant l'aïeul qui va finir sa course,
c'est vibrer pour un chant, une symphonie,
c'est trouver du goût à un fruit, à un être,
c'est respirer à pleins poumons pour sentir la vie
et pour mieux servir,
c'est veiller à la santé des autres
sans négliger la sienne,
c'est travailler et ne pas avoir honte de se distraire,
c'est écouter et c'est oser, quand il le faut,
prendre la parole,
c'est aider et savoir accepter un coup de main,
c'est partager et recevoir sans gêne,
c'est respecter les morts sans oublier les vivants,
c'est donner la joie, c'est donner la vie,
c'est savoir dire demain quand on est tout oblitéré d'hier,
c'est pardonner souvent, c'est pardonner toujours,
c'est espérer contre vents et marées,
aimer, c'est se souvenir, à chaque instant,
qu'on est aimé.

Je sais, mon frère

Je sais mon frère,
que tu as bien des raisons de désespérer,
mais je voudrais te crier
qu'il y a des milliers de raisons d'espérer !
Ne laisse pas gagner ton cœur
par les marées noires des mauvaises nouvelles.
Pour changer le monde, change d'abord ton regard.
Moi, frère François, ton petit serviteur,
je te prie et je te supplie :
regarde le monde avec les yeux du Christ Jésus.
Lui, notre Seigneur et notre frère,
sut voir les moindres gestes,
tel celui de l'obole d'une pauvre veuve,
et s'en émerveiller…
Regarde et vois tous ces hommes et toutes ces femmes
qui, au lieu de crier que Dieu est aveugle,
lui prêtent leurs yeux ;
au lieu de crier que Dieu est manchot,
lui prêtent leurs mains :
au lieu de crier que Dieu est muet,
lui prêtent leurs voix…
Car le monde actuel a besoin
de retrouver ce « regard du cœur »
et de cueillir ces fleurs de l'espérance
pour mieux respirer et pour mieux vivre.

Saint François d'Assise

Tu comptes sur nous

Dieu seul peut donner la foi
mais tu peux donner ton témoignage.
Dieu seul peut donner l'espérance
mais tu peux rendre confiance à tes frères.
Dieu seul peut donner l'amour
mais tu peux apprendre à l'autre à aimer.
Dieu seul peut donner la paix
mais tu peux semer l'union.
Dieu seul peut donner la force
mais tu peux soutenir un découragé.
Dieu seul est le chemin
mais tu peux l'indiquer aux autres.
Dieu seul est la lumière
mais tu peux la faire briller aux yeux de tous.
Dieu seul est la vie
mais tu peux rendre aux autres leur désir de vivre.
Dieu seul peut faire ce qui paraît impossible
mais tu pourras faire le possible.
Dieu seul se suffit à lui-même
mais il préfère compter sur toi.

D'une équipe chrétienne du Brésil

Quel chemin pour notre enfant ?

Dès l’enfance, donnons-lui tout ce qu’il désire.
Il grandira ainsi en pensant que le monde entier lui doit tout.
S’il dit des grossièretés, rions, il se croira très malin.
Ne lui donnons aucune formation chrétienne ni morale.
Quand il aura dix-huit ans, il choisira lui-même.
Ne lui disons jamais : c’est mal !
Il pourrait faire un complexe de culpabilité.
Et plus tard, quand il sera arrêté pour un vol de voiture,
il sera persuadé que c’est la société qui le persécute.
Ramassons ce qu’il laisse traîner.
Ainsi il sera sûr que ce sont toujours les autres qui sont responsables.
Laissons le tout lire et tout regarder.
Veillons à la propreté de sa vaisselle,
mais laissons son esprit se nourrir de saletés.
Disputons-nous et critiquons-nous devant lui.
Si notre ménage se désunit, il ne sera pas choqué.
Donnons-lui tout l’argent qu’il réclame, qu’il n’ait pas à le gagner.
Il ferait beau voir qu’il ait les mêmes difficultés que nous.
Que tous ses désirs soient satisfaits :
nourriture, boissons, confort, loisirs…
sinon il sera frustré.
Prenons toujours son parti.
Les professeurs, la société, la police lui en veulent.
Enfin, s’il devient délinquant,
proclamons vite que nous n’avons jamais rien pu en faire.
Il sera toujours temps d’appeler… à l’aide !

Vive la vie

La vie est chance, saisis-la. La vie est beauté, admire-la.
La vie est béatitude, goûte-la. La vie est défi, relève-le.
La vie est devoir, accomplis-le. La vie est jeu, joue-le.
La vie est précieuse, prends en soin. La vie est richesse, conserve-la.
La vie est amour, savoure-la. La vie est mystère, connais-le.
La vie est promesse, tiens-la. La vie est chagrin, surmonte-le.
La vie est chant, chante-le. La vie est lutte, accepte-la.
La vie est tragédie, soutiens-la. La vie est aventure, tente-la.
La vie est bonheur, réalise-le. La vie est vie, sauve-la.
La vie est trop précieuse, ne la détruis pas.

Sainte Teresa de Calcutta

Si un enfant…

Si un enfant vit dans la critique, il apprend à condamner.
Si un enfant vit dans l'hostilité, il apprend à se battre.
Si un enfant vit dans le ridicule, il apprend à être gêné.
Si un enfant vit dans le soupçon, il apprend à se sentir coupable.
Si un enfant vit dans la tolérance, il apprend à être patient.
Si un enfant vit dans l'encouragement, il apprend à être confiant.
Si un enfant vit dans la reconnaissance, il apprend à estimer.
Si un enfant vit dans la loyauté, il apprend la justice.
Si un enfant vit dans la sécurité, il apprend à avoir la foi.
Si un enfant vit dans l'approbation, il apprend à s'aimer lui-même.
Si un enfant vit dans l'amitié, il apprend à trouver l'amour
dans le monde.

Recommence

Si tu es las et que la route te paraît longue,
si tu t'aperçois que tu t'es trompé de chemin,
ne te laisse pas couler au fil des jours et du temps,
recommence !

Si la vie te semble trop absurde,
si tu es déçu par trop de choses et trop de gens,
ne cherche pas à comprendre pourquoi...
recommence !

Si tu as essayé d'aimer et d'être utile,
si tu as connu ta pauvreté et tes limites,
ne laisse pas là une tâche à moitié faite,
recommence !

Si les autres te regardent avec reproche,
s'ils sont déçus par toi, irrités,
ne te révolte pas, ne leur demande rien,
recommence !

Car l'arbre rebourgeonne en oubliant l'hiver,
car le rameau fleurit sans demander pourquoi,
car l'oiseau fait son nid sans songer à l'automne,
car la vie est espoir et recommencement.

Pour vivre en paix

Nous accepter tels que nous sommes avec joie.
Prendre en compte ce que nous avons reçu
plutôt que ce qui nous manque.
Remercier plutôt que de se plaindre.
Dire du bien des autres à haute voix.
Ne jamais se comparer aux autres, cela ne rend pas heureux.
Vivre dans la vérité : appeler bien le bien, mal le mal.
Résoudre les conflits par le dialogue et non par la force.
Commencer par ce qui rassemble
et n'aborder qu'après ce qui divise.
Faire le premier pas dans la réconciliation avant le soir.
Pardonner est plus important qu'avoir raison.

Cardinal Danneels

Je suis Chrétien

Quand je dis… « Je suis Chrétien », je ne crie pas à tous vents « Je suis impeccable ». Je murmure « J'étais perdu, maintenant Tu m'as trouvé et pardonné ».

Quand je dis… « Je suis Chrétien », je ne parle pas avec fierté, je confesse que je trébuche et que j'ai besoin du Christ pour me guider.

Quand je dis… « Je suis Chrétien », je n'essaie pas d'être fort. Je professe que je suis faible et que j'ai besoin de Sa force pour avancer.

Quand je dis… « Je suis Chrétien », je ne me vante pas de me débrouiller seul.

Je reconnais que je n'y arrive pas et que j'ai besoin du Seigneur pour nettoyer tout mon désordre intérieur.

Quand je dis… « Je suis Chrétien », je ne prétends pas être parfait, mes défauts sont trop visibles, Mais le Seigneur croit en ma valeur.

Quand je dis… « Je suis Chrétien », je sens toujours l'aiguillon de la douleur. J'ai ma part de chagrin, aussi je crie vers lui.

Quand je dis… « Je suis Chrétien », je ne suis pas plus saint que vous, je ne suis qu'un simple pécheur qui a reçu la grâce de Dieu Miséricordieux.

Maya Angelou

Symphonie

Si la note disait :
« Ce n'est pas une note qui peut faire une musique »
Il n'y aurait pas de symphonie...

Si le mot disait :
« Ce n'est pas un mot qui peut faire une page »
Il n'y aurait pas de livre...

Si la goutte d'eau disait :
« Ce n'est pas une goutte d'eau qui peut faire une rivière »
Il n'y aurait pas d'océan...

Si l'homme disait :
« Ce n'est pas un geste d'amour qui peut sauver l'humanité »
Il n'y aurait jamais de justice et de paix,
de dignité et de bonheur sur la terre des hommes...

Comme la symphonie a besoin de chaque note,
Comme le livre a besoin de chaque mot,
Comme l'océan a besoin d'une goutte d'eau,
L'humanité entière a besoin de toi,

Là où tu es,
Unique...
Irremplaçable...

Michel Quoist

Bienheureux…

Bienheureux ceux qui savent rire d'eux-mêmes, ils n'ont pas fini de s'amuser.
Bienheureux ceux qui savent distinguer une montagne d'une taupinière, il leur sera épargné bien des tracas.
Bienheureux ceux qui sont capables de se reposer et de dormir, sans chercher d'excuse, ils deviendront des sages.
Bienheureux ceux qui sont assez intelligents pour ne pas se prendre au sérieux, ils seront appréciés de leur entourage.
Bienheureux ceux qui sont attentifs à l'appel des autres sans toutefois se croire indispensables, ils seront semeurs de joie.
Heureux êtes-vous si vous savez regarder sérieusement les petites choses et paisiblement les choses sérieuses, vous irez loin dans la vie.
Heureux êtes-vous si vous savez sourire et oublier une grimace, votre route sera ensoleillée.
Heureux êtes-vous si vous êtes capable de toujours interpréter avec bienveillance les attitudes d'autrui, même si les apparences sont contraires, vous passerez pour des naïfs, mais la charité est à ce prix.
Heureux ceux qui pensent avant d'agir et prient avant de penser, ils éviteront bien des bêtises.
Heureux êtes-vous si vous savez vous taire et sourire même lorsqu'on vous coupe la parole, lorsqu'on vous contredit ou que l'on vous marche sur les pieds, l'Évangile commence à pénétrer votre cœur.
Bienheureux surtout vous qui savez reconnaître le Seigneur en tous ceux que vous rencontrez, vous avez la vraie lumière et la vraie sagesse.

Ma Mère, elle s'appelle Marie, dit Dieu

Il me manquait une maman, et je l'ai faite.
J'ai fait ma Mère avant qu'elle ne me fasse.
C'était plus sûr.
Maintenant, je suis vraiment un homme
comme tous les hommes.
Je n'ai plus rien à leur envier, car j'ai une maman.
Une vrai.
Ça me manquait.
Ma Mère, elle s'appelle Marie, dit Dieu.
Son âme est absolument pure et pleine de grâce.
Son corps est vierge
et habité d'une telle lumière que sur terre
Je ne me suis jamais lassé de la regarder,
de l'écouter, de l'admirer.
Elle est belle, ma Mère, tellement belle que,
laissant les splendeurs du ciel,
je ne me suis pas trouvé dépaysé près d'elle.
Pourtant, Je sais ce que c'est, dit Dieu,
que d'être porté par les anges ;
ça ne vaut pas les bras d'une Maman, croyez-moi.
Après être remontée au ciel,
elle me manquait, je lui manquais.
Elle m'a rejoint, avec son âme, avec son corps,
directement.
Je ne pouvais pas faire autrement.
Ça se devait. C'était plus convenable.
Les doigts qui ont touché Dieu
ne pouvaient pas s'immobiliser.
Les yeux qui ont contemplé Dieu
ne pouvaient rester clos.

Les lèvres qui ont embrassé Dieu
ne pouvaient se figer.
Ce corps très pur qui avait donné un corps à Dieu
ne pouvait s'altérer, abandonné à la terre.
Je n'ai pas pu, ce n'était pas possible,
ça m'aurait trop coûté.
J'ai beau être Dieu, je suis son Fils,
et c'est moi qui dispose.
Et puis, dit Dieu, c'est encore
pour mes frères les hommes que j'ai fait cela.
Pour qu'ils aient une maman au ciel.
Une vraie, une de chez eux, corps et âme.
La mienne.
Maintenant, qu'ils la prient davantage ! dit Dieu.
Au ciel ils ont une maman qui les suit des yeux,
avec ses yeux de chair.
Au ciel ils ont une maman qui les aime à plein cœur,
avec son cœur de chair.
Et cette maman, c'est la mienne,
qui me regarde avec les mêmes yeux,
qui m'aime avec le même cœur.
Si les hommes étaient plus ingénieux,
ils en profiteraient, ils devraient bien se douter
que je ne peux rien lui refuser…
Que voulez-vous, c'est ma maman.
Je l'ai voulue et je l'honore.
L'un pour l'autre, corps et âme, Mère et Fils,
Éternellement Mère et Fils…

d'après Michel Quoist

Le secret du bonheur

Heureux celui dont la foi est assez simple pour ne s'étonner de rien. La peur n'a plus de prise sur lui car il connaît la sérénité.
Heureux celui dont le cœur est assez grand pour qu'y trouvent place toutes les indulgences et tous les pardons.
Heureux celui qui ne fait pas consister sa religion dans un ensemble de défenses et de restrictions mais dans l'Amour de Dieu et dans la charité agissante envers tous ceux qui attendent qu'on les aime.
Heureux celui qui s'est établi délibérément dans un climat de bienveillance, se refusant à toute critique stérile, à toute hargne, à toute rancœur.
Heureux celui qui, une fois pour toutes, a pris Marie pour Mère !

Agnès Richomme

Prendre un ancien par la main

Prendre un ancien par la main, pour la fin de son chemin, pour lui donner la confiance en son pas, prendre un ancien par le bras.
Prendre un ancien par le cœur, lui donner un peu de bonheur, de la vieillesse, soulager les malheurs, prendre un ancien par le cœur.
Prendre un ancien par la main et lui chanter ses refrains qui lui rappellent sa jeunesse et sa vie, être pour lui un ami.
Prendre un ancien par l'amour pour embellir ses vieux jours, l'aider à supporter le poids des ans, prendre un ancien en l'aimant.
Prendre un ancien par la main et consoler ses chagrins, lui donner l'amour dont il a besoin, être pour lui un soutien.
Prendre un ancien tel qu'il est, l'entourer de son respect en pensant que bientôt viendra le jour d'être un ancien à son tour.

La Porte étroite

Il faut qu'il grandisse et que je diminue. Jn 3, 30
Dans la joie, Marie s'efface pour donner vie au Fils de Dieu. Élisabeth s'efface devant la mère de notre Seigneur. Saint Joseph s'efface devant la Vierge Marie, son épouse. Notre Sauveur s'efface dans une crèche sous les traits d'un nouveau-né. La Sainte Famille s'efface dans l'humble maison de Nazareth. Saint Jean-Baptiste s'efface devant l'Agneau de Dieu. Marie s'efface devant Jésus.
Jésus, de condition divine, enseigne, guérit, s'efface devant la volonté du Père, s'humilie et s'offre par amour pour nous sur la Croix.
Ressuscité, il s'efface devant les disciples d'Emmaüs et devant ses apôtres en montant au Ciel.
Jésus, réellement présent dans l'Eucharistie, effacé à nos yeux, se donne dans le Pain de Vie.
L'Esprit-Saint opère de façon invisible en nos âmes.
Marie, dans la discrétion, protège ses enfants et leur donne le trésor de son Cœur…
Le Fils de Dieu, notre Seigneur bien-aimé s'est abaissé pour nous relever, s'est effacé pour que nous puissions être sauvés, le suivre, vivre de sa parole, renaître d'en haut, l'annoncer, le faire connaître et aimer, nous aimer comme il nous a aimés et nous donner nous-mêmes en nous effaçant au service de nos frères dans la joie et le bonheur de se savoir aimés du Père, de vivre sous son regard et sous sa protection.
Il est venu nous apprendre à le prier, à le remercier de sa bonté et de tous ses bienfaits, afin de retrouver l'humilité, la pauvreté de cœur, la simplicité des enfants, la confiance, et de pouvoir ainsi franchir la porte étroite ouverte sur les verts pâturages de l'Amour infini de Dieu et de son Royaume.
À la suite de tous les fidèles qui nous ont précédés, qu'il nous accorde la Vie et le bonheur éternel auxquels nous sommes appelés, nous qui avons été créés à son image et dont nous sommes par grâce devenus héritiers. Amen.
…celui qui s'abaisse sera élevé. Mt 23, 12

Jean-Paul Dufour

Jésus Miséricordieux
Sanctuaire de la Miséricorde Divine – Vilnius – Lituanie

OFFRIR UNE MESSE

Le plus beau cadeau pour ceux qu'on aime

Faire célébrer une messe est le plus sûr chemin pour confier à Jésus la personne que nous aimons et que nous voulons lui recommander dans tous ses besoins et pour toutes nos intentions.
« Ceci est mon Corps livré pour vous, ceci est mon Sang versé pour la multitude. »

Dans la tradition de l'Église, à l'Eucharistie de Jésus-Christ, qui vient nous nourrir et nous sanctifier, à cette action de remerciement, de louange et de joie des fidèles rassemblés, le Prêtre peut joindre au cours de la Célébration telle ou telle intention particulière que nous pouvons lui confier.

Par cet acte de pur Amour, nous pouvons présenter au Seigneur tant de frères et sœurs dans des situations ou des conditions particulières : Jeunes mariés, nouveaux prêtres, parents, amis, nous-mêmes, personnes séparées, en difficultés, malades..., vie de l'Église, vie du Monde.

Nous pouvons aussi faire célébrer des Messes pour notre famille, pour nos ascendants, notre arbre généalogique, les enfants non-nés, les enfants avortés, les lieux... en demandant à Notre Seigneur la guérison, la réparation, la protection, la bénédiction de Dieu...

C'est une grande joie de pouvoir faire célébrer également des Messes d'action de grâces et de manifester ainsi à Jésus, en différentes circonstances, notre reconnaissance :
Anniversaire de mariage, de sacerdoce, naissance, guérison, réconciliation...

Enfin n'oublions pas dans la Communion des Saints de prier et de faire dire des Messes pour nos frères du Ciel, qui ne sont pas encore dans le royaume du Père Éternel et qui ont besoin de notre aide.
Ils nous aideront et nous guideront en retour vers la maison du Père, leur unique espérance.

Jésus, je t'aime et je te donne mon cœur.

LA PRIÈRE DU CŒUR

La prière est le chemin qui nous conduit à l'Amour ; elle est comme la flèche tendue sur l'arc. Une de ces flèches est la prière du cœur. Cette prière consiste à répéter longuement le Nom de « Jésus » ou bien encore une phrase d'un psaume ou une invocation, par exemple :
« Seigneur ne t'éloigne pas de moi ».
« Seigneur montre-moi ton visage ».
« Seigneur, viens vite à mon secours ».
« Seigneur, je te donne tout » ...ou la plus répandue :
« Seigneur, Fils du Dieu vivant, prends pitié de moi pécheur ».
Ainsi, elle a pour but de faire chair en nous le Verbe.
La prière du cœur nous vient de Russie et des Pères du Désert. On peut dire que c'est la prière la plus simple. Lorsqu'elle se développe en plusieurs mots, on la divise selon l'inspire et l'expire, ainsi elle devient respiration de toute notre âme sous la forme d'une profession de foi :
« Seigneur, tu sais bien que je t'aime ».
C'est un autre chemin vers l'union à Dieu et l'acquisition de l'Esprit Saint, quête inlassable de notre vie, sommet de notre baptême.
Bien sûr, à moins d'être moine ou ermite, il peut paraître difficile de poursuivre continuellement cette prière, mais elle peut être d'un précieux recours particulièrement dans les périodes arides de notre vie spirituelle, lorsque tout nous semble vide.
La prière du cœur est alors un réel secours.

Quoique récitée de manière intime, la prière du cœur provoque une mystérieuse irradiation communautaire. La « petite prière » disaient les Pères, est un grand trésor qui unit tous ceux qui prient face au visage du Christ.

Saint Jean-Paul II

INVOCATIONS

Le sens de l'Invocation

« Doux Jésus, rends mon cœur semblable au tien. » : nous pouvons commencer ou terminer notre prière par une invocation à Dieu, à Marie, aux Anges…
Ces petites invocations répétitives sont à la fois une louange, un appel à la bénédiction, une supplique, qui nous rappellent sans cesse les multiples visages de l'Amour.
L'artisan donne mille petits coups d'outil pour fignoler son œuvre, ainsi en est-il des petites invocations qui sans cesse nous invitent à attirer en notre humanité toute la bonté et la beauté de la Divinité.
Souvent, ces petites exclamations que l'on se plaira à prier une fois pour chaque personne de la Trinité, nous viennent de révélations à des Saints, à travers lesquelles, Dieu nous dévoile un nouvel aspect de son inépuisable tendresse.

À Jésus

Merci, Jésus, pour l'amour dont tu m'aimes.

Seigneur Jésus, Fils du Dieu vivant, prends pitié de moi, pécheur.
Lc 18, 13

Seigneur, Toi qui sais tout, tu sais bien que je t'aime. Jn 21, 15

Jésus, doux et humble de cœur, rends mon cœur semblable au tien.

Viens Seigneur Jésus habiter mon cœur, donne-moi ta tendresse et ta présence.

Cœur Sacré de Jésus, j'ai confiance en Toi.

Jésus, Marie, je vous aime, sauvez les âmes.

Cœur Sacré et Miséricordieux de Jésus, que ton Règne vienne par le Cœur Douloureux et Immaculé de Marie.

Ô Jésus, Roi d'Amour, j'ai confiance en ta miséricordieuse bonté.

Ô mon Jésus, pardonne-nous nos péchés, préserve-nous du feu de l'enfer, conduis au Ciel toutes les âmes surtout celles qui ont le plus besoin de ta miséricorde.

Jésus, j'ai confiance en Toi.

Seigneur, que ta volonté soit faite.

Seigneur viens à mon aide. Ps 70, 2

Cœur Sacré de Jésus, apprends-moi le parfait oubli de moi-même puisque c'est la seule voie par où l'on peut entrer en Toi.

Seigneur, donne-moi ta grâce, qu'elle me désaltère.

Jésus, Tu es le Fils du Dieu vivant.

Le Christ est ressuscité, il est vraiment ressuscité.

Cœur sacré de Jésus, que ton Règne vienne.

Seigneur, remplis mon cœur de ton amour.

Jésus, je t'aime et je te donne mon cœur.

Seigneur, fais de moi un instrument de ta paix,
Fais de moi un instrument de ta paix.

Garde-moi, mon Dieu, ma force est en Toi,
Garde-moi, mon Dieu, mon bonheur, c'est Toi.

Dans nos obscurités, allume le feu qui ne s'éteint jamais,
qui ne s'éteint jamais. (bis)

Jésus, Jésus, Jésus, Jésus ! Jésus, Jésus, Jésus, Jésus !

Cœur de Jésus, j'ai confiance en Toi. (bis)

Jésus, ma joie, c'est de t'aimer. (bis)

Dieu est tendresse et pitié. (bis)

Bénis sois-tu, Seigneur,
Dieu de tendresse et d'amour.

À l'Esprit Saint

Veni Sancte Spiritus.

Roua, Roua, Roua,
Ni par puissance ni par force, mais par l'amour du Seigneur.

Viens Esprit Saint, viens en nos cœurs,
Doux Esprit Saint, enflamme-les.

Envoie Ton Esprit, ô Seigneur. Alléluia
Qu'il renouvelle la face de la Terre. Alléluia.

Envoie Ton Esprit, Seigneur et tout sera créé.
Tu renouvelleras la face de la terre.

Viens, Esprit Créateur, fais toute chose nouvelle,
Viens, Esprit Consolateur, recrée en nous un cœur pur.

Viens Esprit Saint, viens en nos cœurs,
Viens Esprit Saint, viens consolateur.

Viens Esprit du Seigneur, mon âme a soif de Toi,
Viens Esprit du Seigneur, Amen, Maranatha.

Viens Esprit de Sainteté, viens Esprit de Lumière,
Viens Esprit de feu, viens nous embraser.

Esprit de Dieu viens nous donner la vie,
Souffle sur nous, viens raviver nos cœurs.

Esprit de Dieu, souffle de vie, Esprit de Dieu, souffle de feu,
Esprit de Dieu consolateur, Tu nous sanctifies.

Viens Esprit Saint, viens Feu d'Amour,
Viens Père des pauvres, épris de mes blessures.

Jésus, toi qui as promis d'envoyer l'Esprit à ceux qui te prient,
Ô Dieu, pour porter au monde ton feu, voici l'offrande de nos vies.

À Marie

Réjouis-toi, ô Mère du Sauveur, Alléluia, Alléluia, Alléluia

Ô Marie, conçue sans péché, prie pour nous qui avons recours à toi.

Cœur immaculé de Marie, prie pour nous.

Marie, Reine Immaculée de l'univers, triomphe et règne.

Marie, Reine de la Paix et la Réconciliation,
prie pour nous et pour le monde.

Cœur de Marie Immaculé, source de pureté, prie pour nous, pécheurs.

Tu es toute belle, Marie, tu es toute pure, Marie,
Et bénie plus que toutes les femmes.

Tu nous aimes, Marie, comme Jésus nous aime.

Ô Jésus, vivant en Marie, venez et vivez en votre serviteur,
Ô Jésus, vivant en Marie, dominez toute puissance adverse,
Ô Jésus, vivant en Marie, en votre Esprit, à la gloire du Père.

Bénie sois-tu, ô Vierge Marie, ô Mère du Sauveur,
Mère du Roi de Gloire, ô Mère du Seigneur.

Guéris, ô toute Pure, les blessures amères de mon âme et terrasse tes ennemis qui ne cessent de me faire la guerre.

Marie, douce lumière, porte du ciel, Temple de l'Esprit, guide-nous vers Jésus et vers le Père, Mère des pauvres et des tout-petits.

Reine de la Paix, donne la paix au monde, aux familles et aux cœurs. Apprends-nous à aimer la paix et à la défendre contre tous ceux qui y attentent.

Reine des cœurs, nous te consacrons les cœurs de tous les hommes.

Marie, par le secours de tes prières, garde-moi dans ton cœur,
garde-moi du péché.

ACTIONS DE GRÂCES

Bénis le Seigneur, ô mon âme, du fond de mon être, son saint Nom.
Bénis le Seigneur, ô mon âme, et n'oublie aucun de ses bienfaits.

Nous te rendons grâce pour tant de tendresse,
Tu donnes l'eau vive pour ton cœur transpercé.
Nous te rendons grâce pour tant de merveilles,
Tu donnes la vie, tu donnes l'Esprit.

Oui, je te rends grâce, Seigneur, de tout mon cœur ;
j'annonce tes merveilles, et je joue pour ton Nom.

Le Seigneur fit pour moi des merveilles, Saint est son Nom.

La miséricorde du Seigneur, à jamais je la chanterai.

Magnifique est le Seigneur, tout mon cœur pour chanter Dieu,
magnifique est le Seigneur,
Alléluia, Alléluia, Alléluia, Alléluia, Alléluia, Alléluia.

Rendez grâce au Seigneur car il est bon, car éternel est son amour,
rendez grâce au Seigneur car il est bon, car éternel est son amour.

Où sont amour et charité, Dieu est présent.
Où sont amour et charité, Dieu est présent.

Rendons gloire à Dieu notre Père pour son Fils venu nous sauver.
Rendons gloire à Dieu notre Père, il accomplit ce qu'il promet.

L'amour du Seigneur, à jamais je le chante et sa fidélité d'âge en âge.
L'amour du Seigneur, à jamais je le chante et sa fidélité d'âge en âge.

Nous te bénissons Seigneur, Père, Fils et Saint-Esprit ;
Nous te bénissons Seigneur, Toi la Source de la Vie.

Venez, crions de joie pour le Seigneur, acclamons le rocher qui nous sauve, allons devant sa face avec actions de grâces.

Ô Seigneur, comment reconnaître les bienfaits dont tu m'as comblé,
Chaque jour, je célébrerai tes grandeurs, Alléluia.

Nous rendons grâce continuellement à Dieu pour vous tous.

Rendons grâce à Dieu Notre Père, bénis soit notre Rédempteur
et que l'Esprit Saint nous libère de la tristesse et de la peur.
Que la joie de Dieu nous habite, que la Paix de Notre Seigneur
ici-bas, jamais ne nous quitte, mais qu'elle éclaire notre cœur.

Soyez toujours joyeux et priez sans cesse
En toute chose, rendez grâce à Dieu
C'est sa volonté sur nous dans le Christ
Gloire à Toi, ô Seigneur Notre Dieu.

Merci Jésus, merci Jésus, merci Jésus, merci Jésus,
Alléluia, Alléluia, Alléluia, Alléluia.

LOUANGES

Le sens de la Louange

Nous aimons louer Dieu pour tout ce qu'il est, pour sa grandeur, pour le don de la vie, pour toutes les merveilles qu'il a créées et nous aimons le remercier (c'est le sens de l'action de grâces) pour tous ses bienfaits, pour tout ce qu'il fait dans nos vies.

Quand nous sentons que tout va bien, c'est alors si facile de le bénir et de lui rendre grâces.

Mais la prière de louange trouve son parfait accomplissement, libère toute sa puissance, quand nous sommes dans les difficultés, que nous ne comprenons pas, que nous ne voyons pas d'issue.

Elle commence par un acte de volonté, de foi et d'obéissance envers le Seigneur.

« Restez toujours joyeux. Priez sans cesse. En toute condition soyez dans l'action de grâces. C'est la volonté de Dieu sur vous dans le Christ Jésus ». 1 Th 5, 16-18

Nous croyons que Dieu contrôle et dirige concrètement toute chose.

Jésus nous a promis une grande paix et une joie profonde. Il est le vainqueur des combats. « Je suis avec vous, n'ayez pas peur. »

Abandonnons nos problèmes à Dieu, remercions-le pour tout ce qui nous arrive, même si cela nous contrarie, nous déplaît ou nous afflige.

Nous ne louons pas malgré notre situation, mais pour notre situation telle qu'elle est. Ce n'est pas notre combat, c'est celui de Dieu.

Seigneur que ta volonté soit faite. Tandis que nous le louons, il met nos ennemis en déroute.

Dans la persévérance à louer Dieu, sans se décourager, en tenant ferme dans la foi, la puissance de Dieu finit, d'une manière ou d'une autre, en transformant les circonstances, par se libérer en nous, et dans notre situation particulière.

Le pardon témoigne que l'amour est plus fort que le péché et l'Eucharistie est la « source et le sommet de la vie chrétienne ».

La prière de louange, elle aussi, est au cœur de notre vie de baptisé, de notre communion avec Dieu. C'est un acte de confiance gratuit qui dilate et libère notre cœur. Elle est, dès aujourd'hui, là où nous sommes, un avant-goût de la vie céleste auprès de Dieu, vie d'abondance, de paix et de joie.

Louanges :

Seigneur, ouvre mes lèvres,
et ma bouche publiera ta louange. (Ps 50, 17)

Je bénirai le Seigneur en tout temps
et sa louange sera sans cesse à mes lèvres.

Jésus-Christ est Seigneur à la gloire de Dieu le Père.

Ô Seigneur, à Toi la gloire, la louange pour les siècles
Ô Seigneur, à Toi la gloire, éternel est ton amour.

Que soit béni le Nom de Dieu, de siècles en siècles, qu'il soit béni !

Ô Seigneur, qu'il est grand Ton nom
je chanterai tes louanges, je chanterai ton Nom.

Il dansera pour toi avec des cris de joie
Ton Dieu est en toi, Alléluia, Alléluia, Alléluia.

Jésus est vivant, Alléluia, il est vraiment ressuscité, Alléluia.

Jésus est la lumière, en lui point de ténèbres
Marchons dans la lumière, les Cieux sont ouverts.

Tournez les yeux vers le Seigneur et rayonnez de joie,
chantez son nom de tout votre cœur,
Il est votre Sauveur, c'est lui votre Seigneur.

Dieu est amour, Dieu est lumière, Dieu notre Père.

Chante Alléluia au Seigneur, chante Alléluia au Seigneur,
Chante Alléluia, chante Alléluia, chante Alléluia au Seigneur.

Je t'exalte au Roi mon Dieu, je bénis ton nom à jamais ;
je veux te bénir chaque jour, louer ton nom toujours et à jamais.

Louange et gloire à ton nom, Alléluia, Alléluia
Seigneur, Dieu de l'Univers, Alléluia, Alléluia
Gloire à Dieu, gloire à Dieu, au plus haut des cieux. (bis.)

Roi des rois, Seigneur des seigneurs, Gloire, Alléluia (bis)
Jésus, Prince de Paix, Gloire, Alléluia (bis)

ADORATION

Jésus, nous t'adorons dans le Très Saint-Sacrement.

Oui, c'est bien le même que les bienheureux contemplent dans la clarté
et que nous adorons dans la foi.

Bienheureuse Élisabeth de la Trinité

Chants d'adoration

Je veux voir Dieu, le voir de mes yeux,
Joie sans fin des bienheureux, je veux voir Dieu.

Jésus, tu es là, tu demeures en moi, Seigneur, donne-moi ton Esprit.
Jésus, tu es là, et je suis en Toi, Seigneur, reçois toute ma vie.

Jésus, me voici devant toi, tout simplement dans le silence.
Rien n'est plus important pour moi, que d'habiter en ta présence.

Qui regarde vers lui resplendira
Sans ombre ni trouble au visage. Ps 34, 6

Mon Seigneur et mon Dieu. Jn 20, 28

Mon âme se repose en paix sur Dieu seul : de lui vient mon Salut.
Oui, sur Dieu seul mon âme se repose, se repose en paix. Ps 62, 6

C'est ta face que je cherche mon Dieu, montre-moi ton visage.

Jésus, ma joie, c'est de t'aimer.

Face adorable de Jésus.

Adoremus te Jesu Christe, alléluia, alléluia !
(Adorons et louons le Christ Jésus)

Nada te turbe, nada te espante : quien a Dios tiene, nada le falta.
Nada te turbe, nada te espante : so lo Dios basta.
(Que rien ne te trouble, rien ne t'effraie :
qui a Dieu ne manque de rien. Seul Dieu suffit)

Laudate omnes gentes laudate Dominum
(Louez le Seigneur tous les peuples)

Confitemini Domino quoniam bonus
Confitemini Domino Alléluia.
(Rendez grâce au Seigneur car il est bon)

Dans nos obscurités, allume le feu qui ne s'éteint jamais,
qui ne s'éteint jamais.

La ténèbre n'est point ténèbre devant toi :
la nuit comme le jour est lumière.

La miséricorde de Dieu à jamais, je la chanterai.

Bonum est confidere in Domino,
bonum sperare in Domino.
(Il est bon de se confier et d'espérer dans le Seigneur)

Ô Christe Domine Jesu, ô Christe Domine Jesu !
(Ô Christ, Seigneur Jésus)

Jésus, Jésus, Jésus, Jésus…

Corps très saint de mon Seigneur, vie de ma vie, amour de mon cœur,
Corps très saint de l'agneau sans péché, je t'adore et me livre à toi.

Le Christ m'a aimé, il s'est livré pour moi.

Cœur de Jésus, j'ai confiance en Toi.

Aimer, c'est tout donner, aimer, c'est tout donner,
Aimer, c'est tout donner, et se donner soi-même !

Salut, vrai Corps de Dieu, conçu du Saint-Esprit,
Salut, vrai Corps de Dieu, né de la Vierge Marie !

Ma seule paix, mon seul bonheur,
Mon seul amour, c'est Toi Seigneur.

Comme un petit enfant dans les bras de sa mère,
j'ai gardé près de Toi le silence et la paix.

En présence du Saint-Sacrement

Pour Me plaire, il n'est pas nécessaire d'avoir beaucoup d'instruction ; il suffit que tu M'aimes beaucoup. Parle-Moi avec simplicité, comme tu parlerais avec ton ami le plus intime.

As-tu quelque chose à Me demander pour quelqu'un ?

Dis-Moi son nom et ce que tu voudrais que Je fasse maintenant pour lui. Demande beaucoup ! N'hésite pas à demander. Parle-Moi également avec simplicité et sincérité des pauvres que tu veux consoler, des malades que tu vois souffrir, des égarés que tu désires voir revenir sur le droit chemin. Dis-Moi au moins une parole pour chacun.

Et pour toi-même, n'as-tu pas besoin de quelque chose ?

Dis-Moi franchement que tu es peut-être orgueilleux, égoïste, inconstant, négligent, ...puis demande-Moi de te venir en aide dans le peu ou le grand nombre d'efforts que tu fais pour t'en sortir. N'aie pas honte ! Au ciel, il y a beaucoup de justes, beaucoup de saints qui avaient exactement les mêmes défauts. Mais ils ont demandé humblement... et peu à peu, ils se sont vus libérés de leurs défauts. Et n'hésite pas à prier pour ta santé et pour une heureuse issue de tes travaux, de tes affaires ou de tes études. Tout cela, Je peux te le donner et Je te le donne. Je désire que tu Me pries pour cela, si ce n'est pas préjudiciable à ta sanctification, mais la favorise et la soutient. Et aujourd'hui même, de quoi as-tu besoin ? Que puis-je faire pour toi ? Si tu savais combien Je désire ardemment t'aider.

As-tu actuellement un projet ?

Expose-le Moi. Qu'est-ce qui te préoccupe ? Que penses-tu ? Que désires-tu ? Que puis-je faire pour ton frère, pour ta sœur, pour tes amis, pour ta famille, pour tes supérieurs ? Que voudrais-tu faire pour eux ? Et pour ce qui est de Moi, n'as-tu pas le désir que Je sois glorifié ? Ne voudrais-tu pas faire quelque chose de bien pour tes amis que tu aimes peut-être beaucoup, mais qui, peut-être, vivent sans penser à Moi. Dis-Moi, qu'est-ce qui attire particulièrement ton attention aujourd'hui ? Que désires-tu le plus ardemment ? De quels moyens disposes-tu pour l'obtenir ? Si un projet échoue, dis-le Moi ; Je te donnerai les raisons de l'échec. Ne voudrais-tu pas Me gagner à ta cause ?

Peut-être te sens-tu triste ou de mauvaise humeur ?

Raconte-Moi dans tous les détails ce qui t'attriste, ce qui t'a offensé, ce qui t'a blessé dans ton amour-propre, ce qui t'a humilié. Dis-Moi tout et bientôt tu parviendras au point où tu Me diras que tu pardonnes tout selon mon exemple, que tu oublies tout. En récompense, tu recevras ma consolante bénédiction. Peut-être as-tu peur ? Sens-tu dans ton âme cette détresse indéfinissable qui n'est pas justifiée, mais qui ne cesse pourtant de te déchirer le cœur ? Jette-toi dans les bras de la Providence ! Je suis avec toi, à ton côté. Je vois tout, J'entends tout, et Je ne t'abandonne pas un seul instant. Sens-tu l'abandon d'êtres qui auparavant t'aimaient bien mais qui maintenant t'ont oublié et s'éloignent de toi sans que tu en sois la cause ? Prie pour eux, Je les ferai revenir à ton côté, s'ils ne sont pas un obstacle à ta sanctification.

Et n'as-tu pas peut-être une joie à Me faire partager ?

Pourquoi ne Me laisserais-tu pas partager ta joie ? Ne suis-Je pas ton ami ? Raconte-Moi ce qui a consolé ton cœur et ce qui t'a fait sourire depuis ta dernière visite chez Moi. Peut-être as-tu connu des surprises agréables ; peut-être as-tu reçu de bonnes nouvelles, une lettre, un signe d'affection ; peut-être as-tu surmonté une difficulté, peut-être es-tu sorti d'une situation qui paraissait sans issue. Tout cela est mon œuvre. Tu dois seulement Me dire : merci, mon Dieu !

Ne voudrais-tu pas Me promettre quelque chose ?

Je lis au fond de ton cœur. On peut facilement tromper les hommes mais pas Dieu. Alors, parle-moi tout à fait ouvertement. Es-tu vraiment fermement décidé à ne plus t'exposer à telle occasion de péché, à renoncer à telle chose qui t'a causé du tort, à renoncer à tel livre qui a excité ton imagination, à ne plus avoir de contact avec telle personne qui trouble la paix de ton âme ? Redeviendras-tu doux, aimable et compatissant avec telle personne que tu as considérée jusqu'ici comme un ennemi parce qu'elle a laissé échapper quelque chose contre toi. Eh bien ! retourne maintenant à tes occupations habituelles, à ton travail, à ta famille, à tes études, mais n'oublie pas ce moment que nous avons passé ensemble. Garde autant que tu le peux silence, modestie, recueillement intérieur et amour du prochain.

Aime ma douce Mère qui est aussi la tienne. Aime-la, parle-lui souvent. Elle te conduira à moi et par elle je t'aimerai et te bénirai encore plus chaque jour.

Reviens à moi bientôt avec le cœur encore plus rempli d'amour, encore plus abandonné à mon Esprit. Alors tu trouveras chaque jour dans mon Cœur un nouvel amour, de nouveaux bienfaits et de nouvelles consolations.

Méditation de Saint Antoine-Marie Claret.

Lorsque nous sommes devant le Saint Sacrement, ...fermons nos yeux et ouvrons notre cœur ; le bon Dieu ouvrira le sien. Nous irons à lui, il viendra à nous, l'un pour demander et l'autre pour recevoir : ce sera comme un souffle de l'un à l'autre.

Saint Jean-Marie Vianney

J'ai le Saint-Sacrement, le meilleur des amis, à qui parler jour et nuit.
Je suis très heureux et rien ne me manque.

Bienheureux Charles de Foucauld

Le Tabernacle est la garantie que le Christ a « planté sa tente » parmi nous, pour toujours.

Sainte Teresa de Calcutta

Approchons-nous de chacun de nos frères, avec le même amour avec lequel nous nous approchons de Jésus dans le Très Saint Sacrement. Tout ce que nous leur faisons, nous le faisons à Jésus.

Tu es là Seigneur

Ô Seigneur, Tu es là.

Tu es le Créateur du Monde, Père, Fils et Esprit Saint, et Tu me vois, moi ta créature, si dépendante de toi, si fragile, si petite.

Tu es le Tout Autre, envoyé par le Père, conçu de l'Esprit Saint, né de la Vierge Marie, qui s'est fait homme pour nous rejoindre et demeurer parmi nous.

Tu es là présent, vivant, dans le Saint Sacrement exposé.

Et je suis là, Seigneur, à genoux, devant toi…

Pécheur, mais pécheur pardonné, enfant du Père qui m'aime, enfant bien-aimé même lorsque je le déçois, si petit, et pourtant déjà si grand de son Amour.

Seigneur, je viens te déposer tous mes soucis, mes craintes, mes préoccupations, mes inquiétudes.

Je m'en remets à toi.

Soulage-moi, procure-moi le repos.

Rends ma vie plus légère.

Accomplis pour moi ce que je ne peux pas accomplir…

Seigneur, je ne peux que garder silence, te manifester toute ma reconnaissance, ma confiance, te sourire et rester près de toi, au-delà des mots, comme un petit enfant dans les bras de sa mère… te contempler, t'adorer, t'ouvrir mon cœur, me laisser aimer, transformer…

Seigneur, comble-moi de ta grâce, de ta paix, de tes bénédictions.

Par ta présence, tu veux me faire exister, m'ouvrir à la vie, m'élever à ta réalité, et me conduire à la vraie liberté des enfants de Dieu.

Répands en moi tes dons, emplis mon cœur de ton Amour...

Garde-moi, établis-moi dans la foi, l'espérance et la charité.

Apprends-moi, comme Marie, à aimer, à pardonner, à ne voir que le bien en chacun.

Que seules les pensées qui bénissent demeurent en mon esprit...

Apprends-moi à approcher chacun de mes frères comme je viens de t'approcher:
avec respect, humilité, douceur, amour et délicatesse puisque tout ce que nous faisons aux autres, nous le faisons à toi.

Garde-moi toujours, toujours près de Toi, au cours de mon pèlerinage sur la terre et fais-moi comme aujourd'hui souvent revenir à Toi, Toi la source de vie, de tendresse, d'amour... jusqu'au jour où tu me prendras avec Toi, pour ne plus jamais te quitter et où je pourrais enfin contempler ton Divin Visage pour l'éternité.

Amen.

Jean-Paul Dufour

Salut du Saint Sacrement

Tantum Ergo

Tantum ergo Sacramentum veneremur cernui :
et antiquum documentum novo cedat ritui :
praestet fides supplementum sensuum defectui.
Genitori, Genitoque laus et jubilatio,
Salus, honor, virtus quoque sit et benedictio :
procedenti ab utroque compar sit laudatio.
Amen

(Prosternons-nous pour vénérer un si grand sacrement,
et que l'ancien Testament cède la place au culte nouveau :
que la Foi supplée au défaut des sens.
Au Père et au Fils, louange et joie,
salut, honneur, force et bénédiction :
louange égale à Celui qui en procède. Amen.)

Prions
Seigneur Jésus, dans un admirable sacrement, tu nous as laissé le Mémorial de ta Passion.
Accorde-nous la grâce d'adorer la présence cachée de ton Corps et de ton Sang avec assez de foi pour sentir continuellement en nous les effets de ta Rédemption.
Ô toi qui vis et règnes éternellement.
Amen.

Dieu soit béni,…
Béni soit son saint Nom,…
Béni soit le Nom de Jésus,…
Béni soit son Sacré-Cœur,…
Béni soit Jésus dans le
Saint Sacrement de l'autel,…
Bénie soit l'auguste Mère de Dieu,

la très Sainte Vierge Marie,…
Bénie soit sa sainte et
Immaculée Conception,…
Bénie soit sa glorieuse Assomption,…
Béni soit le nom de Marie
Vierge et Mère,…
Béni soit saint Joseph,
son très chaste Époux,…
Béni soit Dieu dans ses Anges
et dans ses Saints…

Seigneur, donne-nous de nombreux
et saints prêtres,…
Seigneur, donne-nous de nombreuses
et saintes vocations,…
Seigneur, donne-nous de nombreux
et saints foyers chrétiens…

PRIÈRE DE BÉNÉDICTION

Que le Seigneur te bénisse et te garde !
Que le Seigneur porte vers toi son regard et t'accorde sa grâce !
Que le Seigneur te découvre son visage et te donne la paix !

Nb 6, 24-27

Des prières de bénédictions appropriées existent pour différentes circonstances. Nous pouvons demander à notre Prêtre de bénir régulièrement notre habitation, l'oratoire, notre véhicule, les icônes, la croix, la médaille que nous portons, le chapelet avec lequel nous prions…
L'usage de l'eau bénite qui nous assure une grande protection est aussi vivement recommandé.
Par les actes de foi que nous posons et qui sont attachés à ces démarches, nous demandons la protection de Dieu et son aide pour lui rester fidèle et chercher chaque jour à mieux accomplir sa volonté.

Notre Dame de Soufanieh
XVIe siècle – Damas – Syrie

Paroles de Dieu

Moi, lumière, je suis venu dans le monde, pour que quiconque croit en moi ne demeure pas dans les ténèbres.

Jn 12, 46

La pluie est tombée, les torrents sont venus, les vents ont soufflé et se sont déchaînés contre cette maison, et elle n'a pas croulé : c'est qu'elle avait été fondée sur le roc.

Mt 7, 25

Et moi, je te le déclare : Tu es Pierre, et sur cette pierre, je bâtirai mon Église, et les portes de l'enfer ne tiendront pas contre elle.

Mt 16, 18

Allez donc, de toutes les nations faites des disciples, les baptisant au Nom du Père, du Fils et du Saint-Esprit, et leur apprenant à observer tout ce que je vous ai prescrit. Et voici que je suis avec vous pour toujours jusqu'à la fin du monde.

Mt 28, 19-20

Hommes de Galilée, pourquoi restez-vous ainsi à regarder le ciel ? Celui qui vous a été enlevé, ce même Jésus, viendra comme cela, de la même manière dont vous l'avez vu s'en aller vers le ciel.

Ac 1, 11

Je suis l'Alpha et l'Oméga, le Premier et le Dernier, le Principe et la Fin. Heureux ceux qui lavent leurs robes ; ils pourront disposer de l'arbre de Vie, et pénétrer dans la Cité, par les portes.

Ap 22, 13-14

L'Esprit et l'Épouse disent : « Viens ! » Que celui qui entend dise : « Viens ! » Et que l'homme assoiffé s'approche, que l'homme de désir reçoive l'eau de la vie, gratuitement.
Le garant de ces révélations l'affirme : « Oui, mon retour est proche ! »

Amen, viens, Seigneur Jésus !
Que la grâce du Seigneur Jésus soit avec tous !
Amen.

Ap 22, 17-21

Soyez dans la joie car Il vient.
Jésus va rétablir le monde selon Son Cœur.

Prophéties

C'est par Marie que le salut du monde a commencé, et c'est par Marie qu'il doit être consommé (...) Marie doit être connue et révélée par l'Esprit Saint, afin de faire par elle, connaître, aimer et servir Jésus-Christ.

Le retour de Jésus en gloire
sera précédé d'un temps de Pentecôte,
d'un temps de l'Esprit Saint et de Marie.
Comme Dieu s'est fait homme par Marie,
c'est aussi par elle qu'Il achèvera son œuvre.
Des apôtres se lèveront, formés par Marie,
assidus à son enseignement...
Comme un feu brûlant ils enflammeront le monde
de l'amour divin.

Saint Louis-Marie Grignon de Montfort

À la fin, mon Cœur Immaculé triomphera.

Marie à Fatima

Le Christ vaincra par Marie. Il veut qu'elle soit associée aux victoires de l'Église, dans le monde d'aujourd'hui et dans celui de demain.

Saint Jean-Paul II

(...) allons de l'avant, le Seigneur va nous aider et Marie, sa très sainte Mère est à nos côtés.

Benoît XVI

–

(...) les fleurs paraissent sur la terre (...) la voix de la colombe se fait entendre dans nos campagnes.

Ct 2, 12

(...) alors apparaîtra dans le ciel le signe du Fils de l'homme (...) et l'on verra le Fils de l'homme venant sur les nuées du ciel avec puissance et grande gloire.

Mt 24, 30

(...) votre cœur se réjouira, et votre joie, personne ne vous l'enlèvera.

Jn 16, 22

Icône contemporaine du Christ en Gloire

CHANTS

Adonaï mon berger (Ps 22)

(Musique : Sr. Rachel)

1. Adonaï, Toi mon Berger
Auprès de Toi je ne manque de rien
En ton jardin d'amour se trouve le repos
Et près de Toi guérit mon âme.

Refrain :

Adonaï, Adonaï, Adonaï, Adonaï

2. Adonaï, Toi mon Berger
Tu me guides au chemin pour l'amour de ton Nom
Passerai-je en la nuit, je ne crains aucun mal
Près de moi ta houlette me console.

3. Adonaï, Toi mon Berger
Devant moi Tu apprêtes la table
Et dans l'onction d'amour de ton huile
Tu oins ma tête et ma coupe déborde.

4. Adonaï, Toi mon Berger
Tu me poursuis de ton bonheur, tout au long de ma vie
Un jour en tes parvis vaut pour moi plus que mille
Je siégerai en ta maison pour la longueur des jours.

Aimer, c'est tout donner

(Paroles : Ste Thérèse de l'Enfant-Jésus – Musique : Fr. Ephraïm)

Refrain :

Aimer, c'est tout donner,
Aimer, c'est tout donner,
Aimer, c'est tout donner,
Et se donner soi-même !

1. Quand je parlerai
Les langues des hommes et des anges,
Si je n'ai pas l'amour,
Je suis comme l'airain qui sonne,
Ou la cymbale qui retentit.

2. Si je prophétisais,
Et connaissais tous les mystères,
Si j'avais la foi,
À transporter les montagnes,
Sans l'amour, je ne suis rien.

3. Quand je distribuerais
Ce que je possède en aumônes,
Et si je livrais
Mon corps à brûler dans les flammes,
Cela ne me sert de rien.

Cantique de l'Épître aux Philippiens (Ph 2, 6-11)

Refrain :
Jésus-Christ est Seigneur à la gloire de Dieu le Père !

1. Le Christ-Jésus, de condition divine,
Ne retint pas jalousement
Le rang qui l'égalait à Dieu.

2. Mais il s'anéantit lui-même,
Prenant condition d'esclave
Et devenant semblable aux hommes.

3. S'étant comporté comme un homme,
Il s'humilia plus encore,
Se faisant obéissant jusqu'à la mort
et à la mort sur une croix !

4. C'est pourquoi Dieu l'a exalté.
Et lui a donné le Nom
Qui est au-dessus de tout nom.

5. Afin qu'au nom de Jésus, tout genou fléchisse
Au ciel, sur terre et aux enfers
Et que toute langue proclame :

6. Gloire au Père, au Fils, au Saint-Esprit,
Au Dieu qui est, qui était et qui vient
Pour les siècles des siècles, Amen.

Comme un souffle fragile

Refrain :
Comme un souffle fragile
Ta parole se donne
Comme un vase d'argile
Ton amour nous façonne.

1. Ta parole est murmure
Comme un secret d'amour
Ta parole est blessure
Qui nous ouvre le jour.

2. Ta parole est naissante
Comme on sort de prison
Ta parole est semence
Qui promet la moisson.

3. Ta parole est partage,
Comme on coupe le pain,
Ta parole est passage,
Qui nous dit le chemin.

Dans le cœur de l'Église

(Paroles : Ste Thérèse de l'Enfant-Jésus – Musique : Fr. Ephraïm)

Refrain :

Dans le cœur de l'Église, ma Mère
Je serai l'Amour (bis)

1. Je n'ai plus de grands désirs
Si ce n'est celui d'aimer
Aimer jusqu'à mourir d'amour.

2. À l'extase, je préfère
La monotonie du sacrifice
Le Christ est mon amour,
Il est toute ma vie

3. Toi seul, ô Jésus
Peux contenter mon âme
Car jusqu'à l'infini, j'ai besoin d'aimer

4. Je ne me repens pas
De m'être livrée à l'Amour
Je n'ai jamais cherché que la vérité.

Debout resplendis

(Paroles et Musique : J.-M. Morin)

Refrain :

Jérusalem, Jérusalem, quitte ta robe de tristesse !
Jérusalem, Jérusalem, chante et danse pour ton Dieu !

1. Debout resplendis, car voici ta lumière,
Et sur toi la gloire du Seigneur. (bis)
Lève les yeux et regarde au loin,
Que ton cœur tressaille d'allégresse.
Voici tes fils qui reviennent vers toi
Et tes filles portées sur la hanche.

2. Toutes les nations marcheront vers ta lumière,
Et les rois à ta clarté naissante. (bis)
De nombreux troupeaux de chameaux te couvriront,
Les trésors des mers affiueront vers toi,
Ils viendront d'Epha, de Saba, de Qédar
Faisant monter vers Dieu la louange.

3. Les fils d'étrangers rebâtiront tes remparts
Et leurs rois passeront par tes portes. (bis)
Je ferai de toi un sujet de joie,
On t'appellera « Ville du Seigneur »,
Les jours de ton deuil seront tous accomplis,
Parmi les nations tu me glorifieras.

Enfant Jésus, Roi d'Amour

(Paroles : Fr. Ephraïm, Musique : Sr Rachel)

Enfant Jésus, Roi d'Amour, j'ai confiance en Toi
Je t'ouvre mon cœur, viens y faire ta demeure
Et garde-moi, toujours, toujours, toujours près de Toi. (bis)

Hymne de mariage

(Fr. Ephraïm)

Refrain :
Venez, chantons le mystère de l'amour,
il est grand au cœur du Père,
il transperce le cœur du Christ,
il est effusion de l'Esprit.

1. Elle s'avance appuyée sur son bien-aimé,
celle qui monte du désert.
Il lui donne la manne cachée et la nourrit de ses baisers.
Il a déchiré le voile et montré son visage. Il a prononcé son nom.

2. J'étais endormie mais mon cœur veillait,
c'est la voix de mon bien-aimé
Il se tient à la porte et il frappe, ouvre-moi, ma sœur, mon amie.
Ouvre-moi, ma colombe.
J'ai rempli ma lampe d'huile car voici mon bien-aimé.

3. Une seule est ma colombe ma parfaite,
elle est l'unique de sa mère,
les filles de Sion la voient et la proclament bienheureuse.
Tu es belle mon amie, tu es bénie dans les femmes,
fille de Jérusalem.

4. Pose-moi comme un sceau sur ton cœur,
comme un sceau sur ton bras
car l'amour est fort comme la mort, la mort de l'Agneau immolé.
Le buisson ardent de l'amour, brûle au cœur de l'Église
qui couronne les époux.

Il dansera pour toi
(Fr. Ephraïm)

Refrain :
Il dansera pour toi
Avec des cris de joie
Ton Dieu est en toi
Alléluia, alléluia, alléluia.

1. Pousse des cris de joie
Fille de Sion
Éclate en ovations
Israël

2. Tressaille d'allégresse
Réjouis-toi
Fille de
Jérusalem

3. Le roi d'Israël
Adonaï est en toi
Tu n'as plus à craindre
Le malheur

4. Ce jour-là on dira
À Jérusalem
Ne crains pas, Sion
Ne faiblis pas

5. En toi, il y aura
Sa joie et sa danse
Il te recrée
Par son amour.

Je rassemblerai

(Fr. Ephraïm)

1. Je rassemblerai toutes les nations
Et toutes les langues
Je viendrai afin de les rassembler
Pour contempler ma gloire.

Refrain :
Je mettrai chez elles
Un signe et elles porteront
Mon Nom vers les nations
De nouvelle lune en nouvelle lune
Et de shabbat en shabbat
Toute chair viendra et se prosternera
Devant la Face d'Adonaï.

2. Vers les îles éloignées
Qui n'ont pas entendu parler de moi
À ceux qui n'ont pas vu ma gloire
Ils feront connaître ma gloire

3. Ils ramèneront vos frères en offrande
De toutes les nations
De certains d'entre eux je ferai des prêtres
Des diacres pour Adonaï

Je te donne ma vie

(Fr. Ephraïm)

1. Je te donne ma vie
Je te livre mon cœur
Tu m'as donné ta vie
Tu m'as ouvert ton Cœur.

2. Je te donne mes larmes
Te livre ma misère
Et ton Cœur grand ouvert
M'inonde de lumière.

3. Je suis pauvre et malade
J'ai foi en ton amour
Tu touches ma blessure
Et mes yeux voient le jour.

4. Voici tous ceux que j'aime
Lis leurs noms dans mon cœur
Prends leurs fardeaux, leurs peines
Comble-les de bonheur.

Je vais vers le Père

Refrain :

Je vais à la Lumière, à l'Amour, à la Vie.
Je vais vers le Père

1. Que votre cœur ne se trouble pas :
Je vais vous préparer une place,
Puis je reviendrai et je vous prendrai près de moi,
Afin que là où je suis vous aussi, vous soyez.

2. Je ne vous laisserai pas orphelins :
Je viendrai vers vous.
Encore un peu et le monde ne me verra plus,
Mais vous, vous me verrez vivant et vous aussi, vous vivrez.

3. Maintenant vous avez de la tristesse
Mais de nouveau je vous verrai :
Alors votre cœur se réjouira,
Et votre joie, nul ne vous l'enlèvera.

Je viens vers Toi, Jésus

1. Comme l'argile se laisse faire
Entre les mains agiles du potier,
Ainsi mon âme se laisse faire,
Ainsi mon cœur te cherche, Toi mon Dieu.

Refrain :

Je viens vers Toi, Jésus,
Je viens vers Toi, Jésus.

2. Comme une terre qui est aride
Ainsi mon cœur désire ton Eau vive.
Tu es la Source qui désaltère :
Qui croit en Toi n'aura plus jamais soif.

3. Comme un veilleur attend l'aurore
Ainsi mon âme espère en ta Parole.
Car ta Parole est une lampe,
Une lumière allumée sur mes pas.

Joyeuse lumière

Refrain :

Joyeuse lumière, splendeur éternelle du Père :
Saint et Bienheureux Jésus-Christ.

1. Venant au coucher du soleil,
Contemplant la lumière du soir,
Nous chantons le Père et le Fils,
Et le Saint-Esprit de Dieu.

2. Digne es-tu en tout temps d'être loué
Par de saintes voix,
Fils de Dieu qui donnas la vie,
Et le monde Te glorifie.

3. Que ma prière vers Toi, Seigneur,
S'élève comme l'encens,
Et mes mains devant Toi
Comme l'offrande du soir.

4. Nous te chantons Fils de Marie,
L'Épouse sans tache
Tu t'es vêtu de notre chair,
Toi, la source de la Lumière.

5. Nous te chantons, Ressuscité,
Toi qui surgis des ténèbres du tombeau,
Étoile du matin, qui devances l'aurore,
Dont l'éclat resplendit jusqu'au monde nouveau.

Office des Vêpres

L'Amour du Seigneur

Refrain :

L'amour du Seigneur, à jamais je le chante
Et sa fidélité d'âge en âge.

1. Ton amour est bâti pour toujours,
Ta vérité est plus stable que les cieux,
Que les saints te bénissent, Seigneur,
Toi qui étais et qui viens !

2. Les montagnes pourraient s'éloigner
Et les collines pourraient bien chanceler,
Mon amour ne s'éloignera pas,
Oui, je serai avec toi.

3. Ton amour est meilleur que la vie,
Et de mes lèvres je dirai ta louange,
Oui, je veux te bénir chaque jour,
Lever les mains à ton Nom.

4. En tout temps célébrez le Seigneur,
À tout propos rendez grâce à notre Dieu,
Par des hymnes et des chants inspirés
Dites sans fin votre joie.

Le vent souffle où il veut

1. Le Fils Unique te révèle aujourd'hui
L'amour du Père :
Tu peux naître de nouveau, je te le dis,
Tu peux naître de l'Esprit.

Refrain :

Le vent souffle où il veut, et toi tu entends sa voix ;
Tu ne sais d'où il vient et tu ne sais où il va.

2. Le Fils de Dieu ne vient pas juger le monde,
Mais le sauver :
Bienheureux celui qui fait la vérité,
La lumière habite en lui !

3. Le Fils de l'homme a soif de ton amour
Et de ta foi :
Et si tu savais quel est le don de Dieu,
Il te donnerait l'eau vive.

4. Le Fils du Père t'appelle à demeurer
En son Amour :
Voici l'heure où tu adoreras ton Dieu
En esprit, en vérité.

5. L'Esprit de Dieu murmure en toi comme une eau,
Et Il te dit :
« Viens vers notre Père qui est dans les cieux,
Viens vers l'Amour éternel ! »

Louange au Cœur de Jésus et de Marie

Ô Cœur humain du Christ,
Où le Cœur divin du Père s'ouvre à jamais.
Ô souffrance extrême de l'amour infini,
Où le cœur de Marie,
S'unit au Cœur de Jésus,
Où l'humanité et la divinité,
Dans le silence de l'Esprit s'étreignent,
Pour une éternité de délice et de joie,
Ô Cœur unique où s'unissent
Ceux qui blessent et ceux qui sont blessés.

Maranatha
(Fr. Ephraïm)

Refrain :
Maranatha, le Seigneur vient, Jésus, Maranatha !

1. Et j'entendis
comme la rumeur d'une grande foule,
Qui dans le ciel disait : alléluia !
Salut, puissance et gloire,
salut, puissance et gloire
À notre Dieu.

2. Les 24 anciens
et les quatre animaux se prosternèrent,
Adorèrent Dieu disant : alléluia !
Une voix sortit du trône
et cette voix leur disait :
Louez votre Dieu !

3. Et j'entendis
comme la rumeur d'une foule immense
Qui dans le ciel disait : alléluia !
Voici venir les noces de
l'Agneau et de l'Épouse,
Qui s'est préparée.

4. Un ange me dit :
Heureux ceux qui sont invités aux noces,
Aux noces de l'Agneau, alléluia !
La rumeur de la foule,
comme la voix des océans,
Louait notre Dieu.

Moi, si j'avais commis tous les crimes possibles

(Paroles : Ste Thérèse de l'Enfant-Jésus, Musique : Fr. Ephraïm)

1. Moi, si j'avais commis, tous les crimes possibles,
Je garderai toujours, la même confiance,
Car je sais bien que cette multitude d'offenses
N'est qu'une goutte d'eau, dans un brasier ardent. (bis)

2. Oui, j'ai besoin d'un cœur, tout brûlant de tendresse,
Qui reste mon appui, et sans aucun retour,
Qui aime tout en moi, et même ma faiblesse,
Et ne me quitte pas, ni la nuit ni le jour. (bis)

3. Non, je n'ai pu trouver, nulle autre créature,
Qui m'aimât à ce point, et sans jamais mourir
Car il me faut un Dieu qui prenne ma nature
Qui devienne mon Frère et qui puisse souffrir (bis).

4. Je ne sais que trop bien que toutes nos justices
N'ont devant ton regard, pas la moindre valeur
Et pour donner du prix à tous mes sacrifices
Oui, je veux les jeter jusqu'en ton divin Cœur. (bis)

5. Non, tu n'as pas trouvé créature sans tache
Au milieu des éclairs, tu nous donnas ta Loi
Et dans ton Cœur sacré, ô Jésus je me cache
Non, je ne tremble pas, car ma vertu c'est Toi. (bis)

Mon chant d'aujourd'hui

(Paroles : Ste Thérèse de l'Enfant-Jésus, Musique : Fr. Ephraïm)

1. Ma vie n'est qu'un instant, une heure passagère,
Ma vie n'est qu'un seul jour, qui m'échappe et qui fuit,
Tu le sais, ô mon Dieu, pour t'aimer sur la terre
Je n'ai rien qu'aujourd'hui, je n'ai rien qu'aujourd'hui.

2. Je t'aime, ô mon Jésus, vers Toi mon âme aspire
Pour un jour seulement reste mon doux appui
Viens régner en mon cœur, donne-moi ton sourire
Rien que pour aujourd'hui, rien que pour aujourd'hui.

3. Près de ton Cœur divin, j'oublie tout ce qui passe,
Je ne redoute plus les craintes de la nuit
Oh Jésus ! donne-moi dans ce Cœur une place
Rien que pour aujourd'hui, rien que pour aujourd'hui.

4. Pain vivant, Pain du ciel, divine Eucharistie,
Ô mystère sacré que l'Amour a produit
Viens habiter mon cœur, Jésus, ma blanche hostie,
Rien que pour aujourd'hui, rien que pour aujourd'hui.

5. Ô Vierge Immaculée, c'est toi, ma douce étoile
Qui me donnes Jésus, et qui m'unis à Lui
Laisse-moi, tendre Mère, reposer sous ton voile,
Rien que pour aujourd'hui, rien que pour aujourd'hui.

Mon Bien-Aimé

(Paroles : Ste Thérèse de l'Enfant-Jésus, Musique : Fr. Ephraïm)

Refrain :
Mon Bien-Aimé, beauté suprême
À moi, Tu te donnes Toi-même
Mais en retour, Jésus je t'aime
Et ma vie
n'est qu'un seul acte d'amour.

1. Amour qui m'enflamme
Pénètre mon âme,
Viens, je te réclame
Viens, consume-moi.

2. Ton ardeur me presse
Et je veux sans cesse
Divine fournaise
M'abîmer en Toi.

3. Seigneur, la souffrance
Devient joie intense
Quand l'âme s'élance
vers Toi, sans retour.

Mon Dieu, je m'abandonne à Toi – (Ps 83)

(Fr. Ephraïm)

Refrain :

Mon Dieu, je m'abandonne à Toi
Je me rends à ton amour
Mon Dieu, que j'aime ta Croix
Mon Dieu, je vis de ton amour. (bis)

1. L'oiseau du ciel, s'est trouvé un toit
Et l'hirondelle a retrouvé son nid
Mon bonheur, c'est de vivre en Toi
Et en Toi, de louer la vie.

2. Ayant passé, par le val des larmes,
Ils en ont fait jaillir des sources vives,
Ils marcheront de plus en plus haut,
En Sion, ils verront sa Face.

3. J'ai choisi, un jour près de Toi
En vaut pour moi, bien plus que mille ailleurs,
Dieu Sabaoth, j'ai confiance en Toi,
Ô mon Dieu, j'aime Ta maison.

Nous allons voir la Gloire de Dieu

(Fr. Ephraïm)

1. Nous allons voir la Gloire de Dieu,
Nous allons contempler sa Face
Les fils de Lévi s'avancent,
Pour ouvrir les portes de l'arche :

Refrain :

Le peuple crie sa joie exulte et danse
Alléluia, alléluia, alléluia, alléluia.

2. Voici le temple de son Corps
Le lieu saint de l'amour ouvert,
Car le voile est déchiré
Nos yeux enfin se sont ouverts :

3. Voici la foule qui nous précède
Les armées du ciel immense.
Les chérubins aux six ailes
Dont les yeux sont innombrables :

4. La Jérusalem d'en haut,
A rejoint celle de la terre.
Il n'est plus ni jour ni nuit
Car luit le soleil de l'Amour :

5. Et l'ange dit : ne pleure plus
Il est vainqueur l'Agneau sans tache
Il a lavé de son sang,
Ceux qu'Il purifie au feu de l'Esprit :

Nous rendons grâces

(Paroles : St Paul aux Thessaloniciens, Évangile selon St Marc)
(Musique : Fr. Ephraïm)

Refrain :

Nous rendons grâces continuellement à Dieu, pour vous tous.

1. Frères bien-aimés de Dieu,
vous avez été choisis par Lui,
Dans la force et la puissance,
dans la plénitude de l'Esprit.

2. Et maintenant nous vivons,
car vous êtes forts dans le Seigneur
Vous nous remplissez de joie,
en demeurant fermes dans la foi.

3. Vous qui êtes dans le monde,
prêchant l'Évangile du Salut
Vous guérissez les malades,
et mettez en fuite les démons.

4. Le Seigneur est avec vous,
en son Nom vous faîtes des miracles
Vous ferez de grandes choses,
si vous demeurez en mon amour.

Nous t'adorons

(Corinne Lafitte)

Nous t'adorons, ô Père dans ton temple,
nous t'adorons en esprit et en vérité.
Tu habites nos louanges,
nous t'adorons en esprit et en vérité.
Car un jour près de toi vaut mieux que mille ailleurs,
je désire habiter dans ton temple.
Car un jour près de toi vaut mieux que mille ailleurs,
je désire habiter dans ta maison, Seigneur. (ter)

Ô Cœur ouvert de Jésus

(Fr. Ephraïm)

1. Ô Cœur ouvert de Jésus blessé d'un amour si pur,
dans ta blessure je viens cacher mes blessures et mes manques d'amour.

2. Ô Cœur brûlant de Jésus, dévoré d'un si grand désir,
dans ton ardeur je viens puiser un amour ardent et guérir des brûlures du serpent.

3. Ô Cœur tendre de Jésus, qui s'est laissé ouvrir,
dans ta douceur je viens déposer mes tourments et me reposer vraiment.

4. Ô Cœur lumineux de Jésus, splendeur d'un nouvel orient,
dans ta lumière, je viens guérir de l'aveuglement et voir la face de Dieu.

5. Ô Cœur miséricordieux de Jésus, qui m'aime à en mourir,
dans la coupe de ton sein, je viens goûter la sagesse et le délice de tous les saints.

Ô Prends mon âme

(Paroles et adaptation françaises : H. Arnera)
(Musique : Tradition hébraïque)

Refrain :

Source de Vie, de Paix, d'Amour,
Vers Toi je crie, la nuit et le jour,
Guide mon âme, sois mon soutien,
Remplis ma vie, Toi mon seul bien.

1. Ô prends mon âme, prends-la, Seigneur,
Et que ta flamme brûle en mon cœur,
Que tout mon être vibre pour Toi,
Sois seul mon maître, ô divin Roi.

2. Du mal perfide, ô garde-moi,
Sois seul mon guide, chef de ma foi,
Quand la nuit voile tout à mes yeux,
Sois mon étoile, brille des cieux.

3. Voici l'aurore d'un jour nouveau,
Le ciel se dore de feux plus beaux,
Jésus s'apprête, pourquoi gémir,
Levons nos têtes, il va venir.

Ô Seigneur, à Toi la Gloire

(Paroles et Musique : E. Baranger)

Refrain :
Ô Seigneur, à Toi la gloire, la louange pour les siècles.
Ô Seigneur, à Toi la gloire, éternel est ton amour !

1. Vous les cieux (bis)
Vous les anges (bis)
Toutes ses œuvres (bis)
Bénissez votre Seigneur.

2. Astres du ciel (bis)
Soleil et lune (bis)
Pluies et rosées (bis)
Bénissez votre Seigneur.

3. Feu et chaleur (bis)
Glace et neige (bis)
Souffles et vents (bis)
Bénissez votre Seigneur.

4. Nuits et jours (bis)
Lumières et ténèbres (bis)
Éclairs et nuées (bis)
Bénissez votre Seigneur.

5. Monts et collines (bis)
Plantes de la terre (bis)
Fauves et troupeaux (bis)
Bénissez votre Seigneur.

6. Vous son peuple (bis)
Vous ses prêtres (bis)
Vous ses serviteurs (bis)
Bénissez votre Seigneur.

Par la musique et par nos voix (Ps 150)

(Paroles : D. Rimaud. – Musique : H. Schütz)

1. Louange à Dieu, Très-haut Seigneur,
Pour la beauté de ses exploits ;
Par la musique et par nos voix,
Louange à lui dans les hauteurs !

Refrain :
Alléluia, Alléluia, Alléluia, Alléluia !
Alléluia, Alléluia, Alléluia, Alléluia !

2. Louange à lui, puissance, honneur,
Pour les actions de son amour ;
Au son du cor et du tambour,
Louange à lui pour sa grandeur !

3. Tout vient de lui, tout est pour lui,
Harpes, cithares, louez-le ;
Cordes et flûtes, chantez-le,
Que tout vivant le glorifie !

Prière de bénédiction (Nb 6, 24-27)

(Musique : R. Pelletier – Harmonisation : Verbe de Vie)

Que le Seigneur te bénisse et te garde.
Que le Seigneur porte vers toi son regard.
Qu'il t'accorde sa grâce.
Que le Seigneur te découvre son visage,
Qu'il te donne sa paix.
Shalom, shalom, shalom, shalom,
Shalom, shalom, shalom, shalom.

Réjouis-toi car il vient

(Paroles et Musique : L. Cordin)

Refrain :
Réjouis-toi car il vient, l'Époux que rien ne retient.
En bondissant, il accourt, il fait entendre sa voix :
« Sors de la nuit, viens à moi, je suis à toi pour toujours. »

1. Lève-toi, pousse des cris de joie :
du malheur, il va te consoler.
De ton cou la chaîne tombera,
tu seras délivrée !

2. Tu disais : « je suis abandonnée,
où est Dieu, pourrait-il m'oublier ? »
Crie vers lui, il entendra ta voix,
il prendra soin de toi.

3. De nouveau, tu seras rebâtie,
Dieu te comblera de ses bienfaits.
Lève-toi, rayonne et resplendis,
ne crains plus désormais.

4. Les montagnes peuvent s'écarter,
les collines peuvent chanceler,
Son amour ne s'éloignera pas,
sa paix demeurera.

Si la mer se déchaîne

(Paroles et Musique : Lydia Lelong)

Refrain :

Il n'a pas dit que tu coulerais,
Il n'a pas dit que tu sombrerais,
Il a dit : allons de l'autre bord.

1. Si la mer se déchaîne, si le vent souffle fort,
Si la barque t'entraîne, n'aie pas peur de la mort. *(bis)*

2. Si ton cœur est en peine, si ton corps est souffrant,
Crois en Jésus, Il t'aime, Il te donne sa paix. *(bis)*

3. Si un jour sur ta route, tu rencontres le mal,
Ne sois pas dans le doute, Dieu aime ses enfants. *(bis)*

Ta Face est ma seule patrie

(Paroles : Ste Thérèse de l'Enfant-Jésus, Musique : Fr. Ephraïm)

Refrain :

Ta Face est ma seule patrie,
Elle est mon royaume d'amour,
Elle est ma riante prairie,
Mon doux soleil de chaque jour.

1. Jésus, ton ineffable image,
Est l'astre qui guide mes pas,
Ah, Tu le sais ton doux visage,
Est pour moi, le ciel ici-bas.

2. Elle est le lys de la vallée,
Dont le parfum mystérieux
Console mon âme exilée,
Lui fait goûter la paix des cieux.

3. Ta Face est ma seule richesse
Je ne demande rien de plus
En Elle me cachant sans cesse
Je Te ressemblerai, Jésus.

4. Ton visage, ô mon doux Sauveur,
Il est mon repos, ma douceur,
Et le divin bouquet de myrrhe,
Que je veux garder sur mon cœur.

5. Laisse en moi la divine empreinte,
De tes traits remplis de douceur
Et bientôt je deviendrai sainte,
Vers Toi j'attirerai les cœurs.

Vivre d'amour

(Paroles : Ste Thérèse de l'Enfant-Jésus – Musique : Fr. Ephraïm)

1. Au soir d'amour parlant sans parabole,
Jésus disait : si quelqu'un veut m'aimer,
Toute sa vie qu'il garde ma parole,
Mon Père et moi viendrons le visiter,
Et de son cœur faisant notre demeure,
Venant à lui, nous l'aimerons toujours,
Rempli de paix, nous voulons qu'il demeure,
En notre Amour, en notre Amour !

2. Vivre d'amour, c'est vivre de ta vie,
Roi glorieux, délice des élus.
Tu vis pour moi, caché dans une hostie,
Je veux pour Toi, me cacher, ô Jésus !
À des amants, il faut la solitude,
Un cœur à cœur qui dure nuit et jour,
Ton seul regard est ma béatitude,
Je vis d'Amour, je vis d'Amour !

3. Vivre d'amour, c'est bannir toute crainte,
Tout souvenir des fautes du passé.
De mes péchés, je ne vois nulle empreinte,
En un instant l'amour a tout brûlé…
Flamme divine, ô très douce fournaise !
En ton foyer, je fixe mon séjour,
C'est en tes feux que je chante à mon aise :
« Je vis d'Amour ! Je vis d'Amour ! »

4. Vivre d'amour, c'est garder en soi-même,
Un grand trésor en un vase mortel.
Mon Bien-Aimé, ma faiblesse est extrême
Ah je suis loin d'être un ange du ciel !…
Mais si je tombe à chaque heure qui passe,
Me relevant, tu viens à mon secours,
À chaque instant, tu me donnes ta grâce,
Je vis d'Amour ! Je vis d'Amour !

5. Vivre d'amour, c'est essuyer ta Face,
C'est obtenir des pécheurs le pardon,
Ô Dieu d'amour ! qu'ils rentrent dans ta grâce
Et qu'à jamais, ils bénissent ton Nom…
Jusqu'à mon cœur retentit le blasphème,
Pour l'effacer, je veux chanter toujours :
« Ton Nom sacré, je l'adore et je l'aime,
Je vis d'Amour ! Je vis d'Amour ! »

6. Vivre d'amour, c'est imiter Marie,
Baignant de pleurs, de parfums précieux,
Tes pieds divins, qu'elle baise ravie
Les essuyant avec ses longs cheveux…
Puis se levant, elle brise le vase,
Ton doux visage, elle embaume à son tour.
Moi, le parfum dont j'embaume ta Face,
C'est mon Amour ! C'est mon Amour !

7. « Vivre d'amour, quelle étrange folie ! »
Me dit le monde, « Ah cessez de chanter,
Ne perdez pas vos parfums, votre vie,
Utilement sachez les employer !… »
T'aimer Jésus, quelle perte féconde !…
Tous mes parfums sont à toi sans retour,
Je veux chanter en sortant de ce monde :
« Je meurs d'Amour ! Je meurs d'Amour ! »

8. Mourir d'amour, voilà mon espérance
Quand je verrai se briser tous mes liens,
Mon Dieu sera ma grande récompense,
Je ne veux point posséder d'autres biens.
De mon amour je veux être embrasée,
Je veux le voir, m'unir à lui toujours,
Voilà mon Ciel… voilà ma destinée :
Vivre d'Amour ! Vivre d'Amour !!!…

Vous bondirez de Joie (Is 55, 12)

(Musique : S. Dauerman)

Vous bondirez de joie, vous marcherez en paix.
Montagnes et collines, éclatez de joie !
Et la nature entière,
Et tous les arbres des champs battront, battront des mains.
Et tous les arbres des champs battront des mains
Les arbres des champs battront des mains *(bis)*
Quand Dieu vous conduira.

CHANTS À L'ESPRIT SAINT

Esprit de Dieu, Souffle de vie

(Paroles : J.-M. Morin – Musique : P. et V. Mugnier)

Refrain :

Esprit de Dieu, souffle de Vie,
Esprit de Dieu, souffle de Feu,
Esprit de Dieu, Consolateur,
Tu nous sanctifies !

1. Viens, Esprit, viens en nos cœurs,
Viens, Esprit nous visiter,
Viens, Esprit nous vivifier,
Viens, nous t'attendons.

2. Viens, Esprit de Sainteté,
Viens, Esprit de Vérité,
Viens, Esprit de Charité,
Viens, nous t'attendons.

3. Viens, Esprit nous rassembler,
Viens, Esprit nous embraser,
Viens, Esprit nous recréer,
Viens, nous t'attendons.

Esprit de Sainteté

(Cté. Chemin Neuf)

Esprit de Sainteté, viens combler nos cœurs,
Tout au fond de nos vies, réveille ta Puissance,
Esprit de Sainteté, viens combler nos cœurs
Chaque jour, fais de nous des témoins du Seigneur.
Tu es la Lumière qui vient nous éclairer,
Le Libérateur, qui vient nous délivrer,
Le Consolateur, Esprit de vérité,
En Toi l'espérance et la fidélité.

Feu et Lumière

(Sr. Marie-Thierry)

Feu et Lumière qui resplendis sur la Face du Christ,
Feu dont la venue est parole,
Feu dont le silence est lumière.
Feu qui établis les cœurs dans l'action de grâce,
Nous te magnifions.

Toi qui reposes en Christ,
Esprit de sagesse et d'intelligence,
Esprit de conseil et de force
Esprit de science et de crainte,
Nous te magnifions.

Toi qui scrutes les profondeurs de Dieu,
Toi qui illumines les yeux de notre cœur,
Toi qui te joins à notre esprit,
Toi par qui nous réfléchissons la gloire du Seigneur,
Nous te magnifions.

Jésus souffla sur eux

(Fr. Ephraïm)

Jésus souffla sur eux et leur dit : Recevez l'Esprit Saint. (x2)

Ô Esprit de paix, ô Esprit d'amour,
Ô Esprit d'enfance et de joie,
Ô Esprit de lumière.

Jésus souffle sur nous et nous dit : Recevez l'Esprit Saint. (x2)

Ô Esprit de force et d'humilité,
Ô Esprit de crainte et de foi,
Ô Esprit des prophètes.

Jésus souffle sur le monde et Lui dit : Reçois l'Esprit Saint. (x2)

Seigneur, tu m'as choisie

(Paroles : Ste Thérèse de l'Enfant-Jésus, Musique : Fr. Ephraïm)

Refrain :

Viens, Esprit Saint,
Viens Feu d'Amour
Viens, Père des pauvres,
Épris de mes blessures.

1. Seigneur, Tu m'as choisie,
Dès ma plus tendre enfance,
Et je puis m'appeler,
L'œuvre de Ton amour.

2. Et je me vois placée
Dans le royal cortège,
Des vierges de ta cour
Aimable et divin Roi.

3. Hélas, je ne suis rien
Que la faiblesse même,
Tu le sais, ô mon Dieu,
Je n'ai pas de vertu.

4. Mais tu le sais aussi
Le seul ami que j'aime
Celui qui m'a charmée,
C'est Toi, mon doux Jésus.

5. Et Toi seul, ô Jésus,
Pus contenter une âme
Qui jusqu'à l'infini
Avait besoin d'aimer.

6. Marie, Reine des Cieux,
Ma bergère chérie,
Ton invisible main
Savait me protéger.

7. Aussi, tout en jouant,
Au bord des précipices
Déjà tu me montrais
Le sommet du Carmel.

Toi qui a promis

Jésus, toi qui as promis d'envoyer l'Esprit
à ceux qui te prient,
ô Dieu, pour porter au monde ton feu,
voici l'offrande de nos vies.

Viens, Esprit créateur (Veni Creator) – voir page 37

Viens, Esprit de Sainteté

(Paroles : A. Gouzes – Musique : J.-M. Morin)

Refrain :
Viens Esprit de sainteté, viens Esprit de lumière,
Viens Esprit de feu, viens nous embraser.

1. Viens Esprit du Père, sois la lumière,
Fais jaillir des cieux ta splendeur de gloire.

2. Témoin véridique, tu nous entraînes
À proclamer : Christ est ressuscité !

3. Viens onction céleste, source d'eau vive,
Affermis nos cœurs et guéris nos corps.

4. Esprit d'allégresse, joie de l'Église,
Fais jaillir des cœurs le chant de l'agneau.

5. Fais-nous reconnaître l'amour du Père
Et révèle-nous la face du Christ.

6. Feu qui illumine, Souffle de vie,
Par Toi resplendit la Croix du Seigneur.

CHANTS À MARIE

Couronnée d'étoiles

Refrain :

Nous te saluons, ô toi Notre Dame,
Marie Vierge sainte que drape le soleil
Couronnée d'étoiles, la lune est sous tes pas.
En toi nous est donnée l'aurore du salut.

1. Marie, Ève nouvelle et joie de ton Seigneur
Tu as donné naissance à Jésus le Sauveur
Par toi nous sont ouvertes les portes du jardin
Guide-nous en chemin, Étoile du matin.

2. Tu es restée fidèle, Mère, au pied de la Croix
Soutiens notre espérance et garde notre foi.
Du côté de ton Fils tu as puisé pour nous
L'eau et le sang versés qui sauvent du péché.

3. Quelle fut la joie d'Ève lorsque tu es montée
Plus haut que tous les anges, plus haut que les nuées.
Et quelle est notre joie, douce Vierge Marie
De contempler en toi la promesse de vie.

4. Ô Vierge Immaculée, préservée du péché
En ton âme, en ton corps, tu entres dans les cieux.
Emportée dans la gloire, sainte Reine des cieux
Tu nous accueilleras un jour auprès de Dieu.

Hymne acathiste (tradition orientale) – voir page 207 –

Hymne acathiste (temps de Noël)

Refrain :

Réjouis-toi, Épouse inépousée, Alléluia, Alléluia, Alléluia !

1. Réjouis-toi, fille d'Israël,
Réjouis-toi, qui as cru à l'annonce de l'Ange Gabriel,
Réjouis-toi, vierge mère de l'Emmanuel,
Réjouis-toi, par qui nous est ouverte la porte du ciel.

Réjouis-toi, fille des hommes devenue Mère de Dieu,
Réjouis-toi, fille de Dieu devenue Mère des hommes,
Réjouis-toi, vierge du mystère de la nuptialité,
Réjouis-toi, vierge du mystère de la maternité.

Réjouis-toi, qui as habillé Jésus qui était nu,
Réjouis-toi, qui l'as nourri dès qu'il est apparu,
Réjouis-toi, qui l'a bercé dans un monde étranger,
Réjouis-toi, qui l'as sauvé de ceux qui voulaient l'emprisonner.

2. Réjouis-toi, tu as appris à parler au Verbe Créateur,
Réjouis-toi, tu as appris à marcher à celui qui est la route,
Réjouis-toi, tu as appris à prier à celui qui nous a donné l'Esprit,
Réjouis-toi, tu as donné le jour à l'auteur de toute vie.

Réjouis-toi, porteuse de celui qui porte tout,
Réjouis-toi, par qui le Verbe s'est fait homme,
Réjouis-toi, par qui l'Esprit a reconquis la chair,
Réjouis-toi, par qui l'homme tombé est devenu Dieu.

Réjouis-toi Marie, que les anges ont chantée dans les cieux,
Réjouis-toi Marie, vers qui les bergers sont venus dans la nuit,
Réjouis-toi Marie, par qui les mages ont rencontré le vrai Dieu,
Réjouis-toi Marie, par qui nous est donné le Sauveur éternel.

3. Réjouis-toi, Vierge de l'espérance dans la nuit,
Réjouis-toi, Mère de la Foi à la plénitude des temps,
Réjouis-toi, épouse de l'Amour de Dieu venu sur la terre,
Réjouis-toi, vierge épouse et mère qui nous donna le Sauveur.

Réjouis-toi, dans le silence où médite ton cœur,
Réjouis-toi, dans l'amour de Joseph, ton chaste époux,
Réjouis-toi, dans le regard des bergers posé sur ton enfant,
Réjouis-toi, dans la prière des mages adorateurs.

Réjouis-toi, vierge de la joie pure de Noël,
Réjouis-toi, mère des temps nouveaux issus de Bethléem,
Réjouis-toi, épouse du Seigneur vivant à Nazareth,
Réjouis-toi, Sainte Mère de l'Emmanuel.

Joie de toutes les joies

(Fr. Ephraïm)

Refrain :

Joie de toutes les joies, nous te louons,
Mère de notre Roi, nous t'acclamons. (bis)

1. Arche qui s'avance, sur les flots du péché
Portant Dieu dans son sein, comme un berceau fermé
Arche où la colombe, est venue se poser
Par toi, ô toute pure, la mort s'en est allée.

2. Entre ciel et mer, une aurore nouvelle,
La femme a triomphé, sur la mort éternelle,
Son Fils l'a formée, en une arche de grâce
Du déluge de feu, seul secours efficace.

3. Arche qui s'avance, sur les ailes des anges,
Or très pur de l'amour, entre les séraphins
Dieu descend en toi, voix du Verbe en ton sein,
Arche et trône du Fils, et digne de louange.

Marie, comblée de grâce

Refrain :

Marie, comblée de grâce, le Roi s'est épris de ta beauté,
Marie, comblée de grâce, de son Amour Il t'a couronnée.

1. Qui est celle-ci que le Roi a choisie,
Introduite dans ses parvis ?
C'est la Fille de Sion à qui l'ange a dit :
« Réjouis-toi, Vierge sainte, car Dieu t'a bénie. »

2. Qui est celle-ci qui s'en vient du désert,
Appuyée sur son Bien-Aimé ?
C'est la Mère du Seigneur, exultant de joie,
Qui bondit sur les collines et porte la Paix.

3. Qui est celle-ci qui s'en va dans la ville
Et qui cherche son Bien-Aimé ?
C'est la Femme qui a cru au Dessein de Dieu,
Et qui garde la Parole au secret de son cœur.

4. Qui est celle-ci qui surgit dès l'aurore
Et qui brille comme un soleil ?
C'est la Mère de l'Église, la Cité de Dieu,
La Jérusalem nouvelle, qui descend du Ciel.

5. Qui est celle-ci qui vient dans la nuée,
Et qui luit au cœur de la nuit ?
C'est l'Épouse de l'Agneau, Vierge immaculée,
Qui est revêtue de gloire et de sainteté.

Marie, comblée de grâce, réjouis-toi

(Bernard Decaux)

Refrain :
Marie, comblée de grâce, réjouis-toi,
Marie, Dieu t'a choisi pour être sa maison.

1. Comme un jardin où l'eau vive a jailli,
Marie, réjouis-toi.
Comme un jardin fécondé par l'Esprit,
Marie, réjouis-toi.

2. Comme un manteau qu'a trouvé le mendiant,
Marie, réjouis-toi.
Comme un manteau pour abriter l'enfant,
Marie, réjouis-toi.

3. Tu es le temple que Dieu a rempli,
Marie, réjouis-toi.
Tu es le temple ou le mot devient vie,
Marie, réjouis-toi.
4. Arche nouvelle où l'Alliance est gardée,
Marie, réjouis-toi.
Arche nouvelle où l'Amour est donné,
Marie, réjouis-toi.
5. Comme le four où le pain va dorer,
Marie, réjouis-toi.
Comme un festin de l'amour partagé,
Marie, réjouis-toi.

Marie de la tendresse

(Paroles : Mannick – Musique : Jo Akepsimas)

Marie de nos détresses, quand un ami s'en va,
Marie de la tendresse, nous avons besoin de toi,
Pour croire au Dieu vivant, pour être fort.
Prie pour nous maintenant et à l'heure de notre mort. (bis)

Marie de nos souffrances, debout près de la Croix,
Marie de l'espérance, nous avons besoin de toi,
Pour croire au Dieu vivant, pour être fort.
Prie pour nous maintenant et à l'heure de notre mort. (bis)

Marie, douce lumière

(Jeunesse-Lumière)

Refrain :

Marie, douce lumière, Porte du Ciel
Temple de l'Esprit
Guide-nous vers Jésus et vers le Père
Mère des pauvres et des tout-petits.

1. Bénie sois-tu, Marie
Ton visage rayonne de l'Esprit
Sa lumière repose sur toi
Tu restes ferme dans la foi.

2. Bénie sois-tu, Marie
En ton sein tu portes Jésus-Christ
Le créateur de tout l'univers
Le Dieu du ciel et de la terre.

3. Bénie sois-tu, Marie
La grâce de Dieu t'a envahie
En toi le Christ est déjà Sauveur
De tout péché il est vainqueur.

4. Bénie sois-tu, Marie
Dans tes mains qui sans cesse supplient
Tu portes la douleur du péché
Le corps de Jésus déchiré.

5. Bénie sois-tu, Marie
Toi l'icône de l'Église qui prie
Pour l'éternité avec tous les saints
Les anges te chantent sans fin.

Regarde l'Étoile

(C.Blanchard-I.Seguin)

Refrain :

Regarde l'Étoile, invoque Marie, si tu la suis, tu ne crains rien !
Regarde l'Étoile, invoque Marie, elle te conduit sur le chemin !

1. Si le vent des tentations s'élève,
si tu heurtes le rocher des épreuves.
Si les flots de l'ambition t'entraînent,
si l'orage des passions se déchaîne :

2. Dans l'angoisse et les périls, le doute,
quand la nuit du désespoir te recouvre.
Si devant la gravité de tes fautes,
la pensée du jugement te tourmente :

3. Si ton âme est envahie de colère,
jalousie et trahison te submergent.
Si ton cœur est englouti dans le gouffre,
emporté par les courants de tristesse :

4. Elle se lève sur la mer, elle éclaire,
son éclat et ses rayons illuminent.
Sa lumière resplendit sur la terre,
dans les cieux et jusqu'au fond des abîmes.

Si tu la suis, tu ne dévies pas, si tu la pries, tu ne faiblis pas.
Tu ne crains rien, elle est avec toi, et jusqu'au port, elle te guidera.

Tu es toute belle

(Fr. Ephraïm)

Refrain :

Tu es toute belle, Marie,
Tu es toute pure, Marie
Et bénie plus que toutes les femmes.

1. Il fallait une coupe très pure,
Vase d'amour pour une telle hostie.
Il fallait, la tendresse infinie
D'une âme vierge, d'une enfant très pure.

2. Il fallait la beauté d'un jardin clos
Et tous les parfums de la pureté.
Il fallait une vigne bien gardée
Pour déposer l'Agneau sans défaut.

3. Il fallait une âme ressemblante
Un miroir d'angélique pureté
Il fallait une humble majesté,
Mère du Verbe, et son amante.

4. Il fallait une arche d'alliance,
Infiniment plus vaste que les cieux
Il fallait en Marie la grandeur de Dieu,
Pour que Dieu et l'homme se fiancent.

Voici la demeure de Dieu parmi les hommes

(Paroles : J.-P. Revel et D. Bourgeois. Musique : A. Gouzes, o.p.)

Refrain :

Voici la demeure de Dieu parmi les hommes,
Marie, terre admirable, terre de la promesse,
Mère de l'Emmanuel.

1. L'ange du Seigneur fut envoyé à Marie,
Et la Vierge fut éblouie par la lumière.
Écoute, Marie, Vierge du Christ :
Tu concevras et tu enfanteras un fils,
Tu es le paradis nouveau et la terre promise,
En toi le soleil a établi sa demeure.

2. Le Seigneur t'a regardée dans son amour,
Reçois la parole que par l'ange il t'envoie ;
Il vient vers nous, le Dieu véritable.
Il revêt dans ton sein la chair du premier Adam,
Engendré par le Père et né dans le temps,
Dieu et homme, lumière et vie, le créateur du monde.

3. Voici la mère de mon Sauveur qui vient à moi :
Bienheureuse es-tu, toi qui as cru,
Et béni le fruit de tes entrailles,
Ce qui est engendré en toi vient de l'Esprit Saint,
Dès que la salutation a retenti à mes oreilles,
L'enfant a tressailli d'allégresse en mon sein.

4. Réjouissez-vous avec moi, bien-aimés du Seigneur ;
Mon cœur est devenu le temple de Dieu,
Il s'est penché sur son humble servante,
Il a fait de mon sein la porte du ciel,
En moi il a pris chair, le Fils unique du Père,
Jésus, le plus beau des enfants des hommes.

5. Gloire au Père qui a choisi Marie,
Pour être la mère de son Fils bien-aimé,
Gloire au Fils venu vers nous dans sa grande pitié ;
Il nous a visités dans la faiblesse de la chair,
Et nous chantons l'Esprit, vivifiant et saint,
Qui a inondé Marie de sa lumière.

Voici que l'ange (angélus)

Refrain :
Voici que l'ange Gabriel
Devant la Vierge est apparu.
De toi va naître un enfant-Dieu
Et tu l'appelleras Jésus.
Et son nom est Emmanuel. (dernier refrain)

1. De mon Seigneur j'ai tout reçu
Je l'ai servi jusqu'à ce jour
Qu'il fasse en moi sa volonté
Je m'abandonne à son amour.

2. Et Dieu s'est fait petit enfant
La Vierge Lui donna son corps
Il connut tout de notre vie
Nos humbles joies et notre mort.

CHANTS 665

Liste alphabétique

- Adonaï.. 665
- Aimer c'est tout donner 665
- Cantique de l'Épître aux Philippiens 666
- Comme un souffle fragile 667
- Dans le cœur de l'Église 668
- Debout resplendis 668
- Enfant Jésus, Roi d'Amour 669
- Hymne de Mariage 669
- Il dansera pour toi 670
- Je rassemblerai 671
- Je te donne ma vie 671
- Je vais vers le Père 672
- Je viens vers Toi, Jésus 672
- Joyeuse lumière 673
- L'amour du Seigneur 674
- Le vent souffle où il veut 674
- Louange au Cœur de Jésus et de Marie 675
- Maranatha 676
- Moi, si j'avais commis 677
- Mon chant d'aujourd'hui 677
- Mon Bien-Aimé 678
- Mon Dieu, je m'abandonne à Toi 679
- Nous allons voir la gloire de Dieu 680
- Nous rendons grâces 681
- Nous t'adorons 681
- Ô Cœur ouvert de Jésus 682
- Ô prends mon âme 682
- Ô Seigneur à toi la Gloire 683
- Par la musique et par nos voix 684
- Prière de bénédiction 684
- Réjouis-toi car il vient 684
- Si la mer se déchaîne 685

- Ta face est ma seule patrie 686
- Vivre d'amour 687
- Vous bondirez de joie 689

Chants à l'Esprit Saint 689
- Esprit de Dieu, Souffle de vie 689
- Esprit de Sainteté 690
- Feu et lumière 690
- Jésus souffla sur eux 691
- Seigneur, tu m'as choisie 691
- Toi qui a promis 692
- Viens Esprit créateur 37
- Viens Esprit de Sainteté 692

Chants à Marie 693
- Couronnée d'étoiles 693
- Hymne acathiste (tradition orientale) 207
- Hymne acathiste (temps de Noël) 693
- Joie de toutes les joies 695
- Marie, comblée de grâce 695
- Marie, comblée de grâce, réjouis-toi 696
- Marie de la tendresse 697
- Marie, douce lumière 697
- Regarde l' Étoile 698
- Tu es toute belle 699
- Voici la demeure de Dieu parmi les hommes 700
- Voici que l'ange 701

Chant à la Sainte Famille
- Sainte famille de Nazareth 394

Le chant est affaire de joie et, si nous y réfléchissons
plus attentivement, il est affaire d'amour.

Saint Augustin

Chanter c'est prier deux fois

Veillez et Priez

La table des matières de cet ouvrage
se trouve au début du livre en page 12

L'éditeur et l'auteur remercient vivement tous ceux qui les ont autorisés à reproduire leurs prières, leurs chants, ainsi que les documents qui ont servi aux illustrations.
Que les personnes dont les prières ou les textes ont été mentionnés dans cet ouvrage et pour lesquels ils n'ont pas retrouvé les noms afin de les indiquer veuillent bien les excuser.

Illustration de couverture :
Icône de la Vision d'Abraham, Figure de la Très Sainte Trinité, d'Andrei Roublev
(1360-1430)

Illustration 4e de couverture :
Les chutes de Kravica – Photo Jean-Paul Dufour

Chez le même éditeur, du même auteur, avec l'imprimatur de l'Église, des livres de prières, d'évangélisation et de méditations pour chaque jour :

Je suis avec vous tous les jours – ***Petit recueil de prières***
L'essentiel de « Veillez et priez » en format de poche
496 p. – Format 10,7 x 16,5

Le Saint Rosaire, Prière de l'union au Christ – ***Les 20 mystères***
72 p. – Format 11 x 18

Les dix Paroles de Dieu – ***Enseignements sur les dix Commandements***
60 p. – Format 11 x 18

Marie, notre Mère – ***Prières, méditations, chants***
368 p. – Format 10,7 x 16,5

Il le regarda et Il l'aima – ***Découvrir la beauté du visage du Christ***
64 p. – Format 11 x 18

Jésus nous apprend à prier – ***Enseignements sur la prière***
168 p. – Format 11 x 18

Jésus, ma lumière, ma vie – ***Petit recueil de prières et de méditations***
156 p. – Format 11 x 18

Dieu notre joie, notre paix – ***Petites prières pour se mettre en sa présence***
36 p. – Format 11 x 18

Retrouvez tous ces ouvrages sur le site : http://veillezetpriez.free.fr

---

11e édition

Achevé d'imprimer pour la fête du Christ, Roi de l'Univers, le 20 novembre 2016
sur les presses de l'imprimerie Graficas LIZARRA - ESPAGNE
Dépôt légal : janvier 2015
ISBN : 978-2-7403-1869-0